U0153124

刑法總則 新理論與實務

陳宏毅、林朝雲 | 著

作者簡介

陳宏毅

現職　臺灣警察專科學校刑事警察科副教授兼通識教育中心主任
經歷　高普特考命題委員、閱卷委員
學歷　天主教輔仁大學法學博士、中國文化大學法學碩士、法學士
著作　《論過失不作為犯》，元照出版、《追訴犯罪與法本質之研究》，鼎茂出版、《刑事訴訟法新理論與實務》，五南出版

林朝雲

現職　臺灣警察專科學校刑事警察科講師
經歷　台灣刑事法學會會員、科技部研究助理
學歷　東吳大學法學院博士班、天主教輔仁大學法學碩士、東海大學法學士
著作　《脈動新趨勢—刑事法典》，五南出版、《脈動新趨勢—警察法典》，五南出版、《刑事訴訟法新理論與實務》，五南出版

序 言

　　相較於刑法分則而言，刑法總則常被莘莘學子視為較艱澀難懂的學科。然而，如何正確解釋刑分各罪條文，卻不得不仰賴總則當中的基礎理論。因此，本書為使學習簡單化、生活化，特在課文之後附加許多情境模擬的實例加以說明，如今年發生的「八仙塵爆事件」，本書即在相關的章節為文探討，使讀者能在將來面對實際個案時能與刑法分則條文結合作最妥適的應用。此外，本書以「選擇題練習」及「考題觀摩」引領讀者緊抓重點，將容易混淆的概念表格化以助於辨異，「問題思考」啟發問題意識並輔以實例以供研習者參考比較，激盪思考，俾以取精用宏，對準備國家考試及初習者而言，亦是一本不可或缺的入門書。

　　我國刑法總則於2005年大幅修正以來至今已有十年，其理論與實務相關之發展文獻可謂汗牛充棟，作者蒐羅近年的學說與實務見解，使讀者在汲取刑法總則的理論新知之餘不至於與司法實務脫軌。趕稿之際，疏漏難免，尚祈不吝指正。

　　本書能順利出版，由衷感謝五南圖書出版公司主編蔡惠芝小姐及責任編輯張婉婷小姐的悉心策畫與辛勞，警專刑事科謝長志老師、葛耀陽老師用心地校正與貢獻寶貴意見，德國杜賓根大學法學博士候選人陳重言檢察官無私地主動提供其大作予作者參考，使本書視野更加寬廣，謹一併在此致謝。

陳宏毅　謹識
林朝雲

2015年8月
於臺灣警察專科學校刑事警察科教師研究室

目　錄

第一篇　刑法的基礎論

第一章　刑法之理論

第一節　刑事學、刑事法學與刑法學

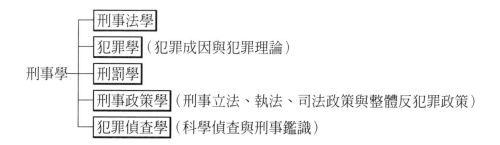

刑事學
- 刑事法學
- 犯罪學（犯罪成因與犯罪理論）
- 刑罰學
- 刑事政策學（刑事立法、執法、司法政策與整體反犯罪政策）
- 犯罪偵查學（科學偵查與刑事鑑識）

一、刑事學

　　犯罪學、刑事法學、刑事政策與犯罪偵查學，這些有效防制犯罪為其共同終極目的之各種不同學科，學術上統稱為刑事學。這幾個學門有研究內涵的相互倚賴之處，但對於犯罪問題的觀照重心與研究態度則不盡相同。[1]

二、刑事法學

　　指與犯罪之追訴、審判與處罰有關之法律，統稱為「刑事法」。凡以刑事法為研究範疇之法學，（刑事實體法、程序法、執行法），即稱為刑

---

[1] 林東茂，〈刑事政策與自由主義〉，《一個知識論上的刑法學思考》，五南，三版，2007. 10，363頁。

事法學。

三、刑法學

指研究刑事實體法之公法學，稱為刑法學。

四、刑罰學

指刑罰、保安處分之理論與制度。

五、刑事政策學

國家為對抗犯罪，有種種措施被決定並且實踐。這些措施，可能包括：運用媒體從事反毒宣傳、印製預防被害手冊、鼓勵社區守望相助防止犯罪發生、加強法律教育防止少年犯罪、提供警力保護夜歸等，[2]刑事立法、執法、司法政策與整體反犯罪之政策。

六、犯罪偵查學

指研究犯罪人的犯罪模式、如何勘查犯罪現場、如何找尋犯罪證據，並研究如何佈線與依法逮捕犯罪人，[3]包含科學偵查與刑事鑑識。

第二節　刑法的意義及性質

刑法乃規定犯罪行為，係指何種不法行為為犯罪行為及其法律效果

---

[2] 林東茂，〈刑事政策與自由主義〉，《一個知識論上的刑法學思考》，五南，三版，2007.10，361頁。

[3] 林東茂，《刑法綜覽》，一品，七版，2012.10，1-9頁。

（刑罰、保安處分）之法律規範。簡言之，刑法即規定何種行為被評價為犯罪，犯罪行為應如何處以刑罰的法律。刑法的結構有二大部分：判斷行為是否犯罪屬於犯罪論的範疇，對於該行為應如何處罰則屬刑罰論的範圍。刑法在法律上之性質為：公法、實體法、成文法、強行法、國內法、繼受法。

第三節　刑法之分類

一、主刑法與輔刑法

　　主刑法：指規定犯罪與刑罰之主要法律，即刑法法典所規定之核心刑法。

　　輔刑法：指刑法法典以外之刑事單行法（特別刑法），以及分散規定於各種民商法、行政法之附屬刑法（輔刑法可能是特別刑法，亦可能是普通刑法）。

二、狹義刑法與廣義刑法（涵蓋範疇）

　　狹義刑法專指刑法法典；廣義刑法泛指一切以犯罪與刑罰為內容之刑事實體法（包括主刑法與輔刑法，或普通刑法與特別刑法）。

三、實質刑法與形式刑法

　　此分法尚有不妥，因為稱形式刑法者，並非只是徒具刑法之外型，而是必然具有刑法之實質內容；稱實質刑法者，亦非指整個法律，而僅指各該法律之罰則條款，此等處罰條款，自其外型觀之，輕易即可判斷其為刑法條款，故對於實質刑法自以輔刑法或附屬刑法稱之為宜。

四、普通刑法與特別刑法（適用對象與範圍）

（一）普通刑法

指在中華民國之主權範圍內，無論何人、何時、何事、何地，均有支配力之刑事法律。

（二）特別刑法

指以有特別身分之人，或以關於特定事項或限於特定期間或區域始有適用之刑事法律。

區別普通法與特別法之作用，在「特別法優於普通法」原則之適用。

凡就同一事件，同時有二種以上之法律，均有規定，而規定又彼此不同，此時即有普通法與特別法之分。其就同一事件為一般性之規定，適用範圍較廣者為普通法；其為特別之規定，適用範圍較狹者為特別法。

1. 法律得分為普通法（一般法）與特別法，乃以法律適用範圍之廣狹為分類之標準，普通刑法與特別刑法之區分，以及主刑法與輔刑法之區分，是依據不同之範疇而為之區分法，故在概念上不可混淆，不可誤以為普通刑法即是主刑法，而所有之輔刑法，均屬特別刑法。

2. 立法者透過特別法之刑事制裁，導致刑法犯罪體系紊亂的現象，此即所謂特別刑法肥大症。

五、一般刑法與行政刑法

就行政目的性與社會倫理性之權利分立觀點，刑法復可分為一般刑法與行政刑法：

1. 刑事犯，係指違反刑事法規之犯罪。

2. 法定犯，廣義的行政犯或行政刑法所指的犯罪。

3. 行政違警犯，係指（狹義的行政犯）行政罰，單純指行政秩序罰而言，不包括行政刑罰在內，但關於行政刑罰仍應適用刑法相關法理。關

於行政不法與刑事不法之區別，我國學說及立法以「量」的差別考量為主，但亦有學者主張1.與3.兼有質能的區別。

（一）一般刑法（罰）

一般刑罰，通常是就違反社會性之犯罪行為，基於防衛社會與矯治教化為目的所施以之制裁。

（二）行政刑法（罰）

行政刑罰，則係基於行政政策上之考量，對違反行政法上之義務行為，以刑法所定之刑名加以制裁，此類處罰，屬於刑罰之性質，應由刑事法院依刑事訴訟程序處理之。

（三）行政罰

行政罰，乃就違反行政法上義務之行為，本於維持行政秩序之目的，由該管主管機關以**刑法刑名以外之方法**予以處罰，其種類繁多，常見之拘留、罰鍰、罰役、沒入、勒令歇業、禁止發行、限期改善、勒令恢復原狀等皆屬之。足見行政刑罰與行政罰，二者性質有別，不容混淆，然行政刑罰若未能完全達其功能，自非不得再加行政罰予以併罰之。

六、完備刑法與空白刑法

完備刑法者，乃指犯罪構成要件及其法律效果均已規定完整，無待補充，多數刑法條款均屬之。

空白刑法者，又稱待補充之刑法，係指一刑罰法規，雖有明確之刑罰（法律效果）規定，然作為其刑罰前提之構成要件，卻仍待其他法律或行政命令之補充。

空白刑法僅定有罪名與法律效果，而將構成要件中之禁止內容委之於

其他法律或行政規章或命令，故又稱委任立法。屬於「空白刑法」之適例者，例如違背關於預防傳染病所公布之檢查法令（本法§192）；於外國交戰之際，違背政府局外中立之命令（本法§117）等是。

第二章　刑法之功能

第一節　法益之保護

　　凡以法律手段而加以保護之生活利益，稱為法益。規律人類社會生活之刑法規範，以保護法益為目的，發生對法益有侵害或危險之行為時，認定其為違法，對之加以制裁，乃為刑法之保護機能。

第二節　制壓與預防犯罪

　　刑法明定犯罪之要件與刑罰之效果，使人民知所進退，而控制自己之行為，以免侵害法益與破壞社會秩序。刑法規範兼具「評價規範」與「意思決定規範」之性質，一方面對人類行為是否符合客觀法秩序賦予客觀之判斷，故為評價規範，而具評價機能；另一方面，規範人類之意思，故為意思決定規範，而具意思決定機能。

第三節　保障人權機能

　　刑法具有限制國家刑罰權之發動，以保障國民活動自由之機能，故有所謂「保障機能」（未犯罪者不受刑法制裁與犯罪者不受刑法規定以外之制裁，故有雙重之保證作用）。

第四節　矯治犯罪人

刑法不僅有制裁功能，其中「保安處分」的規定目的即在於行為人「危險性預防」以及「再社會化」。再社會化的目的在於去除犯罪人的「再犯危險性」使之可以重新適應社會生活，並且被社會所接納。

第五節　予犯人贖罪之機會

透過刑法的制裁「以眼還眼，以牙還牙」可以滿足是人類社會長久存在的觀念，也就是所謂應報思想的寫照。不過時至今日，人們對於應報思想的理解為「依照分配正義的原則，刑罰應該與有責的不法，相互均衡」因此，應報並非復仇，亦非社會大眾攻擊慾望的宣洩。現代國家的刑罰權發動，並不完全依照正義的誡命，而是為了保護社會利益，在不得不然時，才考慮運用刑罰。對於許多輕微犯罪，現代法治國家就有種種法律措施，例如緩起訴及緩刑制度，使輕微犯罪行為人不立即遭受行罰制裁。

第六節　刑法之特質

一、刑法與道德或倫理規範關係密切

刑法乃最低標準之道德規範，為數不少之刑法規範均源自道德規範。

二、刑罰乃具有社會倫理非難性之法律制裁手段

三、刑法規範之性質

（一）社會規範：包括（倫理規範、宗教規範、道德規範、法律規範）

（二）**法律規範**：包括（民事規範、行政規範、刑事規範）

（三）**刑事規範**：包括（行為規範、可罰規範）

1. 行為規範（禁止規範、命令規範）：（國民）意思決定規範。

2. 可罰規範（評價規範、假設規範）：（裁判官）裁判規範。

四、刑法具有不完整性

（一）規範內容不完整

犯罪之實質內涵並非一成不變，隨著社會狀況及價值觀，而呈現浮動現象。

（二）規範功能不完整

刑法只是整個社會規範體系中之一個重要環節，在防制犯罪之反犯罪政策與措施上，絕不可唯刑法是賴，應在刑法手段之外，另配合其他社會控制手段。

五、刑法與政治制度關係密切

因刑法之嚴厲性、痛苦性、與強制性，而易被為政者濫用作為達成政治目的或推行政令之法律強制手段。

六、刑法之最後手段性

唯有在以其他法律效果未能有效防制不法行為時，始得以刑罰作為該行為之法律效果，此即刑法之最後手段性。

第七節　刑法在法規範中之地位

一、刑罰權的內容與範圍必須由法律明文規定

　　刑法之規定須有憲法為其依據,而且不得牴觸憲法之規定及其精神;另方面,憲法之抽象原則規定,則有待刑法在刑事實體上之制裁規定,始得具體實現。

二、刑法與刑事程序法

　　刑法(刑事實體法)就何種行為構成犯罪,應科以何種刑罰,設其規定。為使刑法能具體地實現,則必須設其程序的規定,對於如何追訴、如何處罰等程序性之內容,加以明確規定。規定刑事追訴與處罰程序之法規,即為刑事訴訟法。

三、刑法與民商法

　　生命之始點在民法通說係採獨立呼吸說,但在刑法概念上必須以分娩之開始為出生點,始足以周密地保護生命法益。

四、刑法與行政法

　　行政法中之附屬刑法,有逐漸增多之趨勢,此等附屬刑法若以空白刑法之立法方式規定,則有待行政命令或規章或行政機關之行政處分之補充,才能具體運作實現,故使此等附屬刑法具有行政從屬性。

第三章　罪刑法定主義

第一節　罪刑法定主義之源起

　　所謂「罪刑法定主義」，係指犯罪行為的法律要件及其法律效果，均需以法律明確規定，法律未明文規定處罰者，即無犯罪及刑罰可言。這個概念係由19世紀德國刑法學者費爾巴哈所首先提倡的「無法律即無犯罪」、「無法律即無刑罰」為罪刑法定主義的濫觴。我國刑法明文第1條規定：「行為之處罰，以行為時之法律有明文規定者為限。拘束人身自由之保安處分，亦同。」。由於拘束人身自由之保安處分（如強制工作），係以剝奪受處分人之人身自由為其內容，在性質上，帶有濃厚自由刑之色彩，亦應有罪刑法定主義衍生之不溯及既往原則之適用，於2005年修法時在後段增列拘束人身自由之保安處分，亦以行為時之法律有明文規定者為限，以求允當。

　　此一原則源於1215年英吉利王國所公布之大憲章第39節以及1628年的權利請願書（Petition of Right），其中限制英王權力的部分成為後來罪刑法定原則的前身、濫觴。[1]美國初建時，美國憲法修正案第5條與第14條中定有明文。在歐陸，1813年德國刑法學家費爾巴哈以無法律即無犯罪，無法律即無刑罰（nullum crimen sine lege, nulla poena sine lege）來表示罪刑法定原則，並將此原則規定於巴伐利亞邦的刑法典中。費爾巴哈提出之「罪刑法定」原則，乃逐漸成為歐陸法系各國刑法之一大原則。該項原則使刑法具有「法的確實安定性」，並且產生刑罰威嚇之功能（一般預防思想），因而有保障人權的功能。[2]

　　罪刑法定的精神，源於啟蒙思想，為尊重個人自由，乃對於中世紀以來封建制度下罪刑擅斷之反動，打破封建勢力，反對國家濫用刑罰權。所

1　林鈺雄，《新刑法總則》，四版，元照，2014.09，7頁。

2　張麗卿，《刑法總則理論與運用》，四版，五南，2013.10，33頁。

訴求之點，包括了應打破統治者恣意創設法律或由法官專擅之審判制度，要求必須事先以法律明定犯罪的種類、要件與刑罰[3]，保障人類最基本的權利。而在刑事法領域中，只要涉及基本人權限制，均有「法律保留原則」的適用。也就是說，刑罰權行使必須遵守法治國罪刑法定原則[4]。本文認為，法律保留原則為憲法法治國原則下所衍生的子原則[5]，故「罪刑法定原則」亦具有憲法原則的效力。另有學者主張，依據司法院釋字第384號解釋的見解，「罪刑法定原則」屬於憲法第8條所規定之「正當法律程序」（due process of law）下的子原則，故「罪刑法定原則」在我國實「具有憲法位階上效力」[6]。綜合以上論述，「罪刑法定原則」屬於「憲法位階」的層次，應無疑義。

第二節　罪刑法定原則的具體內涵

一、刑罰權的內容與範圍必須由法律明文規定

犯罪之構成要件及其法律效果，均須以法律明確加以規定，法律若未明文規定者，則無犯罪與刑罰可言，其目的乃在透過法律明定，確定刑罰權之依據與界限，以防止國家刑罰權之濫用，並使人民預知何種不法行為為犯罪，而有所依循；換言之，凡涉及犯罪成立及刑罰形成之事項，均應遵守罪刑法定原則；是犯罪之追訴條件，既涉及國家刑罰權之發動，自亦應受罪刑法定原則之限制。

空白刑法雖在形式上不符合嚴格的罪刑法定主義，但在實質上其空白構成要件中需補充的禁止內容仍是由立法機關授權行政機關委任立法，並

---

[3]　王皇玉，《刑法總則》，初版，新學林，2014.12，37頁。

[4]　張明偉，《學習刑法－總則編》，第三版，五南，2013.09，26頁。

[5]　吳信華，《憲法釋論》，初版，三民，2011.09，第71頁；陳慈陽，憲法學，二版，元照，2005.10，237頁。

[6]　林書楷，《刑法總則》，二版，五南，2014.09，19頁。

須符合明確性誡命，使其授權目的、授權內容與範圍都具體明確，並且可預見該行為之可罰。故行政機關並非漫無標準或缺乏立法權之監督，而在原則上不違背罪刑法定原則。

普通刑法的空白規定如：本法第192條第1項：「違背關於預防傳染病所公布之檢查或進口之法令者，處二年以下有期徒刑、拘役或一千元以下罰金。」、本法第117條：「於外國交戰之際，違背政府局外中立之命令者，處一年以下有期徒刑、拘役或三千元以下罰金。」等屬之。

特別刑法如：毒品危害防制條例第2條第3項及第4項：「前項毒品之分級及品項，由法務部會同行政院衛生署組成審議委員會，每三個月定期檢討，報由行政院公告調整、增減之，並送立法院查照。」，「醫藥及科學上需用之麻醉藥品與其製品及影響精神物質與其製品之管理，另以法律定之。」由此得知，毒品危害防制條例屬於空白刑法，僅規定罪名與法律效果，而其犯罪構成要素則委由其他法律、行政規章或命令補充。形式上似乎與罪刑法定原則的首項涵義「刑罰權的內容與範圍必須由法律明文規定」相牴觸。因為刑罰權來自國家主權，故刑事法律皆必須經國會依據法定程序制訂，以明確界定刑罰權的內容與範圍。

二、習慣法不得作為刑事判決依據

所謂習慣法，亦稱為慣例，係指人類歷經長年反覆實行所形成一種其同遵守的社會規範。在罪刑法定主義之下，罪與刑均必須以成文法的「法律」加以規定，屬於「法律」以外不成文法的習慣法，因其未經過立法程序予以條文化，不得視為法源而成為刑事判決的依據，乃理所當然。

須注意者，我國之「判例」，並非習慣法。依照釋字第154號解釋，最高法院及行政法院判例，在未變更前，有其拘束力，可為各級法院裁判之依據。換言之，「判例」在我國被視為一種解釋法律內容之一種抽象法規範。

三、刑法對於罪與罰的規定應力求明確

在罪刑法定的原則下，法律之制定與修正應力求構成要件及法律效果的明確。例如：懲治走私條例第2條第1項規定：「私運管制物品進口、出口逾公告數額者，處七年以下有期徒刑，得併科新臺幣三百萬元以下罰金。第三項規定：第一項所稱管制物品及其數額，由行政院公告之。其所爲授權之目的、內容及範圍尚欠明確，有違授權明確性及刑罰明確性原則，應自本解釋公布之日起，至遲於屆滿二年時，失其效力。」[7]

四、禁止類推適用刑法

所謂禁止類推適用，也就是比附援引法律所未規定的事項，類推於相似的法律規定，蓋此乃法官造法，違反罪刑法定原則。

但須注意者，「禁止類推適用」係專指刑事實體法而言。刑事訴訟程序，與基於罪刑法定原則而禁止類推適用之實體法不同，在法無明文規定而存有法律漏洞之情形，若與現行明文規定之規範目的具備類似性時，自得類推解釋，而類推適用之結果符合憲法規範時，尤應如此。[8]

五、禁止溯及既往

所謂「禁止溯及既往」，係指行爲的處罰，必須以行爲時的法律來處罰，禁止以「事後法」處罰行爲人行爲當時的行爲。

本法第2條第1項：「行爲後法律有變更者，適用行爲時之法律。但行爲後之法律有利於行爲人者，適用最有利於行爲人之法律。但行爲後之法律有利於行爲人者，適用最有利於行爲人之法律。」第2條第1項係以第1條爲前提，遇有法律變更時應如何適用新舊法律之規定。依舊條文「行爲後法律有變更者，適用裁判時之法律」即學說所謂之「從新原則」，雖長

---

[7] 司法院釋字第680號解釋。

[8] 最高法院103年度台上字第882號判決。

久以來，此原則爲實務及學界所認同，然難以與第1條罪刑法定主義契合，而有悖於法律禁止溯及既往之疑慮，爲貫徹上開原則之精神，現行之從新從輕觀念應導正，2005年配合第1條修正爲「適用行爲時之法律」之必要，並兼採有利行爲人之立場，爰將舊條文第1項「從新從輕」原則改採「從舊從輕」原則。

第2項：「非拘束人身自由之保安處分適用裁判時之法律。」拘束人身自由之保安處分既認有罪刑法定原則之適用，而在第1條後段增列適用之意旨，舊法之規定，亦應配合修正，以避免扞挌。

第3項：「處罰或保安處分之裁判確定後，未執行或執行未完畢，而法律有變更，不處罰其行爲或不施以保安處分者，免其刑或保安處分之執行。」保安處分之執行，性質上以從新從輕爲原則，故於保安處分之裁判確定後，未執行或執行未完畢，而法律有變更不施以保安處分者，自無繼續執行保安處分之必要，於2005年修法時增列明文規定之。

六、絕對不定期刑禁止

所謂「絕對不定期刑禁止」，係指刑罰的種類刑期或拘束人身自由的保安處分應明確規定上限與下限，未明確規定上限與下限者絕對禁止。此乃防止造成法官的恣意擅斷，嚴重剝奪犯罪者的自由。

本法第91條之1規定：「犯第二百二十一條至第二百二十七條、第二百二十八條、第二百二十九條、第二百三十條、第二百三十四條、第三百三十二條第二項第二款、第三百三十四條第二款、第三百四十八條第二項第一款及其特別法之罪，而有下列情形之一者，得令入相當處所，施以強制治療：一、徒刑執行期滿前，於接受輔導或治療後，經鑑定、評估，認有再犯之危險者。二、依其他法律規定，於接受身心治療或輔導教育後，經鑑定、評估，認有再犯之危險者。前項處分期間至其再犯危險顯著降低爲止，執行期間應每年鑑定、評估有無停止治療之必要。」

其中所謂「處分期間至其再犯危險顯著降低爲止」，係一種「絕對不定期」之規定，有牴觸對罪刑法定原則之疑慮。雖然在修法前國內有些意見認爲，相對不定期制無法徹底治療收容病犯的精神疾病，難以達到有效

防衛社會之目的因。事實上，所謂絕對不定期制，在德國已受到相當多的批評，也引起實務界許多困擾，目前該國許多實務界及學術界的意見認為，應將其現行法的規定改為相對不定期制。是以，學說認為，我國刑法第91條之1第2項實有檢討修正之必要。[9]

 選擇題練習

*刑法第91條之1：「犯第二百二十一條至第二百二十七條、第二百二十八條、第二百二十九條、第二百三十條、第二百三十四條、第三百三十二條第二項第二款、第三百三十四條第二款、第三百四十八條第二項第一款及其特別法之罪，而有下列情形之一者，得令入相當處所，施以強制治療：一、徒刑執行期滿前，於接受輔導或治療後，經鑑定、評估，認有再犯之危險者。二、依其他法律規定，於接受身心治療或輔導教育後，經鑑定、評估，認有再犯之危險者。」（第1項）「前項處分期間至其再犯危險顯著降低為止，執行期間應每年鑑定、評估有無停止治療之必要。」（第2項）問此規定最有可能違反下列何項原則？[10]　(A)信賴保護原則　(B)明確性原則　(C)法律保留原則　(D)法律優位原則。　　　　　　【102年警大二技】

9　張麗卿，《司法精神醫學—刑事法學與精神醫學之整合》，元照，三版，2011.04，327頁以下。

10　答案為(B)。所謂「再犯危險顯著降低為止」，導致受規範者要關多久難以預見，違反法律明確性原則。

第四章 刑法之解釋

第一節 解釋之方法

　　刑法之解釋方法，包括文義解釋、系統解釋、歷史解釋、合目的解釋等，基於罪刑法定原則及刑法最後手段性（刑法謙抑性），對於犯罪之法律要件、法律效果及犯罪追訴條件之範圍，不但不得超過文義解釋之最大範疇，更應於文義範圍內，綜合立法目的、歷史及體系等解釋方法，作出最適當解釋，以免增加法律條文所無之限制致害及罪刑法定原則，不當擴大刑罰範圍，進而影響刑法安定性及明確性。從法條文義而言，如此解釋完全符合法條文義。故以上解釋方法，當以文義解釋為優先。

第二節 刑法之名詞定義

　　本法第10條第1項就以上、以下、以內、公務員、公文書、重傷、性交、電磁紀錄之意義，做立法上的解釋，以下分別說明。

壹、以上、以下、以內

一、以上

　　例如，第271條第1項規定：「殺人者，處死刑、無期徒刑或十年以上有期徒刑」，包含本數十年有期徒刑。

二、以下

　　例如，本法第222條第1項第2款關於強制猥褻罪之加重條件，從「對

十四歲以下之男女犯之者」，修正爲「對未滿十四歲之男女犯之者」。參照本法第10條第1項規定「稱以上、以下、以內者，俱連本數或本刑計算」，則上述舊法所稱之「十四歲以下之男女」，包括甫滿十四歲之男女；而新法所稱之「未滿十四歲之男女」，則不包括甫滿十四歲之男女。[1]

三、以內

例如，本法第47條第1項規定，……五年「以內」故意再犯有期徒刑以上之罪者……。包含本數五年。

貳、公務員

一、公務員之類型

公務員之概念應如何予以界定，涉及公務員在刑法上所扮演之角色及其法律性質。依新修正刑法第10條之規定關於公務員之定義其類型有三：

（一）身分公務員

第一種類型爲「身分公務員」[2]，係指依法令服務於國家或地方自治團體所屬機關而具有法定職務權限之人員（本法第10條第2項第1款前段）。就國家或地方自治團體組織成員而論，國家或地方自治團體所屬機關組織內，具有法定職務權限且有法令上任用資格之人，因係代表或代理國家或地方機關處理公共事務，自當負有特別服從之義務，認其爲刑法上之公務員，應無疑義。此類型的公務員，在觀念上與行政法上的公務員概

---

[1] 最高法院102年度台上字第1311號判決。

[2] 甘添貴，〈刑法新修正之公務員概念〉，收錄於台灣刑事法學會主編，《刑法總則修正重點之理論與實務》，元照，初版，2005年9月，138頁以下。

念相近，且與實務上大多數的解釋或判例通說均以出身公務機關或由政府任命或委派即認其爲公務員的見解相仿，[3]所謂國家或家或地方自治團體所所屬機關，須稍作限縮解釋，宜限於行使國家統治權作用的機關。[4]然而，公立學校性質上雖爲國家或地方自治團體所屬機關，而有組織法之依據，僅校長及其他行政職員，因有編制依據，且均有職系，應屬本類型之刑法公務員；若公立學校之教師，未兼任行政職務，因其任務在於教學、研究、輔導，並無法定之職掌權限，應不屬之。再如，公立醫療院所，性質上亦爲國家或地方自治團體所屬機關，而有組織法之依據；其中院長及其他行政職員，如有編制依據，且有職系，即應屬本類型之刑法公務員；至於公立醫療院所之醫師，倘未兼任行政職務，則非屬之。[5]

（二）授權公務員

此處所謂之「授權公務員」[6]，係指依法令授權而從事於公共事務且具有法定職務權限之人員。雖非服務於國家或地方自治團體所屬機關之人員，惟「法令」上特別規定將公共事務處理之權限，直接交由特定團體之成員爲之，而使其「享有法定之職務權限」者，既依法令負有一定公共事務之處理權限，自應負有特別服從之義務，亦應認其爲刑法上之公務員。所稱「公共事務」，指已涉及公權力行使者爲限（私經濟作用之私法行爲以外，均宜認爲屬於公權力之範圍）包括給付行政，非權力作用之公益目的在內。例如公法社團法人（農田水利會）、公法財團法人（工研院）。此種類型的公務員，係採職務公務員的概念，以其所執行的職務爲準，視

---

3 甘添貴，〈與談意見（一）刑法上公務員身分規定之檢討〉，《檢察新論》，第17期，2015年1月，27頁。

4 甘添貴，〈與談意見（一）刑法上公務員身分規定之檢討〉，《檢察新論》，第17期，2015年1月，29頁。

5 靳宗立，《刑法總論I－刑法基礎理論暨犯罪論》，集義閣，初版，2010年09月，63頁。

6 甘添貴，〈刑法新修正之公務員概念〉，收錄於台灣刑事法學會主編，《刑法總則修正重點之理論與實務》，元照，初版，2005年9月，142~145頁。

其具體的職務行為是否屬於行使國家統治權作用的行為,而決定其是否為刑法上的公務員。[7]原則上,公務機關所涉及之採購事項,只要必須根據「政府採購法」規定辦理採購者,不管該單位性質是否為國家或地方自治團體所屬機關,亦不管採購人員是否具有公務員身分或僅是約聘人員或臨時工,包含涉及私權或私經濟行為事項,均屬之。[8]例如:依水利法及農田水利會組織通則相關規定而設置之農田水利會會長及其專任職員屬之。其他尚有依政府採購法規定之各公立學校、公營事業之承辦、監辦採購等人員,均屬本款後段之其他依法令從事於公共事務而具有法定職務權限之人員。

　　須注意者,公立大專院校教師,是否為刑法上之公務員,應視情況而定。公立學校聘任之教師係基於聘約關係,擔任教學研究工作,與文武職公務員執行法令所定職務,服從長官監督之情形有所不同,應非身分公務員或授權公務員。惟此類教師如兼任學校行政職務,就其兼任之行政職務,應具有法定職務權限,可被視為身分公務員。但如單純執行國科會(科技部)的研究計畫,應非刑法上之公務員。曾有判決認為,「公立學校及國營事業關於承辦或監辦採購之人員,係因以公款從事採購行為,公權力介入甚深,所執行之採購行為,為屬從事公共事務而具有法定職務權限,而認屬本法第10條第2項第1款後段之『授權公務員』。」[9]

　　此一實務見解多為刑事法學者反對,蓋以公款從事採購行為,根本無關公權力之行使及法定職務權限。

　　本書認為,此種情形下,公立大專院校教師只是「專家參與」,即私法契約所羅致的私人,是一種買賣與承攬的私法契約關係,因此縱使核銷不實,也僅係民法上債務不履行或成立詐欺罪,不構成公務員貪污的問題。而在學界提出不同意見後,實務態度已有轉變,依照較新的判決見解認為,「政府機關依『政府採購法』規定進行採購之事務,原則上係屬私

---

[7] 甘添貴,〈刑法上公務員身分規定之檢討〉,《檢察新論》,第17期,2015.01,29頁。

[8] 王皇玉,《刑法總則》,新學林,初版,2014.12,101頁。

[9] 最高法院100年度台上字第459號判決。

法行為，……，故關於招標、審標、決標之行為，亦有公權力行使之概念。準此以觀，採購行為是否適用政府採購法，與公權力行使有絕對的關聯，自屬於判定是否屬於刑法上公務員之重要依據。」[10] 依此邏輯，大學教師只有在招標、審標、決標的階段為採購行為的「主體」時，方有視為刑法上公務員之可能。

（三）委託公務員

所謂「委託公務員」[11]，係指受國家或地方自治團體所屬機關依法委託，從事與委託機關權限有關公共事務之人員。此等法令受委託行使行政機關之權限或公權力之人，法秩序亦有高度要求其服從之特別義務，故應視為刑法上之公務員。（行程法§16I、國賠法§2III參照）。

此處所指之「公共事務」，例如釋字382、462號等行政委託的情形、海基會職務上制作之文書者是；至於檢察署之採尿人員、民間拖吊業者，皆不屬於本法第10條第2項第2款之委託公務員類型。

二、公務員定義之立法檢討

由於刑法第10條第2項所稱的公務員須以具有「法定」職務權限為前提。與舊法相比，此一規範固顯得較為具體，但仍不無模糊之處。首先，公立學校之教師，未兼任行政職務，因其任務在於教學、研究、輔導，並無法定之職掌權限，應不屬之。以公立大學教師不實核銷發票案為例，本書認為就其事物本質而言，乃因行政機關本身或因人力不足或因無專業能力，須借助大學教師完成研究案，故屬於「私人」參與行政任務的類型。雖透過政府採購法介入公共事務，但並無執行國家公權力，因其研究之報告僅供「參考」，行政機關不受其拘束。換言之，公立大學教師在政府採

---

[10] 最高法院102年度台上字第1448號判決。

[11] 甘添貴，〈刑法新修正之公務員概念〉，收錄於台灣刑事法學會主編，《刑法總則修正重點之理論與實務》，元照，初版，2005.01，145~149頁。

購法的角色大多數是「販售」勞務,而非「辦理」採購。惟實務見解常將締約後的「採買」,當成是政府採購法「採購」,這是很大的誤會。

最高法院於2014年8月12日亦接納學說多數看法改變之前的見解認為,從事科學研究計畫之公立大學教授(下稱主持教授),既非總務、會計人員,採購物品,並非其法定職務權限,實際上,其任務主要係在於提出學術研究之成果,政府或公立研究機關(構)對於主持教授,並無上下從屬或監督之對內性關係,人民對於主持教授學術研究之成果,亦毫無直接、實質的依賴性及順從性,遑論照料義務。是主持教授雖有辦理採購,仍不符合公務員有關公共事務、法定職務權限等要件,自非刑法上之公務員。(二)以做成結論認為大學教授非刑法上公務員,[12]舉重明輕,因此**公立大學教授受民間委託或補助,負責執行科學技術研究發展計畫,由學校與委託或提供補助者簽約,受託或補助之研究經費撥入學校帳戶,該教授為執行此項科學技術研究發展計畫而參與相關採購事務,因經費既係來自民間,即不涉及國家資源之分配使用,而與公共事務無涉,非屬授權或委託公務員,自亦不能認為具有刑法上之公務員身分。**[13]

此外實務認為,「法定職務權限」之「法定」,係指法律、法規命令等規定而言,包括各機關組織法或條例、中央及地方各級政府機關本於授權訂定之內部行政規則(例如組織規程、處務規程、業務管理及考核要點等)在內。[14]這不免產生適用上之疑義,例如總統在「法定」以外之職務權限」收賄,是否觸犯貪污治罪條例?員警在轄區外收賄是否非屬「法定」職務權限」內之行為,而非刑法上公務員?

---

[12] 最高法院103年度第13次刑事庭會議決議(一)。

[13] 最高法院103年度第13次刑事庭會議決議(二)。

[14] 最高法院103年度台上字第3695號、102年度台上字第3028號、101年度台上字第3043號判決。

 問題思考

> 　　某市政府警察局之警員A發覺轄區外之他市有大型職業賭場，惟因收受賭場經營者給付之金錢而不予調查或通報。該警員應否成立對於違背職務之行為收受賄賂罪？[15]（警察於轄區外收賄，是否屬於刑法上公務員）

■ 參考解答

一、肯定說

　　刑事訴訟法第231條第2項規定：「司法警察知有犯罪嫌疑者，應即開始調查，並將調查之情形報告該管檢察官及前條之司法警察官。」並無管轄區域之限制。又警察任務為依法維持公共秩序，保護社會治安，防止一切危害，促進人民福利；其職權包括依法協助偵查犯罪。警察法第2條、第9條第3款分別定有明文。內政部警政署亦頒訂「警察機關通報越區辦案應行注意事項」，其第1點即揭示：「為提升打擊犯罪能力，發揮各級警察機關整體偵防力量，避免於越區辦案時因配合不當，致生不良後果，特訂定本注意事項。」又於「各級警察機關處理刑案逐級報告紀律規定」第2點第款明定：「各級警察機關或員警個人發現犯罪或受理報案，不論其為特殊刑案、重大刑案或普通刑案，均應立即處置迅速報告分局勤務指揮中心，按照規定層級列管，不得隱匿、延誤或作虛偽陳報擅自結案。」足見警察機關雖有轄區之劃分，然此僅為便利警察勤務之派定、規劃、指揮、督導及考核而已，非指警察僅能於自己所屬管轄區域內協助偵查犯罪。依題旨，A雖任職於某市政府警察局，惟既發覺他市有經營職業賭場之犯罪行為，仍有依法調查或通報等協助偵查犯罪之職責，其違背此項職務而收取對價，自應成立對於違背職務之行為收受賄賂罪。

二、否定說

　　法院組織法第62條規定，檢察官於其所屬檢察署管轄區域內行職務，但遇有緊急情形或法律另有規定者，不在此限。足見除非有但書情形

15　最高法院103年度第8次刑事庭會議決議。

外，否則檢察官僅於其所屬檢察署管轄區域內，始有行使偵查犯罪之職權。而刑事訴訟法第229條第1項第1款規定，警政署署長、警察局局長或警察總隊總隊長於其管轄區域內爲司法警察官，有協助檢察官偵查犯罪之職權。可見該款司法警察官，於管轄區域內，才有協助檢察官偵查犯罪之職權。又同法第230條第1項第1款、第2項、第231條第1項第1款、第2項，雖僅規定警察官長、警察知有犯罪嫌疑者，應即開始調查。但既規定警察官長應將犯罪嫌疑調查之情形報告該管檢察官及協助偵查犯罪之司法警察官；警察應將犯罪嫌疑調查之情形報告該管檢察官及司法警察官；警察官長應受檢察官之指揮，偵查犯罪；警察應受檢察官及司法警察官之命令，偵查犯罪。顯見上開警察官長、警察知有犯罪嫌疑者，應即開始調查之職權，亦應限於管轄區域內，始得爲之。再者，警察勤務條例第3條規定，警察勤務之實施，應晝夜執行，普及轄區。警察機關通報越區辦案應行注意事項第一點規定，爲提升打擊犯罪能力，發揮各級警察機關整體偵防力量，避免於越區辦案時因配合不當，致生不良後果，特訂定本注意事項。第2點第1項第1款前段規定，於管轄區外執行搜索、逮捕、拘提等行動時，應依第3點所定程序通報當地警察機關會同辦理。均可見警察官長、警察原各有管轄區域，於管轄區域內始有調查犯罪之職權，因調查犯罪，如欲於管轄區外執行搜索、逮捕、拘提等行動時，應通報當地警察機關會同辦理。而於搜獲他轄犯罪確切情報，則可通報當地警察機關偵處。並非得於管轄區域外調查犯罪。否則，無異較檢察官與協助偵查犯罪之司法警察官，擁有更廣泛不受轄區限制之調查犯罪權限，顯非適宜。又貪污治罪條例第4條第1項第5款所謂「職務」，係指公務員法定職務權限範圍內，並有具體影響可能之事務。依題旨，A係某市政府警察局警員，縱發覺他市有經營職業賭場之犯罪行爲，並收取賭場經營者之金錢，然因其無在自己所屬管轄區域外調查犯罪之職權，自無成立對於違背職務之行爲收受賄賂罪之餘地。

三、本書看法

本書認爲，肯定說之見解應係參考日本的「一般職務權限理論」所做成的結論，亦即公務員的職務權限不僅限於本身職務上所職掌的「具體職

務權限」（職務分派之內容），尚應包含應照相關法令具有一般的抽象的職務權限即為已足。例如：員警在管轄區外收賄，雖然不符合本身職務上所職掌的「具體職務權限」，但是依警察法第9條，警察有如下的一般職務權限：「1.發佈警察命令。2.違警處分。3.協助偵查犯罪。4.執行搜索、扣押、拘提及逮捕。5.行政執行。6.使用警械。7.有關警察業務之保安、正俗、交通、衛生、消防、救災、營業建築、市容整理、戶口查察、外事處理等事項。8.其他應執行法令事項。」換言之，只要員警係因警察這個特殊地位而受賄，即可成立受賄罪，至於其職務內容分派（具體職務權限）為何，並不重要。

　　如果依照刑法第10條第2項的文義，將賄賂罪的「職務行為」限縮於「法定」之事務、土地與層級管轄的分配（具體職務權限），那刑法上之公務員將完全由行政法來決定，也極易導出如同最高法院103年度第8次刑事庭會議的否定說的推論。依此邏輯，警察可以相約各自到他方的警勤區收取金錢，而不構成收受賄賂罪，但這是明顯違反刑法學理與一般國民認知的（因為警勤職務與區域之分派，一般人民並不清楚）。因此，判定刑法上之公務員，關鍵重點是在於以「居於權力主體之地位行使公務相關權限」，所以本書贊成肯定說的見解。未來刑法第10條第2項之修法若能把握此一概念，當不致掛一漏萬，也不致將公立學校教師、公立醫院醫師動輒入刑。本書建議將條文中的「法定職務權限」刪除，蓋公務員實際上的權限並不以「法定」為限。

 考題觀摩

*下列何者為公務員，並簡述理由：
（一）鄉長。
（二）公營銀行行員。
（三）代收稅款之超商店員。　　　　　　　　【100年身心障礙三等】

*請附理由說明下列甲、乙、丙是否爲刑法第10條第2項的公務員：

（一）甲爲某公立銀行（政府持股超過百分之五十）雇員，辦理受政府稅捐機關委託代收稅費款項。

（二）乙爲拖吊業者，受警察委託從事拖吊違規汽、機車業務。

（三）丙爲某公營事業員工，其所負責之業務雖非爲依政府採購法的規定承辦或監辦採購的行爲，但卻是後階段履約、驗收的承辦、監辦人員。

【98年高考二級】

*甲爲某民營銀行行員，受某鄉鄉公所之委託辦理災害救濟金發放事項。甲因見乙家境特別窮困，乃簽報其銀行長官同意，按救濟金標準加倍發給乙；另甲因見丙家境富裕，遂自作主張，僅發給丙救濟金之半數，餘半數則歸還鄉公所。問甲之責任如何？

【96年司法官】

參、公文書

　　稱公文書者，謂公務員職務上製作之文書，本法第10條第3項定有明文。因此「身分公務員」、「授權公務員」或「委託公務員」職務上製作之文書，應認俱屬刑法所稱「公文書」調解委員進行調解，係屬依法令從事於與公權力行使有關之公共事務，而爲具有法定職務權限之「授權公務員」；調解委員依法從事調解職務製作之文書，則爲「授權公務員」職務上製作之「公文書」。若公務員以公務用箋寫私人信件，因非職務上製作，不屬於公文書。本項規定之主要實益在第210僞造私文書罪與第211僞造公文書之刑責差異，且第213、214條公文書登載不實有特別處罰之規定。[16]

16　張麗卿，《刑事訴訟法理論與運用》，五南，四版，2013.09，62頁。

肆、重傷

本法第10條第4項規定：「稱重傷者，謂下列傷害：一、毀敗或嚴重減損一目或二目之視能。二、毀敗或嚴重減損一耳或二耳之聽能。三、毀敗或嚴重減損語能、味能或嗅能。四、毀敗或嚴重減損一肢以上之機能。五、毀敗或嚴重減損生殖之機能。六、其他於身體或健康，有重大不治或難治之傷害。」對於重傷的內容，詳述如下：

一、毀敗或嚴重減損

所謂「毀敗」係指視覺、聽覺、發聲、味覺、嗅覺、生殖等器官或身軀之肢體受到重大傷害，完全而且永遠喪失機能而言，故機能若僅減衰，或僅一時喪失者，即非毀敗。[17]

因此，刑法上所謂毀敗機能及於身體健康有重大不治之傷害，乃指傷害之結果確係機能毀敗或身體健康確有終身不治之傷害者而言，若僅一時不能動作，不過受傷後之狀態，能否認為已達重傷程度，自非專門學識之人詳予鑑定，不足以資核斷。

所謂「嚴重減損」，觀其修法理由，係基於刑法保護人體機能之考量，並兼顧刑罰體系之平衡，自宜將嚴重減損機能納入重傷範圍等語。是舉凡對各項機能有重大影響，且不能治療或難於治療之情形，應認均構成重傷，以與各該機能以外關於身體或健康之普通傷害與重傷區分標準之寬嚴一致，並使傷害行為得各依其損害之輕重，罪當其罰，俾實現刑罰應報犯罪惡性之倫理性目的而發揮其維護社稷安全之功能。從而，傷害雖屬不治或難治，如於上開機能無重大影響，仍非重傷。而減損視能之程度應達若干，始能認為係「嚴重減損」，法無明文，自應依醫師之專業意見，參酌被害人治療回復狀況及一般社會觀念認定之。[18]

---

[17] 最高法院100年度台上字第4495號判決。

[18] 最高法院101年度台上字第6044號判決。

二、重大不治或難治

所謂「重大不治」，是指終身無法治癒恢復。至於「難治」，係指難以治療，一時之間無法痊癒，與重大不治相同，均為重傷。本法第10條第4項關於重傷之定義，除其第1款至第5款所定，毀敗或嚴重減損視能、聽能、嗅能、一肢以上機能或生殖之機能外，尚包括第6款之「其他於身體或健康，有重大不治或難治之傷害」。例如人之五官外形，均與容貌有關，容貌上顯有缺陷，而又不能回復原狀，自與上開「其他於身體或健康，有重大不治或難治之傷害」之規定相符。[19]又如被害人之鼻準被人以刀削去一截，後雖治癒，然已成缺形，不能回復原狀，實務上也認為係本法第10條第4項第6款所稱「重大不治」之傷害。[20]

 考題觀摩

*甲於假日傍晚時分帶著15歲之乙與13歲之丙，父子三人來到住家附近國小操場玩棒球。甲等三人於操場中央，由乙擔任投手、丙擔任打擊手、甲擔任捕手兼裁判，玩得不亦樂乎。未久，丙擊出一顆長遠的平飛球，沒想到，該球不偏不倚擊中正在操場跑步的A之左眼。由於該球力道強勁，A當場倒地。A被甲緊急送醫，經醫師診查後，發現眼角膜與視網膜嚴重受損，視力從1.0退化至0.2。問甲、丙之行為應如何論罪？

【102年司法特考四等】

伍、性交

性交之定義，是於1999年因妨害性自主罪章之修正而加以增訂。

---

[19] 最高法院103年度台上字第568號判決。
[20] 最高法院25年度2月22日決議。

2005年修法又將性交定義增列「正當目的」與「或使之接合」。[21]現行法刑法第10條第5項性交定義為：「謂非基於正當目的所為之下列性侵入行為：一、以性器進入他人之性器、肛門或口腔，或使之接合之行為。二、以性器以外之其他身體部位或器物進入他人之性器、肛門，或使之接合之行為。」性交定義增訂後，刑法妨害性自主罪章及刑法妨害風化罪章多將原條文中「姦淫」修正為「性交」。惟通姦罪之用語並未修正，實務一貫見解認為刑法第239條所謂之相姦，係指與有配偶之人互相合意，而為姦淫行為。而所謂姦淫，則係指男女之交媾行為，即男子之性器陰莖進入女子之性器陰道之行為，此與修正後刑法將某些條文修正為內涵較為廣泛之性交之情形尚有差異。是檢察官就此類型案件，其所舉出之直接證據或間接證據，即須達通常一般人均不致懷疑行為人間確有交媾之姦淫行為，而得確信其為真實之程度者，始得據為有罪之認定，倘其證明尚未達到此一程度，而有合理之懷疑存在時，即難遽採為不利被告之認定。[22]但有學者認為，性交定義增訂後，通姦行為也應包含「性交」行為。[23]

由於「正當目的」之性侵入行為，乃因為要與基於醫療或其他正當目的所為之進入性器行為有所區隔，因此增訂了正當目的之性侵入行為非性交的定義。又為涵括女對男之「性交」之概念，所以又明文規定「或使之接合」之定義。

陸、電磁紀錄

本法第10條第6項：「稱電磁紀錄者，謂以電子、磁性、光學或其他相類之方式所製成，而供電腦處理之紀錄。」有關電磁紀錄之定義，係規定在第十五章偽造文書印文罪章中第220條第3項中，然有關電磁紀錄亦適用於該章以外之偽造有價證券罪（§201-1、204、205）、第二十八章妨

---

[21] 張麗卿，《刑事訴訟法理論與運用》，五南，四版，2013.10，64頁。

[22] 最高法院102年度上易字第1088、101年度上易字第2847、101年度上易字第2643、100年度上易2844、99年度上易字第175判決號判決。

[23] 林東茂，《刑法綜覽》，一品，七版，2012.08，第2-294頁。

害秘密罪章（§315-1）、刑事訴訟法（§§122、128）、陸海空軍刑法（§§20、31、63、78）、軍事審判法（§111）等，已非單純於分則編之偽造文書印文罪章適用之，故將現行第220條第3項有關電磁紀錄之定義，增列「光學或其他相類之方式所製成」之紀綠後，以資概括適用。

第五章　刑法的適用範圍

第一節　刑法之「時」的效力範圍

壹、時之效力

一、各國立法例

有從新（裁判時法）、從舊（行爲時法）、從輕、折衷（從舊從輕、從新從輕）等原則。

二、我國規定：「從新從輕」原則改採「從舊從輕」原則

本法第2條第1項規定：「行爲後法律有變更者，適用裁判時之法律。但行爲後之法律有利於行爲人者，適用最有利於行爲人之法律。」舊法原規定，「行爲後法律有變更者，適用裁判時之法律」即學說所謂之「從新原則」，但難以與第1條罪刑法定主義契合，而有悖於法律禁止溯及既往之疑慮，爲貫徹罪刑法定原則之精神，故2005年修法，改採「從舊從輕」原則。

貳、法律變更

一、概念

所謂「法律有變更」之「法律」，指廣泛的整體刑罰法規而言，包括刑罰法規以外之其他法律及行政規章、命令。[1]

---

[1] 陳子平，《刑法總論》，元照，二版，2008.09，66頁。

 問題思考

空白刑法補充規範之法規命令變更是否屬法律有變更？

■ 參考解答

（一）否定說（實務所採）

大法官認為，行政院依懲治走私條例第2條第2項專案指定管制物品及其數額之公告，其內容之變更，對於變更前走私行為之處罰，不能認為有刑法第2條之適用。[2]

最高法院認為，行政院將管制物品重行公告，乃是行政上適應當時情形所為「事實變更」，而非刑罰法律有所變更。[3] 故如事實變更，及刑罰法律外之法令變更，均不屬本條所謂法律變更範圍之內，蓋如行政命令之變更，可視為刑罰法律之變更，則非僅與法條文義不合，且刑罰操諸行政機關之手，本已構成犯罪者，可以變更命令為手段，而免於處罰，顯與罪刑法定主義有違。[4]

（二）肯定說（學者通說）

學說多數認為，所謂「法律有變更」，除了刑罰法規外，尚包括填補規範之變更（如空白刑法），亦即「當作禁止內容之法律、行政規章或行政命令」之變更，亦屬法律變更。[5] 由於現代新型態的犯罪，不管是毒品犯罪、野生動物保育、懲治走私條例、環境刑法等，均屬高度專業管制領域，採空白刑法立法方式，乃大勢所趨。實務見解擔憂倘採「法律變更」說，刑罰將操諸行政機關之手，然而行政機關對於補充條款之變更，仍是在立法授權的範圍內為之，並非不受拘束而為，故採「法律變更說」毋寧

2　司法院釋字第103號解釋。
3　最高法院49台上字第1093判例。
4　最高法院51台非字第76判例。
5　張麗卿，《刑法總則理論與運用》，五南，四版，2013.10，68頁。

較爲妥當。[6]

（三）本書見解

本書認爲，此類空白刑法所補充的行政命令，必爲行政程序法上的法規命令（即學理上的授權命令），若行政機關所發布的法規命令牴觸母法授權之範圍及目的，應依憲法第172條、行政程序法第158條第1項第1款，無效。因此，實務見解所擔心的問題並不存在，是以本書贊成通說的意見。

二、新增處罰規範

依本法第1、2條的規範意旨，若舊法無處罰規定，則新法不得溯及既往。

三、刪除處罰條款（「除罪化」）

（一）**偵查階段**：不起訴處分（刑訴§252④）；
（二）**審判階段**：免訴判決（刑訴§302④）；
（三）**執行階段**：未執行—免其刑之執行；執行未完畢—逕予釋放。[7]

四、可罰範圍之變更

行爲後法律有變更者，適用「行爲時」之法律。但「行爲後」之法律有利於行爲人者，適用最有利於行爲人之法律。（刑法§2I）。

6　王皇玉，《刑法總則》，新學林，初版，2014.12，72頁。同採此說者尚有：林山田，《刑法通論（上）》，元照，十版，2008.01，127頁；陳子平，《刑法總論》，元照，二版，2008.09，66頁；林鈺雄，《新刑法總則》，元照，四版，2014.09，64頁；張明偉，《學習刑法—總則編》，五南，四版，2013.09，48頁以下。

7　司法院院解字第3409號解釋。

（一）輕→重　§2 I（本文）→從舊（行為時法）

（二）重→輕　§2 I（但書）→從輕（裁判時法）

第2條第1項規定之從舊從輕原則，適用的時機乃在裁判未確定前，若於判決確定後，法律產生變更，原本應無是否該從舊或從新的問題，惟立法者基於慎刑的思考，乃於刑法第2條第3項規定，若裁判確定後，未執行或執行未完畢，但法律變更為不處罰者，則免其刑的執行。

被告犯罪後法律有變更，而比較行為時及裁判時之法律孰為有利於被告時，應就罪刑有關之一切情形，比較其全部之結果，而為整體之適用。至於「免其刑之執行」與「免除其刑」不同，「免除其刑」應作免刑判決解釋（刑訴§299）；「免其刑之執行」：僅不執行其刑罰。必須留意的是，此條文的適用僅限於法律變更為不處罰，若僅是變更為較輕的刑罰則不適用。保安處分亦同此適用。

四、刑法第2條修正後各級法院一致性的見解

（一）法律變更之比較適用原則

新法第2條第1項之規定，係規範行為後法律變更所生新舊法律比較適用之準據法，於新法施行後，應適用新法第2條第1項之規定，為「從舊從輕」之比較。基於罪刑法定原則及法律不溯及既往原則，行為之處罰，以行為時之法律有明文規定者為限，**必行為時與行為後之法律均有處罰之規定**，始有新法第2條第1項之適用。[8]

拘束人身自由之保安處分，亦有罪刑法定原則及法律不溯及既往原則之適用，其因法律變更而發生新舊法律之規定不同者，依新法第1條、第2條第1項規定，定其應適用之法律。至非拘束人身自由之保安處分，仍適用裁判時之法律。

比較時應就罪刑有關之共犯、未遂犯、想像競合犯、牽連犯、連續犯、結合犯，以及累犯加重、自首減輕暨其他法定加減原因（如身分加

---

[8] 最高法院95年度第8次刑事庭會議決議。

減）與加減例等一切情形，綜其全部罪刑之結果而爲比較。

從刑附屬於主刑，除法律有特別規定者外，依主刑所適用之法律。

（二）刑法用語之立法定義

新法第10條第2項所稱公務員，包括同項第1款之職務公務員及第2款之受託公務員，因舊法之規定已有變更，新法施行後，涉及公務員定義之變更者，應依新法第2條第1項之規定，適用最有利於行爲人之法律。

 考題觀摩

*試說明「空白刑法補充規範」的意義，並論述「空白刑法補充規範」之變更所可能存在的刑法意義。　　　　　　　　　　　　【93年司法四等】

*有關刑法之「時之效力」的學說有那些？我國刑法第二條如何規定？試分別說明之。　　　　　　　　　　　　　　　　　　　【93年警特三等】

*有關刑法之「時的效力」（亦即刑法的時間適用範圍）之學說有那些？我國刑法第2條如何規定？該條規定是否妥適？試評述之。　【102年高考二級】

（三）刑、主刑、罰金刑

新法第33條第5款規定罰金刑爲新台幣一千元以上，以百元計算之，新法施行後，應依新法第2條第1項之規定，適用最有利於行爲人之法律。

1. 刑之重輕

刑之重輕標準，依裁判時之規定。

2. 易刑處分

易科罰金之折算標準、易服勞役之折算標準及期限，新法施行後，應依新法第2條第1項之規定，適用最有利於行為人之法律。

（四）累犯

新法施行前，過失再犯有期徒刑以上之罪，新法施行後，應依新法第2條第1項之規定，適用最有利於行為人之法律。

（五）數罪併罰、定應執行刑

1. 新法第51條第2款增訂罰金與死刑併予執行；第5款提高多數有期徒刑合併應執行之刑不得逾三十年，新法施行後，應依新法第2條第1項之規定，適用最有利於行為人之法律。裁判確定前犯數罪，其中一罪在新法施行前者，亦同。

2. 想像競合犯：

新法第55條但書係科刑之限制，為法理之明文化，非屬法律之變更。

3. 牽連犯：

犯一罪而其方法或結果之行為，均在新法施行前者，新法施行後，應依新法第2條第1項之規定，適用最有利於行為人之法律。若其中部分之行為在新法施行後者，該部分不能論以牽連犯。

4. 連續犯：

(1)連續數行為而犯同一之罪名，均在新法施行前者，新法施行後，應依新法第2條第1項之規定，適用最有利於行為人之法律。部分之數行為，發生在新法施行前者，新法施行後，該部分適用最有利於行為人之法律。若其中部分之一行為或數行為，發生在新法施行後者，該部分不能論以連續犯。

(2)常業犯之規定刪除後之法律比較適用，同前。

（六）刑之酌科及加減

　　新法第57條、第59條之規定，為法院就刑之裁量及酌減審認標準見解之明文化，非屬法律之變更。

　　新法施行前，犯新法第61條第2款至第6款增訂之罪名者，新法施行後，應依新法第2條第1項之規定，適用最有利於行為人之法律。

　　犯罪及自首均在新法施行前者，新法施行後，應依新法第2條第1項之規定，適用最有利於行為人之法律。

　　犯罪在新法施行前，自首在新法施行後者，應適用新法第62條之規定。

　　未滿十八歲之人在新法施行前，犯本法第272條之罪者，新法施行後，應依新法第2條第1項之規定，適用最有利於行為人之法律。

　　新法施行前，犯法定本刑為死刑、無期徒刑之罪，有減輕其刑之原因者，新法施行後，應依新法第2條第1項之規定，適用最有利於行為人之法律。

　　新法施行前，法定罰金刑有加減之原因者，新法施行後，應依新法第2條第1項之規定，適用最有利於行為人之法律。

（七）緩刑

　　犯罪在新法施行前，新法施行後，緩刑之宣告，應適用新法第74條之規定。

（八）保安處分

　　監護處分或酗酒禁戒處分之事由，發生在新法施行前者，新法施行後，應依新法第2條第1項之規定，視其具體情形，適用最有利於行為人之法律。

　　強制工作或強制治療之事由，發生在新法施行前者，新法施行後，應

依新法第2條第1項之規定，適用最有利於行為人之法律。拘束人身自由保安處分之事由，發生在新法施行前者，新法施行後，其許可執行，應依新法第2條第1項之規定，適用最有利於行為人之法律。

（九）告訴或請求乃論之罪

刑罰法律就犯罪是否規定須告訴（或請求）乃論，其內容及範圍，暨其告訴或請求權之行使、撤回與否，事涉國家刑罰權，非僅屬單純之程序問題，如有變更，亦係刑罰法律之變更，而有新法第2條第1項之適用。

五、繼續犯無法律變更之適用

而所謂繼續犯，係指行為持續的侵害一個法益，雖僅有一個行為，但其不法之狀態，則在持續狀態中，例如：凡參加以犯罪為宗旨之結社，其一經參加，犯罪固屬成立，惟在未經自首或有其他事實證明其確已脫離該結社以前，其違法情形仍繼續存在，而屬行為繼續之繼續犯。[9]又如，當被誘人未回復自由以前，仍在其犯罪行為繼續實施之中，故略誘罪亦為繼續犯。[10]是以繼續犯之犯罪行為繼續實施中，其間法律縱有變更，但其行為既繼續實施至新法施行之後，自無行為後法律變更之可言，仍應依新法處斷。

六、「裁判時」範圍包含各審級及再審但不含非常上訴

刑法第2條第1項但書所稱之法律，係指實體法而言，程序法不在其內。行為後因法律有變更，裁判時之法律與裁判前之法律與其得上訴於第三審法院之限制規定不同時，無論是否依刑法第2條第1項但書而適用最有

9　最高法院89年度台上字第5721號判決。

10　最高法院28年上字第733號判例。

利於行為人之法律，均以裁判時之法律定其得否上訴於第三審法院。[11]因此，所謂「裁判時」，兼指第一、第二、第三審各級法院之裁判而言。此外，依刑事訴訟法第436條規定：「開始再審之裁定確定後，法院應依其審級之通常程序，更為審判。」故應亦包括再審之裁判。但非常上訴係以糾正原確定判決適用法令之錯誤為目的，且其效力原則上不及於被告（刑訴§§441、448）。然而，提起非常上訴後法律有變更者，法院亦僅得適用原判決所適用之舊法加以糾正。非常上訴審認非常上訴有理由，依法撤銷原判決而另行判決時，係代替原審就其裁判時應適用之法律而為裁判，於非常上訴判決並無刑法第2條第1項比較適用之問題。[12]

 選擇題練習

*有關刑法變更時，新舊法之適用，下列敘述何者錯誤？[13]　(A)行為後法律有變更者，原則上適用行為時之法律　(B)非拘束人身自由之保安處分適用裁判時之法律　(C)行為後之法律有利於行為人者，適用裁判時之法律　(D)保安處分之裁判確定後，執行未完畢，而法律變更為不施以保安處分者，免其保安處分之執行。　　　　　　　　　　　【103年大警二技】

*刑法第1條規定「行為之處罰，以行為時之法律有明文規定者為限」，此一原則稱之為何？[14]　(A)誠實信用原則　(B)禁止類推原則　(C)法律保留原則　(D)罪刑法定原則。

11　最高法院89年度第5次刑事庭會議決議。

12　最高法院95年度台非字第317號判決。

13　答案為(C)。

14　答案為(D)。

*關於刑法第91條之1強制治療處分，下列敘述，何者正確？[15]　(A)犯強制性交罪之犯罪人，於裁判前應經精神鑑定，如有施以治療之必要，得令入相當處所施以治療　(B)犯強制性交罪之犯罪人，於徒刑執行期滿前，接受輔導或治療後，經鑑定評估，認有再犯危險，得令入相當處所施以治療　(C)犯強制性交罪之犯罪人，其強制治療期間為至治癒為止，但最長不得逾3年(D)犯強制性交罪之犯罪人，其強制治療期間為至再犯危險顯著降低為止，但最長不得逾3年。　　　　　　　　　　【103年司法官、律師第一試】

*行為後如遇有法律變更，有關刑法之適用原則，下列那一項敘述是正確的？[16]　(A)依實務之見解，法律變更只包含刑罰法律的變更，不包含其他法律及空白刑法補充條款之行政命令的變更　(B)如行為時之法定刑較重但須告訴乃論，行為後之法定刑較輕但卻非告訴乃論之罪，則有關法定刑之部分應適用行為後之法律，有關告訴乃論之部分則應適用行為時之法律　(C)法律變更只包括犯罪成立要件之變更，不包括法律效果之變更　(D)法律變更只包括法律效果之變更，不包括犯罪成立要件之變更。　　　　　　　　　　　　　　　　　　　　　　【101年律師第一試】

參、限時法

一、概念

　　所謂的「限時法」，乃是指基於一定之必要，而自始規定僅於特定期間內生效之法律。此種法律，待施行之特定期間一屆滿，即自動失效。[17]

　　例如於民國33年4月8日，經國民政府公布之懲治盜匪條例，依當時

---

[15] 答案為(B)。

[16] 答案為(A)。

[17] 林書楷，《刑法總則》，五南，二版，2014.09，29頁。

法律施行日期條例之規定，自當日生效施行。而該條例第10條規定：「本條例施行期間定為一年；必要時，得以命令延長之」，顯為限時法之規定。

 **問題思考**

> 限時法失效後有無從舊從輕原則之適用？

■ 參考解答

（一）否定說

有學者參考德國，德國刑法第2條規定，失效乃因其立法理由的消失，而非因法律觀念的改變而為的修正，故行為若在限時刑法的有效期限內違犯者，縱然在裁判時，限時刑法已因法定有效期限的經過而失效，在理論上，自仍應適用該限時刑法來定罪科刑。[18]

（二）肯定說

惟有學者採肯定看法，理由如下：既然原本規定特定期間內才處罰，如果立法者認為，該限時法期限內的行為，於期限後仍應加以處罰，即應明文訂出規定。再者，若此等規定想要打破罪刑法定原則與「從舊從輕原則」，基於對人民基本權利之保護，除法律另明文規定，否則應從嚴解釋。[19]也有主張為避免實質造成國家刑罰權的擴張，有違反「罪刑法定原則」之疑慮，在現行法並無類似德國刑法有限時法之明文規定的情況下，故以採肯定說為當。[20]

（三）本書見解

本書認為，此問題應依個案具體判斷。以懲治盜匪條例為例，其經立法程序於46年6月5日修正公布施行，已將該條例由限時法改為經久施行之

18　林山田，《刑法通論（上）》，元照，十版，2008.01，128頁。

19　王皇玉，《刑法總則》，新學林，初版，2014.12，68頁以下。

20　林書楷，《刑法總則》，五南，二版，2014.09，29頁。

常態性刑事特別法，實質上等於重新立法，並無「期滿當然廢止」可言。故應屬本法第2條第1項之行為後法律有變更，而非犯罪後之法律已廢止其刑罰。

第二節　刑法之「地的效力」

壹、基本原則

一、立法原則

　　有關刑法場所的適用範圍，各國立法例不盡相同，約有屬地、屬人、保護、及世界原則等原則。我國刑法原則上採屬地原則，並兼採其他原則為補充。

（一）屬地原則

　　以本國領域為準，祇要在本國領域內犯罪，不問其國籍為何，均得適用本國刑法予以處罰。

（二）屬人原則

　　以本國國民為準，祇要是本國國民所實施的犯罪，不問其犯罪地為何，均得適用本國刑法予以處罰。

（三）保護原則

　　以本國利益為準，祇要侵害本國或本國國民利益的犯罪，不問其國籍及犯罪地為何，均得適用本國刑法予以處罰。

（四）世界原則

　　也就是不問犯人之國籍為何或犯罪地何在，亦不問其所侵害者為本國或他國之利益，倘有犯罪，均得適用本國刑法予以處罰。

　　我國刑法係以「屬地主義」為原則，而輔以「屬人主義」、「保護主義」、「世界主義」。根據本法第3條至第8條，原則上本法只適用「在中華民國領域內之犯罪」，「在中華民國船艦或航空器內犯罪」，或者「犯罪之行為或結果有一在中華民國領域內者」，亦為在中華民國領域內犯罪；除此之外，對於在中華民國領域外犯罪的，除非是符合本法第5至第7條的特定犯罪，否則不適用本法。

二、屬地原則（又稱領土原則）之內涵

　　刑法關於地的效力的主要原則為屬地原則。所謂「屬地原則」是指凡在本國領域內發生的犯罪，不論行為人或被害人為本國人或外國人或無國籍人，亦不問是何種犯罪，侵害何種法益，均適用本國刑法處斷。亦即在本國主權所及的領域內，刑法均有地的效力，而一概適用本法。

（一）實質領域（現實領土，§3前「本法於在中華民國領域內犯罪者，適用之」）

　　所謂「領域」，包括：1.領土；2.領海（大陸礁棚向外延伸12海浬）；3.領空（領土、領海向上延伸，至多高仍未定論）。

　　所謂在中華民國領域內犯罪，是指在中華民國主權所及的領土、領海及領空內犯罪時，不問其國籍為何，均得適用我國刑法予以處罰。至所謂犯罪，包括行為及結果在內。如隔地犯的情形，如其行為或結果，有一在國內，有一在國外時，為避免適用上發生疑義，我國刑法於第4條規定：「犯罪之行為或結果，有一在中華民國領域內者，為在中華民國領域內犯罪」。

（二）擬制（想像）領域

實質領域外，尚包括「擬制領土」：

1. 法定：在中華民國領域外（公海上或外國領海內）之中華民國船艦或航空器（§3後），本國的船艦或航空器，無論爲國有或私有，雖航行或停泊或停放於本國領域之外，仍以本國的領域論。因此，在這些擬制的領土上犯罪，仍適用本法處斷。本法第3條（修正條文）於在中華民國領域內犯罪者，適用之。在中華民國領域外之中華民國船艦或航空器內犯罪者，以在中華民國領域內犯罪論。

「航空機」之含義，較之包含飛機、飛艇、氣球及其他任何藉空氣之反作用力，得以飛航於大氣中器物之「航空器」（參見民用航空法§2①）範圍爲狹。航空器雖未必盡可供人乘坐航行，但「犯罪地」一詞如採廣義解釋，當包括中間地，則此種航空器亦有成爲犯罪地之可能。

2. 依慣例包含下列情形：

(1)中華民國人民在無主地

(2)軍隊占領地

(3)本國外交使節在外國

(4)至於是否包含「駐外使館」？實務上認爲應「以外國政府是否放棄」爲準。對於在我國駐外使領館內犯罪者，是否亦應以在我國領域內犯罪論，則無規定。按國際法上對於任何國家行使之管轄權並無嚴格限制，在慣例上，本國對於本國駐外使領館內之犯罪者，能否實施其刑事管轄權，常以駐在國是否同意放棄其管轄權爲斷。是以對於在我國駐外使館內之犯罪者，若有明顯之事實證明，該駐在國已同意放棄其管轄權者，自亦得以在我國領域內犯罪論。[21]

---

[21] 最高法院58年8月25日決議。

貳、輔助原則

一、屬人主義

屬人原則是指凡本國人違反本法，無論是在本國領域內或在領域外違犯，均應適用本法處斷。就屬地原則而論，本國人在本國領域外犯罪，本法即無適用的餘地。惟刑法認為部分本國人在本國領域外犯特定的罪，亦有適用本法處罰的必要，故對於這一部分採屬人原則，包括：

（一）本國公務員在領域外犯特定罪（§6）

依本法第6條規定，中華民國公務員在中華民國領域外犯下列各罪的，適用本法：

1. 受賄罪（§121、§122）、準受賄罪（§123）、濫用追訴處罰罪（§125）、凌虐人犯罪（§126）、違法徵收稅款或抑留剋扣款物罪（§129）、公務員圖利罪（§131）、洩漏國防以外秘密罪（§132）、不純正瀆職罪（§134）。

2. 公務員縱放或便利脫逃罪（§163）。

3. 公務員登載不實罪（§213）。

4. 公務侵占罪（§336 I）。

（二）本國人在領域外犯特定罪（§7）

本法第7條：「本法於中華民國人民在中華民國領域外犯前二條以外之罪，而其最輕本刑為三年以上有期徒刑者，適用之。但依犯罪地之法律不罰者，不在此限。」要件包括：

1. 中華民國人民在中華民國領域外，犯第5條及第6條以外之罪，

2. 而其本刑為最輕三年以上有期徒刑者

3. 依犯罪地之法律也有處罰。

意思是：中華民國人民在中華民國領域外，如果犯了同法第5條、第6條以外之罪名，必須該罪名之最輕法定本刑為三年以上有期徒刑，且犯罪地之法律有處罰時，才能適用我國刑法予以處罰。如本國人在外國殺人（§271），或如本國人在外國犯強盜罪（§328）等，則本法仍有適用的餘地。但如本國人在外國犯輕傷罪（§277I）或竊盜（§§320、321），則因法定刑均非三年以上有期徒刑的罪，故均無本法的適用。

（三）刑法第7條之特別規定

1.兒童及少年性交易防制條例第22條

與未滿十六歲之人為性交易者，依刑法之規定處罰之。十八歲以上之人與十六歲以上未滿十八歲之人為性交易者，處一年以下有期徒刑，拘役或新臺幣十萬元以下罰金。中華民國人民在中華民國領域外犯前二項之罪者，不問犯罪地之法律有無處罰規定，均依本條例處罰。

2.貪污治罪條例第11條

(1)對於第2條人員，關於違背職務之行為，行求、期約或交付賄賂或其他不正利益者，處一年以上七年以下有期徒刑，得併科新臺幣三百萬元以下罰金。(2)對於外國、大陸地區、香港或澳門之公務員，就跨區貿易、投資或其他商業活動有關事項，為前項行為者，處五年以下有期徒刑或科新臺幣一百萬元以下罰金。(3)不具第2條人員之身分而犯前二項之罪者，亦同。(4)犯前三項之罪而自首者，免除其刑；在偵查或審判中自白者，減輕或免除其刑。(5)在中華民國領域外犯第1項、第2項之罪者，不問犯罪地之法律有無處罰規定，均依本條例處罰。

二、保護主義

保護原則，是指凡侵害本國國家法益或本國人民法益的犯罪，無論行為人為本國人或外國人或無國籍人，亦不問犯罪發生在本國領域內或領域外，均適用本法處斷。犯罪地在國外，且行為人又非本國人，依屬地原則

或屬人原則，本國刑法均無適用的餘地，故刑法乃採保護原則，以資補救，計有：

（一）保護本國的國家法益（§5①、②、③、⑤、⑥、⑦）

第5條：本法於凡在中華民國領域外犯下列各罪者，適用之：

第1款　內亂罪。

第2款　外患罪。

第3款　第135條、第136條及第138條之妨害公務罪。

公務員執行公務，不問在國土內外，均不容非法妨害，為貫徹公權力之行使、維護國家之威信，除對在國內觸犯妨害公務罪之中華民國人民或外國人應予處罰外，對在國外妨害我國外交代表（包括大使、公使等駐外使領館人員及因特定任務所派遣之專使等使節）執行公務者，亦有加以刑事制裁之必要，爰就刑法分則第五章妨害公務罪各條規定予以分析，認以第135條妨害執行職務罪、強制罪及其結果加重犯，第136條聚眾妨害公務罪及其結果加重犯，第138條侵害公務上掌管文書物器罪，縱在國外犯之者，亦宜予處罰，於2005年修法時本條增訂第3款，作為在國外違犯者，適用我國刑法之依據，藉保國家尊嚴並利外交代表公務之推行。

第5款　偽造貨幣罪。

第6款　第201條至第202條之偽造有價證券罪。

本法第210條之1係有關信用卡犯罪之處罰，有鑒於信用卡、金融卡等已成為世界性之支付工具，在國外犯之，亦應適用本法制裁，以兼顧保護交易制度之安全及國人之財產權，爰於2005年修法時增列第6款。

刑法為國內法，採屬地主義；本法第5條第1款至第5款之規定，雖兼採保護主義，但以我國國家、社會、人民之法益為保護之對象；故本法第5條第4款所稱有價證券不包括在外國發行流通之有價證券在內。[22]

第7款　第221條、第214條、第218條及第216條行使第211條、第213條、第214條文書之偽造文書罪。

22　最高法院72年台上字第5872號判例。

（二）保護本國人民的法益（外國人國外對國人犯罪之適用 §8）

第8條　前條之規定，於在中華民國領域外對於中華民國人民犯罪之外國人準用之。要件包括：

1. 外國人於領域外對於中華民國人民，犯第5條及第6條以外之罪，
2. 而其本刑為最輕三年以上有期徒刑者
3. 依犯罪地之法律也有處罰。

三、世界主義：（§5④、⑧、⑨、⑩）

世界原則係出於世界法秩序的整體觀，認為某些特定犯罪，不問行為人的國籍、犯罪地，任何國家的刑法，均有適用的效力。本法第5條、第6條至第8條規定，凡在中華民國領域外犯下列各罪者，適用本法：

第5條　本法於凡在中華民國領域外犯下列各罪者，適用之：

第4款　第185條之1及第185條之2之公共危險罪。

本法分則第十一章「公共危險罪」，所增訂之第185條之1之劫持交通工具罪及第185條之2危害飛航安全罪，其犯罪縱在中華民國領域外，亦應嚴加遏阻，已為國際上之共同要求。爰於2005年修法時，增訂第4款，不問犯罪行為人國籍如何，被害法益何屬，均應適用本法予以制裁，以符世界主義之立法精神。

第8款　毒品罪。但施用毒品及持有毒品、種子、施用毒品器具罪，不在此限。

施用毒品之行為在部分國家認屬病態行為，並不課以刑罰，為避免適用上之困擾，爰將在中華民國領域外施用毒品之行為予以排除，不適用本法之規定。另單純持有毒品、種子、施用毒品器具者，情節較諸施用行為輕，其在中華民國領域外犯之，亦應排除本法之適用。

第9款　第296條及第296條之1之妨害自由罪。

第10款　第333條及第334條之海盜罪。

參、隔地犯（§4）

犯罪之行為或結果，有一在中華民國領域內者，為在中華民國領域內犯罪（第4條）。犯罪行為地與犯罪結果地不在同一處所者，謂之隔地犯（犯罪地包括行為地與結果地）。行為與結果有在我國領域外時，應如何適用刑法，學說有四：

（一）**行為地說**：以行為地之法律為準據法；

（二）**結果地說**：以結果發生地之法律為準據法；

（三）**中間效力說**：以行為與結果間所發生之中間現象或中間結果地之法律為準據法；

（四）**折衷說**：即犯罪固須有行為，亦因有結果而完成，故行為地與結果地之法律，均可適用。

我國刑法採折衷說。犯罪地包括：犯罪行為地、犯罪結果地、中間地等（學理稱此為**法律普遍存在理論**）。由於犯罪地有行為地與結果地的區分，行為地與結果地二者假如均在本國領域內，則屬地原則的適用，固不生問題；惟如二者僅有其中之一在本國領域內，則屬地原則的適用，究竟應就行為地，抑就結果地而作認定，即會發生爭論。為避免適用刑法時因解釋的不同致生問題，故在本法第4條明訂：「犯罪之行為或結果，有一在中華民國領域內者，為在中華民國領域內犯罪。」因此，無論是犯罪的行為地，抑或犯罪結果的發生地，甚而包括中間過程，只要其中有一個在本國領域內，即視為在本國領域內犯罪，而適用本法處斷。

 選擇題練習

*於公海上空飛往我國之泰國所屬航空器上，兩位泰國旅客甲與A發生衝突，甲憤而將A打成重傷，於航空器降落我國機場後，航空站立即派救護車將A送醫，但A仍不治死亡。下列敘述，何者正確？[23]　(A)由於行為並非發

23　答案為(C)。參照刑法第3、4條。

生於我國領域內，我國法院對甲不得行使審判權　(B)由於行爲人甲與被害人A均非我國人民，我國法院對甲不得行使審判權　(C)由於結果地發生於我國領域內，我國法院對甲得行使審判權　(D)由於事發後該航空器第一個停靠站是我國機場，我國法院對甲得行使審判權　【102年律師第一試】

*下列何種情形不適用我國刑法處罰？[24]　(A)菲律賓人在我國犯竊盜罪　(B)柬埔寨人在公海上運送毒品　(C)日本人在我國籍飛機上毆打日本人成傷　(D)美國人在法國詐欺我國人。　【103年司法官、律師第一試】

*我國屏東籍漁船「廣大興28號」在鵝鑾鼻東南方164浬與菲律賓重疊的經濟海域作業，遭到菲律賓海監船開槍掃射，造成我國一名船員中槍身亡（以下簡稱本案）。問下列敘述何者正確？[25]　(A)本案因發生於我國領海，故有我國刑法之適用　(B)本案因屬最輕本刑三年以上有期徒刑之罪，故有我國刑法之適用　(C)我國對於本案有審判權，亦有管轄權　(D)我國對於本案有審判權，但管轄權之有無，視我國與菲律賓之協議而定　(E)我國如對本案有管轄權，其管轄法院爲屏東地方法院。　【102年警大二技】

*下列何種情形「不」適用我國刑法處罰？[26]　(A)索馬利亞人在公海上對英國籍商船爲海盜行爲　(B)美國人在美國詐欺我國人　(C)菲律賓人在日本僞造中華電信公司股票　(D)馬來西亞人在泰國對我國人爲強盜行爲　【104年警佐班】

---

[24] 答案爲(C)。

[25] 答案爲(B)、(C)、(E)我國領海爲12海浬；200海浬爲經濟海域（我國國民捕魚權之範圍）。但被害人爲我國人，依保護主義，我國有司法審判權及管轄權，參照刑法第5、8條。

[26] 答案爲(B)基於世界主義，海盜行爲亦有我國刑法之適用；基於保護主義，僞造有價證券罪有我國刑法之適用；詐欺罪非本刑爲最輕三年以上有期徒刑；強盜罪爲最輕三年以上有期徒刑。

肆、海峽兩岸犯罪之刑法適用

我國刑法採屬地原則（本法§3、4），假如有大陸人民於台灣地區觸犯我國刑法，自得依我國刑法制裁，此無疑義。但如有台灣地區人民在大陸地區犯罪後，潛逃回台；或有大陸地區人民在大陸地區犯罪後，潛逃來台，則我國法院得否以我國刑法加以制裁？若依現行臺灣地區與大陸地區人民關係條例第2條第2款規定：「大陸地區：指台灣地區以外之中華民國領土。」揭示大陸地區仍屬我中華民國之領土；該條例第75條復規定：「在大陸地區或在大陸船艦、航空器內犯罪，雖在大陸地區曾受處罰，仍得依法處斷。但得免其刑之全部或一部之執行。」據此，大陸地區現在雖因事實上之障礙為我國主權所不及，但在大陸地區犯罪，仍應受我國法律之處罰，即明示大陸地區猶屬我國領域，並未對其放棄主權，上述二種情形仍得適用我國刑法（即台灣刑法）制裁，即使該案曾經在大陸受過處罰，也仍得依法處斷。但得免其刑之全部或一部之執行。」

伍、外國法院裁判之效力

外國法院裁判之效力，對本國而言涉及主權獨立及司法完整行使的層面，因此犯罪地如在本國領域外，雖依上述三個輔助原則的規定，亦有可能適用本法處斷，但因外國法院依據屬地原則，自亦可適用其刑法科處。這些外國的裁判，就我國的刑罰權觀之，僅屬一種事實狀態，而非具有確定力的裁判，此種情形，固得依國家主權，不顧外國的裁判，而適用本國刑法以為裁判。但是，犯人在外國已就同一事件接受刑罰的執行，倘再予執行，實已超越其責任程度，頗對其不利。因此，本法第9條特規定，同一行為雖經外國確定裁判，仍得依本國刑法處斷（犯罪成否與刑罰的判斷）。但在外國已受刑的全部或一部的執行者，得免其刑的全部或一部的執行。

陸、在駐外使領館內犯罪

本法第3條所稱中華民國之領域，依國際法上之觀念，固有其眞實的領域及想像的（即擬制的）領域之分，前者如我國之領土、領海、領空等是，後者如在我國領域外之我國船艦及航空機與我國駐外外交使節之辦公處所等是，但同條後段僅規定在我國領域外船艦及航空機內犯罪者，以在我國領域內犯罪論，對於在我國駐外使領館內犯罪者，是否亦屬於在我國領域內犯罪論，則無規定。按國際法上對於任何國家行使的管轄權，並無嚴格之限制，在慣例上本國對於本國駐外使領館內之犯罪者，能否實施其刑事管轄權，常以駐在國是否同意放棄其管轄權爲斷。是以對於在我國駐外使領館內犯罪者，若有明顯之事證，足認該駐在國已同意放棄其管轄權，自得以在我國領域內犯罪論。[27]

第三節　刑法之人的效力範圍

所謂刑法之人的效力，事實上可理解爲「屬地原則之限縮」，依地之原則，原應適用我國刑法者，因具備某種條件而例外不適用我國刑法，此即人之效力，但有下列二種例外：

壹、國內法之例外

依國內法的規定，下列的人雖在本國領域內犯罪，但不一定全部毫無例外地適用本法處斷：

---

[27] 最高法院58年度第1次民、刑庭總會決議。

一、言論免責權

依憲法第73條規定，立委在院內所爲的言論及表決，對院外不負責。這裡的不負責，是絕對的，包括民事與刑事責任，所以不是訴追障礙，而是免責條款，不過要注意，**免責條件是屬於實體問題，其並非一種司法豁免權**，所以立法委員於會期中，雖然有不受逮捕特權，但若國會同意，依據憲法增修條文第4條第8項，其仍可被逮捕，至於搜索、扣押因無明文爲特殊禮遇，故與一般民眾相同。

立委言論依憲法第73條有免責權，爲確保立委行使職權無所瞻顧，此項言論免責權保障範圍，應作最大程度之界定，舉凡在院會或委員會之發言、質詢、提案、表決以及與此直接相關之附隨行爲，如院內黨團協商、公聽會之發言等均屬應予保障之事項。[28]因此，立委在立法院舉行記者會中所發表的言論，是否逾越立委行使職權之行爲，還需要法院依個案認定。

此外，言論自由爲憲法第11條所保障之人民基本權利，惟爲兼顧對個人名譽、隱私及公共利益保護，仍於本法第310條第1項及第2項誹謗罪對言論自由依其傳播方式爲合理之限制，但同條第3項前段另規定，以對誹謗之事，能證明其爲眞實者不罰，此據釋字第509號解釋，與憲法保障言論自由之旨趣並無牴觸。

至於，民事妨害名譽與刑事誹謗構成要件不同，於民事侵權行爲中，按民法第184條第1項被告即使不是故意，出於過失仍有可能依民法第18條及第195條第1項構成妨害名譽，並得請求回復名譽之適當處分。

二、總統

依憲法第52條：總統除犯內亂或外患罪外，非經罷免或解職，不受刑事上之訴究。本條並非阻卻違法或責任事由，僅僅是訴追障礙。但也有學

28　司法院釋字第435號解釋。

者認爲，此條文不僅是訴訟障礙，而是具有刑事豁免之意，所以即便總統卸任亦不得訴追，即總統具有刑事豁免權，此種見解應有疑義。依憲法第52條之文義可知，總統犯罪僅是在其未經「罷免或解職」前，訴追程序上受到限制而已，並無總統犯罪得以免除刑責之意思。

係指：

（一）總統犯內亂或外患罪，即刻受刑事之訴究。

（二）總統犯內亂或外患以外之罪，經罷免或解職後，都得依刑法規定論罪科刑並依刑事訴訟法追訴處罰。依85檢2181號函，若總統涉案，應先簽結，卸任後再分案調查。

總統不受刑事訴究之特權或豁免權，乃針對其職位而設，並非對其個人之保障，且亦非全無限制，如總統所犯爲內亂或外患罪，仍須受刑事上之訴究；如所犯爲內亂或外患罪以外之罪，僅發生暫時不能爲刑事上訴追之問題，並非完全不適用刑法或相關法律之刑罰規定。所謂總統不受刑事上之訴究，乃在使總統涉犯內亂或外患罪以外之罪者，暫時不能爲刑事上訴究，並非完全不適用刑法或相關法律之刑罰規定，故爲一種暫時性之程序障礙，而非總統就其犯罪行爲享有實體之免責權。[29]刑事偵查及審判機關，於總統任職期間，就總統涉犯內亂或外患罪以外之罪者，暫時不得以總統爲犯罪嫌疑人或被告而進行偵查、起訴與審判程序而言。但對總統身分之尊崇與職權之行使無直接關涉之措施，或對犯罪現場之即時勘察，不在此限。總統之刑事豁免權，不及於因他人刑事案件而對總統所爲之證據調查與證據保全。惟如因而發現總統有犯罪嫌疑者，雖不得開始以總統爲犯罪嫌疑人或被告之偵查程序，但得依本解釋意旨，爲必要之證據保全，即基於憲法第52條對總統特殊身分尊崇及對其行使職權保障之意旨，上開因不屬於總統刑事豁免權範圍所得進行之措施及保全證據之處分，均不得限制總統之人身自由，例如拘提或對其身體之搜索、勘驗與鑑定等，亦不得妨礙總統職權之正常行使。其有搜索與總統有關之特定處所以逮捕特定人、扣押特定物件或電磁紀錄之必要者，立法機關應就搜索處所之限制、

29　司法院釋字第388號解釋。

總統得拒絕搜索或扣押之事由，及特別之司法審查與聲明不服等程序，增訂適用於總統之特別規定。於該法律公布施行前，除經總統同意者外，無論上開特定處所、物件或電磁紀錄是否涉及國家機密，均應由該管檢察官聲請高等法院或其分院以資深庭長為審判長之法官五人組成特別合議庭審查相關搜索、扣押之適當性與必要性，非經該特別合議庭裁定准許，不得為之，但搜索之處所應避免總統執行職務及居住之處所。其抗告程序，適用刑事訴訟法相關規定總統之刑事豁免權，亦不及於總統於他人刑事案件為證人之義務。惟以他人為被告之刑事程序，刑事偵查或審判機關以總統為證人時，應準用民事訴訟法第304條：「元首為證人者，應就其所在詢問之」之規定，以示對總統之尊崇。

由於，總統不受刑事訴究之特權或豁免權，乃針對總統之職位而設，故僅擔任總統一職者，享有此一特權；因此擔任總統職位之個人，原則上不得拋棄此一特權。[30]

貳、國際法之例外

一、外國元首

正式應邀來訪的外國元首及其同行家屬與隨從，皆享有外交豁免權，故在其留滯本國期間，無本法的適用。國際法上享有治外法權者，皆屬之，如外國元首或使節人員，而依據維也納外交關係公約第29、30條，不僅外交人員的人身自由不受侵犯，使館所在的範圍，甚至其私人住所、文書、信件、財產等，也都不受侵犯，也就是說，具有刑事上的豁免權者，這種身分特權也會擴及至其住所。

二、外國使節

依國際法慣例及「維也納外交關係公約」規定，外交使節在駐在國享

30　司法院釋字第627號解釋。

有各種豁免權（包括駐在國刑事管轄權之豁免），亦即通稱之治外法權是也。有關外交豁免權：

（一）原則

依國際條約或國際慣例，具一定身份之外國人，在我國領域內犯罪，不適用我國刑法。

（二）例外

若外國對其使館人員的犯罪行爲主動放棄審判權時，或該具一定身份之外國人變更國籍，成爲我國國民時，是否得依我國刑法規定處罰該行爲人？由於我國法律並未特別規定，一般取決於二國間所訂定之條約爲斷，若無條約再由國際慣例決定，一般而言，若外國放棄審判，我國即可對其起訴審判。

三、外國軍隊（聯合國官員、商務代表）

如經本國允許而停留在本國者，在其停留期間，亦無本法的適用。

第四節　刑法總則在其他法律的適用範圍

本法第11條規定，本法總則於其他法律有刑罰或保安處分之規定者，亦適用之。但其他法律有特別規定者，不在此限。

一、總則編適用之範圍，基於法律保留及罪刑法定原則，刑法以外的其他刑事特別法，應指法律之規定，不包括行政命令在內，爰將「法令」修正爲「法律」以符上開基本原則之意旨。

二、現行條文關於「有刑罰之規定者」，雖解釋上兼含保安處分在

內，亦即以保安處分為法律效果之法律，亦認為有刑罰規定的法律，而適用刑法總則編之規定，然為使法規範明確，爰增訂有保安處分之法律亦適用本法總則編之規定。

三、「特別規定」包含：

（一）其他刑罰法令有總則規定者，得於不牴觸範圍內適用刑總：如陸海空軍刑法第13條「刑法總則之規定者，與本法不相牴觸者，適用之」。

（二）其他刑罰法令無總則規定者，應適用刑總：如懲治走私條例第11條：「走私行為之處罰，海關緝私條例及本條例無規定者，適用刑法或其他有關法律」。

（三）其他刑罰法令有明定不適用刑總規定者，除此之外仍適用刑總：（目前似缺乏實例，但舊貪污條例有「不適用刑法假釋規定」之適例）。

（四）其他刑罰法令就某事項有特別規定者，除此特別規定之外仍適用刑總：例如貪污治罪條例第17條關於褫奪公權之特別規定：「犯本條例之罪，宣告有期徒刑以上之刑者，並宣告褫奪公權」。又如，兒童及少年性交易防制條例第5條規定，本條例為有關兒童及少年性交易防制事項之特別法，優先他法適用。

第二篇　犯罪論

第一章　犯罪與犯罪論體系

第一節　犯罪概說

大陸法系的犯罪，在形式意義上，乃指構成要件該當性、違法性、有責性之刑法所規範的不法行為，大致上，犯罪成立的判斷要經過三個階段的思考。[1]

一、形式意義之犯罪

形式意義之犯罪判斷，必須依序檢驗，行為是否符合構成要件該當性、行為是否符合違法性、行為人的行為是否具有有責性。因此，形式意義下的犯罪概念，犯罪經入罪化後，是以該行為具有**可罰性**為主要內涵。可罰性的內涵應指：不法行為所破壞法益之價值與程度、不法行為對於行為客體在刑法規範下具有一的侵害或危險性、行為人在社會倫理規範上具有可譴責性、刑罰之無可避免性。簡言之，乃違反**刑罰法規**而被評價為「可罰性」的侵害行為。

二、實質意義之犯罪

實質意義之犯罪，是指高度社會侵害性且違反社會倫理秩序之行為，即屬刑法上的犯罪，一般稱為具有應罰性（或稱當罰性）的行為。儘管是

---

[1]　林東茂，《刑法綜覽》，一品，七版，2012.08，1-15頁。

屬刑法上的應罰性行為，仍未必具有刑法上的可罰性。

刑法並非處罰所有具有應罰性的行為，蓋因其未必具有可罰之必要，亦即刑法所規定的犯罪，係屬於形式的犯罪概念。例如精神障礙者為無責任能力人，所為的行為雖具有高度的社會侵害性，屬於實質的犯罪概念具有應罰性，但並非刑法所規定的可罰行為，蓋因立法者在立法時就已經將此具有此精神狀態之人認定為不具可罰性之行為，但仍應施予適當之保安處分。

第二節　犯罪理論

一、犯罪理論之演進

犯罪理論是討論犯罪成立要件的刑法理論。其主要內容，乃在於確認刑法對於行為事實的規範評價，其用以評價的條件具體內容的含意為何。以下介紹這三個犯罪理論，皆有其形成的先後順序關係。

（一）古典理論（又稱客觀主義、行為主義、現實主義）

現在所稱之古典犯罪論體系，主要創造人是李斯特（Franz von Liszt）與貝林（Emst von Beling）。這個時期的「不法」是指一切與犯罪有關的客觀情狀，包括「行為」、「構成要件該當性」及「違法性」。而罪責是指，一切與犯罪有關的主觀情狀。所謂的違法，係指法對立衝突的狀態。構成要件該當的行為是否違法，只需檢驗有沒有「法定的阻卻違法事由」。[2]由於所謂主觀不法要素及規範性要素的發現，有些犯罪的成立以行為人的「不法意圖」為要件，例如：公然侮辱罪的「侮辱」，強制罪的「義務」要素等，皆含有價值判斷的要素，如此論點的提出，破解了

2　林東茂，〈刑法體系的思想根源與試探〉，收於氏著《一個知識論上的刑法學思考》，五南，三版，2007.10，25頁以下。

構成要件的價值中立的立場，導致古典學派走入歷史。

（二）新古典理論（主觀主義）（行為人主義、徵表主義）

1920年左右，新古典犯罪論興起，主要是以新康德學派的價值哲學為思想基礎。[3]新古典犯罪理論的評價架構，雖延續古典犯罪理論，並仍未背離古典犯罪理論的架構，只是對於評價條件的具體內容加以修正。新古典犯罪理論認為行為人基於主觀意思所為之客觀現象，將原本在罪責中才有的主觀要件，提升到構成要件之中，使得構成要件的屬性從原古典犯罪體系論所認知的客觀性質，兼具主觀的成分，構成要件乃成為主、客觀類型化的規範評價的標準。原本屬於罪責內容的故意、過失，則成為構成要件主觀要件與罪責形式。故意、過失仍置於有責性階層，視之為責任條件或類型，不過過失在違法性本質上，已經承認超法規阻卻違法事由，有利益衡量、社會相當性理論等超法規阻卻違法事由，漸次被法界廣為接受。

（三）目的犯罪論

目的犯罪理論乃德國刑法學者魏采爾（Welzel）於1930年代所創。謂故意行為，除了「知」（Wissen）的要素外，還必須具「欲」（Wollen）。[4]目的行為理論它的思想基礎，是主張「人的不法概念」而來的，認為犯罪要素的「不法」，除應考慮到「結果無價值」（法益侵害論）外，尚須考慮到人的不法之「行為無價值」，強調「人的不法二元論」。刑法法規並非僅對於法益侵害結果規定犯罪，還包括侵害法益的各種行為態樣，因此，目的犯罪論認為犯罪的本質不是僅就法益侵害或危險而已，還包括受到侵害或威脅之方法或種類，加以理解犯罪類型的行為態樣。

3　張麗卿，《刑法總則理論與運用》，五南，四版，2013.10，109頁。

4　王皇玉，《刑法總則》，新學林，初版，2014.12，128頁。

魏爾采（Welzel）自存在論立場建構「本體論」犯罪論體系，提倡目的行為論，主張故意、過失並非全屬責任要素，而主觀要素普遍存在於構成要件該當性及違法性階層，並且認為於構成要件該當性時即應判斷故意過失的主觀要素，經此重新建構後，將故意或過失之責任要素移置於構成要件，稱之為「構成要件故意或過失」。

（四）新古典與目的論結合體系

此乃德國的通說，是新古典與目的論的結和。以社會損害性的價值思考，引領理解不法這個概念。在這個價值哲學的籠罩下，目的行為論被揚棄。因為，目的行為概念無法與價值決定的刑法體系相容。此外，目的行為概念不能解釋過失行為與不作為，所以這個結合的體系，接受了新古典的「社會行為論」。[5]

（五）目的理性的犯罪理論（又稱目的理性體系或稱功能刑法體系）

此理論由從1970年起，Roxin教授及其弟子所主張，揚棄目的體系的思考。他們認為，刑法體系的建構，不需標舉「本體的先在事實」（行為、因果律、事理邏輯結構等等），而應全然以「刑法的目的觀」做為指引。[6]

關於違法性、罪責及客觀處罰條件的看法，均與目的犯罪理論同；但是，Roxin將罪責的概念擴大到「負責性」，亦即罪責的內涵不僅是意思形成的可非難性，同時也包括「預防的必要性」。[7]

5　林東茂，〈刑法體系的思想根源與試探〉，收於氏著《一個知識論上的刑法學思考》，五南，三版，2007.10，35頁。

6　林東茂，〈刑法體系的思想根源與試探〉，收於氏著《一個知識論上的刑法學思考》，五南，三版，2007.10，36頁。

7　張麗卿，《刑法總則理論與運用》，五南，四版，2013.10，114頁。

二、犯罪一般成立要件

（一）犯罪階層理論

在判斷行為人之行為是否符合刑法上所規定之犯罪時，必須經過三個階段之檢驗，即第一階層為「構成要件該當性」；第二階層為「違法性」；第三階層為「有責性」；這三個要素建構成犯罪論的體系，不僅使得整個犯罪目的論體系架構趨向完整，同時讓刑法得以融入整體法規範秩序中進行檢驗與判斷。其認為行為必須透過這三個要素的檢驗，始能成立犯罪，此稱為三階層理論。

有少數學者則採「二階層理論」，[8]即第一階段為「構成要件該當性」；第二階段為「有責性」。乃將「三階層理論」中的不法構成要件視為「正面構成要件」，違法性視為「負面構成要件」，而將此二者合成「綜合不法構成要件」在構成要件該當性中判斷，故又稱為「負面構成要件理論」。

（二）通說之三階層理論

今日刑法學說中，多數見解認為，犯罪乃該當於構成要件之違法且有責之行為。因此，犯罪之一般成立要件（或犯罪要素），得分為構成要件該當性、違法性、有責性三者，而組成犯罪論之體系。此三階段即為學說上所稱之「犯罪結構理論」之「三階層理論」，為目前通說所採。[9]

1. 構成要件該當性

犯罪之成立，應依法律認定之。刑法為規定反社會行為應具備之抽象

8　黃榮堅，《基礎刑法學（上）》，元照，四版，2012.03，181頁。

9　林東茂，《刑法綜覽》，一品，七版，2012.08，第1-15頁；張麗卿，《刑法總則理論與運用》，五南，四版，2013.10，89頁；王皇玉，《刑法總則》，新學林，初版，2014.12，147頁；林鈺雄，《新刑法總則》，元照，四版，2014.09，135頁。

條件之法規。申言之，犯罪行為乃法律上之特定行為，此法律上之特定行為抽象概念稱為「構成要件」。因此，行為要能成立犯罪，首須與犯罪構成要件相符，此即構成要件該當性。自犯罪行為之結果言之，可稱行為之侵害性；自行為之可能性言之，可稱行為之危險性。此行為事實與刑法規定所列舉之有侵害性或危險之內容相符合，實為犯罪成立之第一要件。

2. 行為之違法性

與構成要件合致之行為尚須具備應受法律否定價值判斷之條件，即具有違法性，始能成立犯罪。因而行為之違法性，乃違反全體之法律秩序，而侵害法律所保護之利益，故違法性之有無，應自全體法律秩序實質為實體之認定。

3. 行為之有責性

犯罪為行為人內在之惡性，藉行為以表達於外部，此行為人內在之惡性，應受社會之非難，故應對其行為負責。故雖屬違法行為，苟無責任，仍不成立犯罪，此行為之有責任，應具備三種要素：即責任能力、責任條件與期待可能性。

第三節　行為

一、行為之概念

犯罪，為人之行為。不論從二階或三階犯罪階層理論，都要先確認行為人的行為，是屬刑法上要規範的行為（故謂「行為」是犯罪成立要件之前提）；確認行為人的行為，是屬於具有刑法意義的行為後，接著討論行為是否「不法」（構成要件該當性及違法性），如屬不法行為，則再進入罪責討論。行為必須該當於構成要件、違法且有責時，始能成立犯罪，足見形成犯罪概念之基礎為行為。

二、行為理論

（一）因果行為論（Die kausale Handlungslehre）

　　該理論的核心觀點是，行為是由意志所引發的一種外界的身體運動，包括兩種情形：第一，僅指意志支配下的身體運動（行為犯）；第二，意志支配下的造成外界某種結果的身體運動（結果犯）。此論主張，刑法上之行為乃人的意思所支配，而改變外在環境之身體動靜。行為人之內在意思可視為原因，而導致外在之變動可視為結果，行為即原因與結果間之因果關係歷程，而其內在意思之方向如何，並非行為之要素，乃中性之概念。至於故意、過失，則為罪責之問題。

　　由於著重行為之因果性此說將行為定位在「意思活動的原因性」。亦即行為，僅須基於某種意思引起人之舉動即為已足，至其目的（如殺人或竊盜）何在，則非所問。其特徵有二：(1)「有意性」：基於現實之意思決定即可；(2)「知覺可能性」：於感覺上可以知覺即可。故因果行為論，又可分為：

1.「自然行為論」（自然主義行為論）

　　此說認為，行為為基於意思之身體動作，致無法涵蓋無身體動作之不作為。對於「自然行為論」之批評，在於無法合理說明不作為，因不作為不可能帶有身體動作，故依因果行為論，無法將之包含於行為概念中。

2.「狹義因果行為論」（價值關係行為論）

　　此說認為，行為為基於意思之人的態度或意思之實現，將不作為亦包含在行為中。對於「狹義因果行為論」之批評，在於無法合理說明過失之不作為犯（尤其忘卻犯），因忘卻犯並非基於意思而為身體動靜，欠缺「有意性」，故此說無法說明忘卻犯。

（二）目的行為論

　　該理論的核心觀點是，人的行為不是單純的由意志支配的因果事物現象，而是為實現一定目的的一種活動。行為的目的性，是指行為人基於因果關係的知識，在一定程度上預見其因果行為的後果，由此設立目標選擇手段，去努力實現既定的目標。目的行為論（Die finale Handlungslehre），著重行為之目的性。

　　此論主張，刑法上之行為乃目的活動之實施，行為乃受到目的意識之支配。易言之，行為是有目的的，並非僅僅是因果關係之整個過程，而應是目的活動之整個歷程。行為乃人類為實現其「目的」，而依預定計劃所實施之活動。至所謂目的意識乃支配行為與結果之間之意思。於1930年代，為學者魏采爾（Hans Welzel）所倡導，[10]至二次戰後受頗多學者贊同而開展。

　　其重點將行為定位在「人之活動、舉止的目的性」。所謂的「目的」，亦即行為人對行為結果之認識。而所謂的目的性行為，乃指由目的意識所支配之作用，本質上係控制因果歷程之意識力。因此，為支配達到一定目的的因果歷程的「意志」（特定意思），為目的行為之脊椎。

　　尤其在說明故意犯，且使得故意、過失從罪責層次移至構成要件該當性層次討論，而使犯罪論體系重新建構。

　　目的行為論者，試圖想說明一件事情，行為人的目的性行為事實上就是社會生活為目的性的意思活動而已，這樣的目的性活動必然是與社會生活性的目的有關。

（三）社會行為論（Die soziale Handlungslehre）

　　該理論的核心觀點是，行為是具有社會意義的人的意志支配下的身體動靜。行為的社會意義，就是用法益侵害與刑法規範的概念來制約行為，

10　王皇玉，《刑法總則》，新學林，初版，2014.12，130頁以下。

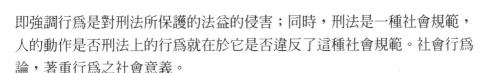

即強調行為是對刑法所保護的法益的侵害；同時，刑法是一種社會規範，人的動作是否刑法上的行為就在於它是否違反了這種社會規範。社會行為論，著重行為之社會意義。

社會行為論主張，刑法上之行為乃人的意志所支配或可支配，而具有社會重要性之人類舉止。所謂「社會重要性」，乃指就刑法上之歸責判斷而言，具有社會規範意義。於1930年代，為學者施密特（Eberhart Schmidt）倡導，至二次戰後，贊同學者日增，形成德國有力學說。[11]

此說將行為定位在「人之活動、舉止與環境的關係」。捨棄因果行為論之「有意性」的看法，亦捨棄目的行為論之「目的性」觀點，從行為之規範意義的觀點認為，倘有「意思支配可能性」與「社會結果預見可能性」即為已足，推論出社會行為之本質。新康德學派學者依據Kant的觀點，發展出存在與價值二元化（方法二元論，Methodendualismus）的價值哲學（Wertphilosophie，或稱為文化哲學Kulturphilosophie）。亦即，關於行為理論其認為，所謂行為並非單單僅是因果行為論所述，現實面上因意思而發動的身體動靜（存在的實存論）；行為理論的建構，如果非建立於一定評價觀點下所確認的行為結構（價值的認識論），則僅為外界現象的描述，並非刑法上行為的概念，該一定評價觀點，是指向所為「社會重要性」。但關於所謂「社會重要性」其標準不一，學說上或有認為社會重要性是指人類展現於外而具有社會結果關係的舉動，或指該舉動本身具有一定社會上重要意義內涵。

此說可說明過失行為及不作為。然而，仍然具有下列之問題：

1. 是否具有「社會重要性」並無一個明確的標準。

2. 將「社會重要性」解釋為具備刑法上可歸責之判斷意義者，會造成循環論證的情形，蓋一個人的態度是否具有刑法上可歸責之判斷意義者，必須等到經過「構成要件該當性」判斷後，始能知悉。同時，與行為概念之功能在過濾與刑法規範意義無關現象者有所抵觸。

---

[11] 余振華，《刑法總論》，三民，二版，2013.10，128頁。

（四）人格行為論（Die personale Handlungslehre）

人格行為論的提倡者是駱克信（Roxin），此說著重人格意識表現，[12]主張刑法上之行為乃具有人格表現之人類舉止，從行為與行為人不可分割之觀點重新詮釋行為概念，一方面掌握住行為是「評價客體」的認知，避免與作為「客體評價」的規範相混淆；另方面，將行為視為行為人的產物，故行為應理解為「人格的表現」，亦即行為必須歸屬於精神、心靈主體的人，且行為必須反映出該行為主體的人格意識表現。

此種見解實際上與「因果行為論」見解，同是為確認行為適格所產生，不同者是，較因果行為論所稱之「意識活動」，更精確地以「人格意識表現」具體化的說明。此說問題點在於：

1. 是否謹守「行為為評價客體」與「客體評價為規範的評價」乃屬二事的界線，尚待觀察。

2. 所謂「主體性」為哲學用語，「行為」則為事實基礎概念。以主體性來定義行為概念，不甚明確，而且複雜。而人類身體動靜中何者應包括於行為當中何者應排除，亦非明確。

三、刑法意義上之行為

（一）概念

犯罪係具有刑事不法本質之人類行為，必須先有人類行為之存在，而後經過刑法之評價，始有可能成立犯罪，若無人類行為之存在，即無從為刑法之評價，故無行為，即無犯罪。因此，行為可謂犯罪判斷與刑法評價之基礎。

刑法概念上之行為，乃指出於意思所主宰支配之人類行止，且此形諸於客觀可見之行動與靜止，必須引致外界發生具有社會重要性之後果。而行為之要素可分為內在要素及外在要素。因此延伸定義為：「行為乃客觀

---

[12] 林鈺雄，《新刑法總則》，元照，四版，2014.09，120頁。

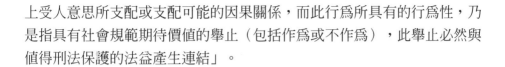

上受人意思所支配或支配可能的因果關係，而此行為所具有的行為性，乃是指具有社會規範期待價值的舉止（包括作為或不作為），此舉止必然與值得刑法保護的法益產生連結」。

1. 行為之內在要素（心素）

行為之內在要素乃指行為之心素，包括意思決定與意思活動。由於意思決定而開始實施行為，繼之由意思活動持續不斷地支配而持續行為，終致完成實行行為或結果之發生。

2. 行為之外在要素（體素）

行為之外在要素乃指行為之體素，包括客觀可見之身體行動與靜止，以及此等行止（舉止）對外界發生具有刑法重要性的後果。

（二）「非」刑法意義上之行為

人類的舉止（自然事物或動物的單純舉止非屬刑法上之行為），必須是行為人之意思決定與意思活動所主宰支配（操縱）者，始屬刑法上之行為。否則，形諸於客觀可見之舉止（單純內在思考或意圖，自非屬刑法上之行為），縱然對於外界產生具有刑法重要性之後果，若非出於行為人之意思所主宰支配者，仍非刑法上之行為。

1. 無意識參與作用之反射動作

例如，因病發作之抽搐或因觸電或神經注射而生之痙攣等。

2. 受直接強制（物理強制、絕對強制）之行為

完全無法抗拒，意思支配被排除之機械動作或行為模式。

3. 無意識狀態下之身體活動與靜止

例如，無意識中、睡眠中、麻醉或催眠下之行動與靜止。惟是否可能構成「原因自由行為」，則有待探討。

4. 欠缺行動可能性之靜止

例如，手腳被捆綁而欠缺行動可能性之靜止。

（三）屬刑法意義上之行為

1. 自動化之行為

日常生活中之自動化行為，例如飲食、走路等，經由學習或訓練而定型自動化之行動方式，無須以積極意思加以支配，其形成意思之過程係在潛意識下進行，與「反射動作」不同，仍屬意思支配之行為。

2. 衝動行為

衝動行為，包括「情緒行為」（指情感衝動下之反應，如興奮過度之動作）或「即決行為」（指未加考慮在極短時間內立即作成決定之行為，如未經思慮之唐突動作，有以「短路行為」稱之。

3. 受間接強制（心理強制、相對強制）之行為

受他人暴力致自由意思受影響而為之特定行為。但是否具備期待可能性，則值得探討。受外力強暴、脅迫致意思支配遭受壓抑，仍具有意識，故仍屬刑法上之行為，但若全然無或僅有些許的「期待可能性」，則為得免除或減輕罪責。

 選擇題練習

*下列何者不被評價成刑法上的行為？[13]　(A)該舉止與法益侵害事實間不具因果關係　(B)行為人的意志無法控制支配該舉止　(C)行為人無法預見該舉止會造成的侵害　(D)行為人沒有預見到該舉止會造成的侵害。

【104年一般警特四等】

13　答案為(B)。

第四節　犯罪的類型

一、故意犯與過失犯（依行為人之主觀犯意之有無為區別標準）

（一）故意犯（Vorsatzdelikte）

故意犯，乃指行為人主觀上係出於故意而違犯之犯罪刑法規定的絕大多數的構成要件，均屬故意犯。刑法分則並沒有在故意犯的構成要件中將故意明文加以規定，凡是不屬於過失犯的構成要件，即屬於故意犯的構成要件。在故意犯的領域中有所謂的「意圖犯」，這是指行為人的故意行為必須出於特定的不法意圖，才能成立的故意犯。行為人假如不是出於法定的不法意圖，即使實行構成要件所描述的行為，亦不構成犯罪。例如行為人故意竊取他人動產的行為，必須出於「為自己或第三人不法所有」的意圖，始足以構成竊盜罪（§§320I、321）。

但須注意的是，意圖的本身，尚不足以形成犯罪類型，仍須依附在故意的基本主觀要件之下，換句話說，意圖犯的存在，僅能在基本主觀要件為故意的類型中，方有成立的可能。[14]

（二）過失犯（Fahrlässigkeitsdelikte）

過失犯，指行為人主觀上係出於過失而違犯之犯罪。依刑法第12條第2項規定，過失行為之處罰，以有特別規定者為限。故過失犯必於刑法分則中有其處罰規定方屬之。刑法規定的構成要件只有少數屬於過失犯。例如過失致死罪（§276）、過失致傷罪（§284）或失火罪（§173II、§174II、§175III）、過失破壞防水蓄水設備罪（§181II）等等。

14　柯耀程，《刑法總則》，三民，初版，2014.08，133頁。

三、行為犯（舉動犯）與結果犯

（一）行為犯（Tätigkeitsdelikte）

行為犯，有稱為舉動犯，所謂單純舉動犯，是指構成要件只規定了行為，行為人單純為行為，就構成既遂犯（通常也不會有未遂處罰的規定）；乃指行為人只要單純地實現構成要件所描述之行為，無待任何結果之發生即足以成立之犯罪，構成要件上，僅以狹義之行為，即依意思可能支配之身體動靜為內容者，如偽證罪（§168）、公然猥褻罪（§234）、重婚罪（§237）、通姦罪（§239）、普通侮辱罪（§309）等是。

區分結果犯和舉動犯的主要目的，就是要決定有無未遂的型態，檢驗未遂犯可以從存在構造與規範構造兩個面相加以觀察。所謂「未遂」，指的是「構成要件沒有完全實現」，從存在構造加以觀察，舉動犯也可以有未遂。例如翻越牆垣侵入住宅的行為（通說認為屬舉動犯），可能發生行為人翻牆翻到一半的情形，行為人已經著手於侵入住宅的構成要件，卻沒有完全實現構成要件，理應屬未遂的情況，但不處罰侵入住宅未遂的行為，根本理由乃因為此等行為縱然既遂，對於法益的侵害也是有限，與其他犯罪類型相較顯然是較輕微的，縱然是犯罪行為既遂的結果，與其他重大犯罪類型相較都已經屬於較輕微的型態，更何況是未遂的情形。

（二）結果犯（Erfolgsdelikt）

所謂結果犯，乃行為人除實行構成要件該當之行為外，尚須發生構成要件該當之結果者，始構成犯罪之既遂犯；假如未發生結果者，只可能成立犯罪之未遂犯。易言之，構成要件除了行為，還有結果的規定，行為人之行為與結果的發生有因果關係和客觀歸責的前提下，才能構成既遂。結果犯，例如本法第302條必須被害人的行動自由受到剝奪，才能認定該當於第1項的既遂犯，否即只能構成第3項的未遂犯。因此就構成要件論之，是屬於必須有結果的出現，才能論以既遂犯。

（三）結果加重犯（erfolgsqualifizierte Delikte）

1. 所謂結果加重犯，亦有稱加重結果犯，乃基本犯罪（故意）與重結果（過失）所組合的特別犯罪類型，乃指行為人出於基本構成要件故意，而實行基本構成要件該當之行為，竟生超出基本構成要件之加重結果，致該當加重構成要件成立之犯罪。如傷害致死罪（§277）、遺棄致死罪（§293）等，行為人以違犯基本構成要件之故意，卻過失導致加重結果之實現，故結果加重犯之本質，係綜合故意與過失構成要件的特別犯罪類型。

2. 其要件如下（§17）：

(1)以犯輕罪之故意，卻導致發生重罪之結果

刑法上之加重結果犯，係對實施基本犯罪後，另發生加重結果者，加重其處罰之規定。

(2)須行為與加重結果之發生，有因果關係

行為人之所以須對該項加重結果負其加重處罰責任者，乃因該項加重結果之發生，係行為人所實施之犯罪行為所導致。有學者參考德國學說認為，此因果關係係指「直接關係」，亦即加重結果必是直接由基礎犯罪行為所造成，如有被害人或第三人行為之介入，則不具有直接關係。[15]我國實務也有類似之概念，認為「倘行為人所實行之傷害行為本身與被害人發生死亡結果之間，並無『相當因果關係』存在，而係中途介入他人臨時起意之殺害行為而導致死亡結果者，實行傷害犯行之行為人對於他人臨時起意之殺害行為，事先既無共同之犯意存在，亦無防止其發生加重結果之義務，自難令行為人對此項加重結果負責。」[16]

(3)須行為人對於加重結果之發生能夠「預見」

---

[15] 王皇玉，《刑法總則》，新學林，初版，2014.12，158頁。有學者稱「基本行為與加重結果之間特殊危險關係」或「直接關聯性」參閱林鈺雄，《新刑法總則》，元照，四版，2014.09，98頁。

[16] 最高法院101年度台上字第865號判決。

 **問題思考**

加重結果發生「預見可能性」應如何解讀？

■ 參考解答

一、客觀說

實務認為，加重結果犯，以行為人能預見其結果之發生為要件，所謂能預見乃指客觀情形而言，與主觀上有無預見之情形不同，若主觀上有預見，而結果之發生又不違背其本意時，則屬「故意」範圍。[17]在共同正犯的情形亦同；是以，加重結果犯對於加重結果之發生，並無主觀上之犯意可言。從而共同正犯中之一人所引起之加重結果，其他之人應否同負加重結果之全部刑責，端視其就此加重結果之發生，於客觀情形能否預見；而非以各共同正犯之間，主觀上對於加重結果之發生，有無犯意之聯絡為斷。[18]

至於所稱「客觀不能預見」，係指一般人於事後，以客觀第三人之立場，觀察行為人當時對於加重結果之發生不可能預見而言，惟既在法律上判斷行為人對加重結果之發生應否負加重之刑責，而非行為人主觀上有無預見之問題，自不限於行為人當時自己之視野，而應以事後第三人客觀立場，觀察行為前後客觀存在之一般情形（如傷害行為造成之傷勢及被害人之行為、身體狀況、他人之行為、當時環境及其他事故等外在條件），基於法律規範保障法益，課以行為人加重刑責之宗旨，綜合判斷之。又共同正犯之成立，祇須具有犯意之聯絡，行為之分擔，既不問犯罪動機起於何人，亦不必每一階段犯行，均經參與，且非僅就其自己實行之行為負其責任，在犯意聯絡之範圍內，對於他共同正犯所實行之行為，亦應共同負責。[19]

---

[17] 最高法院47年台上字第920號判例。

[18] 最高法院91年台上字第50號判例。

[19] 最高法院104年度台上字第657號判決。

二、主觀說

　　實務對於結果加重犯所採的一貫立場，即所謂「能預見」係指「客觀的預見可能性」而言，則即便共同正犯中之所有共同者主觀上皆無主觀的預見可能性，但一般人卻有客觀的預見可能性。實則，結果加重犯之要求，除基本故意犯之成立外，主觀上並非以行為人之過失為必要，而係以行為人之「主觀預見可能性」為必要。依此邏輯，不可能發生基本犯罪之共同正犯之共同者中一部人成立結果加重犯，其他人卻不成立之情況。然而此見解嚴重違反責任原則之要求，[20]蓋結果加重犯之主觀要件所要求的乃「過失」而非客觀預見可能性。因此該主觀要件應指主觀預見可能性而非「過失」因為主觀預見可能性不等於過失，更不等於「客觀預見可能性」。[21]就加重結果部分，既然是過失犯，應各自判斷各個行為人是否符合加重結果犯之成立要件。[22]

　　況且，本法第17條既已明定以行為人個人能否預見以為斷。若行為人與常人無異，固無待論。若行為人個人之預見能力，低於一般常人，則仍須以行為人個人能力為標準。前開實務見解似乎混淆有關加重結果犯之過失概念，蓋所謂「能預見」乃係行為人是否應對其所未預見之加重結果的發生，擔負刑事責任之責任要素問題，不能將加重結果犯之不法要素與責任要素混為一談。[23]

三、輕率過失說

　　此說認為加重結果犯之所以較想像競合犯加重處罰，應該在於行為人的「輕率」態度，或是基本犯罪行為對於加重結果的特別高風險。「所謂行為人的輕率，則是從主觀面思考，意指對於一定結果的發生，行為人有高度的預見可能性，然而卻未預見。」故以輕率過失作為加重結果犯的要

[20] 陳子平，《刑法總論》，元照，二版，2008.09，528頁；類似質疑：可參閱王效文，〈加重結果犯性質與構造—評最高法法院九十八年台上字第五三一〇號刑事判決〉，《月旦裁判時報》，第5期，2010.10，104頁以下。

[21] 陳子平，〈結果加重犯與共同正犯〉，《月旦法學教室》，第147期，2015.01，22頁。

[22] 林鈺雄，《新刑法總則》，元照，四版，2014.09，97、454頁。

[23] 黃常仁，《刑法總論—邏輯分析與體系論證》，新學林，二版，2009.01，137頁。

件，應該是一個可以被接受的說法。[24]

(4)須法律有加重結果之明文

若無結合犯或加重結果犯的規定，兩個以上的犯罪行為，必須分別宣告刑罰，再合併執行（§51）惡化行為人法律地位之目的，是為了嚇阻潛在的犯罪人，此乃基於一般預防的考量。[25]例如：如傷害致死或致重傷（277II）；如無明文，如放火現供人使用之住宅因而致人於死，因無加重結果之明文，且由於侵害法益不同（分別是社會法益及個人法益）應論以放火罪（§173I）與過失致死罪（§276）之想像競合犯。

 考題觀摩

*刑法第17條之加重結果犯與刑法第13條第2項之間接故意（又稱未必故意），有何區別？試舉例分析之。　　　　　　【100年高考二級】

四、實害犯與危險犯——依法益或行為客體受侵害之程度分

（一）實害犯（Verletzungsdelikte）

係指行為必須造成客觀可見之實害結果，始能既遂之犯罪。例如重傷害行為必須有使人受重傷之結果，始構成重傷既遂罪（§278）；否則，只能成立重傷未遂罪（§278II）。實害犯也為結果犯之一種。

（二）危險犯（Gefährdungsdelikte）

指行為只須對於法益或行為客體造成危險結果，即可成立之犯罪。換

24　黃榮堅，《基礎刑法學（上）》，元照，四版，2012.09，402頁以下。
25　林東茂，《刑法綜覽》，一品，七版，2012.08，1-54頁以下。

句話說，行為只要對於法益或行為客體構成危險，而不必等待發生實害即能成立的犯罪。例如行為人只要遺棄無自救力人，而使其生命陷於危險狀態者，即可構成遺棄之遺棄罪（§§293、§294）。它是相對於實害犯的犯罪類型，尚未造成侵害結果的犯罪，係刑法保護法益的前置化。由於只有對刑法的保護客體惹起危險狀態，所以必須戒慎使用最嚴厲的國家制裁手段。學說上主張，創設獨立危險構成要件的理由在於：(1)處罰實害犯的未遂，在刑法保護上仍嫌不足；(2)侵害結果難以認定；(3)行為人的責任難以認定；(4)掌握遺失實害犯所附麗的偶然因素；(5)警察的危險防禦作用。[26]而就其危險狀態之不同，可分為抽象之危險犯與具體之危險犯兩種。

1.抽象之危險犯

抽象危險犯，僅須犯罪行為事實該當於該抽象構成要件行為，即為已足，不以法益已經發生實害或危險之結果為必要。依一般社會通念，抽象構成要件行為本身往往就具有一般的危險性存在。

行為只要符合構成要件中所預定的抽象危險即可成立犯罪，[27]故其為行為犯之一種。此等抽象危險犯可謂為具體危險之前置階段，係由立法者依其生活之經驗大量觀察，認為某一類型行為對特定法益會帶有一般危險性；行為只要符合構成要件所描述之事實，法律即擬制其行為本身隱含有抽象危險，無待法官就具體案情而作認定。例如行為人故意放火燒毀現供人使用之住宅，即可構成第173條、第174條第1項之放火罪。又如：在「絕對不能安全駕駛」的情形，刑法185條之3第1項第1款於2013年修法後，「為吐氣所含酒精濃度達每公升0.25毫克或血液中酒精濃度達百分之0.05以上的酒測值」作為抽象危險程度的擬定標準，由於修法理由已明確說明本款：「**屬抽象危險犯，不以發生具體危險為必要。**」，只要有法條描述的情形，法官無須再具體個案判斷，究竟行為人是否已不能安全駕

26　林東茂，〈危險犯的法律性質〉，收錄於《危險犯與經濟刑法》，五南，2002.11，初版三刷，16頁以下。

27　張麗卿，《刑法總則理論與運用》，五南，四版，2013.10，124頁。

駛。

至於，抽象危險犯有無成立未遂犯之可能，以放火罪（§173I）爲例，所謂未遂，指的是行爲人主觀計劃上之行爲，在客觀上已經進入密接構成要件之行爲或有侵害法益的危險，而並未實現客觀構成要件「燒毀」；而這種侵害法益的危險，已經能夠動搖大眾對法秩序的信賴。例如放火罪（現行法有罰及未遂規定），雖然沒有規定行爲結果，如果採通說的重要部分燒毀的話，行爲人開始潑灑汽油，拿出火柴點燃，而被路過的人看到立刻澆熄，仍屬著手實行之未遂。

由於抽象危險犯中的「危險狀態」係立法者擬制的，因此爲避免可罰性過度擴張的現象，我國學者建議應節制此類立法，例如：(1)設計迷你條款，排除輕微不法；(2)運用客觀可罰條件，限制可罰性；(3)創設特殊的中止犯，用以解除刑罰。[28]此外，亦可以參考德國的麻醉藥品法模式，允許行爲人舉證明無危險而予以減輕其刑或是以量化方式，來限縮危險犯之成立。[29]

2. 具體之危險犯

具體危險犯，係指將危險狀態做爲構成要件要素而規定於刑法條款中，法官必須就具體之案情，逐一審酌判斷，而認定構成要件所保護之法益果眞存有具體危險結果時，始能成立犯罪之危險犯，其性質上爲結果犯之一種。現行法中公共危險罪章中規定「致」生公共危險、「致」生危害於公安者均屬之。例如第174條第2項、第3項及第175條第1、2、3項。而若經認定無發生具體危險之可能者，則犯罪不成立，而無成立未遂犯之可能。

又如，本法185條之3第1項第2款於2013年修法時增訂「有前款以外之其他情事足認服用酒類或其他相類之物，致不能安全駕駛。」，參照增訂說明謂：「行爲人未接受酒精濃度測試或測試後酒精濃度未達前揭標

準，惟有其他客觀情事認為確實不能安全駕駛動力交通工具時，仍構成本罪」。因此，在「相對不能安全駕駛」的情形，**法官仍須具體個案判斷**，包括畫同心圓、金雞獨立等方式判斷行為是否真的不能安全駕駛。

 選擇題練習

> *有關具體危險犯，下列敘述，何者正確？[30]　(A)具體危險犯所致法益之危險，相較於抽象危險犯具有較高的可能性　(B)相較於抽象危險犯，具體危險犯與實害結果之距離較為遙遠　(C)具體危險犯屬於單純的行為犯或舉動犯，與結果犯無關　(D)具體危險犯是由立法者所做成之判斷，而非由法律適用者加以判斷。　　　　　　　　　　　　　【100年律師第一試】

五、即成犯、狀態犯與繼續犯

（一）學說之分類

　　在刑法分則列舉的犯罪類型當中，以犯罪行為與犯罪結果的存續時間為標準，可以區別出繼續犯與狀態犯兩種犯罪類型。所謂的繼續犯，是「犯罪行為與結果持續存在」的犯罪類型；所謂的狀態犯，其實是「犯罪行為完成後、結果持續存在」的犯罪類型。我國實務以「行為」為區別標準，則認即成犯與狀態犯乃同一之概念，故實務據此僅分為「即成犯」（包括即成犯與狀態犯）與「繼續犯」。（有學者認為實務及學說上，所謂之即成犯，意義並不一致，不再使用「即成犯」一概念。）

1.即成犯

　　即成犯，乃指行為一實施，發生一定法益侵害或危險，犯罪即為完成，同時，法益侵害狀態亦隨之而終了。例如：我實務認為，「侵占罪」

---

[30]　答案為(A)。

爲即成犯，於持有人將持有他人之物變易爲所有之意思時，即行成立，苟非事前共謀，則其後參與處分贓物之人，無論是否成立其他罪名，要難論以共同侵占；[31]縱事後將侵占之物設法歸還，亦無解於罪名之成立。[32]又如：本法第320條第2項之「竊佔罪」，爲即成犯，於其竊佔行爲完成時犯罪即成立，以後之繼續竊佔乃狀態之繼續，而非行爲之繼續；[33]「重婚罪」爲即成犯，在結婚時犯罪行爲已經終了，其結婚後之婚姻存續狀態，不能認爲犯罪行爲之繼續。[34]

2. 繼續犯

繼續犯，係指構成要件之行爲須對法益一定時間繼續侵害之犯罪；或有認爲行爲人之意思，足以決定行爲所造成不法情狀之久暫的犯罪。我實務認爲，須係以一個行爲持續的侵害一個法益，其特性則僅屬一個行爲，不過其不法之狀態，係在持續狀態中而言。[35]故繼續犯之重點在於對於法益必須一段時間侵害才能既遂或者是行爲人既遂後若不放棄犯意，則構成要件事實則不斷地實現。例如：私行拘禁罪（§302I）、略誘未成年人罪（§241I）、加重略誘罪（§241II）、使人爲奴罪（§296I）、略誘婦女罪（§298I、II）、妨害居住自由罪（§306）、擄人勒贖罪（§347I）等。

蓋就本法第302條的犯罪性質而言，因爲行動自由必須有一定時間的剝奪，才有行動自由受侵害可言，一瞬間的剝奪不能說是行動自由的剝奪，而立法者的非難核心也就在行動自由的持續性侵害法益，且行爲既遂後若不放棄犯行，則妨礙行動自由之意思不斷的實現，故本法第302條就構成要件上論之，應屬繼續犯。而略誘罪之所以爲繼續犯，當被誘人未回

---

31 最高法院67年台上字第2662號判例。

32 最高法院43年台上字第675號判例。

33 最高法院66年台上字第3118號判例。

34 最高法院25年上字第1679號判例。

35 最高法院71年台上字第1027號判例。

復自由以前，仍在其犯罪行為繼續實施之中。[36]

3.狀態犯（情況犯）

　　所謂狀態犯，係指因一定的法益侵害或法益侵害危險的發生，犯罪即已屬終了。犯罪完成後，實行行為雖已停止，而不法之狀態仍然存續，而存續之事實不再是犯罪之事實。例如，竊盜罪（§320）、詐欺罪（§335）等是。由於與即成犯的概念極為類似，我國學者有視其為同義詞。[37]

（二）概念釐清

三者區別實益

區分	即成犯	繼續犯	狀態犯
(1)不罰之後行為	無	無	有發生之可能
(2)追訴權之時效	犯罪成立之日起算	行為終了之日起算（§80）	犯罪成立之日起算
(3)相續共同正犯	自行為完成後，犯罪即完成，故於其行為完成後再共同加功者，不構成共犯	在行為繼續中，為共同加功者，仍可成立共犯	自行為完成後，犯罪即完成，故於其行為完成後再共同加功者，不構成共犯
(4)正當防衛		犯罪繼續中，正當防衛是有可能的	
(5)刑之變更		犯罪繼續中有刑之變更時，適用新法	

36　最高法院28年台上字第733號判例。

37　王皇玉，《刑法總則》，新學林，初版，2014.12，168頁。

（三）即成犯和繼續犯不構成與罰的後行為的情形

例如：公然侮辱行為之即成犯，一旦犯罪成立，法益侵害就終局完成，如果後來再有公然侮辱、誹謗等侵害名譽的行為，是另一個犯罪行為，應該另受處罰。

繼續犯，因為繼續犯已被評價為只一行為該當一次構成要件，是單純一罪，不生前後兩行為分別該當犯罪之競合問題，也與不罰後行為概念無關。如：私行拘禁罪中行為人對被害人額外的身體法益侵害，應另論以傷害罪。[38]

又如：竊盜犯對竊取的財物加以破壞，並不構成器物損壞罪。此即稱為不可罰的事後行為（與罰的事後行為）。但是，超越其構成要件所預定之範圍的新的違法行為，仍成立他罪。例如將竊取之存摺至銀行提取存款的行為，則有可能另外該當於詐欺罪。

六、單一犯與結合犯（依構成要件所包含之核心概念分）

（一）單一犯（Einfache Delikte）

係指實現一個獨立構成要件之罪，大凡刑法規定處罰之絕大部分犯罪，均屬單一犯。

（二）結合犯（Zusammengesetze Delikte）

1. 意義

指違犯在立法設計上結合兩個獨立構成要件而成立一罪之犯罪，在構成要件上，結合得單獨成立犯罪之二個以上之行為，而成立一個構成要件之犯罪者，稱為「結合犯」。結合犯型式，本得依數罪併罰予以處斷，因

---

[38] 王皇玉，〈私行拘禁罪與傷害罪之競合／最高院102台上235判決〉，《台灣法學雜誌》，第229期，2013.08，229頁。

犯罪時間具有銜接性，犯罪地點具有關連性，乃由法律規定而合成一罪。以其一同出現機率頗大，危害尤鉅，惡性更深，為達防患目的，特予結合加重其處罰，以收懲儆之效。

2. 類型

包括本法第226條之1（強制性交猥褻等罪之殺人重傷害之結合犯）、第249條（發掘墳墓結合罪）、第332條（強盜結合罪：）、第334條（海盜罪結合罪）、第348條（擄人勒贖結合罪）等罪。擄人勒贖罪本質上為妨害自由與強盜結合類型，在形式上則為妨害自由與恐嚇罪的結合類型。

3. 實務關於刑法結合犯之重要見解

(1)結合之時間點

刑法上之結合犯，乃係將二個以上之獨立犯罪行為，依法律規定結合成一罪，其主行為為基本犯罪，舉凡利用基本犯罪之時機，而起意為其他犯罪，即可成立結合犯，至他罪之意思，不論起於實行基本行為之初，即為預定之計畫或具有概括之犯意，抑或出於實行基本行為之際，而新生之犯意，亦不問其動機如何，祇須二行為間，時間上有銜接性，地點上有關聯性，即可認與結合犯之要件相當。[39]故本法第332條第1項之強盜而故意殺人罪，為強盜罪與殺人罪之結合犯，係將強盜及殺人之獨立犯罪行為，依法律規定結合成一罪，行為人於行為前，對於結合之強盜及故意殺人二罪，有包括之認識為必要，其強盜行為為基本犯罪，凡利用強盜犯罪之時機，而起意殺人，即可成立結合犯，至殺人之意思，不論為預定之計畫或具有概括之犯意，抑或於實行基本行為之際新生之犯意，亦不問其動機如何，祇須二者在時間上有銜接性，地點上有關聯性，均可成立結合犯。因之，先強盜後殺人或先殺人後強盜，均可成立強盜而故意殺人罪之結合犯。[40]

---

[39] 最高法院96年度台上字第1156號判決。

[40] 最高法院104年度台上字第483號判決。

(2)既遂之認定——以相結合之罪是否既遂爲準

本法第348條第1項之擄人勒贖而故意殺人罪，是將擄人勒贖與殺人二個獨立犯罪行爲，依法律規定結合成一罪，並加重其處罰，其是否既遂，應以其所結合之殺人罪是否既遂爲標準，故祇須相結合之殺人行爲係既遂，即屬相當，至其基礎犯之擄人勒贖行爲，不論是既遂或未遂，均得與之成立結合犯。[41]

七、單行爲犯與複行爲犯（依構成要件所描述之行爲分）

（一）單行爲犯（Einaktige Delikte）

係指構成要件所描述之行爲僅屬單數，例如殺人罪（271I）之殺害行爲，竊盜罪（320I）之竊取行爲、損毀財物罪（354）之損毀行爲。

（二）複行爲犯（Mehraktige Delikte）

又可稱爲雙行爲犯（Zweiaktige Delikte），係指在一個獨立構成要件中兼含兩個行爲之犯罪，例如強盜罪係包括強暴與脅迫等強制行爲之強制罪（304）與取得財物行爲之竊盜罪（320I）；擄人勒贖罪（§347I）係兼合妨害自由的擄人行爲與恐嚇取財的勒贖行爲的雙行爲犯。雙行爲犯有學者於結合犯討論，稱典型之結合犯爲「形式結合犯」，把雙行爲犯稱爲「實質結合犯」。

---

[41] 最高法99年度台上字第7137號判決；99年度台上字第5197號、91年度台上字第7119號判決同旨。

選擇題練習

*下列何者，非屬於刑法第332條強盜結合犯的結合類型？[42]　(A)放火者　(B)故意重傷者　(C)強制猥褻者　(D)擄人勒贖者。【103年司法官、律師第一試】

八、著手犯（Unternehmensdelikt）

（一）著手犯（企行犯）之意義

在構成要件中，把既遂與未遂視爲一體。[43]包括：

1. 純正著手犯

在構成要件中直接描述「著手」於特定行爲者，例如本法第100條內亂罪「意圖……而以強暴或脅迫『著手』實行者，處……」，此處之著手，兼指既遂與未遂。

2. 不純正著手犯

即是在構成要件中未明示「著手」（形式上既遂），其實是把未遂視爲既遂，其立法目的是排除未遂減輕規定的適用。例如受賄罪。

（二）創設著手犯之理由

1. 行爲人雖在未遂階段，但已不能控制由此而生的危險。將將未遂與既遂同視，旨在避開危險。著手犯的問題是在事物本質上，例如刑法一百條的內亂罪，本質上就是要保護國家存在法益，而把內亂（亡國未

---

[42] 答案爲(C)。

[43] 林東茂，〈危險犯的法律性質〉，收錄於《危險犯與經濟刑法》，五南，2002.11，初版三刷，7頁以下。

遂）規定成一種犯罪。因此，著手本身就是一種（形式上的）既遂。

2. 創設著手犯的理由，另外就是未遂行爲已明顯破壞法益，有必要將未遂與既遂相提並論。以受賄罪爲例，處罰受賄是爲了保護公務員職務行爲的純潔正直，以及民眾對於純潔公職行爲的信賴。

3. 舉動犯或是行爲犯仍然有既未遂問題。蓋抽象危險犯，著手犯，行爲犯，所分類的標準全部都不一樣，也因此根本不能混在一起，再進一步說，一個犯罪是不是舉動犯或是危險犯，必須要個別觀察，不能從危險犯或舉動犯互相證立，簡單的說，標準根本不一樣。

九、既遂犯與未遂犯（依構成要件實現之程度而爲區分）

既遂犯，是指在行爲犯中已完成行爲，在結果犯中已發生結果的犯罪。「刑法分則」對於構成要件均以既遂犯而爲規定。

未遂犯則指在行爲犯中尚未完成行爲，在結果犯中尚未完成行爲或尚未發生結果的犯罪。「刑法分則」如認爲未遂行爲應予處罰而成立未遂犯的情狀，則在既遂犯的構成要件之後另設「前項之未遂犯罰之」，或「第……項之未遂犯罰之」的事項。

十、自然犯與法定犯

（一）自然犯（刑事犯）

自然犯，是指違反一般社會法倫理秩序的犯罪，又稱爲刑事犯或倫理犯。法定犯是指特殊反社會秩序行爲的犯罪，亦即對於違法性較嚴重之行政違犯者，科以行政刑罰（附屬刑法），例如：食品衛生管理法第49條。

通常刑法具有一般預防犯罪之功能，犯罪體系規整的清楚，非專爲特殊的反社會秩序行爲的附屬刑法，所能取而代之，對於一般反社會倫理秩序，以及社會安全性的危害高達於普遍性原則，違反社會相當性（非社會所能容忍的危險）已經具有一般刑法警示作用的程度，自有刑事立法之必要性。

（二）法定犯（行政犯）

　　行政犯之性質未必可以一律視為犯罪，因此，應視就該行政法規所保護之立法目的而定，來區辨「刑事罰」與「行政罰」的規範基礎。若該行政法規所規範意識已經普遍存在當時社會時，成為一般人的印象已感受有危險之狀態，始認為有公共危險問題，同時，其規範的力量已非個人能力所及，而且為行政秩序罰所無法取代者，即為刑法介入之公共安全所保護的範疇。

　　究竟應為刑事犯或行政犯之立法，乃「量」的層次，而非「質」的區別，屬立法裁量之範疇，基於刑法之謙抑思想及對行為人造成之痛苦，非到不得已之時，就不須形事手段制裁。例如：酒醉駕車、肇事逃逸，原本都是行政犯，過去都是以罰鍰、吊照的方式制裁，但是當以行政手段對付交通違規仍無顯著效果時，立法者就可能選擇以刑罰來制裁。

十一、國事犯與常事犯

（一）國事犯（政治犯）

　　凡侵害國家政治秩序，諸如主權、政府組織、政治制度等等之犯罪，[44]亦稱政治犯。

（二）常事犯（一般犯）

　　凡侵害社會秩序之一般犯罪，稱為常事犯。若國事犯與常事犯結合的犯罪，稱為混合犯。

44　陳子平，《刑法總論》，元照，二版，2008.09，96頁。

第二章　構成要件

第一節　構成要件該當性

壹、序說

一、構成要件的形成與地位

　　構成要件，是刑法對於具體發生的客觀事實，判斷其是否成立犯罪的要件，只有在具體行為事實與構成要件的內容相合致的時候，才能對於該行為事實做出犯罪行為的判斷。其乃是一種具體事實的法律規定，透過刑法對於行為事實組成的要素。如行為人、行為人內在的意思、行為的形式、行為作用的對象（行為客體）、法益侵害（亦即，保護客體）等要素，予以概念化，所形成個別法律要素，再將各種法律要素組成後，形成法定的不法要件。亦即，構成要件，是將具體行為事實，予以抽象化與規範化的產物，也是將行為事實，予以類型化的行為事實評價規範。

　　至於其定位，係作為行為事實在刑法判斷的基礎要件，所有的行為事實存在，決定其是否犯罪，必須先行經過構成要件的觀察。當行為事實的內容與構成要件，具有完全該當關係時，該行為事實即具有所謂的「構成要件該當性」。從而，在刑法評價判斷的流程中，方得進一步評價違法性與有責性。亦即，具體的行為事實經過構成要件檢視後（此為犯罪評價的第一步），方得進一步評價違法性與有責性。若無法與構成要件的內容相符合時，即不具有構成要件該當性，此時就不會落入刑法進一步否定的評價範圍。

二、構成要件該當性

　　至於「構成要件該當性」，則是指行為人行為必須與刑罰法規所規定

的犯罪構成要件相符合，否則即不成立犯罪。以殺人罪的構成要件為例，殺人的主體稱之為「行為主體」、殺人的行為稱之為「實行行為」、殺人的故意稱之為「主觀不法構成要件」、被殺害的人稱之為「行為客體」、殺人的行為與被害人的死亡之間具有關聯性稱之為「因果關係」，被害的法益為「生命法益」，判斷犯罪必須符合上列所有要件，其中有一項不符，則不成立殺人罪。

舉例說明

甲以殺害乙的犯意，開槍射殺乙，乙身亡，該行為事實符合刑法第271條第1項的殺人罪，此即甲之殺人行為「該當」刑法的殺人罪。但是，如自己飼養的狗咬死主人，因狗非行為主體，故不成立殺人罪；又如甲殺傷乙，乙負傷就醫包紮後按原計畫搭乘飛機旅遊，墜機身亡，因乙死亡與甲傷害行為無因果關係，甲亦不成立殺人罪。

三、刑法規範與構成要件的關係

構成要件，是一種對於具體行為事實，在刑法上予以法定化的要件。將其作為刑法規範上的判斷作用，主要是針對行為事實。對於行為事實以外的事項，固然是屬於刑法規範評價的要件，但並非構成要件的概念。例如本法311條之誹謗罪除外規定，雖然是刑法規範的一部分，但卻不具有構成要件的性格。

貳、構成要件的機能

一、推定違法性與有責性機能

行為人在該當於犯罪構成要件之後，始繼續就違法性與有責性進行評

價，故只要不該當構成要件，該行為即無須對違法性與有責性進行評價。基此立場觀之，若是該當構成要件行為，原則上可以肯定違法性與有責性的存在。因此，構成要件具有推定違法性與有責性的機能。

而此推定機能，只具有表徵機能，[1]實質的評價機能仍置放在違法性與有責性階層中做判斷。儘管構成要件在評價架構的地位，經過具體屬性與內容的補充，在法詮釋論中顯得日益重要，不過在評價模式的基本架構上，仍應維持三階段的評價模式。

二、犯罪要素體系化的機能

構成要件本身是最基本的犯罪型態，是由客觀現象的行為、客體、法益三個個別要素所組成的。這樣基本犯罪類型，衍生出其他各種犯罪類型，或在基本構成要件的前提下，亦有適用阻卻違法事由與阻卻責任事由等，或者是在犯罪罪數的判斷上，亦係以基本構成要件為判斷基準點。

三、確立罪刑法定原則，以保障基本自由與維護社會秩序的機能

罪刑法定原則，是指倘若行為並無法律明文規定，均不得以任何方式或手段，將該行為羅織入罪（§1）。構成要件，將犯罪予以個別化、明確化規定在刑法條文之中，若未顯現於刑罰法規之中者，該行為即不在處罰之列。藉此以觀，確立罪刑法定原則，有保障基本自由與維護社會秩序的功能。

參、構成要件的種類

欲理解構成要件的基本概念，首先就其外觀的結構上去做認知，亦即以構成要件存在的外觀，做整體性的概念觀察。就構成要件從其形成的結

---

[1] 甘添貴、謝庭晃，《捷徑刑法總論》，瑞興，修訂版，2006.06，63頁。

構關係，學理上有三種分類概念的區分：

（一）基本構成要件與修正構成要件

　　所謂基本的構成要件，是指從多樣化的行為事實，從個別類型中，摘取基本的行為形式與侵害關係所形成的構成要件。例如妨害自由的行為態樣有許多，有為私行拘禁或行動控制等，作為妨害自由罪（§302）的類型化規範，再依其侵害形式的不同，衍生出不同型態的其他犯罪類型。如略誘罪（§241、§298）、販賣質押人口罪（§296-1）等；又如竊盜罪（§320）為基本構成要件，當加入客觀情狀，則衍生出竊盜罪的加重類型，如侵入住宅、毀越門窗、趁水災、火災之際，或在車站碼頭等地所犯之竊盜，則屬加重竊盜罪（§321），成為修正構成要件。修正構成要件是從基本構成要件修正變更而來的，在屬性上，應當是一種刑罰加重或減輕的變體，並不影響罪質的問題存在。亦即無論是基本構成要件或是修正構成要件，其罪的本質是相同的。但是，就強盜罪（§328）與準強盜罪（§329）而論，因其罪質並非完全相同，故並非基本構成要件與修正構成要件的問題，於此不得不加以區辨。

（二）單一構成要件與結合構成要件

　　構成要件所規範的行為類型，可以區分出由單一行為要素形成的單一構成要件，與結合數個行為要素所組成一個獨立的行為形式的結合構成要件。前者如竊盜罪是竊盜行為，是由單一行為要素所形成，作為竊盜罪的行為形式。後者如強盜罪的強盜行為，是由數個行為要素共同組成一個完整的行為形式，包括強制的行為要素與取財的行為要素。

　　結合構成要件的基本概念，乃是組合數個行為要素而成為新的構成要件，此種以行為要素結合的構成要件形式，稱之為「複行為犯」。而此結合構成要件有區分為「形式結合罪」與「實質結合罪」。

　　前者，是以構成要件與構成要件所結合的結合罪，如本法第332條強盜罪之結合罪，是強盜罪與放火罪，或強盜罪與殺人罪相結合，且係在刑

法分則中明文規定的犯罪類型，又稱之爲「形式結合犯（又稱明示的結合構成要件）」；又如§§226I、249、334。

　　後者，是行爲要素組合而成的結合關係，如本法第221條的強制性交罪或是本法第347條擄人勒贖罪，此乃結合的構成要件之本來面目，「實質結合犯（又稱默示的結合構成要件）」。

（三）完整構成要件與開放構成要件

　　完整構成要件，乃指將構成要件做完整且獨立的規定於刑罰法規中，亦即對於犯罪之成立要件、構成行爲事實的規範範圍與規範對象，完全在構成要件中得以確認，也就是所有犯罪的條件都已經規定在構成要件之中。刑法絕大部分的犯罪類型，都是屬於此完整且獨立的構成要件類型。諸如殺人罪、傷害罪、遺棄罪、竊盜罪、搶奪罪、強盜罪等等，只要從規定的內容就可以確認規範的範圍及對象。

　　所謂開放構成要件，乃指未完整的將構成要件規定於刑罰法規，須借助其他法律或行政規章或命令的規定來加以補充，是一種具有意義塡補必要性的構成要件，故又稱「空白構成要件」。

　　例如：本法第192條違背預防傳染病法令與散佈傳染病罪，該罪對於罪的本身只做原則性規定，至於具體形成的要件，亦即其成罪條件的「傳染病」要件，必須由傳染病防治法來作具體條件的補充。又如本法第185條之3醉酒不能安全駕駛罪，所謂不能安全駕駛，則委由其他法律或行政命令爲決定，最爲具體的酒駕成罪判斷，飲用酒類而使得身體血液中，酒精濃度超過0.25毫／公升時，即認爲不能安全駕駛，而成立該罪。

　　廣義的開放構成要件，還包括過失犯的「應注意」亦即所謂客觀違反注意義務的內涵意義，以及不純正不作爲犯的「有防止義務」的作爲義務（§15），有關保證人地位的確認是作爲義務的前提要件，須待法令去塡補原本不足的部分，始能成罪。

肆、構成要件要素的種類

一、客觀構成要件與主觀構成要件

（一）客觀構成要件要素

係指描述行為的客觀行為，或從外觀上可察知的行為結果作為構成要件要素。此類的構成要件要素，通常是用來構架行為主體、行為客體、實行行為以及行為態樣（含違犯的方式、手段、時間、地點、實施方法等），以及自外觀可以察知的行為情狀、行為結果、因果關係等。

（二）主觀構成要件要素

係指描述行為人主觀的內在心理狀態的構成要件要素。亦即，係指行為人對於實現客觀構成要件的**認知與意欲**。行為人首先須對於客觀構成要件有所認識或有所預見，而後基於此種主觀的認知或預見，進而決意使其認識或預見得以實現成為事實，或者容認其認識或預見得以成為事實，此種心理狀態，稱為故意。例如：殺人罪的故意、公務員登載不實罪（§213I）或使公務員登載不實罪（§214I）的「明知」。若行為人的意思係出於**不小心或疏忽**而導致侵害事實的判斷，則為過失。

刑法對於少部分的故意犯，立法者在制定犯罪構成要件時，在條文中加上特定目的之意圖，學理上稱之為「意圖犯」，以限制特定類型犯罪的主觀意向。例如加重略誘婦女罪（§290II）的「意圖營利」、或普通誹謗罪（§310I）的「意圖散布於眾」等等。意圖之特質，係針對構成要件階層而言，不同於一般主觀不法構成要件，亦不同於單純的意圖（動機），為特殊的主觀不法構成要件，其目的是為了要滿足構成要件行為要素的心理原因。

舉例說明

> 　　甲為了要行使偽造有價證券（偽造有價證券罪之「意圖」是指供行使之用的動機），而偽造有價證券（§201I），前者是指須滿足構成要件行為所指定的心理原因，後者則是指該構成要件的行為要素。又如竊盜罪的意圖，是指不法取得財物的意圖，而此意圖與構成要件的行為、結果間具有實現此犯罪類型的法定動機，為一般主觀構成要件（故意）以外的特殊主觀構成要件要素（意圖）。故竊盜罪的故意的「欲」，是指想要建立新的不法持有關係；竊盜罪的意圖的「欲」，是指想要使自己或他人，如同所有權人一般，長期占有該持有物。竊盜罪若欠此故意或意圖之一者，則不成立竊盜罪。

二、描述性構成要件與規範性構成要件

（一）描述性構成要件要素

　　係指以日常用語或法律用語，描述有關人、事、物等事實狀態，而無須經價值判斷的構成要件，通常係對人、事、物狀態做客觀描述。例如放火罪的「火」、「住宅」、「建築物」（日常用語）等、普通殺人罪（§271I）的「殺」或「人」、普通竊盜罪（§320I）的「動產」（法律用語）等。

三、成文的犯罪構成要件與不成文的犯罪構成要件

（一）成文的構成要件要素

　　乃指明文規定在構成要件中的構成要件要素，絕大多數的構成要件要素，均屬這一類的構成要件。構成要件係以行為作為核心規範的對象，故

行為的要件必須是成文化的規定，而不能是非成文化的條件。另外所侵害的法益也必須是成文化的規定，雖然在條文中看不出來，但法益侵害是具有類型化統一規定的意義，應屬成文構成要件要素。例如殺人罪（§271I）看不到死亡的規定，但是殺人罪侵害的法益，是以人的生命作為保護對象，故若屬同類型的法益侵害，如義憤殺人、殺害直系血親尊親屬罪、產母殺嬰罪等，無須有「死」的規定才算是殺人，這些類型的犯罪雖未規定「死」，但仍屬同類型之法益侵害，故法益侵害具有類型化統一規定的意義。若該罪所保護的對象（法益）無法確認的話，則違反構成要件明確性原則。

（二）不成文的構成要件要素

則指未經明文規定在構成要件中的構成要件要素，或因行為必然的結果，或因學說或判例對於構成要件的解釋，但卻是犯罪成立判斷所不可缺少的條件，即便是未規定在刑罰法規中，仍須具備此條件，才能成罪，又稱「潛在的構成要件」，最典型的不成文。

舉例說明

> 詐欺取財罪（§339I）的他人因行為人的施詐而陷於錯誤、造成被騙者本人或第三人的財產損失、行為人獲得財物或使第三人獲得財物等，屬於未規定在構成要件中，而成為不成文構成要件要素。過失犯的成立判斷，一般都以行為結果的「信賴原則」，作為過失犯成立的詮釋基礎，通說皆認為應在構成要件外，尚須檢視「信賴原則」，方足以判斷過失過程要件的該當性。

伍、阻卻構成要件該當性

　　例如：刑法誹謗罪之成立，除行為人在客觀上有指摘或傳述足以毀損他人名譽之事實外，尚須主觀上有毀損他人名譽之故意，方具構成要件該當性，而行為人是否具有主觀構成要件之故意，尚須視當時具體情況客觀判斷之。

　　於一般誹謗罪之情形，有學者認為本法第311條明定「阻卻構成要件事由」，只要行為人之行為係以「善意發表言論」而客觀上符合該條所規定之要件者，縱足以造成毀損他人名譽之結果，屬於得以「阻卻該構成要件事由存在」，故不該當於誹謗罪。又如，第266條賭博罪「但以供人暫時娛樂之物為賭者，不在此限」，亦屬得以「阻卻該構成要件事由之存在」，即是一適例。

　　另有所謂「構成要件要素欠缺」之情形。

舉例說明

　　15歲的甲男長相成熟，乙女如一般人誤以為其已20餘歲，與之性交，因「年齡」應屬客觀構成要件要素，行為人對於被害人之年齡為「十四歲以上未滿十六歲」應有認識之必要。乙女「如一般人誤以為」甲男已20餘歲，顯然乙女並未認識甲男係為「十四歲以上未滿十六歲」之人，因此，乙女不具有該構成要件之故意，故不該當刑法第227條第3項之與幼年男女性交罪。

陸、不法與罪責以外的可罰性要件

　　通常，犯罪構成要件要素大多是明文規定在法條上，但是法條與構成要件並非相同的概念，如上述的成文構成要件與不成文構成要件之不同，除此之外，尚有若干犯罪，法條除明示其構成要件外，還規定一些與犯罪

成立無關的要素，例如自白、縱容或宥恕、告訴乃論等是。因此，犯罪的成立及刑罰的實現，構成要件只是一個基本前提，可能對於若干的類型，除構成要件外，尚須有其他的特別要件存在。

一、客觀處罰條件

　　行為具備犯罪成立要件時，犯罪即成立，刑罰也立即發動。但在某些例外的情下，即使具備犯罪成立要件，仍須待一定客觀條件成就之後，刑罰權始發生，這些條件稱為「客觀處罰條件」。所以，該條件成就與否與犯罪成立無關，行為人對於該條件是否具備，主觀上亦無認識之必要，亦即客觀處罰條件只是單純的發動刑罰的客觀事由，無關乎不法形成的判斷。

　　客觀處罰條件，並非屬構成要件要素，在犯罪判斷上，只要客觀存在，即為已足。至於行為人主觀上有無認識或預見，則在所不問。[2]因此錯誤原理與規定，於客觀處罰條件，亦無適用餘地；即行為人因錯誤而誤以為客觀處罰條件不存在，亦不能排除行為人故意，而影響行為人行為可罰性之成立。

舉例說明

　　1. 刑法第123條準賄賂罪中之「將來成為公務員或仲裁人」；

　　2. 刑法第168條偽證罪之「具結」，「具結」的存在與否，都不會影響偽證罪的不法內涵，只是做為成罪後之處罰依據，故「具結」為客觀處罰條件；

　　3. 刑法第284條聚眾鬥毆罪之「致人於死或重傷者」，究竟是結果犯之結果，或是客觀處罰條件，通說認為是屬於客觀處罰條件，理由是行為人於行為當時主觀上無認識之必要，且與行為人行為之規範評價無

2　林山田，《刑法通論（上）》，元照，十版，2008.01，406頁。

涉，行為人對此項條件之存否，並無左右之能力，故並非犯罪構成要件要素，故與犯罪的成否無關；

　　4. 刑法第238條詐術締婚罪，是以「婚姻無效之裁判或撤銷婚姻之裁判確定」為客觀處罰條件；

　　5. 刑法第356條損害債權罪中之「將來受強制執行」。

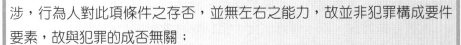

問題思考

一　刑法第185之3條醉態不能安全駕駛罪之「不能安全駕駛」，其性質究屬客觀處罰條件還是構成要件要素不無疑義？

■ 參考解答

一、客觀處罰條件說

　　有認為，如容許行為人抗辯不知其不能安全駕駛，或自恃其酒力，無不能安全駕駛之虞而駕駛，應阻卻本罪之故意，而不構成犯罪。惟倘作如此解釋，不僅服用酒類、安非他命或其他興奮劑者，大皆不知其已不能安全駕駛；縱有所知，亦諉為不知，而否認具有本罪之故意。果如此，則本罪之規定，勢將成為具文。故應屬客觀處罰條件。[3]

二、構成要件要素說

　　駕駛人可能不知道自己呼氣中的酒精含量超過標準值，屬於過失酗酒駕車，不成立犯罪。例如：漱口水的酒精含量很高，據說是啤酒的四倍有餘，相由芬日過失；又如飽足薑母鴨之後，血液裡也可能含有濃厚的酒精，貝自己是酒後駕車，屬於過失犯，不能處罰。[4]況且，一般情況，行為人飲酒後對於「不能安全駕駛」的事實，也都會有所認識，至少應有未

---

[3]　甘添貴，《刑法各論（下）》，三民，修訂二版，2013.06，62頁。

[4]　林東茂，《刑法綜覽》，一品，七版，2012.08，2-249頁。

必故意的存在，並非屬於客觀處罰條件，而係構成要件要素。[5]

本書亦採此說，蓋本罪修法後，第1項第1款雖明訂為抽象危險犯，但這也只是告訴法官當「酒精濃度呼氣已達每公升0.25毫克或血液中酒精含量在0.05%以上」的標準，不必再去逐案判斷行為人是否「真的」醉到不能安全駛，但至少法官仍要判斷行為人主觀上是否具有「抽象的不能安全駕駛」之認識。蓋本罪並非實害犯，本於刑法的謙抑思想，不應牽連過廣。否則，中式菜餚多有用酒調味的習慣，在外多吃幾盤菜、喝幾碗湯，就可能構成本罪，未免太苛。故本書主張，當酒測值超標，執勤員警仍應詢問原因，以供法官個案判斷。

問題思考

二 刑法第185之4本罪所稱之「肇事致人死傷」其性質何？

■ 參考解答

一、客觀處罰條件說

實務上曾認為，[6]此應為客觀處罰條件。據此，適用結果乃純粹取決於客觀上的條件是否成就，至於行為人主觀上是否對該條件有所認知或意欲，在非所問，因此也不生錯誤之問題。學說上亦有支持此一意見解的論者。[7]

二、構成要件要素說

有論者指出，由於本罪為故意犯。行為人須對於駕駛動力交通工具肇事致人死傷之情狀，以及逃逸之行為須有認識，始能成罪。[8]

依條文文義解釋，所謂肇事，當然指事件的促發，而非受到波及。若

---

5 陳子平，《刑法各論（下）》，元照，初版，2014.11，92頁以下。

6 最高法院91年度台上字第5363號判決

7 林鈺雄，《新刑法總則》，元照，四版，2014.09，330頁。

8 張麗卿，〈刑法中的交通違法行為〉，收錄於《交通刑法》，學林，初版，2002.12，58頁。

是停車靜候綠燈，被後車追撞，不能稱爲肇事。過失致死的行爲，代價是兩年以下的有期徒刑；而一名車禍參與者，單純離開現場，代價卻是五年以下有期徒刑。如此輕重失衡的法定刑，已經預設了肇事逃逸罪必須嚴格解釋，亦即唯有過失的車禍參與者，才可能成立本罪。[9]

從本罪立法理由當中可以探知，應該行爲人應該要有「致人死傷」的認識存在，蓋所謂「逃逸」，指的是「未能使被害人即時救護」之故，因此「致人死傷」的要件應該屬於本罪的客觀構成要件要素。[10]。

顯然，學說上的有力說多傾向此爲「構成要件要素」。而近來實務的較新見解，有改採此說的趨向。[11]

二、個人的刑罰阻卻或免除事由

至於個人的刑罰阻卻或免除事由，或稱爲「個人排除刑罰事由」。[12]係指行爲人於「行爲時」，即存有足以排除刑罰之個人情狀。[13]基本上與犯罪的形成無關，僅與法律效果的刑罰有關。此種是以犯罪已經成立爲前提，才會有個人的刑罰阻卻或免除事由的存在。法條通常是以「免除其刑」來規定，無論是應免或得免，都是屬於個人的刑罰阻卻或免除事由，在法院判決於科刑的程序中，多以「免刑判決」爲之。

舉例說明

1. 刑法第275條第3項之謀爲同死的加工犯罪，得免除其刑。
2. 刑法第324條、第338條、第343條、第351條如配偶或同財共居

9　林東茂，《刑法綜覽》，一品，七版，2012.09，2-252頁。

10　陳子平，《刑法各論（下）》，元照，初版，2014.11，119頁。

11　最高法院96年度台上字第5015號判決、96年度台上字第6846號判決、99年度台上字第6594號判決參照。

12　林鈺雄，《新刑法總則》，元照，四版，2014.09，327頁。

13　林山田，《刑法通論（上）》，元照，十版，2008.01，407頁。

親屬間的財產犯罪行為，也有「得免除其刑」之規定。其阻卻事由的發生，是因行為人個人具有特殊身分關係，始妨礙刑罰權的行使，又稱個人的刑罰阻卻事由。如：甲誤他人之物，為其父之財物竊取之，仍應依普通竊盜罪科處，不適用刑法第324條親屬間竊盜免除其刑的規定。

3. 刑法第288條第3項規定，懷胎婦女因疾病或其他防止生命上危險之必要，而犯自行墮胎罪者，有「（應）免除其刑」的規定。

除有個人的刑罰阻卻事由外，學理上尚有個人的刑罰解除事由，是指在違反犯罪的可罰「行為後」，始發生足以使已成立的可罰行為不再存在的個人事由，足以排除其刑罰的個人情況。例如本法對於中止犯的減輕或免除其刑（§27I）；例如內亂罪的預備犯或陰謀犯（§§100II、101II）、違背職務的行賄罪（§122III）或參與結社罪（§154I）而自首「減輕或免除其刑」的規定。如共同正犯中之一人自首而免除其刑（§154II），則其他共同正犯仍處予通常之刑。

第二節　客觀構成要件

行為之主體即行為者，任何犯罪都離不開一定的主體，犯罪是人實施的，行為主體與其所為的各種犯罪行為有關。在刑法法規中規定「……者，處……」，其中「者」係指行為主體（行為人）。由於行為人具有成為處罰對象的意義，故亦稱為犯罪主體。

在刑法典中，通常犯罪主體係指所有的自然人（一般犯），在構成要件中不加任何資格或條件的限制。但亦有例外以特定身分為構成要件之犯罪，僅限於明文標示的特別身分、資格者，稱此為身分犯（或稱特別犯），於構成要件中設有行為主體資格之規定，如瀆職罪章之公務員受賄罪（§121I、122II）、枉法裁判罪（§124）、濫權追訴罪（§125）等，以及公務員縱放或便利脫逃罪（§163）之規定，偽證罪（§168），

侵占罪（§335）、背信罪（§342）。或必須係行為人親自實行該種行為，始能成立該種犯罪者，稱此為親手犯，如重婚罪（§237）、通姦罪（§239）之規定。此外，在刑法以外有規定處罰法人的刑罰法規中，法人亦可能成為犯罪的行為主體。

壹、行為主體──自然人

一、一般犯

一般犯，乃指構成要件所形成的條件，對於行為主體並不作特定資格或條件的限制，亦即任何人都可能成為此種犯罪的行為人。其之所以不要求主體資格的限制，是因為該行為的本質，任何人都能為之所使然。

舉例說明

> 例如：殺人、傷害、妨害自由、竊盜、搶奪、強盜等行為，只要是人都可為之，絕大多數的犯罪類型，都屬於此類型，亦即不對行為人作資格的限制。

二、身分犯（Sonderdelikte）

指行為主體應具備的特定身分關係為前提，即以公務員身分資格，作為犯罪成立的行為人資格要件，國內亦有學者稱此為「特別犯」。[14]例如：公務員的職務犯罪類型，皆屬於此種犯罪類型，非具有此種身分之公務員，不能成立，學理上稱為純正身分犯，其性質上為義務犯。如瀆職罪章之公務員受賄罪（§121I、122II）、枉法裁判罪（§124）、濫權追訴

14　林鈺雄，《新刑法總則》，元照，四版，2014.09，107頁。

罪（§125）等，以及公務員縱放或便利脫逃罪（§163）之規定。

另外，尚有不純正身分犯，亦稱不純正特別犯或加減身分犯，係指行為人所具有的一定身分或特定關係並不影響犯罪的成立，惟由於具有該種身分或特定關係，而有加重或減輕或免除刑罰的犯罪類型。殺害直系血親尊親屬罪（§272I）或親屬間的竊盜罪（§324I）的「直系血親、配偶或同財共居親屬」等係屬不純正身分犯。不純正身分犯，本質上是屬於一般犯，而非身分犯，只是因具有一定資格之人而特別作為加重或減輕的條件。

三、己手犯（eigenhändige Delikte）

己手犯又稱親手犯，其概念是指犯罪類型的成立，僅限定在具有特定資格之人親自實行犯罪構成要件行為，不能假手於他人，故任何第三人雖可教唆或幫助他人違犯該種犯罪行為，而可能成立己手犯的教唆犯或幫助犯，但絕不可能成立直接正犯、間接正犯或共同正犯。

舉例說明

> 例如：偽證罪[15]（§168）、重婚罪（§237）、通姦罪（§239）。

考題觀摩

*何謂「親手犯」，並請自現行刑法試舉一規定分析並說明之？與其相對的概念為何？討論親手犯有何實益？　　　　　　　　　【100年司法四等】

15　最高法院102年度台上字第4738號判決。

四、作為犯與不作為犯

（一）作為犯（Begehungsdelikte）

是指構成要件設定成立犯罪的形式，必須是以積極的作為方式，方能夠成罪的構成要件類型。作為犯又分純正作為犯與不純正作為犯兩種類型。前者，是指犯罪的實現，構成要件只能以積極的作為，方得以成立的犯罪類型，如竊盜、搶奪、強盜、強制性交、強制猥褻等。後者，是指固然其基本犯罪類型的行為，是以積極作為作為成罪的基礎類型，但依其犯罪成立的屬性，在一般的犯罪類型中，亦不排除以消極不作為來實現。例如殺人罪，亦不排除以殺害故意，故意不予援助，致其死亡者，其不作為已達成作為目的，是與積極行為者同（§15）。

（二）不作為犯（Unterlassungsdelikte）

是指構成要件的實現，原則上只能以消極不作為行為方式，如有所作為時，則無由成立犯罪。但是不作為犯其成罪的要求，必須在一個前提條件上，就是必須先確認有一個特定的義務存在，此一特定作為義務，是所有以不作為成罪的共通要件，亦即必須該不作為人有該義務違反時，才有成罪之可能。不作為犯又分：純正不作為犯與不純正不作為犯兩種類型。

1. 純正不作為犯（echte Unterlassungsdelikte）

其構成要件之成立，僅能以消極不作為方式，方得成立犯罪。如聚眾不解散罪（§149I）、消極侵入住宅罪（§306II）及侵占罪（§§335、336）。

2. 不純正不作為犯（unechte Unterlassungsdelikte）

依本法第15條規定，「對於犯罪結果之發生，法律上有防止之義務，能防止而不防止者，與因積極行為發生結果者同」，此乃不純正不作為犯之具體明文，行為人具有防止犯罪結果發生之「保證人地位」，構成

要件既得以作為實現，亦得以不作為成罪。如生母殺嬰罪（§274），生母得以積極方式掐死甫自出生的嬰兒，亦得以不哺乳的消極方式實現，都是以雙向方式規定的本質關係所使然。[16]

貳、行為主體——法人

自羅馬法以來的思維，始終根深蒂固存在著「法人無犯罪可能」之印象，但伴隨著企業主體之經濟活動或生產流程上涉及重大公共利益，而且其引發之災害或企業犯罪日趨頻繁之今日社會，法人犯罪的問題，形成各國刑事法上一大課題。

 **問題思考**

法人得否為行為主體？

■ 參考解答

法人得否為犯罪及接受刑罰之主體，涉及法人有無犯罪能力之爭議，我國在傳統刑法理論中，學說之論述及爭議不已，目前仍尚乏定論，其主要之論述觀點，分述如下：

（一）否定說：此說的主要論據是，認為法人本身並無意思決定，且無法直接形成行為，且亦無法對法人之倫理責任加以非難，為其主要立論。只有自然人才可成為犯罪主體的，如公司的決策者，或某部門主管。例外在一些附屬刑法，如公平交易法、水污染防治法及洗錢防制法，有一些處罰法人的規定，但也只能以罰金對付，無法以自由刑為之。[17]

（二）肯定說：法人係擬制而具有人格，因此其意思表示仍有賴其執行機關或意思機關來形成，更進一步言，其組織之從業人員依分層負責以

---

[16] 柯耀程，《刑法總則》，三民，初版，2014.08，124頁。

[17] 林東茂，《刑法綜覽》，一品，七版，2012.08，1-73頁。

授權所爲監督管理與執行業務等行爲，通常具組織體之意思表示。因此，就組織整體性的社會活動來觀察，既得爲意思表示，亦具倫理責任的可非難性，因此應具犯罪能力。除罰金刑外，對於法人尚有其他可行（如解散、停業）之制裁。[18]

我國傳統之刑法學說，並不承認法人具有犯罪能力，但在租稅上此類行政刑法，則對法人及非法人組織處有處罰規定，不過若涉及刑罰的有期徒刑部分，因法人無法受自由刑，故無處罰之規定。

如我國稅捐稽徵法第47條乃規定，本法關於納稅義務人、扣繳義務人及代徵人應處徒刑之規定，於左列之人適用之：

1. 公司法規定之公司負責人。
2. 民法或其他法律規定對外代表法人之董事或理事。
3. 商業登記法規定之商業負責人。
4. 其他非法人團體之代表人或管理人。

不過此種規範，在前揭肯定說之概念下，如依機關或代理人之行爲及意思表示作爲犯罪能力之依據，則刑責自應由行爲人負擔，而非概由負責人負擔，其在立論上固有其法理依據，但在實踐上仍有疑義。

參、行爲客體

「行爲客體」（Handlungsobjekt），即行爲之法定對象，然非一切犯罪行爲，皆有其行爲之法定對象，如僞證罪中之虛僞陳述，無具體侵害的對象，仍不失爲犯罪行爲。行爲客體、實行行爲、侵害法益不同。

舉例說明

> 以「甲不滿乙奪其女友，怒砸乙車洩恨」爲例，行爲客體爲「車」、實行行爲是「毀損車輛」、侵害的法益是「財產權」。

---

[18] 陳子平，《刑法總論》，元照，二版，2008.09，140頁；余振華，《刑法總論》，三民，二版，2013.10，139頁。

　　行為人所侵害或攻擊而具體可見的對象，稱為行為客體，此須與保護客體相區別。保護客體（strafrechtliches Schutzobjekt），指的是「法益」（Rechtsgut），乃指具有透過刑罰手段加以擔保、而具有法律保護必要性的權利或價值，[19]：只有在法益被侵害之情形才構成犯罪，國家也才有動用刑罰權之正當性。[20]因此「法益」具有：(1)犯確立罪體系；(2)刑法解釋；(3)罪數認定等功能。[21]每一構成要件雖均有其所要保護的法益，但未將法益明定於構成要件之中。至於具體可見的侵害或攻擊對象，則會在客觀構成要件加以規定。所以法益與行為客體的概念不能混淆。法益為刑法所要保護的權利、價值，屬抽象的理念；而行為客體則是犯罪行為所具體、直接攻擊的客體。[22]

舉例說明

> 如：殺人罪，保護的客體為「生命法益」，行為客體為「人」。

　　每一個刑法分則的法條都有其保護的法益，但卻不一定有具體的行為客體，此在侵害國家或社會法益的犯罪最明顯，如賭博罪，其目的在保護社會善良風俗，但卻無行為客體存在，因賭博雙方皆行為主體，此類犯罪因此又被稱為無被害者犯罪，其他如吸毒、公然猥褻等皆屬之，由於無被害者存在，因此在立法論上有認為應該除罪化。

---

[19] 柯耀程，《刑法總則》，三民，初版，2014.08，17頁。

[20] 林鈺雄，《新刑法總則》，元照，四版，2014.09，10頁。

[21] 張麗卿，《刑法總則理論與運用》，五南，四版，2013.10，143頁。

[22] 王皇玉，《刑法總則》，新學林，初版，2014.12，32頁。

 **概念釐清**

法益與行爲客體之比較：

行為客體	法益
客觀具體可見。	能具體掌握的社會秩序之想像價值，是不可見、抽象化的概念。
是行為直接攻擊的對象。	是刑法保護的對象，故又稱為「保護客體」。
有些犯罪並無行為客體，例如聚眾不解散罪（§149）。	存在於所有的犯罪類型中，無論何種犯罪均須有法益的存在，具有類型化、統一規定的意義，應屬不成文構成要件要素。有反對論者認為，法益充其量只不過是作為構成要件的立法基礎或理由，成為構成要件適用範圍的限縮或指導性角色，絕非構成要件要素。
通常規定在構成要件中，為感覺的對象，形式上具有犯罪類型的結構。	未以構成要件的形式呈現在法條中，為觀念的對象，實質上必須明確規範在構成要件中所擬保護之對象。

肆、實行行爲

　　「實行行爲」（Ausführungshandlung），是指各個構成要件所預定的行爲。其與行爲結果同爲客觀構成要件的重要要素，具有各個犯罪類型化與因果關係起點的功能。[23]具體行爲的事實，不僅形式上符合構成要件行爲，實質上對於該犯罪類型所保護之法益造成一定危險或侵害，始能認定其行爲具有實行行爲性。

　　刑法所規定之行爲態樣有二，即作爲與不作爲。大多數犯罪以作爲方式行之，不作爲較少。

23　甘添貴、謝庭晃，《捷徑刑法總論》，瑞興，修訂版，2006.06，69頁。

一、刑法上的行為與構成要件行為

刑法上的行為只是刑法評價的對象及範圍的一部分，於犯罪階層理論上是屬「客體評價」的問題。因此，要透視刑法上行為概念之本質，雖不必考慮具體的權利侵害或是攻擊的行為客體為何，但是仍必須連結相關該犯罪類型與其法律利益的侵害，始能確認其評價的範圍。但是，論及構成要件的行為，則是屬於刑法上客體評價之行為規範或是評價規範標準之一部分。

舉例說明

以鉛筆在白紙上模擬真鈔而為製作的行為，此製作的行為固為自然意義的行為，但是該行為仍不具有社會意義的行為。

蓋因以一般人來判斷，這樣製作的行為，不會使任何人誤信此有可能是貨幣。刑法偽造貨幣罪，所要保護的法益是公共信用，行為事實與法益之侵害產生關連，使此特定的行為事實得以成為刑法評價的對象。既然與偽造貨幣罪所保護的法益（公共信用）無關，就不會進入犯罪評價的階段。因此，這樣的製作行為當然不是刑法概念上的行為。

二、實行行為性

若行為人所實施的行為，已經可以判斷出該行為對於法益產生侵害的危險，則該行為才可認定為具有實行行為性。

例如以鉛筆在白紙上模擬真鈔，有學者認為可視為欠缺刑法行為的實行性，因為一般人相信其為真鈔，並無侵害公共信用法益的危險，[24]所以不具有實行行為性，所以不成立犯罪。

伍、行為的附隨情狀

　　對於大多數犯罪而言，刑法並沒有要求行為人在特定的時間、地點，以特定方法實施，在此意義上說，行為的時間、地點、方法不是犯罪構成的共同要件。但構成要件亦有以行為之從屬情況為內容者，此等從屬於行為之一定的情況，亦係構成要件要素。少數的客觀構成要件尚規定行為時的特別情狀，以修正基本構成要件而成為變體構成要件，或做為成立犯罪的必要條件。如公然侮辱之公然是。此種情況，既形成為構成要件之一部，即為構成要件不可缺之要素。包括：

　　（一）**特定方法**（如強暴、脅迫§§100、135；利用工具或設備§305-1……）

　　（二）**特定時間**（如開戰或將開戰期內§§106、108……）

　　（三）**特定地點**（如公共場所或公眾得出入之場所§266……）

　　（四）**特定情況**（如公然§309、當場基於義憤§273……）

陸、行為結果

　　「行為結果」（Taterfolge），指的是犯罪行為所發生之結果。[25]但若為行為犯或危險犯，則無結果的要素。行為結果必須與行為具有原因與結

24　甘添貴、謝庭晃，《捷徑刑法總論》，瑞興，修訂版，2006.06，70頁。

25　林書楷，《刑法總則》，五南，二版，2014.09，81頁。

果的因果關係,則行為人始須對行為結果擔負責任,而有可能成立犯罪;否則,行為結果與行為之間並無因果關係,則行為人自然不必對並非由於行為所惹起的結果,擔負責任。

因果關係是就客觀存在的事實,加以判斷,而與行為人主觀上的認識無關,亦與行為人的故意或過失無關。行為與行為結果之間,假如在客觀上存在著必要的關聯,縱令行為人對行為的原因力欠缺認識,亦不影響因果關係的成立。換句話說,行為人對於行為與行為結果的客觀事實關係在主觀上並無認識,與因果關係的成立無關。

第三節　因果關係與客觀歸(咎)責理論

壹、因果關係理論

一、序說

因果關係的判斷,主要定位在結果犯的範疇,尤其是對於結果犯的客觀構成要件是否成就的檢查。因為非結果犯(如抽象危險犯、舉動犯、純正不作為犯、預備犯),本質上沒有結果,自然無須判斷因果關係。[26]判斷行為與結果間是否有因果關聯,學說上歷來有:條件說、相當因果關係說(此說又可分為主觀說、客觀說及折衷說)、重要性理論及後來的客觀歸責(咎)理論。

---

[26] 林東茂,《刑法綜覽》,一品,七版,2012.08,1-74頁。

二、條件說

（一）概念

1.條件關係

通說認為，條件關係並不必然是刑法上的因果關係，條件關係只是讓刑法上的因果關係更具有合理性的基礎。所以，在條件關係之外，更需要某種法律觀點的判斷方法存在。

2.條件理論基本公式

(1)具有刑法意義之原因乃指造成具體結果所不可想像其不存在之每個條件。

(2)倘可想像其不存在，而具體結果仍會發生者，即非刑法上之原因。

簡單來講，在從事條件關係的判斷時，須注意以下三點：

①條件關係，是行為與結果間的關係。所謂「行為」，是指該犯罪的實行行為，亦即該犯罪構成要件上所規定的行為。如非實行行為，而係著手實行前的陰謀或預備行為，縱導致結果發生，亦無因果關係的問題存在。

舉例說明

> 陰謀或預備行為與結果間，並無所謂因果關係的問題。例如，持刀追殺他人，二人相距有一公里之遠，該他人因匆忙奔跑，致跌落水溝溺死。行為人仍祇負預備殺人的罪責，對於該他人的死亡結果並不負責是。

②所謂「結果」，是指該行為現實所發生的具體結果，亦即該實行行

為所該當犯罪構成要件的結果。如係該實行行為所該當構成要件以外的結果，亦無因果關係存在，行為人自不負責。

③若無「無彼行為」，不得以現實上所未存在的事實附加地加以假定判斷。

舉例說明

> 甲開車將醉臥於馬路中央的乙輾斃，在判斷條件關係時，是以「如無甲開車加以輾斃，乙就不會發生死亡結果」，而不得以乙因醉臥於馬路中央，縱甲未開車加以輾斃，亦會因其他駕駛人開車加以輾斃等現實上所未存在的事實附加地加以假定判斷。

3. 條件說的具體適用與修正

條件說判斷刑法上因果關係的範圍，可能有過分擴大之虞，而喪失劃定刑法上因果關係範圍的意義。

舉例說明

> 傷害他人，該他人住院療傷時，因醫師手術失誤，致發生死亡結果。傷害行為與手術失誤行為，都是造成死亡的條件，如給予相同評價，均須對於死亡結果負責，顯不合情理。又如，甲傷害乙，在送醫途中，乙因救護車發生車禍死亡。依此說，甲仍應負傷害致死的罪責，實已失去劃定刑法上因果關係範圍的意義。對此處罰範圍過大的批判，條件說的論者主張，除了可以以故意、過失來限制犯罪的成立範圍外，加強實行行為性的認定（實行行為必須對法益產生侵害或危險），也可以達到相同的效果。

(1)擇一的因果關係

　　二個以上獨立的故意或過失行為，雖共同造成某個犯罪結果；惟縱僅有其中一個故意或過失行為，仍造成相同的犯罪結果者，稱為擇一的競合。行為是結果發生的條件之一時便可認定條件關係，並非惟一條件時才肯定條件關係。在數個行為共同導致一個結果的情況下，如果除去一個行為結果將發生，除去全部行為結果將不發生，則全部行為都是結果發生的原因。

舉例說明

> 　　例如，甲與乙沒有意思聯絡，分別向丙的飲食中投放了100%致死量的毒藥，而且毒藥同時起作用，導致丙死亡。[27]對此，應認為甲的行為與乙的行為都是結果發生的原因。

　　此情形，縱無甲的行為，因乙的行為亦足造成結果；反之，縱無乙的行為，因甲的行為亦足造成結果，亦屬於「無彼行為，亦有此結果」，不符合條件關係的論理構造，並無因果關係，所以二人均僅負殺人未遂的罪責。只是，行為人獨立的殺人行為，並且造成死亡的結果，卻都論以殺人未遂罪，實在與一般的常識不合。再者，如果與重疊的因果關係相比，行為人的行為更為危險（毒量更大），確以未遂罪處斷，顯然有失均衡。

　　為了避免這樣不合理的結論，學界有主張條件關係似應加以適度的修正。也就是，在發生結果的數條件中，如果除去任何一個條件，結果一樣發生，而除去所有的條件，結果就不會發生時，則所有的條件都應該認為有因果關係。

(2)累積的因果關係問題（重疊的因果關係）

　　此係指二個以上獨立的故意或過失行為，雖然無法單獨造成某個犯罪

27　林東茂，《刑法綜覽》，一品，七版，2012.08，1-77頁。

結果，但是彼此重疊或競合時，即可能造成該犯罪結果者。

舉例說明

> 甲、乙各自下毒都不足以致命，而是剛好兩人都下毒，累加後的劑量才要了丙的命，兩人都可論殺人罪。但若是甲、乙二人主觀上都只是出於傷害故意但卻因行為累積造成丙死亡的結果（並無故意），此時不能遽認為二人對於死亡結果無故意，故應視為結果過失，僅以過失致死罪，而應論以傷害致死的加重結果犯。[28]

考題觀摩

*甲男趁其妻乙洗澡時瀏覽乙的手機，意外發現乙與乙女公司上司丙有婚外情。甲不甘綠雲罩頂，於乙赴歐出差一週之際，冒用乙的名義，將已摻有足量致死劇毒之手工巧克力禮盒透過快遞寄送至公司給丙，並附上載有「從踏上飛機那一刻，無時無刻不想你」等文字之卡傳情。丙收下後，不疑有他與丙有性關係的秘書丁不甘而劈腿，亦以針筒將足量劇毒溶液注入巧克力中。正巧丙的重要客戶A來訪，A食下巧克力後，毒發身亡。試問：甲成立何罪？
【104年高考三級法制】

*甲及乙互不相識，但均想殺死丙。某日丙生日，因丙愛吃巧克力，甲、乙各自製作摻入毒物之巧克力送予丙，然而不論是甲或乙之巧克力，單獨之劑量均不足以致死，只有合在一起之劑量始足以產生死亡之結果。由於丙貪吃，一次吃下甲、乙送的巧克力，因而毒發死亡。試問甲、乙應對丙的死亡負殺人既遂之刑責嗎？
【99年普考政風】

---

28 柯耀程，《刑法總則》，三民，初版，2014.08，162、166頁。

*兄弟D、E二人好賭成性，急需賭資，各自決意害死他們的父親F，以期早日繼承遺產。某天早晨D、E二人各自在F飲用的咖啡內放置不同毒藥，D、E之間彼此不知對方也下毒。F喝完咖啡後，立即死亡。經法醫鑑定後，確認D單獨所放的毒藥量足以致人於死，E單獨所放的毒藥量則不足以致人於死。試問：應如何處斷D、E二人的行為？　　　　　【97年調查局】

(3)介入的因果關係（又稱「異常因果歷程」與「因果關係中斷」）

　　甲下了足以致命的毒藥，而被害人在送醫途中車禍身亡；或住院期間，醫院失火而被焚斃．甲是殺人既遂還是未遂。

　　①反（異）常因果（流）歷程

　　所謂的「反（異）常因果歷程」而言，指結果與危險行為之間不具有常態關聯者，係一種不尋常之結合現象而不能認為結果係行為所造成的風險的實現。

　　②因果關係中斷（或稱因果關係的超越、因果關係的斷裂）

　　所謂的「因果關係中斷」是行為與其他原因之間，「並無關聯；亦即；後來的其他原因，超越先前的行為，使得先前的行為被後來的原因反常介入，在前一個行為尚未造成結果發生前，被後一其他原因中斷其持續作用。[29]

舉例說明

　　甲下毒在乙所喝的飲料，毒性發作前，丙誤認以為仇人，開槍打死乙。

　　③因果關係的不可假設

　　作為條件的行為必須是有導致結果發生可能性的行為，否則不能承認

---

[29]　張麗卿，〈廢弛職務致釀災害的客觀歸責〉，收於氏著《新刑法探索》，元照，五版，2014.09，23頁。

有條件關係。

三、相當因果關係說

此係指綜合行爲當時所存在之情況，爲客觀的觀察，認爲在一般情形下，有此環境、有此行爲之同一條件，均可發生同一之結果者，其行爲與結果間即有相當之因果關係。至若行爲與行爲後所生之條件相結合而發生結果者，亦應就行爲當時所存在之事實，客觀的加以觀察，倘有結合之必然關係者，該行爲仍不失爲發生結果之原因。反之，如該行爲與行爲後所生之條件，依一般情形並無結合之必然關係者，則其行爲與結果即無因果關係可言。

在相當因果關係說中，對於應該以何種範圍之事情作爲社會生活經驗判斷的基礎，尚分爲下列諸學說的對立：

(1)客觀說：乃以行爲當時所存在的一切事實，以及可能預測的行爲後事實爲基礎，進行相當性的判斷。

(2)主觀說：乃以行爲人於行爲時所認識的事實，或行爲當時所可能認識的事實爲基礎，進行相當性的判斷。

(3)折衷說：乃以行爲時一般人可能預測的事實爲基礎，或是一般人雖不可能預測，而行爲人特別預見的事情爲基礎，進行相當性的判斷。

實務見解認爲：「所謂相當因果關係，係指依經驗法則，綜合行爲當時所存在的一切事實，爲客觀的事後審查，認爲在一般情形下，有此行爲之同一條件，均可發生同一之結果者，則該條件即爲發生結果之相當條件、行爲與結果即有相當之因果關係。反之，若在一般情形下，有此同一條件存在，而依客觀之審查，認爲不必皆發生此結果者，則該條件與結果並不相當，不過爲偶然之事實而已，其行爲與結果間即無相當因果關係。」[30]，顯採客觀的相當因果關係說。但國內也有者支持折衷說之立場，認爲此說同時考量行爲當時一般人能認識之事實狀況，以及行爲人確

---

[30] 最高法院76年台上字第192號判例。

實認識之事實狀況，是比較妥適因果關係理論。[31]

四、重要性理論

重要性理論又稱爲重要原因理論，即具刑法上之重要性者，始可認爲乃結果發生之原因。[32]其主張應嚴格區分「結果原因」（Erfolgsverursachung）與「結果歸責」（Erfolgszurechung）。[33]

五、疫學的因果關係

疫學，又稱流行病學，是以集團現象的疾病發生、分布與消長等，針對具體的社會、自然條件的相關關係，依統計方法探求疾病原因的科學。某種因子與其所引發的疾病間的關係，在臨床醫學、病理學上如無法加以證明其間具有高度的蓋然性時，就可認爲具有疫學的因果關係。[34]但也有學者認爲，在整體因果關係概念中，並無特殊意義。因爲刑法上的因果關係的認定，本來也就是要合乎自然律條件因果關係理論當中。[35]

貳、客觀歸責（咎）理論

一、概念

條件說最大的問題是牽連過廣。蓋其把造成結果之任何原因，不分遠近輕重，都當成是等值的獨立原因看待。爲了避免這種疑慮，學說上逐漸

31　陳子平，《刑法總論》，元照，二版，2008.09，169頁。

32　林鈺雄，《新刑法總則》，元照，四版，2014.09，160頁。

33　林山田，《刑法通論（上）》，元照，十版，2008.01，223頁。

34　甘添貴、謝庭晃，《捷徑刑法總論》，瑞興，修訂版，2006.06，88頁。

35　黃榮堅，《基礎刑法學（上）》，元照，四版，2012.09，287頁。

形成「結果原因」與「結果歸責」應加以區別的原則。[36]也就是說一條件上的因果關係存不存在是一回事，行為人要不要對它負責又是另外一回事。

相當理論與重要性理論，但因不夠細緻，尤其相當因果關係說，將產生降低風險的行為也是結果發生的條件的不合理推論。德國學者Claus Roxin於1970年代開始主張以「客觀歸責理論」（Die Lehre der objektiven Zurechnung）來檢討評價上的因果關係。其基本概念是行為人只有在製造或升高了一個法律所不容許的風險的情形下，並且該風險在具體事件歷程中實現，並進而造成構成要件的結果產生者，才可以歸咎於行為人。[37]國內也有學者譯為「客觀歸咎理論」因為德文Zurechnung這個字若譯為「歸責」，易令人聯想到「罪責」歸屬的問題。近幾年實務判決援用「客觀歸責（咎）理論」作為「相當因果關係理論」之輔助判斷標準，有逐漸增多之趨勢。[38]

此理論分成三個層次，依序檢討：第一個層次「行為是否製造不被容許的危險」；第二個層次是「危險行為是否導致結果發生」；第三個層次是「因果歷程是否在構成要件的效力範疇內」，[39]茲分述如下。

二、客觀歸責檢驗的順序

（一）「行為是否製造不被容許的危險」，行為人藉由侵害行為，是指其創造不被容許的風險。

發生於2015年6月27日的八仙樂園派對塵爆事件，由於八仙樂園在園區水域遊樂設施辦理非營業項目活動（抽乾泳池池水辦理彩色派對活

---

[36] 王皇玉，《刑法總則》，新學林，初版，2014.12，177頁以下。

[37] 林山田，《刑法通論（上）》，元照，十版，2008.01，224頁。

[38] 如最高法院102年度台上字第1650號、102年度台上字第310號、101年度台上字第5524號、97年度台上字第2077號、96年度台上字第5992號；臺灣高等法院101年度交上易字第168號、101年度上易字第473號、101年度上易字第1763號、100年度上易字第1201號、100年度上易字第1201號、99年度交上易字第307號刑事判決。

[39] 林東茂，《刑法綜覽》，一品，七版，2012.08，1-80頁。

動），涉及「遊樂設施出租及變更用途使用」，並未向政府機關申請同意，此等違規行為，即係創造法律不被容許的危險。蓋粉塵本身具有爆炸性；其懸浮在空氣中並與空氣混合到爆炸濃度；有足以引起粉塵爆炸的熱源，隨時有爆炸的危險。

然而縱有因果關係，但是該行為仍在法所容許的界限，行為人並未製造出法律上具有重要性之風險，即便是發生結果，亦不可歸責於行為人。例如：誘勸某人到危險地去觀光，結果果真遇害。在這個層次要思考的是：

1.降低風險的行為

如果是「降低風險」（Risikoverringerung）之行為，就不具有客觀可歸責（咎）性。降低風險的行為所引起的結果，看起來是有因果關係，且行為人有所認知。因這行為對刑法所保護的法益並未製造風險，只是減低風險而已，所以這行為並不該當於客觀的構成要件。

舉例說明

乙以棍棒擊向丙的頭，甲見狀阻擋，結果擊到丙的手部，使丙的手受傷。這就是一個降低風險的行為。

 考題觀摩

*甲早上步行前往公車站搭車途中，見村民乙酒醉倒臥馬路，擔心其被車子撞輾，乃將之抬移至附近丙之庭院內。嗣老村長丁路過，見一空酒瓶隨手往丙庭院一丟，正巧打中乙頭部致乙眼睛受到挫傷，甲、丁所為有無罪責？　　　　　　　　　　　　　　　　　【101年原住民特考四等】

2. 法律所容許的風險

(1)容許信賴

行為雖然製造了具有法律上的風險，不過由於該行為係公眾生活所不可或缺，不應視為「製造法律不被容許的危險」。

舉例說明

> 駕駛人有權信賴他人亦能遵守交通規則並盡同等注意義務。其他如醫療行為、工業生產、各種其危險性的運動類型亦同。

(2)行為得到被害人同意或承諾

在以病患同意醫師對於手術有關得被害人同意或承諾的情形中，不能視為製造不被容許的危險。[40]

(3)行為合乎禮俗或屬於正常的經濟活動

以新北市平溪區「放天燈祈福」之民俗活動為例。放天燈固然隱含危險，但既是政府部門所鼓勵的習俗，如果天燈掉地引發火災，放天燈的人並不因此成立失火罪，因為這是社會大眾可接受容許的危險。[41]其他經濟活動如：販賣鐵鎚、鋸子、菜刀亦同，即便是商家賣菜刀給殺人犯也不能認為構成幫助殺人罪，不做如此解釋的話，賣器具之人都有可能成為殺人罪的共犯。

---

[40] 林東茂，《刑法綜覽》，一品，七版，2012.08，1-82頁。

[41] 林東茂，《刑法綜覽》，一品，七版，2012.08，1-85頁。

考題觀摩

> *甲於元宵節當日，在平溪參加地方政府主辦的放天燈祈福活動，天燈上寫有自己的姓名與祈福內容。天燈飛行不久，掉落高速公路，恰好撲在汽車駕駛人乙的擋風玻璃上。乙驚慌失措，撞上護欄，身受重傷。問：甲是否有罪？　　　　　　　　　　　【102年上校軍官轉法律廉政】

3. 假想因果關係不能排除客觀歸責（咎）

亦即行為人不能以，如果沒有這個現實的條件，也會由另一個假想的條件，來造成結果的發生來排除客觀歸責。[42]

舉例說明

> 行為人在被害人搭車前先殺了被害人，不能以若其不將被害人殺死，被害人也可能死於車禍為由來免責。

（二）「危險行為是否導致結果發生」，是指升高或實現不被容許的風險。在這個層次要思考的是：

1. 因果流程是否合乎常態（反常的因果歷程）

若根據事情之正常發展或一般人之生活經驗來看，結果之所以發生，乃是根據一個不尋常之因果歷程而來，此即所謂「異常之因果關係」，也稱為「偏離常軌之因果流程」。[43]這種偏離常軌的因果關係，與因果關係中斷不同，行為與其他原因之間有緊密的關聯，而是有其依他原因的介入，這種因果，在經驗上是環環相扣的，條件與條件之間，並沒斷裂。

42　張麗卿，〈廢弛職務致釀災害的客觀歸責〉，收於氏著《新刑法探索》，元照，五版，2014.09，23頁。

43　王皇玉，《刑法總則》，新學林，初版，2014.12，199頁。

　　我國學說[44]與實務[45]認為，如果因果流程是屬於不重要（大）的偏離時，仍認為行為人不但製造了危險，而且危險與結果之間的關聯，並未超出事物本質的正常發展，就有實現不被容許的風險。亦即，結果之發生如出於偶然，固不能將結果歸咎於危險行為，但行為與結果間如未產生重大因果偏離，結果之發生與行為人之行為仍具常態關連性時，行為人自應負責。倘被害人所受傷害，原不足引起死亡之結果，嗣因另有與傷害無關之其他疾病或其他偶然獨立原因之介入，始發生死亡之結果時，方能謂無因果關係。

舉例說明

　　甲開槍射殺乙，乙當場為死而是跌入河中撞上橋墩致死，屬於不重要（大）的偏離；反之，丙在丁的食物中放瀉藥，丁在醫院急診中，遇上大火燒死，應認為係重要（大）的偏離，不具常態關連性。

選擇題練習

*職業殺手甲受僱殺A，甲之計畫是將A勒昏後，將其投入河中，使其溺斃企圖誤導案情。但甲誤將長相酷似A之B勒昏，於投河時，因撞及水中尖銳石頭而死亡。對甲行為之論罪，下列敘述何者正確？[46]　(A)甲得因客體錯誤而阻卻故意　(B)甲基於等價的客體錯誤及非重大偏誤（離）的因果歷程錯誤，不阻卻故意　(C)甲得因打擊錯誤而阻卻故意　(D)甲得因因果歷程錯誤而阻卻故意。　　　　　　　　　　　　　　　　　【102年律師第一試】

44　林山田，《刑法通論（下）》，元照，十版，2008.01，228頁；張麗卿，〈廢弛職務致釀災害的客觀歸責〉，收於氏著《新刑法探索》，元照，五版，2014.09，26頁；林鈺雄，《新刑法總則》，元照，四版，2014.09，167頁以下。

45　最高法院103年度台上字第4543號判決。

46　答案為(B)。

考題觀摩

> *甲與乙為鄰居，由於乙所養之狗經常亂吠，故兩人時有爭執。某晚，乙之狗又狂吠擾人清夢，甲便至乙家按鈴理論。由於乙堅持不道歉，在盛怒之下的甲便拿起路邊石頭猛擊乙的頭部，欲置其於死地。乙的頭部遭石頭重擊後鮮血直流，隨即由其家屬叫救護車送醫急救。乙雖被石頭重擊頭部，但傷勢並未嚴重到致死的程度；然因救護車司機丙在出勤前飲酒，故在駕車時闖紅燈不慎撞上一輛大卡車，並導致救護車起火燃燒，乙便因而活活被燒死。試問甲觸犯刑法上何罪名？　　　　　【99年司法四等】

2.規範目的是否相關

　　危險行為即使與結果的發生有關，但是若「不在規範的保護目的」之內，仍然不可以歸責（咎）於行為人。[47]

舉例說明

> 　　飆車族違規超速，間接導致老婆婆因驚嚇過度而休克死亡。依條件理論，老婆婆的死雖有因果關係，但路旁老婆婆因驚嚇過度而休克死亡並不在交通法規之保護目的範圍之內，[48]因此老婆婆的死不可以歸責於行為人。

3.風險升高

　　所謂「風險升高理論」，是指只要行為人的行為提高發生結果的風險，且該風險超越容許風險的界限時，發生的結果都可以歸責（咎）於行

---

[47]　林東茂，《刑法綜覽》，一品，七版，2012.08，1-87頁。

[48]　林書楷，《刑法總則》，五南，二版，2014.09，99頁。

爲人。[49]

> 貨車司機未保持安全間距，致撞倒機車騎士因而身亡；或食品製造商在未消毒的情況下即販售給消費者至染病身亡。

從風險升高理論角度來看，只要遵守注意義務，被害人就「可能」不會死亡，則未遵守注意義務就等同是「風險實現」[50]不過，也有學者提質疑，認為將造成構成要件該當性量差化及未遂犯被轉化為既遂犯的疑慮。[51]再者，一方面規範保護者為法益，而又承認一定可容許性的風險可破壞法益，如何判定該風險會有逾越或是升高將有所矛盾。例如：德國的高速公路無速限要求得高速行駛時，其自然合於規範的要求，但是否可謂非風險之升高？不無疑問。[52]

（三）「因果歷程是否在構成要件的效力範疇內」。

所謂構成要件效力範圍，是指與行為人所製造法所不被法容許風險之間有因果關係，仍不足以滿足客觀構成要件，必須此一結果落在避免危險的構成要件效力範圍之內，才有客觀歸責（咎）可言。在這個層次要思考的是：

1. 參與他人故意的危險行為

別人的行為所造成的結果，在刑法的領域裡，基本上是不負責的，若被害人清楚知道可能的危險後，仍出於自由意願，決定自己的危險行為；在這種情況下，對於結果的發生，已經不是構成要件的效力範疇所能掌

---

49 張麗卿，《刑法總則理論與運用》，五南，四版，2013.10，151頁。

50 王皇玉，《刑法總則》，新學林，初版，2014.12，198頁。

51 黃榮堅，《基礎刑法學（上）》，元照，四版，2012.09，351頁以下。

52 柯耀程，《刑法總則》，三民，初版，2014.08，173頁。

握。[53]此又稱自我（被害人）負責原則。[54]

舉例說明

　　應召女郎患有性病，明告嫖客，嫖客因此得性病死亡，對嫖客的死毋庸負責。

考題觀摩

*司機甲以開公車為業，某日，小學生乙搭甲駕駛之公車返家，踏下公車階梯預備下車時，車上乘客提醒乙其外套掉在公車上，乙正想回頭拿時，司機甲居然當作沒聽到，立刻把車門關上，驅車離開。為取回外套，乙邊哭邊追逐公車時，跌倒撞傷頭部受了重傷。試分析甲之刑事責任。

【102年身心障礙法制】

2. 屬於專業人員的負責範疇

　　危險行為被實施之後，負責處理這些行為的專業人員，如果在處理時發生不幸，基於：專業人員在其職責範圍內，有監督危險源，並且加以排除的責任；這些人是基於自由的意思決定，去從事危險行業等理由，不可以把這些不幸，也歸責（咎）到製造危險的人。[55]

53　林東茂，〈從客觀歸責理論判斷交通事故的刑法責任〉，收於氏著《危險犯與經濟刑法》，五南，三版，2002.10，321頁以下。

54　林鈺雄，《新刑法總則》，元照，四版，2014.09，171頁。

55　林東茂，〈從客觀歸責理論判斷交通事故的刑法責任〉，收於氏著《危險犯與經濟刑法》，五南，三版，2002.10，323頁以下。

舉例說明

> 例如：專門對抗危險的職業活動，諸如消防隊、山難水災救援、醫療救助及警察值勤等。[56]

客觀歸責（咎）理論檢驗流程簡表

```
─（一）行為是否創造法律不被容許的危險
  本層次要思考重點：
  ┌ 1.降低風險的行為
  ├ 2.假想因果關係
  └ 3.法律所容許的風險
        ┌ (1)容許信賴
        ├ (2)行為得到被害人同意或承諾
        └ (3)行為合乎禮俗或屬於正常的經濟活動
─（二）危險行為是否導致結果發生
  本層次要思考重點：
  ┌ 1.因果流程是否合乎常態（反常因果歷程與風險升高的問題）
  ├ 2.規範目的是否相關
  └ 3.風（危）險升高原則
─（三）「因果歷程是否在構成要件的效力範疇內」
  本層次要思考重點：
  ┌ 1.參與他人故意的危險行為
  └ 2.屬於專業人員的負責範疇
```

---

[56] 林鈺雄，《新刑法總則》，元照，四版，2014.09，171頁。

第四節　主觀構成要件

壹、故意的概念與構成要件要素

一、故意的概念

所謂「構成要件故意」（Tatbestandsvorsatz），簡稱「故意」（Vorsatz）。亦即，行為人對於客觀不法構成要件之認知，有此認知後，決意實現法律所規定構成要件之一種主觀心態。[57] 由於刑事實體法規定處罰的犯罪行為，絕大多數均屬故意的作為犯。

在刑事立法技術上，乃將絕大多數的犯罪均須具備的主觀構成要件，即故意，自法定構成要件中，加以省略，以免在絕大多數的法定構成要件，均須一再重覆標明故意，而只須在刑法總則中，對於故意作立法解釋的規定（§13），即為已足。除了少數結合犯為表明跟結果加重犯係因過失而導致發生加重結果有所不同，才會在構成要件中出現「故意」一詞。

另有將故意犯與過失犯規定在同一構成要件之中，為求明確，亦會特別標明「故意」一詞。此外，刑法總則規定的故意，有直接故意與未必故意之分，刑法分則為明示特定的故意犯罪只限於直接故意，始能成罪，亦會在主觀構成要件中出現「明知」一詞。這些犯罪類型在主觀構成要件規定有「明知」構成要素出現，行為人只有明知故犯的情形下，才能成罪，假如僅出於未必故意而違犯的，則不能成罪。

二、構成要件故意的要素

故意包括「知」（Wissen）與「欲」（Wollen）兩個要素，前者為故意的認知要素，後者為故意的決意要素。[58] 分述如下：

---

[57]　張麗卿，《刑法總則理論與運用》，五南，四版，2013.10，161頁。

[58]　林山田，《刑法通論（上）》，元照，十版，2008.01，283頁。

（一）認知

行為人主觀上必須對於客觀構成要件所描述的所有行為情狀全部有所認識，才屬具有故意的認知要素，而有可能成立故意。否則，行為人主觀上如對客觀構成要件的構成犯罪事實全部無認識，或一部分無認識，則足以影響「故意」的成立。

1. 如果行為情狀係對於普通情形之加重者，則行為人對於此情狀亦有認知的必要。

2. 對客觀處罰條件則不須認知，對於結果犯加重結果的出現也不須要有構成要件的認知，只要客觀上有「預見可能性」即可。

3.對於違反法律（即不法意識）也不須認知。

（二）決意

行為人主觀上具有認知要素之後，並進而有實現客觀構成犯罪事實的決意，才有可能成立故意。行為人主觀上必須具備客觀構成要件的全部客觀行為的情狀的決意，才算具有故意的決意要素；否則，縱使行為人認識其行為可能發生致他人於死的後果，惟主觀上並不具置他人於死地的決意，雖然他人因行為人的行為而死，但亦不能認定行為人具有殺害故意。

貳、構成要件故意的分類

一、直接故意與間接故意

刑法上犯罪之故意，只須對於犯罪事實有所認識，有意使其發生或其發生不違背其本意，仍予以實施為已足。不論其為「明知」或「預見」，皆為故意犯主觀上之認識，只是程度強弱有別，行為人有此認識進而有「使其發生」或「任其發生」之意，則形成犯意，前者為確定故意（直接故意），後者為不確定故意（間接故意），但不論其為確定故意或不確定故意，其「明知」或「預見」乃在犯意決定之前，至於犯罪行為後結果之

發生，則屬因果關係問題，因常受有物理作用之支配，非必可由行為人「使其發生」或「任其發生」，故犯意之認識與犯罪之結果為截然不同之概念，不容混淆。

刑法關於犯罪之故意，係採希望主義，於直接故意，須犯人對於構成犯罪之事實具備明知及有意使其發生之兩個要件，而行為人究竟有無犯罪之故意，乃個人內在之心理狀態，必須從行為人之外在表徵及其行為時之客觀情況，依經驗法則審慎判斷。[59]

（一）直接故意

本法第13條第1項明定：「行為人對於構成犯罪之事實，明知並有意使其發生者為故意」，學理上謂為意欲主義，為「直接故意」（又稱「確定故意」、「積極故意」）。直接故意又稱為「確定故意」，是指行為人確實明知犯罪事實的發生，而以其行為促其發生。換言之，即行為人對於構成要件該當結果的發生，確有預見，並決意以其行為促使預見結果的發生。這種明知而故犯的心態即為直接故意。現行刑法規定的「行為人對於構成犯罪之事實明知並有意使其發生者，為故意」（§13I），即屬直接故意。

（二）間接故意（又稱「準故意」、「未必故意」）

本法第13條第第2項明定：「行為人對於犯罪之事實，預見其發生，而其發生並不違背其本意者，以故意論。」未必故意又稱為「間接故意」。本法第13條第2項之未必故意的規定：「行為人對於構成犯罪之事實，預見其發生而其發生並不違背其本意者，以故意論。」行為人主觀上顯然預見其行為有實現構成要件的可能性，但竟不顧有這種危險性的存在，仍舊實施他的行為，即使果真因此而發生犯罪結果，或實現構成要件，亦在所不惜。行為人這種聽天由命，容任發生犯罪結果的主觀心態，

---

[59] 最高法院102年度台上字第3878號判決。

即為未必故意。

舉例說明

例如千面人於飲料中放毒，構成公開陳列販賣物品下毒罪（§191-1），其毒量如足以致人死亡，即便其目的在恐嚇商家取財，但對於有人因喝飲料而致死亡的結果，不僅有預見，且有容任其發生，則該當於殺人罪之故意（§271I）。

 ### 考題觀摩

*睡於透天厝二樓的原住民甲在清晨四點多時被樓下的嘈雜聲響所吵醒，甲的直覺判斷很可能是小偷，於是拿起其合法擁有的獵槍，迅速衝到二樓外面陽臺上，對著樓下正搬運甲所產銷的二箱水梨（市價約3000元）往外離去之竊賊乙大喊：「不要動，否則我要開槍了。」但乙繼續往前奔跑。甲見此狀，便朝乙的腳開槍射擊，雖然甲知道有可能射擊到乙之其他致命部位，但其根本無所謂，結果甲一槍擊中乙之心臟，乙一命嗚呼。問甲之行為應如何論罪？　　　　　　　　　　　　　　　　　　　　　　【102年司法四等】

*甲對其父A欲將家族公司交由外人經營一事素有不滿。某日，甲邀集網友乙，並向乙稱：「只是要教訓一下A」。乙同意幫甲出口氣，甲、乙遂於翌日晚間A返家途中，蒙面持棍棒加以毆打。A僅手腳受傷，傷勢並不嚴重，但因A素有嚴重心臟疾病，無法承受此般驚嚇而猝死。又甲明知A之心臟宿疾嚴重，對其遭受過度刺激就可能有生命危險一事知之甚詳，卻因怨憤而認為即使如此也不違背本意，而乙對此則毫無所知，請問甲、乙之刑責為何？　　　　　　　　　　　　　　　　　　【99年檢事官偵查實務組】

二、概括故意與擇一故意

間接故意包括客體不確定（概括故意與擇一故意）與結果不確定（未必故意、容忍故意）。

（一）概括故意

行為人對於犯罪事實之發生雖有預見，但對於該項犯罪事實究竟發生於任何一客體，並無確定之認識者，例如向群眾開槍射擊，[60]雖有擊斃他人之預見，但並不確定其目標，則無論何人為其所擊斃，均不違背其本意者，應屬間接故意之範疇，而非直接故意。

行為人僅知其行為將對不特定人造成損害，而決意實施其行為，致造成不特定人之損害，或容任其行為對於不特定人造成損害，即為概括故意。概括故意的另一層意思，指的是對於因果關係產生錯誤，如殺人後將之投入河中，被害人乃死於溺斃而非殺人行為，雖然行為人對於因果關係有錯誤，但於結果而言，並無差別，所以仍為殺人故意。

概括犯意在分類上有二大類：1.客體不確定故意（德國稱為「累積故意」）：是結果可得確定，但客體則概括的情形，例如行為人向人潮聚集的百貨公司丟炸彈等是。2.複數行為的因果歷程錯誤：即所謂犯意貫穿的情況，行為人為了數行為，其認為在第一行為時即已發生結果，事實上卻是在後行為方產生結果，此時將整個行為歷程視為一個整體行為，而對整體之行為以概括之犯意認定之，從而仍成立故意既遂，則屬於前提事實的因果歷程未嚴重偏離之情形。

（二）擇一故意

行為人雖預見其行為將對數個特定人造成損害，但其行為究竟對於數

---

[60] 余振華，《刑法總論》，三民，二版，2013.10，173頁。

個特定人中之那一個發生結果，並不在乎，其行為只要能對數個特定人中之任何一個造成損害，即與行為人之本意相符，[61]稱為擇一故意。

舉例說明

當甲開槍之際，發現當時狀況有可能開槍誤中乙身旁的丙，甲認為即使誤殺丙也無所謂，於是舉槍瞄準乙，子彈卻擊中丙的頭部，造成丙不治死亡。「甲認為即使誤殺丙也無所謂」，顯見甲對丙的死亡有「認識與容忍」主觀心態，是為「擇一故意」之類型。

三、間接故意與有認識過失

本法第13條第2項之故意（未必故意），與第14條第2項之過失（有認識過失），雖均以行為人對於構成犯罪之事實，主觀上預見其發生為要件，但前者在發生並不違背其本意，後者則確信其不發生。

 概念釐清

「有認識過失」與「未必故意」之比較

概念	有認識過失（§14Ⅱ）	未必故意（§13Ⅱ）
相異點	有認識之過失是對於行為客體有預見可能性或迴避結果發生之認識，但行為人在主觀上確信其不會發生構成要件該當之結果。簡言之，是行為人對於犯罪事實有認識，但卻不希望事實或結果實現。	未必故意是對於行為客體具有攻擊認識之意思，行為人在主觀上容認結果之發生，但還不到實現不法構成要件，或尚未達到發生結果之確信，但結果的發生仍在行為人的預料之中。

---

61 余振華，《刑法總論》，三民，二版，2013.10，172頁。

概念	有認識過失（§14Ⅱ）	未必故意（§13Ⅱ）
相似處	行為人主觀上，皆缺少發生結果之「意欲」，但一為並確信結果不會發生，一為超出預期、發生結果，符合客觀因果。[61]兩者在構成要件主觀方面，對於犯罪構成要件的客觀事實都有預見或者至少有預見之可能。間接故意與有認識過失僅是一線之隔，這一線之隔藏於行為人的心態中。行為人的心態無法從外表查知，必須從細微的客觀事證去判斷。[62]	

　　不過國內也有學者認為，上述的區分是大有問題的，因為本法第14條第2項的概念應該是，在行為人「認知」超越容許風險之不法事實實現的情況下，已經是「故意」行為，即非過失，因此所謂的「有認識過失」說法根本不存在。[64]

肆、特殊主觀不法要素

一、目的犯

　　目的犯，亦稱意圖犯（Absichtsdelikte），以具有一定之目的為其特別構成要件之犯罪，如各種偽造罪之「供行使用之意圖」，有目的之意即有意圖供行使幣券的意，但未必有偽造幣券行為之故意出現，及各種財產犯罪之「為自己或第三人不法所有之意圖」等是，其目的具有如同所有權人一般占有持有物，但未必發生建立新的持有關係的意欲。

　　「意圖」，是指行為人出於特定的犯罪目的，而努力謀求構成要件的實現，或希求發生構成要件所預定的結果，以達成犯罪目的的主觀心態。[65]行為人只要在主觀內心上具有希求達到主觀構成要件所明定的犯罪

62　最高法院100年度台上字第3890號判決。

63　張麗卿，〈故意或過失的指標判決—最高法院九十二年台上字第四五○七刑事判決評析〉，《月旦裁判時報》，第2期，2010.04，124頁以下。

64　黃榮堅，《基礎刑法學（上）》，元照，四版，2012.09，396頁以下。

65　張麗卿，《刑法總則理論與運用》，五南，四版，2013.10，164頁。

目的，而故意著手實行客觀構成要件的行為，即具有不法意圖，而可成立意圖犯。至於行為人的不法意圖終究能否實現，則與意圖犯的成立無關，且不致影響成立意圖犯的既遂。目的不直接與該犯罪行為連結，亦即與該犯罪之客觀構成要件無關，而故意則須以行為連結，須使其行為發生或任其行為發生。若無故意的「意」，除可能成立過失犯外，無論如何不能成立任何型態的故意犯。

犯罪動機與犯罪目的，同為故意犯罪主觀方面的重要因素，具有緊密的聯繫。但由於二者分屬於不同的心理現象，在犯罪活動中的作用不同，對定罪量刑就具有不同的法律意義。簡言之，無關犯罪成立與否，只是判決上的量刑要素（§57）。[66]

 ## 選擇題練習

*有關刑法學說上所謂之「使用竊盜」，下列敘述何者正確？[67]　(A)不具備竊盜之故意　(B)欠缺不法所有之意圖　(C)欠缺竊取之行為　(D)已有竊取行為，但僅屬未遂。　　　　　　　　　　　　　　　　【104年警佐班】

*甲於公園中散步，見一部相當新穎奇特之自行車，卻未見車主，無法商借。基於好奇心之驅使，遂將其牽來試騎。正當其讚嘆車子好騎之際，為車主當場逮到。依我國實務見解，下列敘述何者正確？[68]　(A)甲不告而取之行為雖為偷，但因不見車主，無法商借，基於不得已情形而借騎，尚難有竊盜罪之成立　(B)甲未得車主同意，擅自騎用他人自行車，不得謂無不法所有意圖，故仍有竊盜罪之該當　(C)甲之行為稱為「使用竊盜」，仍為竊盜罪之類型，故應論以竊盜罪　(D)甲之行為稱為「使用竊盜」，欠缺據為己有的所有意圖，故不成立竊盜罪。　　　　　　　　　　　　　　【100年司法官第一試】

66　林東茂，《刑法綜覽》，一品，七版，2012.08，1-94頁以下。

67　答案為(B)。

68　答案為(D)。

二、傾向犯

行為人表現出一定內心傾向之行為，始足以成立犯罪的犯罪類型，[69] 行為人若不具此傾向，則不成立犯罪。例如本法第224條之強制猥褻罪、第234條之公然猥褻罪，以行為人之行為具有刺激行為人性慾，滿足行為人內心傾向，始得成立該罪，假若外觀上屬於同樣行為，卻是以診斷或治療等所為之目的行為，則無構成要件該當性之成立。

三、表現犯

行為人之行為表現其內在的、精神的心理過程或狀態之所成立之犯罪類型。例如：本法第168之偽證罪「為虛偽陳述」者，行為人所為之客觀外在行為，若不予主觀心理過程相比對，將無法判斷其違法性之有無，則事實的陳述無法完全決定違法性之存在，須違反其記憶而為虛偽之陳述時，始足以成罪。不過，若行為人主觀上違反記憶而為虛偽陳述，恰巧其陳述與客觀事實相符，並無侵害法益之虞，因此認為行為人主觀上的記憶並非構成要件要素，其心理過程並不會影響到違法性，故不成立該罪。

---

[69] 甘添貴、謝庭晃，《捷徑刑法總論》，瑞興，修訂版，2006.06，68頁。

第三章　違法性論

第一節　序說

　　所謂「**違法性**」係指行爲爲法所不容許的意思，[1]也即行爲與法規範處於對立否定的狀態。行爲之違法性必須就法規範之一體性，而爲之判斷。在立法技術上，構成要件該當行爲要正面描述「違法」並不容易，故只能反面描述，因此構成要件該當行爲若無正當理由，即推定違法。這些正當理由，學說上多稱爲「阻卻違法事由。」[2]

　　在不法領域中，另存有民事不法、行政不法等不法，而在程度上與「**刑事不法**」有所區別。因此，違法與不法在概念上本來就不同，但是在違法性的判斷上本屬整體法秩序的一體兩面關係，皆屬實質的價值判斷。不過，若構成要件不該當的行爲，並非刑事不法行爲，仍有可能是整體法秩序的其他不法行爲，可爲當事人的防衛或避難事由。

第二節　違法性之本質

壹、行爲非價與結果非價

　　違法性之本質，在說明並非所有構成要件該當的行爲，皆具有違法性，同時也在探討構成要件該當行爲除形式違法外，犯罪行爲的實質違法的內涵與意義爲何。關於這些問題，在刑法理論的演進上，分別說明如後：

1　甘添貴、謝庭晃，《捷徑刑法總論》，瑞典，修訂版，2006.06，120頁。

2　林東茂，《刑法綜覽》，一品，七版，2012.08，1-100頁。

一、行為非價（行為無價值）

所謂「行為非價」（Handlungsunwert），意指對於行為方式的否定、貶抑的判斷。[3]此說係德國刑法學者魏采爾所提出，以目的行為論為基礎，為了解決過失犯的違法性提倡「人的不法」概念，[4]著重於行為人規範之違反。

二、結果非價（結果無價值）

「結果非價」（Erfolgsunwert），意指對於構成要件結果的否定判斷。[5]亦稱為「物的不法」論。它是以「法益侵害論」為基礎，主張以法益之侵害或危險等結果做為違法性之實質內涵。[6]

三、二元論

刑法的規範目的，究在保護法益的安全，抑或在維護社會的法倫理秩序？由於何種行為為刑法所保護，較為明確且固定的前提下；在判斷行為是否具有違法性時，以其對於刑法所保護的法益是否造成侵害或危險做為認定標準，自較為簡便與一致。根據外觀上比較容易辨識的標準，即以法益侵害或侵害法益之危險，做為決定違法性之範圍，此乃「法益侵害論」優於「規範違反論」對立之處。

由於行為非價係「法律規範之違反」，強調行為實行方式之違法；結果非價係「法益之破壞」，重在行為對保護客體所造成之侵害或危險，故行為非價必須以以結果非價為前提的「二元行為無價值論」，為當代臺

3　林東茂，《刑法綜覽》，一品，七版，2012.08，1-125頁。

4　余振華，《刑法總論》，三民，二版，2013.10，227頁。

5　林東茂，《刑法綜覽》，一品，七版，2012.08，1-124頁。

6　陳子平，《刑法總論》，元照，二版，2008.09，229頁。

灣、德國及日本的通說。[7]本書認爲，刑法雖以法益之保護做爲主要功能，然同時具有維持社會法倫理秩序之功能。故判斷行爲是否具有違法性時，應先視其對於法益有否造成侵害或危險，再視其侵害法益的行爲態樣，有無違反社會法倫理秩序。如兩種情形同時具備時，始可認定該行爲具有違法性。因此，爲調和規範違反說與法益侵害說之優缺點，以找出妥適的違法性內涵，即以「法益侵害說」之主張勾勒出違法性的最大限度與範圍，而以「規範違反說」主張以脫離社會相當性或違反社會法倫理規範，來限縮違法性的範圍，故毋寧以二元說爲妥。

貳、形式違法性與實質違法性

一、形式違法性

　　形式違法性，是指行爲違反實定法規。行爲是否違反實定法規，視該行爲是否具備該罪的構成要件該當行爲而定。構成要件違違法性類型，一個行爲如具有構成要件該當性時，即可推定該行爲是具有違法性行爲，[8]由構成要件所推定的違法性，即具有形式的違法性。

二、實質違法性

　　違法性並非只是行爲與實定法間的形式關係問題而已。事實上，違法性亦有其實質內涵之意義。在犯罪判斷上，就整體法規範之價值體系，觀察行爲之實質內涵，經過判斷而認定具有之違法性。實質違法性著重於行爲在實質上對於法規範所保護法益之實害或危險。[9]此乃新古典體系受新康德哲學影響，認爲不法行爲的意義，應依「社會損害性」做爲判斷基礎。若不具法定阻卻違法事由的構成要件以該當行爲，雖形式違法，但如

7　張麗卿，《刑法總則理論與運用》，五南，四版，2013.10，186頁。

8　甘添貴、謝庭晃，《捷徑刑法總論》，瑞興，修訂版，2006.06，121頁。

9　林山田，《刑法通論（上）》，元照，十版，2008.01，305頁。

實際上並未形成社會損害，仍不應稱作違法。須注意者，形式的違法性與實質的違法性並非彼此對立的概念，實質的違法性在違法性的判斷上，可以補充形式的違法性的不足。[10]

　　承認實質違法性才比較可能接受超法規阻卻違法事由的概念。我國實務見解亦承認對於實質違法性而謂：[11]「刑法理論上，固有所謂社會相當性原則，然此係指該行為本身，自形式上觀察，要與犯罪構成要件相合致，行為人復無法定之阻卻違法及責任事由。但從實質上評價，依行為當時之社會倫理通念，乃屬相當而得受容許者，或所侵害之法益極其微小，不足破壞社會倫理秩序或影響社會生活之正當或正常運作，無予非難處罰之必要性者，實質仍均得阻卻違法，不應令負刑事責任之情形而言。」

第三節　可罰違法性理論

壹、基本概念

　　犯罪之成立要件，應具有：構成要件該當性、違法性及有責性三種屬性。是行為人之行為，是否構成犯罪，應以是否符合上開三項成立要件為判別標準。然而行為之應否以刑罰法令予以評價、處罰？又因行為之法益侵害程度，以及社會全體法秩序被害情況不盡一致，而有不同之評價。因此行為人之行為，苟其被害法益輕微，依一般社會通念，向認不必遽以刑罰加以懲罰者，或法益侵害行為態樣逸脫社會相當性程度，認該項行為若仍予刑罰制裁，並不契合一般人民的法律感情者，應認此種行為不符合違法性，此即學說上所稱可罰的違法性。如果行為在形式外觀上雖已該當於刑罰法規的構成要件；但因未達實質違法性程度，可認屬社會相當之行為，即應否認構成要件之該當性而阻卻其構成要件。

---

[10]　張麗卿，《刑法總則理論與運用》，五南，四版，2013.10，187頁。

[11]　最高法院96年度台上字第1436號判決。

一、思想源起

可罰的違法性理論之思想根源，即「刑法謙抑性思想」及「違法相對性觀念」。

（一）刑法謙抑性思想

刑法對於一定之犯罪，科以一定之刑罰制裁，動輒剝奪犯人之生命、自由或財產，故其運用，應在必要及合理之最小限度範圍內為之，此即刑法之謙抑思想是指刑罰動用愈少愈好之思想、刑罰經濟之思想或刑法之補充性。依刑法謙抑性之思想，對於未達可罰的違法性之輕微違法行為，尚無認其成立犯罪，而科予刑罰制裁之必要。

（二）違法之相對性

違法性可分為「一般之違法性」與「刑法之違法性」兩者。前者乃違反全體法秩序之謂，為民法、行政法、刑法等各種法律概念各種法律共通之違法概念。後者則為違反刑法規範之意，以科處刑罰為前提，在刑法之意義上，藉以探討其是否違法。故個個法規因其內在之目的、性質等差異，所必要之違法性的程度，各有不同。各個法領域因其違法性之量或質互有不同，違法性之程度即有高低強弱之別，此即「違法之相對性」的概念。職是，違法性不僅係有無之問題，且有程度之問題。因刑法僅立於補充性的地位，所要求之違法性的程度，不論在量與質上，自較民法或行政法等所要求者為高，須係值得以刑罰加以科處程度之違法性，始能認其成立犯罪，而處以刑罰之制裁。

二、可罰的違法理論之構成

（一）可罰的違法理論之前提

　　以實質之違法性及違法相對性之概念為其理論構成之前提。在論理上，須先有違法性之有無問題，始生違法性之程度問題。至於違法性之有無，則以是否具備實質之違法性而為決定。惟因犯罪之法律效果，係以刑罰加以制裁，故行為雖已具備實質之違法性，仍須具有值得以刑罰加以科處程度之量或質，始能認為其具有刑法上之違法性，而成立犯罪。因而，可罰的違法性須顧及違法之質或量二方面。

（二）可罰的違法理論之判斷基準

　　1. **法益之輕微性**，即法益侵害之輕微性（微罪性），此為違法性之量或結果無價值之判斷。
　　2. **逸脫之輕微性**，即侵害法益行為之態樣違反社會倫理規範之輕微性，此為違法性之質或行為無價值之判斷。

（三）可罰的違法理論之體系地位

　　按可罰的違法性理論，究係阻卻構成要件該當性，或阻卻違法性，歷年來此二說各有支持者。**構成要件阻卻說**，認為行為形式上雖該當於刑罰法規之構成要件，因未具該犯罪類型所預想值得處罰程度之實質違法性，而阻卻構成要件該當性。**違法性阻卻說**，認為某種違法行為，為成立犯罪起見，固須該當於法律所規定之犯罪類型；惟此種犯罪類型，須係值得科以刑罰之違法行為的類型（可罰的違法類型）。行為如未具備一定質與量之違法性，即欠缺可罰的違法性，不成立犯罪。可罰的違法性，乃係關於實質違法性的概念，自應就已經該當於構成要件之行為，進而檢討其有無此種行為，是否存在可罰的違法性。比較言之，當以後說為妥切。

 問題思考

可罰違法性理論是否應在違法性討論？

■ 參考解答

一、肯定見解

我國實務認為：[12]「行為雖適合於犯罪構成要件之規定，但如無實質之違法性時，仍難成立犯罪。本件上訴人擅用他人之空白信紙一張，雖其行為適合於本法第335條第1項之侵占罪構成要件，但該信紙一張，所值無幾，其侵害之法益及行為均極輕微，在一般社會倫理觀念上，尚難認有科以刑罰之必要，且此項行為，不予追訴處罰，亦不違反社會共同生活之法律秩序，自得視為無實質之違法性，而不應繩之以法。」持肯定論的學者亦認為，若綜合考量被害法益之輕微性與行為逾越、社會倫理規範相當性或違反程度之輕微性，應否定刑法上違法性之成立。[13]

二、否定見解

持否定論的學者認為，[14]由最高法院的判例見解可知，其雖然使用了「實質之違法性」的用語，但是對於「實質之違法性」卻有異於刑法學說上的概念將並非屬於違法性判斷的評價層次而具有輕重程度差異的不法事實，做為判斷行為並無實質的違法性的基礎，顯然誤解實質的違法性的真義，足見贊成可罰的違法性理論者，並未嚴格區分違法與不法的概念。

三、本書看法

本書認為，其實持否定論者基本上並不是反對「可罰的違法性」理論所提出針對輕微的犯罪案件不應予處罰的概念，只是此理論容易造成犯罪成立判斷上之混淆，因為若犯罪真的輕微而處罰實益，可由檢察官於偵查階段透過刑事訴訟法的相對不起訴處分（刑訴§253）或緩起訴處分（刑

12　最高法院74年台上字第4225號判例。

13　陳子平，《刑法總論》，元照，二版，2008.09，235頁。

14　林山田，《刑法通論（上）》，元照，十版，2008.01，310頁以下。

訴§253-1）解決；蓋在審判階段法官尚可予以「酌量減刑」（本法§§59、60），[15]綜合以上，「可罰的違法性」理論並不需要在違法性的層次檢驗。

 考題觀摩

---

*甲騎車經過一片公有地，看見公有地上長滿了波斯菊花，因而停車挖了一株波斯菊花，打算帶回家栽種。豈料，發動機車離去時，一台警車剛好巡邏經過，將甲以現行犯逮捕。試問：

（一）何謂「可罰違法性」？

（二）甲之行為在刑法上應如何論罪？　　　　　　【102年薦任升官等】

第四節　法定阻卻違法事由

壹、依法令之行為

本法第21條第1項規定，依法令之行為，不罰。所謂「法令」不以刑法為限，不論行政法規以及民法均包括在內，不問中央或地方，也不問規定為實體或程序事項，凡對於一定行為之實施，予以命令或容許者均屬之。此命令是指法規性命令，不包括單純的行政命令，如為單純行政命令是屬本法第21條第2項「依所屬上級公務員命令」的規範範圍。其他法律所允許的妨害他人權利之行為甚多，分述如後：

一、民事自力救濟的的行為

在急迫或特殊情形下，請求公權力保護緩不濟急，人民得以自力救濟

15　張麗卿，《刑法總則理論與運用》，五南，四版，2013.10，190頁以下。

的方式來捍衛自身的權利。這些規定有：民法第151條（自助行為）：「為保護自己權利，對於他人之自由或財產施以拘束、押收或毀損者，不負損害賠償之責。但以不及受法院或其他有關機關援助，並非於其時為之，則請求權不得實行或其實行顯有困難者為限。」同法第445條（不動產出租人之留置權）：「不動產之出租人，就租賃契約所生之債權，對於承租人之物置於該不動產者，有留置權。但禁止扣押之物，不在此限。前項情形，僅於已得請求之損害賠償，及本期與以前未交之租金之限度內，得就留置物取償。」同法第612條（旅館主人之留置權）：「主人就住宿、飲食或墊款所生之債權，於未受清償前，對於客人所攜帶之行李及其他物品，有留置權。」；同法第797條第2項（土地所有人之留置權）：「土地所有人受有損害者，得請求賠償。於未受賠償前，得留置其物品或動物。」及同法第960條（占有人之自力救濟權）：「占有人對於侵奪或妨害其占有之行為，得以己力防禦之。占有物被侵奪者，如係不動產，占有人得於侵奪後，即時排除加害人而取回之。如係動產，占有人得就地或追蹤向加害人取回之。」。

舉例說明

> 例如甲欠乙千萬債務，竟舉家遷往國外躲債，甲聞悉趕至機場阻止其出境，對之施用腕力，雖該當於刑法第304條第1項之強制罪，但因係依照民法第151條行使權利，依照刑法第21條第1項規定，阻卻其違法性。

自助行為又稱為「自力救濟」，係指權利人因為情況急迫來不及請求公力救濟時，為保護自己的權利，對於他人的自由或財產施以拘束、押收或毀損，而後即時向法院聲請處理的行為。

民法上自助行為固得阻卻其違法性，惟因該自助行為係針對為保全受不法侵害之權利，不待該管公務員之救濟，而以己力為權利保全之行為，

其規範目的在補公權力無法及時介入之不足，故其要件極為嚴格，須具備自助意思，及保全自己之權利，因情事急迫而有實施自救行為之必要，須限對於債務人之自由予以拘束或財產施以押收或毀損，但不得逾越保護權利所必要之程度，始可阻卻違法。況且，國家設置法院，除係在解決人民間或人民與國家間之糾紛外，亦希冀因有法院之設立，使得糾紛得以以和平之方式加以解決，而法院得藉以企求以和平之方式解決糾紛，端賴嚴謹之訴訟程序以及法律適用程序，期以避免人民任意以己意強制實現其可能尚屬未明之權利，反使糾紛無法得到有效之解決。因此，當人民對於其權利之狀態尚未臻明確之際，自應先透過法院之程序確定其權利，再據以實現其權利，否則任由人民藉己力實現其權利，將無法適當地維持法律應有之基本秩序。

若國家機關對於人民保障權利之請求未得為迅速妥適之處理，致人民原可享有之諸種公法或私法上權利無法行使，且尚在繼續狀態中者，自亦應認為其對權利侵害之排除，可類推適用該等法條規定之意旨，肯認其行為之阻卻違法性。因此，**必須具備急迫的情形，採取手段亦須符合必要性及社會相當性。**

二、父母對子女之懲戒行為

民法第1085條：「父母得於必要範圍內懲戒其子女。」父母基於親權、監護權的立場，且'對於子女有保護、養育的權利義務，故出於此意思，且在此必要的限度內，懲戒其子女的行為，自係依法令的行為，而阻卻違法。反之，如父母非出於此意思而行使親權或監護權，或雖出於保護、養育的意思，懲戒其子女，但逾越必要程度行使，自非依法令的懲戒行為，而不能阻卻違法，[16]有可能構成「家庭暴力罪」（指家庭成員間故意實施家庭暴力行為而成立其他法律所規定之犯罪）。若父母意圖營利與他人共同使其未成年子女為猥褻或性交，則父母與他人共犯本法第241條第2項之略誘罪，此為父母濫用親權之行為，已經於踰越行使權利之範

---

[16] 余振華，《刑法總論》，三民，二版，2013.10，241頁。

圍，而構成違法。[17]

三、現行犯之逮捕

　　刑事訴訟法第88條第1項規定：「現行犯，不問任何人得逕行逮捕之。」所謂現行犯，指犯罪在實施中或實施後及時被發現。被追呼為犯人者；因持有凶器、贓物或其他物件或於身體、衣服等處露有犯罪痕跡，顯可疑為犯罪人者，以現行犯論（準現行犯）。依法逮捕使用強制力時，必然發生傷害或妨害自由等情形，但皆不違法。故任何人逕行逮捕現行犯或準現行犯的行為，自係依法令的行為，得阻卻違法。但須注意者，依刑事訴訟法第92條第1項：「無偵查犯罪權限之人逮捕現行犯者，應即送交檢察官、司法警察官或司法警察。」是以，若依刑事訴訟法第88條第1項所規定逮捕現行犯後，未依同法第92條第1項「隨即」送交檢察官、司法警察官或司法警察，可能構成本法第302條之私行拘禁罪。[18]

四、公務員依法執行職務之行為

　　所稱「依法」執行職務行為，是指依法律或行政命令規定，屬於公務員職務權限範圍內所應為或得為的行為。[19]這裡所謂的行政命令係指「抽象的法規範」，如：行政程序法第150條：「本法所稱法規命令，係指行政機關基於法律授權，對多數不特定人民就一般事項所作抽象之對外發生法律效果之規定。」同法第159條：「本法所稱行政規則，係指上級機關對下級機關，或長官對屬官，依其權限或職權為規範機關內部秩序及運作，所為非直接對外發生法規範效力之一般、抽象之規定。行政規則包括下列各款之規定：1.關於機關內部之組織、事務之分配、業務處理方式、人事管理等一般性規定。2.為協助下級機關或屬官統一解釋法令、認定事

17　司法院院解字第2133號解釋、最高法院19年上字第1971號判例。

18　最高法院28年上字第2974號、30年上字第2393號判例。

19　甘添貴、謝庭晃，《捷徑刑法總論》，瑞興，修訂版，2006.06，141頁。

實、及行使裁量權，而訂頒之解釋性規定及裁量基準。」等，但不包括長官對屬官所下達的「具體指示」，即學理所稱的「職務命令」（Amtsordnung）。

以警察之職權行使為例，依警察法第9條：「警察依法行使左列職權：1.發佈警察命令。2.違警處分。3.協助偵查犯罪。4.執行搜索、扣押、拘提及逮捕。5.行政執行。6.使用警械。7.有關警察業務之保安、正俗、交通、衛生、消防、救災、營業建築、市容整理、戶口查察、外事處理等事項。」

由此可知，警察之職權行使多涉及基本權的侵害及刑法法益的破壞，為此，警械使用條例第12條規定：「警察人員依本條例使用警械之行為，為依法令之行為。」同法第3條（得使用警棍制止情形）又規定：「警察人員執行職務時，遇有左列各款情形之一者，得使用警棍制止：1.協助偵查犯罪，或搜索、扣押、拘提、羈押及逮捕等須以強制力執行時。2.依法令執行職務，遭受脅迫時。3.發生第4條第1項各款情形之一，認為以使用警棍制止為適當時。」；第4條（使用警械原因）：「警察人員執行職務時，遇有左列各款情形之一者，得使用警刀或槍械：1.為避免非常變故，維持社會治安時。2.騷動行為足以擾亂社會治安時。3.依法應逮捕、拘禁之人拒捕或脫逃時。4.警察人員所防衛之土地、屋宇、車、船、航空器或他人之生命、身體、自由、財產遭受危害或脅迫時。5.警察人員之生命、身體、自由、裝備遭受危害或脅迫時。6.持有兇器之人，意圖滋事，已受警察人員告誡拋棄，仍不聽從時。7.前條第1款、第2款之情形非使用警刀、槍械不足以制止時。前項情形於必要時，得併使用其他經核定之器械。」這些規定都是「依法令之行為」更具體的明文。

惟須注意者，非依警械使用條例第3、4條之規定使用警械，即得阻卻違法，在具體個案中警察使用警械時，仍須遵守警察職權行使法第3條：「警察行使職權，不得逾越所欲達成執行目的之必要限度，且應以對人民權益侵害最少之適當方法為之。」之「比例原則」。所謂「比例原則」，係指公益上之必要與人民權利或自由之侵害間，應保持正當之比例。亦即關於公權力涉及人權時，行政措施所欲達成之「目的」與其所使用的「手段」（方法）之間，要有合理比例關係。（例如：用大砲打小鳥，係屬小

題大作，不符比例。）　其內涵包括：「採取之方法應有助於目的之達成」、「有多種同樣能達成目的之方法時，應選擇對人民權益損害最小者」及「採取之方法所造成之損害不得與欲達成目的之利益顯失均衡」。

　　警察職權行使有關「比例原則」更具體的規定有：社會秩序維護法第19條第2項：「勒令歇業或停止營業之裁處，應符合比例原則」。同法第22條第3項：「供違反本法行為所用之物，以行為人所有者為限，得沒入之。但沒入應符合比例原則」；集會遊行法第26條：「集會遊行之不予許可、限制或命令解散，應公平合理考量人民集會、遊行權利與其他法益間之均衡維護，以適當之方法為之，不得逾越所欲達成執行目的之必要限度」；警械使用條例第5條（使用警械之事先警告）：「警察人員使用警械，應基於急迫需要為之，不得逾越必要程度，並應事先警告。但因情況危急不及事先警告者，不在此限。」第6條（警械使用之停止）：「警察人員使用警械時，其得以使用警械之原因，行將消滅或已消滅者，應立即停止使用。」、第7條（使用警械注意事項）：「警察人員使用警械時，應注意勿傷及其他之人。」及第8條（使用警械勿傷及致命部位）：「警察人員使用警械時，如非情況急迫，應注意勿傷及其人致命之部位。」皆屬之。

　　此外，我國大法官認為，[20]警察人員執行場所之臨檢勤務，應限於已發生危害或依客觀、合理判斷易生危害之處所、交通工具或公共場所為之，其中處所為私人居住之空間者，並應受住宅相同之保障；對人實施之臨檢則須以有相當理由足認其行為已構成或即將發生危害者為限，且均應遵守比例原則，不得逾越必要程度，儘量避免造成財物損失、干擾正當營業及生活作息。

五、安寧緩和醫療之行為

　　所謂「安寧緩和醫療」，指為減輕或免除末期病人之生理、心理及靈性痛苦，施予緩解性、支持性之醫療照護，以增進其生活品質。學理上稱

20　司法院釋字第535號解釋。

為「消極的安樂死」（自然死）[21]或「尊嚴死」。[22]須注意者，安寧緩和醫療不能與「放棄急救」畫上等號，而只是增加末期醫療選擇的多元彈性。換言之，安寧緩和醫療與維生醫療之抉擇是可以被末期病人分開選擇的多元選項。[23]

或有認為，終止或撤除維生醫療有謀財害命的可能。然而，當病人已處於末期且瀕死階段，並適用安寧緩和醫療條例定義之維生醫療時，並無為謀財而害命之必要。蓋若真有心使病人早死來分遺產，可以在當初決定是否為病人施行心肺復甦術或維生醫療時，就以同意書先替病人拒絕之，毋須等到病人施行心肺復甦術或維生醫療之後，再循較嚴格的規定來要求醫生終止或撤除這些醫療處置。由此可知，此時顧慮道德風險並不必要。因此，當病人接受維生醫療只是延長其瀕死階段時，終止或撤除維生醫療甚至比當初決定不為病人施行心肺復甦術更具正當性。[24]是以，不施行心肺復甦術或維生醫療，在符合安寧緩和醫療條例第7條（不施行心肺復甦術或維生醫療要件）之規範下，亦屬本法依法令之行為，得阻卻違法，不構成不作為殺人罪。

六、依優生保健法之人工流產行為

依優生保健法第9條：「懷孕婦女經診斷或證明有下列情事之一，得依其自願，施行人工流產：1.本人或其配偶患有礙優生之遺傳性、傳染性疾病或精神疾病者。2.本人或其配偶之四親等以內之血親患有礙優生之遺傳性疾病者。3.有醫學上理由，足以認定懷孕或分娩有招致生命危險或危害身體或精神健康者。4.有醫學上理由，足以認定胎兒有畸型發育之虞者。5.因被強制性交、誘姦或與依法不得結婚者相姦而受孕者。6.因懷孕

21　邱忠義，〈新修正「安寧緩和醫療條例」之安樂死與尊嚴死評析〉，《軍法專刊》，第57卷第2期，2011.04，103頁。

22　甘添貴、謝庭晃，《捷徑刑法總論》，瑞興，修訂版，2006.06，146頁。

23　安寧緩和醫療條例第3條修正理由（2013.01.09）。

24　安寧緩和醫療條例第7條修正理由（2013.01.09）。

或生產，將影響其心理健康或家庭生活者。7.未婚之未成年人或受監護或輔助宣告之人，依前項規定施行人工流產，應得法定代理人或輔助人之同意。有配偶者，依前項第6款規定施行人工流產，應得配偶之同意。但配偶生死不明或無意識或精神錯亂者，不在此限。第1項所定人工流產情事之認定，中央主管機關於必要時，得提經優生保健諮詢委員會研擬後，訂定標準公告之。」

由此可知，懷孕婦女經診斷或證明，且有保護母子健康及增進家庭幸福之考量者，基於上開規定，得阻卻違法，不構成墮胎罪。

 選擇題練習

*乙因為連續殺人，而被判處死刑。法警甲受上級命令，負責執行死刑犯乙之死刑。下列敘述何者正確？[25]　(A)生命權一開始就不值得保護，甲的行為自始不該當殺人罪的犯罪構成要件　(B)因為殺死乙可以降低犯罪率，所以甲的行為可以用正當防衛來阻卻違法　(C)因為殺死乙可以降低犯罪率，所以甲的行為可以用緊急避難來阻卻違法　(D)甲的行為是依法令行為所以阻卻違法。　　　　　　　　　　　　　　　　　　　【103年一般警特三等】

*警察甲服務於某縣警察局擔任內勤工作，有感於治安敗壞，為防身，遂透過管道價購與外勤同仁配發款式相同之制式手槍一把及子彈數十發。下列敘述，何者正確？[26]　(A)甲所購買之槍彈，係警用槍彈，並非刑法第186條所稱軍用槍砲、子彈　(B)甲係警察，攜帶自己購置之槍彈，合於警械使用之規定，並不成立刑法第186條之危險物罪　(C)刑法第186條危險物罪之成立要件，須「無正當理由」；甲係警察，因感於治安敗壞，為防身而價購持有槍彈，雖未經允准，惟仍有正當理由，自不成立本罪　(D)甲不論是否為警察，仍應成立刑法第186條之危險物罪。　　　　　【102年司法官第一試】

25　答案為(D)。

26　答案為(D)，甲之行為非屬依法令之行為，不得阻卻違法。

貳、依上級公務員命令之職務上行為

依本法第21條第2項：「依所屬上級公務員命令之職務上行為，不罰。但明知命令違法者，不在此限。」這裡所稱的「命令」是專指長官對屬官所下達的「具體指示」，即學理所稱的「職務命令」（Amtsordnung）。又依照公務員服務法第2條規定，下級公務員對於上級公務員的命令，依法本有服從的義務。上級所命令者既屬職務上之行為，下級公務員由應確切執行。依法執行職務，原為公務員之職權，有時且為義務，自應阻卻違法。惟如下級公務員明知其命令違法，而仍予以遵行，同惡相濟，擴大實害，不得藉口遵行上令，脫卸罪責。足見上級公務員的職務命令，並非一概無條件遵守得以阻卻違法。

一、發布命令者須為上級公務員、執行命令者須具備公務員身分

且發布或接受命令之上下級公務員須有直接隸屬關係。公務員對於兩級長官同時所發命令，以上級長官之命令為準；主管長官與兼管長官同時所發命令，以主管長官命令為準。發令者須為受令者之直接上級，否則不適用本條。

二、命令內容須為上下級公務員之職權事項

即長官須就其監督範圍內之事項發布命令，其內容且為受命之下級公務員職權內之事項。職務乃指公務員在其所居之地位上所得實施之行為，不以法律有明文規定者為限，凡基於有關法令精神所得為者均屬之。

三、採相對服從說

依公務員服務法第2條：「長官就其監督範圍以內所發命令，屬官有服從之義務。但屬官對於長官所發命令，如有意見，得隨時陳述」。又公

務人員保障法第17條規定：「公務人員對於長官監督範圍內所發之命令有服從義務，如認為該命令違法，應負報告之義務；該管長官如認其命令並未違法，而以書面下達時，公務人員即應服從；其因此所生之責任，由該長官負之。但其命令有違反刑事法律者，公務人員無服從之義務。前項情形，該管長官非以書面下達命令者，公務人員得請求其以書面為之，該管長官拒絕時，視為撤回其命令。」可見下級屬官對於上級長官之形式合法性之命令有絕對服從之義務，但下級屬官對於級的實質違法命令有提出質疑並陳述意見，但上級長官仍以書面下達命令者，事後刑事責任的訴究，下級屬官得主張阻卻違法。

四、執行命令者須非明知命令為違法

　　上級公務員之違法命令，下級公務員即無須服從。然所謂違法，有形式違法與實質違法之義。前者謂命令之發布，有違法定之方式與程序，後者謂命令之內容違背法律或其他命令之規定，或逾越上下級公務員職務之範圍。公務員服從長官職務上之命令，而為特定行為，雖為法律所課予之義務；然如對命令有意見時，仍得隨時向長官陳述，尚難謂為不可抗力。基於上級公務員命令之職務上行為之所以阻卻違法，其實質理由在於不悖法律秩序之全體精神，而非徒賴法律之形式規定也。以苟明知上級命令之為違法，而仍予奉行者，則同惡共濟，自不能其阻卻違法性。

　　若下級公務員誤認長官違法的命令為合法，乃「誤認阻卻違法事由的客觀情狀」，應認為係「容許構成要件錯誤，而依過失犯處理。[27]

---

[27]　林東茂，《刑法綜覽》，一品，七版，2012.08，1-119頁。

舉例說明

> 由於我國尚未將「臥底辦案」法制化，雖法務部已研擬「臥底偵查法」予以專法規範，[28]但在正式立法通過之前，上級長官要求警員「臥底辦案」之命力，應屬違法。

五、執行命令者不得逾越命令範圍

下級公務員必須在命令的範圍內，執行命令，才能阻卻違法。否則，假如下級公務員逾越上級公務員命令的範圍而為執行，自不能以執行上級公務員的命令而阻卻違法。

 考題觀摩

> *甲駕車赴友人晚宴，雖僅喝一小杯紅酒，但為謹慎起見，仍與友人在咖啡廳聊天至半夜，返家途中，遭執行酒測路檢勤務的警員A攔下盤查，嗅出甲身上有酒味，A要求甲下車接受吹氣檢測，甲堅稱酒精早已代謝，毫無酒意，拒絕受測，A則表示，如果不吹氣，就帶甲到醫院抽血檢驗，甲惱火發飆，以手推A，並對在旁蒐證錄影之警員B揮拳，B閃避，未被擊中，甲旋遭A制伏，以妨害公務罪現行犯逮捕，上手銬，解回派出所，交值勤警員乙處理，甲見事態嚴重，求助於議員丙，丙抵達派出所後，隨即召請派出所所長丁前來放人，丁礙於丙在議會之權勢，命乙解開甲手銬，讓甲離去。試問乙、丙、丁三人（甲部分毋庸作答）所為，依刑法如何論處？
>
> 【102年調查局】

---

28 內政部警政署印行，《警察職權行使法逐條釋義》，2003.08，第12條部分。

參、業務上的正當行為

本法第22條規定，業務上之正當行為，不罰。乃指從事特定業務之人，基於業務所為之行為而言，此種行為雖非直接依據法令，但依其職業範圍內而採取之必要行為，即屬被容許之行為，可阻卻其違法性。例如醫師之治療行為、新聞記者的採訪行為等。其法理的根據乃基於「優越利益原則」，亦即某些業務行為會造成法益侵害或危險，但經由利益衡量取捨，有利於社會活動具有正當性，在刑法評價上是被容許的風險，自阻卻其違法性。

業務上之正當行為，得阻卻違法，須具下列要件：

一、合法化（正當化）要件

（一）客觀要件

1.業務性質為法律所容許者

所謂業務，指合法之業務而言。無論何種業務，只須為法律所容許者，均為合法之業務。有關業務之涵義，可分二說：其一，事實業務說，謂持續的從事特定之業務，而不違背公序良俗者即是，不以主管機關核准者為限。其二，許可業務說，謂從事之業務，須經主管機關許可執業者，始屬合法業務。業務行為在法令上或社會風俗習慣上所容許。但如走私槍械、毒品本身是刑法所禁止之業務，為其運輸，則不得謂為正當業務。我國「業務」兩字採事實業務說，以事實上執行業務為標準，不以曾經官廳許可之業務為限。[29]

2.行為須在業務範圍內

凡屬業務，必有其一定範圍，若逾此範圍，則非屬其業務上之行為。所謂業務之正當範圍，必須依照客觀事實及一般社會通念，並參酌專門執

---

[29] 最高法院24年度總會決議（九）。

業知識、技術與經驗，以及參考相關法令之規定綜合判斷。

3. 須為正當、必要之業務行為

本條之業務正當行為，其正當性之判斷，應以比例原則及社會相當性加以衡量。[30]例如：新聞自由係為「公共的」領域服務，隱私權則在保障「私人的」事務，兩者在概念上可清楚區分。因之，新聞自由之目的，並非以新聞媒體或從業人員不受干預為其終極目的，媒體或從業人員之自由，在於服務社會資訊之流通、不受控制及扭曲。透過資訊之公開，人民在參與公共決策和監督政府時，能依最正確和最充分之資訊做成決定（或稱「第四權理論」）。因此，知的權利之對象，應與「公共決策或政府運作」有關，亦即人民要求知悉者應屬於「公共領域之事務」，倘為「私人之事務」，如本案被竊錄之私密活動，並非公共決策之範圍，政府和公眾皆無任意要求知悉及介入之權利（除非被害人自願放棄隱私權保護），故知的權利，自不當然及於個人私領域內之事物。是以，私密活動即應受尊重，其上開私生活領域屬其隱私及自主範疇，應有免受公眾監視或干擾之權利，此時新聞自由即應退讓，否則難謂具正當性基礎。

此外，如醫師有使人殘廢之故意，應負使人重傷罪（§278）。若有過失，應負過失致人重傷罪責（§284）。故醫療行為須具備醫學上的適應性、醫療技術上的正當性、患者的同意或承諾或推定承諾等，才不構成傷害罪。

4. 從事之人須有持續性及固定性

業務雖係合法，若從事之人僅偶而為之，即非其業務。必其從事業務，有持續性及固定性，始有阻卻違法之可言。

（二）主觀要件

行為主體不問有無執照，主觀上須具有執行業務之認識。

30　最高法院104年度台上字第1227號判決。

 問題思考

> 專斷醫療行為（醫師未盡「告知後同意」法則）是否仍得阻卻違法？

■ 參考解答

　　所謂「專斷醫療行為」，係指醫師在未善盡說明義務，並取得病患之同意下，即對患者施以侵襲性醫療行為。在醫療刑法上，主要在探討醫師未善盡說明義務，並取得病患之同意時，「專斷醫療行為」能否阻卻傷害罪之成立。[31]

　　而國內學者對於醫師未盡「告知後同意」法則，得否阻卻違法，意見亦頗為分歧：

一、肯定說

　　「告知後同意」，即表示醫師已經善盡醫療倫理上的責任，足以支撐「業務上正當行為」的合理性。換言之，告知後同意，不是獨立的阻卻違法事由，而是業務上正當行為的重要內容。

　　但是若沒有告知後同意的情形，醫師並不然成立犯罪。蓋一切降低危險的行為，都是被容許的，等於沒有製造危險。不可將結果的發生，歸咎於沒有製造危險的行為。假設，醫師的摘除卵巢手術，是為避免病人的急迫生命危難，而且別無選擇，基於利益的衡量，犧牲比較輕微的身體利益，方得保全更重要的生命。所以摘除卵巢的手術是緊急避難，醫師不違法。再者，醫師基於治療的目的，依照專業醫療的判斷，摘除卵巢才能保住病人生命，乃是提供病人最大利益的處置，醫師的手術屬於業務上正當行為，並不違法。而在通常的情況下，病人若知道摘除卵巢可以挽救生命，會答應摘除的手術。醫師推想病人很可能承諾，所以逕自摘除卵巢，符合法理上的「推測承諾」，從這點來看，亦不違法。[32]

31　靳宗立，〈日本醫療過誤行為與刑事責任關係之探討〉，《過失醫療與刑事責任》，台灣刑事法學會，2009.06，50頁以下。

32　林東茂，〈專斷醫療的刑法問題〉，《2011年月旦法學教室別冊—刑事法學篇》，2011.05，27頁以下。

二、否定說

此醫療行為之「業務上正當行為」，其內涵應該隨著目前醫療倫理的趨勢，含納病人同意的要素。換言之，其內涵應至少包含四個要件，亦即：1.出於醫療目的；2.需得病人的同意；3.需以醫學上一般所承認之方法進行；4.需具有醫學上的適應性。其並肯認實務見解，將「告知後同意」視為業務上正當行為的重要內涵。假如對於死亡結果之產生，醫師本有以透過告知病人風險的方式，迴避損害結果發生之可能，但醫師若都沒有盡到迴避結果發生之義務，因此，醫師的行為可論以未盡注意義務而有過失，顯採否定說。[33]

三、本書看法

本書較贊同肯定說的看法，理由除了前述雖無法主張業務上正當行為，但仍得主張超法規阻卻違法事由的「推測承諾」外，事實上即使說明告知並不能改變疾病對病人的影響，也不能改變醫療行為本來就存在的風險。[34]況且，重點應該在判斷何種醫療決策是「最好的選擇」而非「由誰來做決定」。[35]因此，「告知義務之違反」不代表刑法上注意義務違反，其與「不幸的結果」間，若無相當因果關係，醫師應不成立過失犯，[36]換言之，醫師之「專斷醫療行為」在個案中仍有阻卻違法之可能。

---

[33] 王皇玉，〈論醫療行為與業務上之正當行為〉，收錄於《刑法上的生命、死亡與醫療》，承法，初版，2011.12，182頁；同氏著，〈醫師的說明與親自診察義務─ 從最高法院94年度台上字第2676號判決談起〉，278頁。

[34] 盧映潔等，〈醫療紛爭事件中民事、刑事過失責任適用之區別比較〉，收錄於《醫療行為與刑事過失責任》，新學林，初版，2013.05，238頁以下。

[35] 張麗卿，〈醫療常規與專斷醫療的刑法容許性〉，《臺北醫法論壇（VIII）─實務判決與實證研究》，2015.05.23，25頁。

[36] 張麗卿，〈刑事醫療判決關於告知義務變遷之研究〉，《東海大學法學研究》，第39期，2013.04，145頁。

所謂「不法」，乃指，係指侵害或攻擊行為，在客觀上違反法律秩序。至於不法之侵害或攻擊是否有責或可罰性，在所不問。相對的，合法的侵害行為（社會相當性行為），則不可對之主張正當防衛，例如對於執行刑罰的公務員，不得主張之。對於正當防衛行為，也不可再主張正當防衛。

　　所謂「侵害」，係指對於自己或他人之權利，大凡刑法所保障的一切利益均包括在　，例如生命、身體、寰自由、財產、隱私權、公物使用權等法益均屬之，[38]但應不包含極輕微權利的侵害，否則。社會生活將難有寧日。[39]至於所受之攻擊，除積極行為外，即使是消極之不作為亦可能造成不法之侵害，例如母親故意不餵食嬰兒。故對於正當防衛，不以積極行為為限。

2.行為：須符合必要性與相當性──比例原則

(1)防衛過當之意義

　　由正當防衛，係以對於現在不法之侵害為要件。至於防衛是否過當，應以防衛權存在為前提。若其行為與正當防衛之要件不合，即不生防衛是否適當的問題。正當防衛之防衛行為須具有「**必要性**」，亦即其防衛之反擊行為，須出於必要。如為防衛自己或他人之權利，該項反擊行為欠缺必要性，非不可排除，即不能成立正當防衛，以阻卻違法。[40]**而防衛行為是否超越必要之程度，須就實施之情節而為判斷，即應就不法侵害者之攻擊方法與其緩急情勢，由客觀上審察防衛權利者之反擊行為，是否出於必要以定之。**[41]**亦即**，防衛行為是否超過必要程度，不專以侵害行為大小及輕重為判斷標準，亦即並未要求防衛行為須符合法益權衡原則。倘其防衛行為並未逾越社會倫理秩序的要求時，但仍得認為具有「**相當性**」。防衛行為，應就當時情形，比較因防衛而受害之法益，及其加害行為之態樣

38　余振華，《刑法總論》，三民，二版，2013.10，248頁。

39　林東茂，《刑法綜覽》，一品，七版，2012.08，1-105頁。

40　最高法院92年度台上字第2561號、100年度台上字第4939號判決。

41　最高法院63年台上字第2104號判例。

等，以客觀的標準加以判斷。前述「必要性」、「相當性」之判斷，本書認為，總而言之就是所謂的「比例原則」。

舉例說明

> 攻擊之一方雖是徒手，但是卻為武術高手，或體格魁武，依照行為當時具體客觀情況觀之，防衛者適度的使用武器，始能有效排除侵害者，仍符合相當性的要求。

因此，假使所為超越防衛之必要性及相當性之程度時，其逾越的部分稱之為「防衛過當」或「過剩防衛」。其超過的部分雖與防衛行為有關，但屬權利濫用，仍具有違法性，因而防衛過當不能阻卻違法，但有可能根據。

(2)防衛過當之法律效果

①防衛過當者，得減輕或免除其刑

過當防衛，依本法第23條後段之法理解釋，「防衛過當」不生阻卻違法問題，而僅生「免除責任」或「減輕責任」事由，亦即該條規定的「減輕或免除其刑」。

②「免除其刑」或「減輕其刑」之標準

依法理解釋，「免除責任」或「減輕責任」之區分標準，應以此一過當行為，在客觀上是否可以避免以為斷。換言之，若此一過當行為，在客觀上係不可避免者，應免其刑責；若在客觀上係可避免而未避免者，則屬減輕刑責的問題。

③無期待可能性而阻卻其罪責

德國刑法第33條規定：『防衛行為人因為慌亂、害怕或驚嚇而逾越防衛之界限者，行為不罰。』所謂不罰，乃因欠缺罪責而不罰，即不成立犯罪。我國刑法對此未有明文規定。防衛過當之情形不一，但是從期待可能性的角度來看，如果因為慌亂、害怕或驚嚇等情緒亢奮而為過當防衛，本

為人之常情，逾越防衛界限，卻不能免於論罪，似乎並不合理。因此，雖然我國刑法第23條但書規定雖僅限於「得減輕或免除其刑」。但解釋上，仍可援用期待可能性的法理而阻卻其罪責。

問題思考

> 防衛客體（侵害來源）是否包括「物」？

■ 參考解答

　　侵害應指自然人之侵害行為而言，惟動物之侵害，並非不法侵害，不得對之主張正當防衛，但有可能主張緊急避難。不過，假使有人唆使此動物，即屬人所利用的工具，仍屬「人」之侵害，得對之主張正當防衛。[42]

選擇題練習

> *公務員甲奉命拆除A之違章建築時，A唆使其所飼養之猛犬攻擊甲，甲情急之下，隨手撿起一根木棍，對該猛犬反擊，終於將其擊斃。下列敘述，何者正確？[43]　(A)甲因依法奉命行事，其行為得因依法令之行為而阻卻違法　(B)甲之行為得依正當防衛而阻卻違法　(C)甲之危難因來自於動物，只能依緊急避難而阻卻違法　(D)甲因公務上負特殊義務之人，不得依緊急避難而阻卻違法。
> 　　　　　　　　　　　　　　　　　　　　　【100年司法官第一試】

3. 正當防衛之行為

　　所謂「防衛行為」，必須是客觀上必要，係指防衛行為可期待立即終結侵害行為，而可保證能夠排除遭受侵害之危險。即正當防衛之防衛行

---

[42]　林東茂，《刑法綜覽》，一品，七版，2012.08，1-105頁。

[43]　答案為(B)。

為，必須為避免侵害行為可能造成法益破壞或義務妨害，所應採取之必要防衛手段，始得行使正當防衛。

（二）主觀要件—出於防衛自己或他人之權利「防衛意思」

防衛意思，乃屬主觀的正當化要素。偶然的防衛欠缺主觀的正當化要素，不能認係正當防衛。我國學說上多認為正當防衛主觀上必須具有「防衛意思」。此稱為「防衛意思必要說」。此說認為，依照行為無價值的見解，在違法性的判斷上，是基於侵害之意思（故意）實施法益之侵害，故與通常之違法行為相同，故非正當防衛。

 **問題思考**

> 「偶然防衛」得否阻卻違法？

■ 參考解答

所謂「偶然防衛」是指，倘行為人主觀上未認識有現在不法侵害狀存在，惟客觀上所為行為碰巧發揮防衛行為。[44]亦即，在侵害他人法益之際，事實上該他人亦正打算攻擊本或第三人之法益，此種情形，因主觀上不具有防衛的意思，故不成立正當防衛。

 選擇題練習

> *甲朝乙開槍射擊時，乙也正要朝甲開槍射擊，甲因比乙先開槍而幸免於難，但甲完全不知乙正要開槍之事。此種情形學說上稱之為：[45] (A)誤想防衛 (B)偶然防衛 (C)防衛過當 (D)挑撥防衛。 【104年警佐班】

---

44 靳宗立，《刑法總則I—刑法基礎理論犯罪論》，自版，初版，2010.09，285頁。

45 答案為(B)。

考題觀摩

*甲以殺乙的意思，用手槍向乙扣板機；但是正巧也遇乙為了屢次伺機殺甲，而以手槍向甲發射。此時，若甲未向乙扣板機，可能他自己已被殺害身亡。就客觀情勢而言，甲之行為無異是針對乙之現在不法的侵害所為之自行防衛。

試問：

（一）分別就客觀主義刑法理論與主觀主義刑法理論，申論甲是否成立正當防衛而阻卻違法？

（二）所謂「防衛之意思」，其意涵如何？是否包括出於防衛之目的？

【95年司法官】

 問題思考

> 由被侵害者所挑動（挑撥後的防衛行為）能否主張正當防衛？

■ 參考解答

　　挑撥後的防衛行為得否阻卻違法，應依情下列形而論：

一、防衛者之挑撥別無不當之意圖

　　侵害行為之發生雖由防衛者之挑撥而引起，但防衛者之挑撥別無不當之意圖，且此項挑撥亦未導致法益受損害之結果，則受挑撥者不應為侵害行為之實施，否則法律亦不可禁止法益受侵害之挑撥者行使其防衛權。

二、防衛者之挑撥有不當之意圖

　　此即「意圖式挑唆防衛」，是指行為人先以言詞或行動挑撥、激怒被挑撥者，使其發動不法之侵害，挑撥者再對被挑撥者為防衛行為。如果挑撥行為是不法行為，任何人都沒有忍受不法挑撥之義務，倘被挑撥者因被挑撥而得主張正當防衛者，亦即假設可以對不法挑撥為正當防衛，挑撥者自無對正當防衛為「再防衛」之權利。

此際尚應區分：[46]挑撥行為是否終了。如挑撥行為「未終了」，挑撥行為對於被挑撥者言，是現在不法之侵害，被挑撥者自可主張正當防衛；但如挑撥行為「已經終了」，挑撥行為已不符合正當防衛中「現在不法侵害」之構成要件，則挑撥者已無行使正當防衛的餘地。

 考題觀摩

> *甲平日看乙不慣，時時想教訓乙，企圖製造一個乙先對其攻擊的情狀，以便可以藉此將乙痛打一頓。於是乃以惡劣的言詞攻訐乙，並不時出現挑釁的動作。乙受激怒氣不過，遂出手對甲攻擊，甲於是趁此機會將乙狠狠地痛打一頓，造成乙身受多處瘀傷，而甲也在過程中被乙打傷手臂。試問甲、乙刑責為何？　　　　　　　　　　　　　　　　　　　　　【96年檢事官】

 問題思考

> 過失行為能否主張正當防衛？

■ 參考解答

　　原則上所謂正當防衛應具有「防衛意思」，故應採否定說。但日本通說及判例均採肯定說，認為過失行為亦有所謂的「防衛意思」或「避難意思」。過失行為的「正當防衛意思」，乃指意識到現在不法侵害之存在，而希望加以避免之單純心理狀態。所謂過失行為的「緊急避難意思」則指意識到緊急危難之存在，而希望加以避免之單純心理狀態。因此，過失行為，亦與故意行為具有相同的違法性，可能因有阻卻事由之存在而被排除。實務上較常出現之阻卻違法事由為正當防衛，如刑警甲至賭場查訪，突遭壯漢數名圍毆，甲為求自保，拔槍空擊以示警，慌亂中，角度偏差，

46　張麗卿，《刑法總則理論與運用》，五南，四版，2013.10，205頁。

射中二樓賭客乙身死。

 **問題思考**

「互毆」雙方得否主張正當防衛？

■ 參考解答

一、否定說

　　互毆往往只是雙方皆有傷害他人之意，根本無從分辨何方為違法侵害之互毆，因為雙方相互間均欠缺防衛意思，縱使可證明何方先行攻擊，被攻擊而還手之一方也未必具有防衛意思。[47]

二、區分說

　　可分兩種情形來討論：[48]

　　1.「約定互毆」

　　「約定互毆」，設，是指行為人雙方互相約定於定時定點互相毆打。通常之情形不能主張正當防衛，乃因其具有「不正對不正」之關係，自不得主張。

　　2.「偶然互毆」

　　倘互毆行為之間具有「不正對不正」之關係，不得主張正當防衛。惟如互毆之一方具有防衛意思，且互毆之間具有「正對不正」關係，仍得主張正當防衛。亦即，在主觀上具有防衛的意思且在客觀上下手在後者，有可能得主張正當防衛。

　　我國實務的態度，較傾向區分說，早期判例稱：「彼此互毆，又必以一方初無傷人之行為，因排除對方不法之侵害而加以還擊，始得以正當防衛論。故若侵害已過去後之報復行為，與無從分別何方為不法侵害之互毆

---

[47] 林山田，《刑法通論（上）》，元照，十版，2008.01，333頁以下；林東茂，《刑法綜覽》，一品，七版，2012.08，1-108頁。

[48] 甘添貴、謝庭晃，《捷徑刑法總論》，瑞興，修訂版，2006.06，156頁；張麗卿，《刑法總則理論與運用》，五南，四版，2013.10，205頁。

行為，均不得主張防衛權。[49]近期實務又謂：「正當防衛必須對於現在不法之侵害始得為之，而互毆係屬多數動作構成單純一罪而互為攻擊之傷害行為，縱令一方先行出手，而還擊之一方，『苟非』單純對於現在不法之侵害為必要排除之反擊行為，因其本即有傷害之犯意存在，則對其為攻擊之還擊行為，自無防衛權可言。」[50]可知，實務並不採完全否定說，應視個案上還擊之一方，有無防衛的意思。

 選擇題練習

*甲乙雙方因細故起口角，進而互毆，造成彼此受傷，若無法確認是誰先動手攻擊對方，依實務見解，下列敘述，何者正確？[51]　(A)雙方皆不可主張正當防衛　(B)雙方皆可主張正當防衛　(C)雙方皆可主張緊急避難　(D)雙方皆可主張無期待可能性而免責。　　　　　　　　　　　【104年大警二技】

*偶然防衛，一般認為不能成立正當防衛，其理由為：[52]　(A)沒有不法的侵害存在　(B)行為人沒有防衛的意思　(C)行為人未為防衛之行為　(D)侵害沒有急迫性。　　　　　　　　　　　【103年大警二技】

*甲乙雙方因口角互毆，若無法分別何方先為不法侵害，依實務見解，下列敘述，何者正確？[53]　(A)任何一方可主張正當防衛　(B)任何一方可主張緊急避難　(C)雙方皆不可主張正當防衛　(D)雙方皆得主張正當事由而免責。　　　　　　　　　　　【101年律師第一試】

49　最高法院30年台上字第1040號判例。

50　最高法院102年度台上字第2052號、99年度台上字第3093號判決。

51　答案為(A)。

52　答案為(B)。

53　答案為(C)。

考題觀摩

*甲與乙因開車擦撞而發生口角，繼而互毆。突然，甲從路旁撿起長約6尺之鐵管猛打乙之頭部與身體，導致乙頭破血流，肋骨亦被打斷兩根。當時，乙以為將被甲打死，故為求自衛，乙乃趕緊從其車門內側置物袋中捉起修車用之螺絲起子，朝甲之胸膛用力刺進，而使甲因流血過多死亡。試問：

（一）乙之行為是否得構成正當防衛？其理由何在？（提示：從打架之情形，是否有成立正當防衛之可能展開論述。）

（二）於正當防衛之情形，是否有受防衛之法益與被反擊之法益，應有均衡之問題？　　　　　　　　　　　　　　　　　　　　　【94年司法官】

二、防衛權濫用之禁止

正當防衛者，只要選擇為達到有效防衛目的之手段即可，無須選擇有風險之手段，更無須選擇必須付出代價或迂迴的手段。但是，任何權利皆不得濫用，乃法律上的基本原則，在正當防衛權亦不例外。所謂「防衛權」之濫用，是指防衛之結果與所威脅之損害在比例上顯不相當者。此等防衛，非法所許可。故「正當防衛權」之行使，應受下列情況之限制：

（一）對於顯然無責任能力人（小孩、酒醉之人、精神病患）之攻擊不得主張[54]

蓋依比例原則，此種情形可期待採取迴避或最輕微之方法為之。但若防衛無法辨認其精神狀態者，則另當別論。

（二）被侵害的法益與防衛者，因反制所侵害的法益顯然不成比例的侵害，不得主張正當防衛

正當防衛的防衛行為，不須要考慮法益權衡性，但在絕對法益失衡的情況下，才會例外考慮法益衡量原則，而屬於權利濫用，故不得主張正當

---

[54] 林山田，《刑法通論（上）》，元照，十版，2008.01，281頁。

防衛。例如農夫甲唆使其惡犬將偷摘芒果之學童乙咬成重傷。

（三）對於最近親屬間之不法侵害行為，正當防衛權亦應限制之

如父子、夫妻、兄弟姊妹間，[55]在任何一方對他方為現時不法之侵害時，他方理應迴避，若迴避不可能時，亦應採取最溫和之反制防衛措施。若涉及個人的關係（共同生活之親密關係）時，如有配偶關係，則限制了正當防衛權，此時僅得以最輕微的損害方法為防衛行為。

 選擇題練習

*下列何者並非正當防衛行為所必須具備的內涵？[56]　(A)為排除侵害　(B)針對現在的侵害　(C)只能為了保全自己的利益　(D)針對不法的侵害。

【待確認】

 考題觀摩

*甲、乙兩兄弟與朋友數人前往KTV唱歌，乙因故與隔壁包廂的丙發生嚴重爭吵，乙打了丙一個巴掌。丙要大打出手時，被丙的女友和其他人架開。丙覺得面子受辱，事後越想越氣，回家帶了一把槍回頭想要置乙於死地。其間乙還在KTV和友人喝得半醉，橫倒在包廂沙發上。甲則在上廁所時聽到KTV門口櫃臺有人大聲擾攘和怒罵，出了廁所一看，原來是丙不顧櫃臺勸阻，要進入行兇。由於丙身材壯碩，櫃臺人員攔不住。甲見情況不對，從廁所工具間拿了一把小木椅，緊隨在後。就在丙進入乙的包廂時，甲持木椅從後面攻擊丙的頭部和身體，丙受傷倒地。KTV的人員利用丙來不及反應，將丙壓制在地。甲、丙二人刑事責任如何？（不必檢討危險物品罪的問題）

【101年地特三等】

55　王皇玉，《刑法總則》，新學林，初版，2014.12，285頁。

56　答案為(C)。

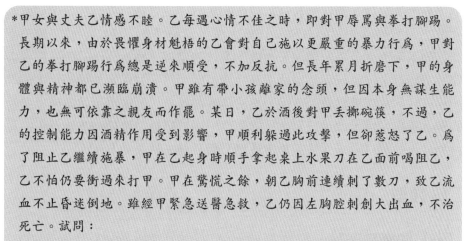

*甲女與丈夫乙情感不睦。乙每遇心情不佳之時，即對甲辱罵與拳打腳踢。長期以來，由於畏懼身材魁梧的乙會對自己施以更嚴重的暴力行為，甲對乙的拳打腳踢行為總是逆來順受，不加反抗。但長年累月折磨下，甲的身體與精神都已瀕臨崩潰。甲雖有帶小孩離家的念頭，但因本身無謀生能力，也無可依靠之親友而作罷。某日，乙於酒後對甲丟擲碗筷，不過，乙的控制能力因酒精作用受到影響，甲順利躲過此攻擊，但卻惹怒了乙。為了阻止乙繼續施暴，甲在乙起身時順手拿起桌上水果刀在乙面前喝阻乙，乙不怕仍要衝過來打甲。甲在驚慌之餘，朝乙胸前連續刺了數刀，致乙流血不止昏迷倒地。雖經甲緊急送醫急救，乙仍因左胸腔刺創大出血，不治死亡。試問：

（一）針對以水果刀刺入乙胸前，造成乙死亡結果，甲是否具備故意？

（二）甲的行為是否為刑法第23條正當防衛行為？

（三）甲的行為是否屬刑法第23條但書之防衛過當？【96年行政警察四等】

伍、緊急避難

一、概念

　　早期學理曾將緊急避難，當成阻卻責任事由，但近期，因受到德國刑法學的影響，漸漸將緊急避難與正當防衛的概念，視為等同阻卻違法之正當事由。[57]我國刑法第24條第1項規定，因避免自己或他人之生命、身體、自由、財產之緊急危難，而出於不得已之行為。而與正當防衛同屬於緊急行為，但正當防衛屬於不正對正之關係（雙面構造），而緊急避難屬於正對正之關係（三面構造）。

　　行為人於不得已的危急情況下，必須選擇破壞一個法益，才能保全另一個法益，或面臨二個義務只能選擇一個義務的履行，行為人選擇破壞較

---

[57]　柯耀程，《刑法總則》，三民，初版，2014.08，185頁。

低或較少的法益，而保全較高或較多的法益，或者選擇違背較低價值的義務而去履行較高價值的義務。行為人處於這種「法益衝突」或「義務衝突」的兩難而又危急的情況，如做出上述的選擇，雖然有法益的破壞或義務的不履行，但其行為卻與法規範的價值觀相符，並與刑法保護法益的功能相一致。故這種為救助或保全高法益或高義務，而破壞低法益或低義務的緊急避難行為，即足以阻卻其違法性。由於緊急避難係侵害第三人的正當利益，故嚴格要求「*法益均衡原則*」與「*補充性原則*」。

二、類型

（一）防衛型避難

為避免危險而侵害引起危險之客體。例如殺害對其施以攻擊之動物、毀損燃燒中之物體或炸燬有爆炸危險之船舶。

（二）攻擊型避難

為避免危險而對於「非」引起險之客體，或與危險無關之物，予以攻擊或侵害行為。例如為送受傷者就醫而駕駛他人之轎車、奪老人之拐杖以擊退惡犬或不顧船主之反對駕小船救人。

三、要件

（一）須有緊急避難之情況

1.須有緊急危難存在

緊急危難，係指足致法益發生現實損害之虞，而有緊急迫切之狀態之義。危難之原因，不限於人的行為，自然現象或動物動作均含之。惟人的行為所致之危難，必非適法，亦非不法。若為適法行為，應不是所謂危難，如係不法行為之侵害，乃屬正當防衛之問題，至於危難若因自己之行

為所招致者，亦認其有危難性。且緊急避難，須有迫不及待，始屬相當。

2. 須為避免自己或他人生命、身體、自由、財產之損害

何種法益遭受危難，得為避難行為，由於緊急避難之合法性程度，較正當防衛為差，故其適用範圍，不宜過廣。**我刑法係採列舉規定，受救護之法益，限於生命、身體、自由、財產四種。至於避難行為所救護之法益，不以自己之權利為限，救護他人之權利，亦為阻卻違法之原因。**

（二）須出於不得已之避難行為

 問題思考

「自招之危難」，可否主張緊急避難？

■ 參考解答

1. 須出於避難的意思

我國實務見解，採肯定見解。危難之發生，由於避難人故意自行招致者，其本意原在犯罪，固不得阻卻違法，即於故意造成緊急狀態後，發覺自己亦遭受危難，乃為緊急避難行為，如許其阻卻違法，則將招致不肖之徒，發生玩法之心理，社會秩序及公共安全，難以維持，自非法律之本旨，亦無許阻卻違法之理。[58]凡行為人自己故意引起危險，如其本意在憑藉緊急避難而實行犯罪者，則其挑撥行為原為實施犯罪計畫之一部分，自不得為緊急避難。

2. 避難行為須不得已且不過當

本法第24條第1項前段緊急避難，以因避免自己或他人生命、身體、自由、財產之緊急危難而出於不得已之行為為要件，所謂不得已之行為，

---

[58] 最高法院25年上字第337號判例。

即其行爲之取捨，只此一方，毫無選擇餘地，或選擇之可能性者而言。如緊急危難發生之際，尚有其他方法可以避免自己或他人權益之危害者，即難謂爲不得已。[59]換言之，是否過當，固須視其是否出於不得已之狀態，而其決定之標準，則須具備「補充原則」，是指須其行爲避免權利受害之唯一必要方法，亦即爲保全自己或他人法益之最後手段，學理上謂之補充原則。另外是權衡原則，即避難者與受侵害者兩方面之法益，不可不保持適當之權衡，學理上謂之權衡原則。避難行爲所引起之損害，須爲最少之損害，且須不超過危難所惹起之損害程度，否則即爲過當，仍不得阻卻違法。簡言之，即不得違反比例原則。

3. 須行爲人不負有特別義務

本法第24條第2項規定，具有特別義務者，例如：船長、消防隊員、警察、醫院的醫師與護士等，不得率先避難。此類特殊身分者，受特別訓練，領有特殊特殊津貼，蓋其職責本爲排除他人危難；自己與他人同遇危難，應先排除他人的危難，[60]不過倘若危險情況已經具體迫切地嚴重到危害負有特別義務人自己之生命安全時，刑法也不能要求負有特別義務人捨身取義，所以在此種情形之下，仍有主張緊急避難之可能。[61]

舉例說明

> 例如：歹徒持槍掃射中，或火勢極端猛烈，殊無理由要求警員以身擋子彈，或要求消防隊員被火焚身之理，此種已經具體迫切地嚴重威脅到生命安全之危難，仍得主張緊急避難。

---

[59] 最高法院92年度台上字第4500號判決。

[60] 林東茂，《刑法綜覽》，一品，七版，2012.08，1-113頁以下。

[61] 張麗卿，《刑法總則理論與運用》，五南，四版，2013.10，212頁。

 概念釐清

「正當防衛」與「緊急避難」之比較

	正當防衛（§23）	緊急避難（§24）
保護客體存在情狀	「現時」且「不法」之侵害	緊急危難之狀況
侵害來源	限於「自然人」	「自然人」、動物、或自然力
得否對合法行為主張	1.以「正」對「不正」，故不得對抗合法行為。 2.不得對第三人主張。	1.係以「正」對「正」，故得對抗合法行為。 2.得對第三人主張。
保護客體	本人或第三人之一切法益	本人或第三人生命、身體、自由及財產四種法益，因為是列舉規定。
權衡原則	無此問題	須兼顧權衡法則與補充性原則
除外事由	1.無責任者之攻擊 2.最近親屬 3.挑撥行為 4.互毆 5.因反制所侵害的法益顯然不成比例的侵害	1.於公務上或業務上負有特別義務者 2.自招危難

 選擇題練習

*甲見乙被一群不良少年追殺，倉皇逃命，為救乙脫離危險，乃將乙推入甲經營的豬肉攤內隱蔽，乙因而頭部撞到肉攤受傷。關於本案，下列敘述，何者正確？[62]　(A)甲救乙致乙受傷之行為，係屬緊急避難之行為　(B)甲救乙致乙受傷之行為，不該當傷害罪之客觀構成要件　(C)甲救乙致乙受傷之行為，係屬正當防衛之行為　(D)甲救乙之行為，因有造成乙受傷，故仍應承擔傷害罪責。　　　　　　　　　　　　　　【104年警佐班】

---

[62]　答案為(A)。

*甲任由其所飼養的狼犬追咬乙，乙為了避免被咬，搶取丙的雨傘回擊狼犬，結果擊退狼犬，雨傘也斷了。關於本案，下列敘述何者錯誤？[63] (A)甲任由狼犬追咬乙可能為不純正不作為之傷害行為 (B)乙搶取丙的雨傘之行為，即使該當搶奪罪之不法構成要件，也可能因正當防衛而阻卻違法 (C)乙回擊狼犬之行為，有可能該當毀損罪之不法構成要件 (D)乙回擊狼犬之行為，可因正當防衛而阻卻違法。 【104年警佐班】

*建管單位公務員甲依法帶隊拆除乙在其住家旁所搭建之違章建築，乙為了阻止甲的拆除行動，乃驅使其所飼養的獒犬攻擊甲。甲因練過武術，反應敏銳，迅速拿起身邊的拆除工具，猛力防禦回擊，將該獒犬打傷臥倒在地。關於甲打傷獒犬之行為，下列敘述何者正確？[64] (A)甲實現傷害罪構成要件，但得主張阻卻違法事由 (B)甲得主張緊急避難而不罰 (C)甲得主張正當防衛而不罰 (D)甲得主張依上級公務員命令之行為而不罰 (E)甲得主張業務上的正當行為而不罰。 【102年警大二技】

*有關緊急避難之要件，下列敘述何者正確？[65] (A)凡刑法上所保護之法益，面臨緊急危難時，均得實施緊急避難 (B)只有法益之所有人，於法益面臨緊急危難時，方得實施緊急避難 (C)來自人為因素的緊急危難，只能實施正當防衛，不得實施緊急避難 (D)來自人為因素或非人為因素的緊急危難，均得實施緊急避難。 【100年司法官第一試】

*甲為離島交通船的船長，一日滿載乘客前往離島，行至中途，輪機室起火，交通船有沈沒之危險，所有乘客均穿好救生衣物跳入海中，惟船長並無救生衣，為求活命，乃奪走乘客A的救生圈，先行跳入海中漂浮，致使A因無救生圈而溺斃。下列敘述，何者正確？[66] (A)甲奪走救生圈之行為，

---

63 答案為(B)。

64 答案為(B)、(C)，正當防衛不得對丙（第三人）主張。

65 答案為(D)。

66 答案為(D)，參照刑法第24條第2項。

爲逃生行爲，係屬於緊急避難的不得已行爲，不罰　(B)甲爲船長，負有特別之義務，卻先行逃生，雖違背道義，但尚不須負刑事責任，不罰　(C)甲爲逃生而奪走救生圈，致A溺斃，雖屬於避難行爲，但法益權衡仍有過當，應承擔過當之責　(D)甲爲船長，負有特別之義務，不得主張緊急避難，仍應承擔刑事責任。　　　　　　　　　　　　　　【100年司法官第一試】

考題觀摩

*甲、乙一同到墾丁海邊租用香蕉船遊玩，當二人駕駛香蕉船來到海中間，突然一陣大浪打翻香蕉船，導致船體翻覆，二人同時落海。兩人均未穿救生衣，但乙在落海時緊急抓住船上浮板一塊，甲見到乙有浮板可抓，從乙的後方游泳靠近，然後趁乙不注意時，從後奪取浮板。乙因浮板被奪，在海上掙扎一陣子，最後仍不幸溺斃，甲則自己游上岸獲救。試問：甲之行爲如何論罪？　　　　　　　　　　　　　　　　　【104年高考三級一般民政】

*甲搭乘捷運，車廂內突然一陣騷動，許多乘客相互推擠，向前奔逃，並高聲呼喊：「殺人啊！」甲爲了保命，奮力推開奔跑在前的乙，致乙跌倒，嘴角破裂，送醫縫了十針。騷動平息，原來是虛驚一場，其實只是一名男子癲癇發作，渾身顫抖，被疑爲行兇之兆，乘客因此紛紛奔逃。問：甲奮力推倒乙，致乙受傷，是否有罪？　　　　　　　　　【103年高考三級法制】

*甲隔壁新搬來的鄰居A養有一隻小狗，名叫Lucky，A經常帶著Lucky出外散步，甲多次遇見，覺得Lucky嬌小玲瓏，極爲可愛，狀似溫馴，越看越喜歡。某日甲回家時，看見Lucky孤伶伶地被栓在鄰居門口前，好像被主人處罰，心感不忍，便拿出零食給牠吃，並伸手逗弄。熟料Lucky突然獸性大發，猛力咬住甲的手指頭不放，由於一直無法掙脫，疼痛難忍，甲情急之下，將Lucky抓起，往牆壁用力砸了好幾下，Lucky當場斃命，甲的手也血流如注，趕緊自到醫院就醫。問甲之行爲應如何論罪？【102年地特法制】

*甲向房東乙租屋開設餐廳，並因生意欠佳，向乙借50萬元周轉，隨後狀況並未改善，繳不出房租已逾1年。某日晚上，乙聽鄰居說甲為躲債正在搬家，乙立即趕到甲之餐廳，甲已將店內所有之設備，傢俱及電器搬到門口之貨車上，準備開車離去，乙乃將貨車之4個車胎刺破，阻止甲將車開走。試分析乙應負何刑責？　　　　　　　　　　　　【102年地特法律廉政】

*甲為警察，竟對乙所經營之賭場連續索取保護費及乾股利潤每月10萬元，共計十次。某日，甲穿著制服偽裝執行勤務，實則擬收取當月之款項。此時適有乙之仇家丙前來尋仇，丙舉槍射殺乙時，甲不加以制止，反而迅即臥倒躲避，倖免於難，乙則被殺身亡。甲針對未制止丙開槍一事，以其係緊急避難行為辯解之。試問，甲的行為如何論處？　　　　　【99年司法官】

第五節　超法規阻卻違法事由

壹、承認超法規阻卻違法事由之理由

　　犯罪之成立，除須其行為與刑罰法規所規定之構成要件合致外，尚以其行為具有違法性為必要，而行為違法性之判斷，依通說固然以行為是否合致構成要件推定之，但在行為具有阻卻違法事由時，仍可排除其行為之違法性。又阻卻違法事由除有本法第21條至第24條規定之情形者外，尚有超法規阻卻違法事由，阻卻行為違法性。

　　阻卻違法事由，原則上應由法律嚴格規定，刑法所明文規定稱為法規阻卻違法事由。法律無明文規定，但依法理認為亦具有阻卻事由，稱為超法規阻卻違法事由。行為只要符合構成要件該當性且無法定阻卻違法事由，即可認定此行為具有形式違法性。但具備形式違法性之行為，未可逕評價為犯罪行為，必其行為與社會倫理背道而馳，且有違社會共同生活之利益，亦即具有實質之違法性，始可真正評價為犯罪行為。

貳、被害人之承諾

「被害人之同意」或「被害人之承諾」雖然在概念上類似，但不少學者還嚴加區分：[67]

 概念釐清

「被害人之同意」及「被害人之承諾」之比較

	被害者「同意」	被害者「承諾」
阻卻層次	構成要件該當性	違法性
要件	1. 被害人須有同意的能力（有辨別事理之能力，辨別事理能力之年齡應視各種犯罪實際情形而定） 2. 被害人之同意須出於真摯。 3. 承諾之法益須為法所容許。 4. 並不要求行為人，須有獲得被害人之同意的認識	1. 被害人須有承諾能力。 2. 被害人之承諾須出於真摯。 同意者須有完全的處分權利（生命法益、重傷害、自由權之拋棄等，則被害者的同意權受到限縮 如：受囑託或得承諾而殺人（本法§275）；同意傷害罪（本法§280）；同意墮胎罪（本法§289）等屬之。 3. 承諾之法益須為法所容許。 4. 行為人不得違反須被害人之意思。

不過，上述之區分國內亦有學者認為是不必要的，[68]理由如下：「同意」與「承諾」皆為阻卻構成要件的該當性承諾者的行為自由，即意味排除構成要件的成立；有效的承諾，意味違法類型並不實現且無須利益衡

67　林山田，《刑法通論（上）》，元照，十版，2008.01，316頁；張麗卿，《刑法總則理論與運用》，五南，四版，2013.10，221頁；林鈺雄，《新刑法總則》，元照，四版，2014.09，285頁；王皇玉，《刑法總則》，新學林，初版，2014.12，300頁。

68　林東茂，〈醫療上病患承諾的刑法問題〉，收錄於《猶爭造化功—追憶山田師》，一品，2013.11，186頁以下。

量，因而與違法性無關；強加同意與承諾的二分理論難以貫徹。本書贊同此一見解，蓋兩者理論上雖可區別，但具體個案上操作不易，強行區別恐治絲益棼。

 選擇題練習

> 甲對於疼痛具有快感，要求A以皮鞭狠抽其身體，A認為既是甲所同意，樂意為之，乃將甲打得手腳瘀青。試問A得甲同意之行為，得否阻卻其傷害之罪責？[69]　(A)得阻卻。因同意屬於超法規阻卻違法事由　(B)不得阻卻。因身體傷害非屬得自主決定權利，有違善良風俗　(C)得阻卻。因甲對疼痛有快感，並非屬於身體傷害　(D)不得阻卻。因A將甲打得手腳瘀青，超出同意之範圍。　　　　　　　　　　　　　　　　　【101年司法官第一試】

參、推測承諾

　　係指實際上雖未獲得被害人之同意或承諾，如按照事態之理性判斷，倘被害人知悉其情事後，也將同意或承諾該行為，乃基於蓋然性的推定，得阻卻其違法性。例如救護車送來車禍昏迷之病人，雖其最近親屬不在場，未能取得及時開刀手術之同意，醫師若為達醫療救護目的而逕行開刀。但就醫師的醫療義務以及病患本人之利益，可以推測，假如病患清醒或有最近親屬在旁，亦必會同意。

　　其要件在主觀上須有利於被害人之意思，須被害人本身亦具有處分權，該推測須具有客觀上合理之可能判斷。此推測承諾之適用，係由法官事後客觀的蓋然性判斷，而非行為人主觀上的想像，從而，縱被害人反對或竟不承認，仍得阻卻其違法性。

69　答案為(A)。

學說上認為，[70]醫師違反家屬的意願而輸血，除可主張本法第22條的業務上正當行為、本法第21條的依法令的行為（參照醫療法§§63、64）、本法第24條的緊急避難，亦可主張「推測的承諾」阻卻違法。

肆、義務衝突

一、意義

義務衝突，係指行為人由於有二個以上互不相容的法律義務同時存在，面臨同時履行全部義務，卻只能透過犧牲其中部分義務之履行，始能履行其他義務之緊急狀況。行為人於二個以上互不相容之義務履行要求下，因無法全部履行而事實上僅得擇一為之，此即謂義務衝突。法律義務不限於法律直接規定者，即由法秩序之全體所倒出之義務，如習慣、法理也包括在內。例如救生員目睹兩游客行將溺斃，而不可能同時救起兩人，因而只就其中一位，遂致其中一位游客因無人救援而溺斃。義務衝突與緊急避難同為「法益權衡」之下的產物，所不同者在於義務衝突並未具備「緊急性」，所以無緊急避難阻卻違法之適用。

二、要件

（一）主觀上行為人須知悉該義務衝突之情況，並有履行其中較高或同等義務之意思。

（二）須存在兩個以上法律上應履行義務。此兩個以上義務，可以均為作為義務，亦可能是作為義務與不作為義務，或是作為義務與自身利益。

（三）須兩個以上不相容之義務發生同時履行之衝突。亦即義務之間存在履行其一，則無法兼顧其他義務之矛盾。

70　張麗卿，〈醫療常規與專斷醫療的刑法容許性〉，《臺北醫法論壇（VIII）－實務判決與實證研究》，2015.05.23，29頁。

（四）須行為人已履行其中較高度或同等程度之義務。換言之，如履行者為較低度之義務，仍不能阻卻其違法性，可依無期待可能性而阻卻責任。

（五）該義務衝突之發生須不可歸責於行為人，即該義務衝突，並非由於行為人所引起的。如係因故意或過失所引起，即不得阻卻違法。

舉例言之，兩幼兒同時溺水，父親於僅能救起一人情形下，不管選擇救起哥哥或弟弟，對不救助另一人之不作為，並不具違法性；但如是幼兒與皮包同時落海，父親於能救人情形下，選擇搶救皮包而不救人，仍不能阻卻違法。

 考題觀摩

> *海釣船因海上風浪太大而傾斜，致釣客甲、乙落入海中，雖船員迅速拋下一個救生圈，被距離較近的乙抓住，因甲見救生圈只有一個，遂擊打乙的頭部搶走救生圈。最後甲、乙雖都被救上船，但乙因吸入過多海水死亡。請問甲是否須對乙死亡的結果負刑事責任？【102年退除役三等一般行政】

伍、教師懲戒權

一、意義

教師懲戒學生，難免侵犯學生的基本權，並非法定阻卻違法事由，但學說上認為教師應當有懲戒權。理由如下：[71]

（一）依照民法第1090條規定，父母親對於未成年子女有懲戒權，當小孩子在學校的時段，父母親的懲戒權應該轉移到教師的身上。

（二）教師可以經由良好的專業訓練，有時候比父母更能適度懲戒。

---

[71] 林東茂，〈教師懲戒行為的刑法問題〉，收於氏著《一個知識論上的刑法學思考》，五南，三版，2007.10，162頁以下。

（三）少年事件處理法第3條規定，子女經常逃家，可以將懲戒權交給未受教育訓練的法官，實施「國家親權」，則亦可以將逃學的小孩，交由受過教育訓練的教師，實施「教師親權」。

二、要件

　　本書亦同意基於上述的理由教師懲戒學生，得阻卻違法，惟仍應有如下之限制：

（一）出於教育之目的

　　教師在行使管教權時必須符合教育目的。[72]本書認為，所謂「教育目的」應僅限於學生品行方面的糾正，而不及於成績方面的考量。因為，成績不理想，並不是一種「錯誤」，不足以教師懲戒學生的理由。

（二）手段上必須不過當

　　教師懲戒學生在手段與目的均須適當且必要範圍內，[73]亦即須符合比例原則。

---

[72]　黃常仁，《刑法總論－邏輯分析與體系論證》，新學林，二版，2009.01，84頁。

[73]　張明偉，《學習刑法－總則編》，五南，三版，2013.09，199頁。

第四章　責任論

第一節　理論基礎

壹、序說

　　所謂「責任」或「罪責」，乃指以構成要件該當而具有違法性行為的行為人，予以其人格上無價值的評價，在評價的基準是在行為人主觀上有無惡性，有無當罰之必要。亦即，評價行為人所實行的行為是否具有處罰的必要性，倘若該行為具有處罰的必要性，始可依此歸責或非難該行為人。

　　早期學者多認為，責任主義至少具有三層面之意義：「無責任即無刑罰」（消極責任主義）、「有責任即有刑罰」（積極責任主義）以及「責任與刑罰應成正比」（罪責均衡原則）。

　　現今學者則認為，固然「無責任，即無刑罰」，但是「有責任並不必然伴隨著有刑罰」，此乃著眼於行為人的行為必須具有「應罰性」。例如本法第167條，「配偶、五親等內之血親或三親等內之姻親圖利犯人或依法逮捕拘禁之脫逃人，而犯第164條或第165條之罪者，減輕或免除其刑」，即為有責任，但得免除其刑。又如，本法第324條第1項規定「於直系血親、配偶或同財共居親屬間，犯竊盜罪者，得免除其刑」，亦為有責任，但得免除其刑。

　　構成要件該當行為經過違法性的判斷，而認定具有違法性以後，接著即應做罪責判斷，以確定行為人是否對於其所為的具有違法性的構成要件該當行為，就法律的評價是否是可責的（或可非難的），而具有責任。如認為具有刑責，則行為人的具有違法性的構成要件該當行為，即成立犯罪，而可科處刑罰。相反地，假如認定行為人並不具有責任，則所為的具有違法性的構成要件該當行為，即不能成立犯罪，對於這種「刑事違法行為」，不成立犯罪。簡單來說，罪責的基礎是倫理上的自由；但少數學說

認為，罪責的基礎是「預防的必要性」。[1]因此，刑罰的制裁是以有無責任為斷；有責任，始得科處刑罰；無責任，即無刑罰，至多只能就行為的社會危險性，而宣付保安處分。

貳、責任的本質

一、心理責任論

基於古典學派之道義責任論所做的主張，探討責任的內容是由何要素所形成。認為責任的內容是屬主觀心理相關的事實，所謂心理相關的事實是由故意、過失所形成，一旦行為表現出行為人內在心理的瑕疵狀態（故意或過失），即應令其負起刑事責任。而心理責任論所謂主觀的認識係以客觀之不法事實為對象，故此說之責任，除具有對於犯罪事實認知程度（故意或過失）之不法內涵外，對於系爭事實是否符合法規範之認知（違法性認識）。

二、規範責任論

此說前期認為，責任的本質在於意思決定與意思活動之可歸責性或可非難性，故意或過失本身只是判斷責任要素，並不屬於責任本身，而只是責任的前提要件，從而責任的本質是指行為人違反法律期待之可非難性。

事實上如行為人無從認識其行為將可能牴觸法規範，本無由期待行為人不去從事違法行為，因而違法性認識本身已為期待可能性之前提要件，由於此說是以規範違反的認識與法規範遵守之期待可能性，作為刑事責任之判斷基礎，故稱為規範責任論。

此說後期的規範責任論者，受到目的行為論的影響下，故意過失已經視為「不法」的重要內涵，避免行為不法層次的檢驗成為無義意，故將故意過失當作犯罪類型之表現形式，而提前自構成要件階層判斷，而在有責

---

[1]　林東茂，《刑法綜覽》，一品，七版，2012.08，1-70頁以下。

性階層的判斷似乎在一般情況下僅留下與構成要件事實認知無關的違法性認識而已。藉此以觀，在有責性階層判斷上有三大要素：（一）責任能力；（二）違法性認識或認識可能性；（三）期待可能性。因此，違法性認識或認識可能性係屬故意以外的獨立要素。

三、我國刑法上責任判斷的要素

　　無責任能力（§§18I、19I）與無法避免的違法性錯誤（§16前段），係屬阻卻責任事由。可避免的違法性錯誤（§16但書）、防衛過當（§23但書）與避難過當（§24但書），係屬減免責任事由。此外，無期待可能性，則屬超法規阻卻責任事由。

第二節　責任能力

壹、序說

　　責任能力乃刑罰適應性能力，係指行為人擔當刑事責任的能力，亦即行為人具有能夠判斷辨識合法與不法的能力，以及依據判斷而行事的能力。行為人必須具有責任能力，而有自由決定的可能性，始有可能構成罪責。就犯罪行為的法律效果而言，責任能力亦可以說是行為人接受刑罰制裁的能力，或擔負刑事責任的能力。

一、內涵

　　責任能力，係指依行為人年齡或精神狀態健全與否，決定應負擔違法行為之責任而言，責任能力，也是負擔刑事責任（刑罰）之能力（無責任能力則無刑罰，但法院仍可宣告保安處分）。責任能力之有無及其高低，為犯罪有責性判斷之一要件。關於責任能力之內涵，依當前刑法理論，咸

認爲包含：（一）行爲人具有辨識其行爲違法（辨別是非善惡）之意識能力；（二）依其辨識而爲行爲之控制能力（自由爲意思決定）。

二、責任能力的體系地位

責任能力並非針對個別行爲的能力，而係指行爲當時一般人應有的辨識能力與控制不爲違法的行爲能力，故欠缺責任能力時，無須判斷違法性認識或期待可能，直接認定阻卻責任。至於欠缺責任能力人，可依刑法所規定的保安處分來處置。

三、責任能力的存在時期

責任能力必須與實行行爲同時存在，但是只有在「原因自由行爲」中，例外的肯定「與實行行爲具有相當關係的原因行爲時」，亦爲具有責任能力之時期。

貳、類型

行爲人有無責任能力，係以年齡與精神狀態來判斷。現行刑法在立法上未就責任能力作積極之規定，而僅反面就未具備完全責任能力之事由設消極規定，故其審查方式與違法性相同。

一、年齡

依本法之規定，未滿十四歲人之行爲，不罰；十四歲以上，未滿十八歲者，得減輕其刑，年齡逾八十歲之人之行爲，得減輕其刑。故年齡乃爲影響責任能力之一大因素。本法第十八條所規定之年齡，係用周年法計算，而非用歷年法計算，換言之，即以其出生之日起經過一年，始爲滿一

歲之方法計算之。[2]

（一）無責任能力人

　　凡未滿十四歲之人，以其年幼欠缺辨識能力及意思能力，故此等人其行爲構成犯罪者，刑法規定爲不罰（§18I）。

（二）限制責任能力人

　　凡十四歲以上，未滿十八歲，及滿八十歲之人、精神耗弱及瘖啞人，雖非全無辨識能力或意思能力，但因年齡已達相當程度、智慮稍欠，或因精神欠佳，或因年老昏瞶，或因聽能語能之障礙，未能具有常人之辨別能力與意思能力，故此等之人，其行爲構成犯罪者，依規定得減輕其刑（§18II、§18III）。

（三）完全責任能力人

　　凡年滿十八歲、未滿八十歲，精神狀態正常而無瘖啞之情形者，以其具有常人的辨識力與意思能力，故爲完全責任能力人。

二、精神狀態

　　責任能力，包括非價能力與抑制能力，即行爲人於行爲時是否具有行爲違法與否的辨識能力與控制能力。本法第19條第1項規定：行爲時因精神障礙或其他心智缺陷，致不能辨識其行爲違法，稱爲辨識能力；以及是否有能力抑制此行爲的發生，本法第19條第1項之規定：欠缺依其辨識而行爲之能力者，稱爲控制能力。依本法第19條第1項之規定，行爲時因精神障礙或其他心智缺陷，致不能辨識其行爲違法或欠缺依其辨識而行爲之

2　最高法院49年台上字第1052號判例。

能力者，不罰，此為無責任能力。本法第19條第2項規定，若因而致辨識能力顯著降低者，得減輕其刑，此為限制責任能力。

（一）舊條文「心神喪失」與「精神耗弱」之語意極不明確，其判斷標準難有共識。修正條文第19條：「行為時因精神障礙或其他心智缺陷，致不能辨識其行為違法或欠缺依其辨識而行為之能力者，不罰。行為時因前項之原因，致其辨識行為違法或依其辨識而行為之能力，顯著減低者，得減輕其刑。前二項規定，於因故意或過失自行招致者，不適用之。」

（二）責任能力有無之判斷標準，多認以生理學及心理學之混合立法體例為優。就生理原因部分，可依醫學專家之鑑定結果為據（在生理原因部分，以有無精神障礙或其他心智缺陷為準），而心理結果部分，由法官就判斷行為人於行為時，究屬無責任能力或限制責任能力與否（在心理結果部分，則以行為人之辨識其行為違法，或依其辨識而行為之能力，是否屬不能、欠缺或顯著減低為斷）。

（三）行為人不能辨識其行為違法之能力或辨識之能力顯著減低之情形，例如，重度智障者，對於殺人行為完全無法明瞭或難以明瞭其係法所禁止；行為人依其辨識違法而行為之能力欠缺或顯著減低之情形，例如，患有被害妄想症之行為人，雖知殺人為法所不許，但因被害妄想，而無法控制或難以控制而殺害被害人。爰仿德國立法例，將現行第一項、第二項之規定，予以修正。

（四）94年修法將本法第19條加以修正，新刑法第19條之規定，此種立法模式優點如下：

(1)乃參酌國外先進國家如德國之立法例，為生理學及心理學混合式之立法方式，唯有生理學及心理學的判斷皆通過，行為人始能依本法第19條而阻卻或減免罪責。亦即修法後，關於行為人精神狀態的判斷，先確定責任能力的生理原因，再進而判斷行為人行為時由此原因所生影響責任能力的心理狀態，同時兼顧行為時的「知」與「意」，較修法前由法官自行判斷是否心神喪失或精神耗弱的規定較為嚴謹，且為德國等法治先進國家所採用。

(2)新修法取消了「心神喪失」及「精神耗弱」此等法律獨創之用語，而改用「精神障礙」及「其他心智缺陷」，對於精神科醫師做鑑定時

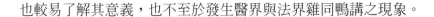

也較易了解其意義，也不至於發生醫界與法界雞同鴨講之現象。

三、瘖啞人

依本法之規定，瘖啞人之行爲得減輕其刑，亦是影響責任能力之另一事由。此所謂之瘖啞人並從嚴解釋，須自出生即爲瘖啞之人，且爲即瘖啞之人，否則均不得依此之規定減輕其刑。

 考題觀摩

*甲患有妄想型精神分裂病，並因此就醫。甲經常幻想將會遭鄰居乙謀害，並向家人表示如不先下手爲強，將有性命之憂。某晚，甲攜帶硫酸，持往鄰居門口按鈴，乙應聲開門，甲即以硫酸潑灑，導致乙臉部嚴重灼傷，五官因此殘缺不全。法官開庭時發現，甲應答如流，態度冷靜，知道潑灑硫酸的後果，且犯行經過精心策劃，乃認爲甲的精神狀況正常，不在「不罰」或「得減輕其刑」之列，問是否有理？如果法官認爲，甲的精神狀況異常，得爲何種處置？　　　　　　　　　　　　　　　　　　　【97年司法官】

*「心神喪失人之行爲，不罰。精神耗弱人之行爲，得減輕其刑。」原爲刑法第19條第1項及第2項明文規定，我國實務對於心神喪失與精神耗弱之區別標準何在？94年2月2日修正公布之刑法第19條條文（共有1至3項）有何新增修規定？　　　　　　　　　　　　　　　　　　　　　　【94年書記官】

第三節　原因自由之行為

壹、序說

行爲人在構成要件行爲實施之時，雖無意思決定之完全能力，但該陷於無責任能力之狀態係行爲人以故意或過失而自行招致，其原因設定階段

行為人則有意思決定之自由，此種犯罪模式（即「行為人在意思自由的情況下設定違法原因，在意思不自由的情況下實現構成要件」），學說上稱為原因自由行為（或稱「可控制之原因行為」）。

通說之原因自由行為理論，認為「行為人故意或過失自陷於無意識或無責任之狀態而達成法益之侵害仍然具備可罰性」，因此行為人自陷泥醉而殺人，雖然在殺人時並不具備故意過失或有責性，仍然可以成立犯罪。通說的思考模式──將「自陷泥醉」和「殺人」合併觀察，為了解決僅憑結果行為作為入罪的理由，通說提出了所謂的「原因自由行為理論」，此理論將結果行為所欠缺的故意過失或有責性，向前面的時點推進，也就是說.把故意過失或有責性建立在「原因行為」上面，換句話說，可罰性的基礎在於「原因自由」。

原因自由行為，除其精神障礙等心智缺陷之狀態係行為人以故意或過失行為所導致外，並須行為人陷入精神障礙前，於精神狀態正常時，對其陷入精神障礙中之侵害法益行為有故意或有預見可能性，始足當之。從而行為人雖因己身之飲酒、用藥等，致於為法益侵害行為時有精神障礙之情形，然苟無證據足資證明其於飲酒、用藥之初，尚未陷入精神障礙狀態前，即對嗣後精神障礙狀態中之侵害法益行為有故意或預見可能，其嗣後侵害法益之行為即非原因自由行為，自仍有本法第19條第1項、第2項之減免其刑規定適用。[3]

貳、原因自由行為的理論依據

關於責任能力之判斷，依通說之規範責任論，應就行為人所實施具備構成要件該當且屬違法之行為，判斷行為人辨識其行為違法之能力，以及依其辨識而行為之能力，倘行為人之欠缺或顯著減低前述能力，係由於行為人因故意或過失自行招致者，而行為人仍能實施具備犯罪構成要件該當性及違法性之行為，依規範責任論，即難謂其屬無責任能力或限制責任能力。

---

[3]　最高法院102年度台上字第4979號判決。

修法前原因自由行為何以可罰，全賴學理上的說明。此學理，早年認為是習慣上的必然可罰，目前通說似採「構成要件理論」，認為違法行為實施之前的自陷迷醉狀態，已經是構成要件的一部分；換言之，把著手的時點向前推置。惟此舉有違罪刑法定原則，修正條文第19條第3項「前二項規定，於因故意或過失自行招致者，不適用之。」

　　2005年修法將本法第19條加以修正，新刑法第19條之規定，此種立法模式有正反對見解分述如下：

一、肯認修正之意見

　　無論習慣法上的看法或構成要件的理論，都很難符合罪刑法定原則的要求，所以，原因自由行為的明文化，應有助於罪刑法定原則的實現。[4]

二、質疑修法之意見

　　（一）原因自由行為之增訂，似乎將該第3項視為前2項規定之例外，不須具備責任能力亦得成立。氏以為，此種理解勢必破壞整體犯罪論之體系架構，形成犯罪論階層構造之漏洞。[5]

　　（二）由於本次修法，係採取例外模式規範，本法第19條第3項之規定，並不若瑞士刑法Art.12規定之嚴格，雖然條文內容最為相似，但瑞士刑法Art. 12限定在為自陷行為時，即須具有侵害的意圖存在，進而所為之不法行為得以與自陷行為發生連串的效應，如此方得以認定自陷責任缺陷之行為。[6]這種雙重罪責關係內在連結性正是原因自由行為處罰的基礎，也是瑞士刑法所特別強調者，否則，令行為人負完全刑事責任的規定將會過苛，然新法卻有所漏列，而致生疑義。[7]

4　張麗卿，〈刑事責任相關之立法修正評估〉，收錄於氏著，《新刑法探索》，元照，四版，2014.09，88頁。

5　陳子平，《刑法總論》，元照，二版，2008.09，327頁。

6　柯耀程，《刑法總論釋義—修正法篇〈上〉》，元照，初版，2005.10，213頁以下。

7　林鈺雄，《新刑法總則》，元照，四版，2014.09，320頁。

行為人有無責任能力，係依行為當時為準，原因自由行為的行為人，在為當時係無責任能力或限制責任能力，故依上述的通常判斷，則行為人即可不罰或得減輕其刑。惟原因自由行為的行為人，係因自己的故意或過失而自陷於無責任能力或限制責任能力狀態，如酗酒致酩酊大醉，或服用迷幻藥、吸食煙毒或施打麻醉藥物等等。換言之，原因自由行為的行為人由於可歸責自己的過錯，導致自己陷於精神障礙，而在無責任能力或限制責任能力的狀態下，實現構成要件。因此，行為人還是應該對其行為負完全責任，不能依照一般的情況，而認為其在行為當時係無責任能力而不罰，或係限制責任能力而得減輕其刑，但前提是行為人對犯罪結果至少須有「預見可能性」，修法後之第19條。

因此，2005年修法後之規定，還有一缺漏之處，即立法者將原因自由行為明文化於同條第3項，但此一規定並不能完全掌握「麻醉狀態之違法行為」。例如：甲在餐館盡情飲酒，直至迷醉的時候，服務生前來收帳，甲突以酒瓶襲擊服務生頭部，服務生因傷致死。此一情況，某甲在飲酒前並無蓄意傷人之故意，也未預見竟會傷人，因此無法依原因自由行為的法理加以處罰。但是某甲傷害致人於死的行為竟可不罰，與社會大眾的法情感實難相合。德國立法者於是在該國刑法第323條a創設了處罰麻醉犯罪行為的規定（Vollrausch）。依德國刑法第323條a的規定，前述甲的行為，仍可科處五年以下有期徒刑，有學者建議將來修法或可參酌德國立法例增列於刑法公共危險罪章。[8]

 考題觀摩

*甲獨居，因寒流來襲，原本打算借酒取暖後就寢，竟不自覺飲酒過量而陷入精神障礙、致辨識行為違法或依其辨識而行為之能力顯著減低之狀態，未料竊賊乙闖入行竊。甲見狀，除制伏乙外，再持酒瓶將乙打死。甲可否依刑法第19條第2項主張減輕其刑？試分析之。　　　　【100年高考二級】

8　引自張麗卿，《司法精神醫學—刑事法學與精神醫學之整合》，元照，三版，2011.04，355頁以下。

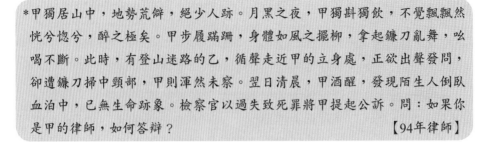

*甲獨居山中，地勢荒僻，絕少人跡。月黑之夜，甲獨斟獨飲，不覺飄飄然恍兮惚兮，醉之極矣。甲步履蹣跚，身體如風之擺柳，拿起鐮刀亂舞，吆喝不斷。此時，有登山迷路的乙，循聲走近甲的立身處，正欲出聲發問，卻遭鐮刀掃中頸部，甲則渾然未察。翌日清晨，甲酒醒，發現陌生人倒臥血泊中，已無生命跡象。檢察官以過失致死罪將甲提起公訴。問：如果你是甲的律師，如何答辯？　　　　　　　　　【94年律師】

第四節　期待可能性

壹、序說

　　在行為之當時，得期待行為人不為該犯罪行為，而為其他適法行為之可能情形。可能期待該行為人不為該犯罪行為時，該行為人違反此項期待而為犯罪行為，即應就其行為負刑事責任。反之，不能期待該行為人不為該犯罪行為時，行為人如為該犯罪行為，即不應就該行為負刑事責任。從而，期待可能性為責任發生之根據；而期待可能性之不存在，即無期待可能性，乃成為阻卻責任之事由。十九世紀末，德國的帝國法院在「劣馬脫韁案」中認為，馬車伕實現了過失傷害的構成要件，沒有任何正當的事由，所以是不法傷害。馬車伕無法主張緊急避難。但是任何人處在車伕的立場，即使預見可能有傷害路人的結局，在別無謀生能力與謀生的情況下，恐怕都會如同車夫屈從雇主。**這是法律不能強人所難能的基本思想，也是「無期待可能性」的濫觴。**除避難過當與防衛過當與的規定之外，學界尚認為，本法第165條「湮滅刑事證據罪」及本法第167條「藏匿犯人罪及湮滅證事據罪之親屬間之特例」，若行為主體為犯人或被告之親屬，則因期待可能性較低，故減輕或免除其刑；又如第196條第2項「收受後方知偽幣仍行使罪」，僅處以五百元以下罰金，皆是無期待可能性的概念運用。另須注意者，**期待可能性之適用並不限於法律明文的規定，若具體情**

形中不見期待性的明文，亦可適用期待可能性法理來阻卻或減免責任。[9]

貳、判斷標準

有關行為人在個別行為中的可避免性（有無期待可能性），學理上又有不同的判斷準，有「行為人標準說」、「平均人標準說」、「國家標準說」等學說，追溯到規範責任說的本質與發展的過程來看，似乎以「平均人標準說」最能貼近責任非難的客觀基礎，而「行為人標準說」又最能貼近責任非難的主觀判斷基礎。進一步言之，在行為人具有作為義務的可能性，以平均人標準來看是可以被期待去實行適法行為之可能，行為義務的標準是以整個社會法的規範為其判斷基準，非以一般狹義的法義務為範圍。上述社會法規範的評價基準，是以社會規範期待實現的可能性為基準，而與能夠實現適法行為的可能性，兩者之間互為表裡，上述之「可能性」是以行為人意思決定支配之可能性為責任之實體。

期待可能性，是規範責任論的核心要素，因規範責任論，認為刑法本身就是一種規範，在探討責任的本質時，不能忽視其規範的一面。規範要求或禁止國民為一定行為，必須是國民力之所及，始能給予譴責或非難。所謂「法不能強人所難」，因此，行為人在實施某不法行為時，在當時的具體情況下，縱有故意或過失，倘依其周圍情況或附隨的情事，無法期待其避開違法行為，而為適法行為時，仍不能予以責任的非難。附隨情事的考慮實際上就是在期待可能性的考量上，避免在評價行為人主觀意思之決定過於僵化，如果行為人決定意思是在周遭情況或附隨情況是在正常情況之下，應可期待為適法行為，因應規範責任論在相對自由意思論為基礎之下，發展出來的理論。要想將期待可能性的具體情狀完全掌握在構成要件的犯罪類型上，似乎是不可能做到的，所以，期待可能性的判斷只能在個別具體的情況下去判斷，如果一定要把期待可能性當成一種獨立責任要素來看的話，至少要在規範責任方面上應採取比較開放性的立場，較能掌握到問題的核心。

9　張麗卿，〈無期待可能性〉，《月旦法學教室》，第68期，2008.06，18頁以下。

一、行為人標準說

此說以行為人在行為之際有無為實行行為以外之合法行為之可能性為標準。

二、一般人標準說（平均人標準說）

此說以行為人行為之際通常人或平均人處於行為人之地位，有無與行為人為相同行為之可能性為標準。

三、國家標準說

此說以為期待可能性之標準，不應求之於被期待者——即行為人與平均人，而應求之於國家之法律秩序，以國家法律秩序所期待行為人採取適法行為之具體要求為標準。

期待可能性之判斷，乃就行為之際之心理狀態及其附隨之狀況為之，該心理狀態得在期待可能性之下理解時，即應負責，則評價對象，固為行為之主觀要素，而對象之評價仍不失為客觀之價值判斷也，是以第二說為近期之通說。

參、在刑法上之具體實踐

一、阻卻責任之情形

依欠缺期待可能性，亦即欠缺規範的要素，而視為阻卻責任者：
防衛過當及避難過當行為之免除其刑（本法§§23但書、§24Ⅰ但書）。配偶、五親等內之血親或三親等內之姻親，圖利犯人或依法逮捕拘禁之脫逃人而犯藏匿人犯罪或湮滅證據罪之免除其刑（本法§167）。直系血親、配偶或同財共居親屬間犯竊盜罪、侵占罪、詐欺罪、背信罪、或贓物罪之免除其刑（本法§§324、338、343、351）。

懷胎婦女因疾病或其他防止生命上危險必要而犯墮胎罪之免除其刑（本法§288III）。

二、減輕責任事由

期待可能性雖未至完全欠缺，然因顯著低落，刑法上規定爲減輕事由者：

防衛過當及避難過當之行爲，未至免除其刑之程度者，得減輕其刑（本§§23但書、24I但書）。配偶、五親等內之血親或三親等內之姻親，圖利犯人或依法逮捕拘禁之脫逃人而犯藏匿人犯罪或湮滅證據罪，未至免除其刑之程度者，得減輕其刑（本§167）。配偶、五親等內之血親或三親等內之姻親犯便利脫逃罪，得減輕其刑（本§162IV）。對於收受後方知爲僞造、變造之通用貨幣、紙幣、銀行券而仍行使或意圖行使之用而交付於第三人之情形，因期待其不再行使之可能性極低，故規定較普通之行使或交付僞造、變造有價證券罪之處罰爲輕（本§196II）。

肆、期待可能性適用上的界限

關於期待可能性，立法者若已規定於上述條文中，則依據條文爲處理，但若法條沒有明文，則可否以期待可能性爲阻卻責任或減輕責任的理由，此於學理上有爭議，普遍採否定見解，因若肯定，則將使司法者可以利用解釋超越立法，違反權力分立，因此期待可能性除非法條明文，否則僅能適用於過失或不作爲犯，因過失的注意義務與不作爲犯的保證人地位（作爲義務），法條並未明文其內容，故期待可能性可成爲其解釋內容的基礎。

期待可能性主要於過失犯與不作爲犯中來討論，尤其是論及過失犯通常是因爲違反規範期待上而爲刑法所非難。相對之下，故意作爲犯，通常立法者於立法時已經建立在阻卻責任的基礎上，無法全面適用以欠缺期待可能性，以阻卻責任。因此，在故意作爲犯的情形，無期待可能性只有在法律明文規定時，如避難過當、防衛過當時，才可能成爲阻卻責任事由。

基於這樣的理由，過失犯的不法行為對於期待可能性於責任的基礎上，到底是建立在怎麼樣的理論基礎上來看待，確實有討論的價值。

過失犯，強調行為人違反「注意義務」之客觀要件，亦即以結果迴避義務為中心，是一種客觀注意義務，而成為過失理論的核心問題。客觀注意義務的違反係可歸責於行為人注意義務的欠缺，而行為人本身有認識或有認識可能，卻未形成反對動機，或得以選擇為適法行為而未為的心理程度，此「注意義務」的違反即是規範期待上的違反，得以成為行為人決定意思加以非難的刑事責任基礎。

第五節　違法性認識

壹、序說

行為人得以承擔刑事責任之根據，在於其得以意識到或認識到，自己之行為屬於違法，則能期待其形成抗拒動機而決意實施合法行為，稱之為「違法性認識」。簡言之，一般而言，凡具有不被法允許之意識，即可加以非難，不以達到會受到刑法處罰程度的意識為必要。

貳、內涵

違法性認識，學理上亦稱為「不法意識」，是指行為人主觀上必須認識自己的行為係法所不容許，亦即行為人主觀上產生實行合法行為的相反動機，且有服從法的動機可能性存在。有三種不同見解：（一）行為人必須認識自己所實行行為係違反法規範；（二）行為人必須認識自己所實行行為係具有可罰性；（三）行為人僅認識自己所實行行為係法所不容許即為已足。通說見解認為法所不容許，是指超越一般倫理社會規範，而行為人須達到於行為當時明白其行為，係違反刑法上禁止或命令規範而言。至於有無認識具體刑法條文，並非所問，本書亦從之。

　　行政刑罰法規通常是隨著法規的制定，才知道什麼是被禁止的。對此，多數說認為只要對自然事實有所認識，就足以該當於構成要件之故意；有認為須有社會規範性的認識；亦有認為須有違法性的認識；然最嚴格的認為須有具體條文違反的認識。

　　本書認為，至少須行為人主觀上於行為當時所得理解有此刑法禁止規範存在的認識可能，始足當之。

舉例說明

　　例如：行為人違反排放廢污水，盜採砂石等行為行政刑罰規定，則以客觀上以行為當時一般人所得理解有此禁止規範存在的可能狀態，即可以歸納出其行為足以表現出破壞生態的結果，而有刑法禁止規範存在之可能為已足，即屬違法性的認識。

第五章　行為階段與未遂論

第一節　犯罪行為的各階段

　　犯罪行爲係由行爲人的內心意思的決意，繼而客觀的表現於外的行爲過程。就整個犯罪行爲的過程而言，可以分爲各個不同而前後連續的階段，以備判斷犯罪的需要。通常皆以故意行爲的階段性爲例，或爲陰謀，或爲預備，更進而達於著手實行，若未發生結果者爲**未遂犯**，已充足構成要件者爲**既遂犯**。

　　我國現行刑法規定處罰犯罪者，原則上以著手爲「實行」的開始，而以著手實行以前之行爲的處罰（例如陰謀、預備）爲例外。通常只有**故意犯**才會以較嚴格的方法，來判斷各個犯罪階段。如果以**過失犯**爲例，因爲刑法不處罰過失未遂，所以過失犯的行爲發展，通常是以**客觀注意義務的違反**來判斷其實行行爲性，而以行爲與結果間的**客觀可歸責性**來判斷其過失的不法結果，顯與故意犯有著不同的判斷方式。因此，不是每個犯罪行爲，皆循此下列順序的階段發展。一般完整行爲階段的發展，包括：

　　動機➡決意➡陰謀➡預備➡實行的開始（著手）➡

　　未完成實行行爲，或實行行爲完成，未發生犯罪結果（未遂）➡

　　犯罪結果被實現（既遂）。

一、決意

　　人有思考的意志與自由，有時候或許有犯罪的念頭，但若在未將此犯罪的念頭實現之前，刑法是不會加以處罰的。因此，不管人有多少犯罪的歹念，若其最終選擇不實現，就不構成任何犯罪。行爲人出於各種不同的動機而萌生犯意，這種犯罪的決意只是內心意思決定，因尙未形諸於外，而非客觀可見，故刑法通常均不加處罰。行爲人如將其犯罪決意以口頭、書面或行動表露於外，除係以加害生命、身體、自由、名譽、財產的事，

而恐嚇他人，除構成恐嚇罪（§305）外，刑法並無處罰的規定，本法第305條之恐嚇罪，是指將惡害通知他人使之心生畏怖，該條處罰的是「表露於外」之加害意思，而非只單純警告的意思。

二、陰謀

（一）概念

乃指二人以上互為犯意表示，共同協議計謀實施犯罪而言，故必須有二人以上，彼此均有犯意的表示與謀議，始為陰謀。否則，假如僅有一人表示犯意，他人並未附和而參與協議計謀，即無陰謀可言。

（二）處罰規定

由於侵害法益的危險性甚低，刑法在原則上，對於陰謀行為亦不加處罰，只有針對特定重大犯罪的陰謀，才設有陰謀犯的處罰規定。[1]例如：「暴動」內亂罪（§101II）及外患罪章（§103III通謀開戰罪；§104III通謀喪失領域罪；§105III械抗民國罪；§106III單純助敵罪；§107III加重助敵罪；§109IV洩漏或交付國防秘密罪；§111III刺探或收集國防秘密罪）。

（三）陰謀與首謀、通謀之區別

1. 通謀：「通謀」是指雙方互通謀議的行為，其行為本身即是犯罪行為態樣（本法§§104、105）。
2. 首謀：「首謀」是指必要共同正犯的「聚眾犯」中，再以角色分工為其規範類型，通常分為「首謀；非首謀」或「首謀；下手實施強暴脅迫；在場助勢之人」（本法§§100、101、136、149、150、154、161、

---

[1] 甘添貴、謝庭晃，《捷徑刑法總論》，瑞興，修訂版，2006.06，228頁。

162）。

3. 陰謀：「陰謀」是故意犯中的行為階段，僅有行為人間的合意，侵害法益之可能性甚低，通常不加以處罰，只對某些重大犯罪，始列外加以處罰。（本法§§101II、103III、104III、105III、106III、107III、109IV、111III）。

三、預備

預備乃指行為人為實現其犯意，在著手實行犯罪行為前，所為的準備階段而言，[2]如預備犯罪的工具。故意行為有經預備階段，而後著手實行者，但亦有一經決意，即刻實行，而無任何事先預謀者，例如，一時激動或臨時起意而犯罪。刑法原則上，亦不處罰預備行為。對於侵害法益較重大者的預備行為，設有預備犯的處罰規定（如本法§§100II、271III）。

四、著手實行

犯罪行為有犯罪之決意、陰謀、預備及實行等四個階段，在預備與實行之間，有一「著手」之點予以區隔，已經著手即為實行，尚未著手則為預備。一般學說上對於著手之論述，主要者計有主觀說、形式客觀說、實質客觀說及折衷說（主客觀混合）三說。

著手，係指實行犯罪行為的開始而言。換言之，即行為人為實現其犯意，而開始實行構成犯罪事實的行為。行為人一旦著手實行，無論行為進展至何程度，均有可能成立未遂犯，甚至在有些犯罪類型（如即成犯），一旦著手，即為既遂。因此，行為至那種階段，始可認為**著手實行，乃是決定預備犯與未遂犯的界限，以及斷定成立既未遂犯與否的關鍵**。

2　林山田，《刑法通論（上）》，元照，十版，2008.01，452頁。

五、完成行為

　　故意行為有一旦著手實行，行為即可完成者，例如普通侮辱罪（§309I）或通姦罪（§或通姦）等行為犯。亦有著手實行後立即發生犯罪結果為手段的結果犯，例如立即致死的槍殺行為。亦有經過一段時間，行為才完成的結果犯，例如每天以少量劑量下毒之殺害行為。亦有著手實行後，仍須繼續加功，才能完成行為，例如普通強盜罪（§328I）等，行為人除以強暴、脅迫等不法方法強制被害人而著手實行外，尚須進而強取他人的東西或使他人交付財物等行為，強盜行為才算完成。不過，有些犯罪雖已實行終了，但因發生意外障礙而未發生犯罪結果，亦屬有之。

六、結果之發生

　　行為實行完成後，就結果犯而言，行為著手後，必須有行為結果的發生，才成立既遂，若未有該當結果之發生，即為未遂。[3]

第二節　預備犯

壹、概念

　　指行為人為實現其犯意，在著手實行犯罪行為前所為之準備行為。所謂預備行為是以有助於實現利益侵害的行為，刑法通常僅就較嚴重之犯罪規定預備犯之處罰。處罰預備犯的法理基礎，是因為預備行為會提高法益侵害的風險。預備犯的不法要件，通說見解是以預備行為和預備故意為必要。

---

[3]　張麗卿，《刑法總則理論與運用》，五南，四版，2013.10，304頁。

貳、預備與前後階段

並非犯罪行為均經過預備階段。

一、陰謀後進入預備，依吸收法理逕論以預備犯；

二、預備行為後，果真著手實行犯罪行為，則依吸收法理逕論以既遂或未遂犯之罪。前階段之陰謀或預備成為「不罰（或稱「與罰」）之前行為」。

參、預備犯之分類

一、形式預備犯

犯罪之階段中所謂之預備行為，係指著手實行前之準備行為或使犯罪實行予以便利之行為。刑法在原則上不罰預備行為，但對於重大犯罪之預備行為，則設有預備犯之處罰規定。刑法中以「預備犯第○項之罪……」體例表示者即屬之，此稱為形式預備犯。

舉例說明

於刑法條文中直接規定「預備犯……，處……。」者，除了內亂罪章與（§§100 II、101 II）外患罪章（§103 III～§107 III、§109 IV、§111 III）外；重要者有公共危險罪章（§173 IV 放火燒燬現住建築物及交通工具罪；§185之1 VI 劫持航空器罪）；殺人罪章（§271 III 殺人罪；§272 III 殺直系血親尊親屬罪）；強盜罪（§328 V）；擄人勒贖罪（§347 IV）等是，皆有明文規定處罰預備行為。

二、實質預備犯：（以「預備」行為為獨立的犯罪類型）

　　某些犯罪行為於性質上原屬預備行為（內容實質上處罰某罪之預備行為），但刑法上卻予以獨立處罰者，但不以「預備犯」為名，此即稱為實質預備罪。刑法透過法的經驗事實，將某些實害犯的類型，為避免該犯罪類型所保護法益有所不足，並有效掌握這些僥倖的危險行為，予以前置化，透過解釋後可以將其當成其他犯罪類型的前階段行為。

　　刑法將某些特定犯罪行為的預備階段，規定成立獨立罪名，而不稱預備犯的。例如，加重危險物罪（本法§187）、製造、交付、收受、偽造、變造貨幣的器械原料罪（本法§199）、製造、交付、收受、偽造、變造有價證券的器械原料罪（§204）、持有煙毒或吸食鴉片器具罪（本法§263）等。此等罪名因具預備犯的實質，故可稱為「實質預備犯」。

舉例說明

　　例如：刑法第199條所規定的特別主觀要件「意圖」，是為了供偽造或變造貨幣之用，刑法第199條是第195條預備行為，但立法者為了特定目的，將這個預備行為定成另一個獨立的犯罪。其他規定尚有：加重危險物罪（§187）、製造、交付、收受、偽造、變造貨幣的器械原料罪（§199）、製造、交付、收受、偽造、變造有價證券的器械原料罪（§204）、持有煙毒或吸食鴉片器具罪（§263）等。

第三節　未遂犯

壹、概念

　　就未遂犯的歷史觀來看，於羅馬法時代，比起結果責任更重視意思的

主觀主義的傾向增強之後，就把有關嚴重的犯罪，即便是預備犯，或是未遂犯也當成既遂來處罰。不久客觀主義的出現，羅馬法後期，既、未遂才開始區分，而未遂犯的處罰才逐漸擴張。到了中世紀義大利才有未遂犯概念的出現，於西元1532年時神聖羅法帝國初期，在統一刑事法典中，有未遂犯明確概念的規定才出現。

　　法國1810年刑法法典的第2條即採用「著手實行」的概念，確立近代所稱的未遂犯的概念（作為可罰性的起點），甚至於1871年德國刑法典也承繼「實行開始」當成未遂的要件，以後這樣的立法形式，成為近代各國刑法所採用。

　　因此，未遂犯是以著手實行為起點，實行行為是否完成，是以全體客觀構成要件是否能夠全部實現之可能作為判斷基礎，若是結果犯，須判斷行為人之行為是否實現構成要件所預定之結果，若未發生結果者，仍屬未遂。

　　未遂犯係指行為人欲實行某既遂犯構成要件，惟在行為人著手為構成要件之實行後，竟發生種種原因，致使行為人所欲實現之既遂犯構成要件無法完全實現，此等主觀上有等同於既遂犯故意，但在客觀上已為著手卻未實現既遂犯構成要件的行為人，即為所謂之未遂犯。

　　未遂犯是指故意行為已超過預備階段，並已著手實行，惟尚未完成行為，或雖已完成行為但未發生犯罪結果的未遂階段，而刑法對於這一未遂行為設有處罰規定而成立的犯罪。但並非所有未遂階段的行為，均要加以處罰，而是在刑事立法上，經過刑事政策的考量，而在刑法設有處罰規定的，才會成立未遂犯。

　　刑法架構犯罪構成要件之行為，是以既遂狀態來設定基本構成要件，做為刑法處罰犯罪之基本類型。未遂犯為修正的犯罪類型，我國刑法對於未遂犯之處罰，是以個別規範的方式為之。儘管刑法對於侵害結果的有無、大小依照一定之比例訂定處罰，然而卻未必對所有犯罪一律以未遂加以處罰。例如我國對於竊盜罪，有罰及未遂犯之明文，對於偽造有價證券罪，則無處罰未遂犯之明文。

貳、成立要件

我國未遂犯之成立要件，從本法第25條第1項「已著手於犯罪行為之實行而不遂者，為未遂犯」以及同條第2項「未遂犯之處罰，以有規定者為限」的規定可知，計有：（一）實現構成要件故意；（二）著手實行構成要件的行為（客觀上發生法益侵害的具體危險）；（三）欠缺構成要件的完全實現（不論是危險結果或實害結果的實現，都有可能）；（四）刑法設有處罰未遂行為的規定。

以下分別論述，著手實行的認定標準、實行行為的未遂與完成之判斷。

一、著手之判斷

著手者，實行之開始也。行為已達著手與否，乃預備與實行之分界，學者間對其區別之主張，頗不一致。行為人之行為至某時點，若已逾越預備階段，而著手實行犯罪，即可能成立未遂犯。區分「已著手實行」的未遂犯與「未著手實行」的預備犯，在理論上頗多爭議，茲分述如下：

（一）客觀理論

此說注重外部動作方面，就客觀之事實以決定著手之標準，惟其標準，又可分下列二種：

1.「形式客觀理論」

早期學說認為行為人唯有已開始實行嚴格意義之構成要件該當行為，始可認定為著手實行。本說以行為人是否開始實現「構成要件行為」，作為是否著手之認定標準。以著手於犯罪構成要件密切接近於實行行為之各舉動，為犯罪之著手者。例如以放火之故意而購可燃物，乃為放火罪之預備犯。若以火種接近可燃燒之目的物，則為著手。

2.「實質客觀理論」

此說有兩種見解：

(1)必要關聯說

認為行為人必須已開始實行依據客觀見解可認為與構成要件具有「必要關聯性」，而可視為「構成要件部分」之行為，始為著手實行，而得構成未遂犯。實施與犯罪之完成有必要關係或不可缺少之行為，即為著手者。

(2)直接危險說（行為說）

有謂著手於足以表示完成犯罪之危險行為，即為犯罪之著手。認為行為人必須開始實行足以對構成要件所保護之行為客體形成「直接危險」的行為，始得認定為「著手實行」。如果行為人之行為對於構成要件保護法益造成直接危險之狀態或可認為與構成要件行為之實現具有密切關連性，即為著手。

（二）主觀理論（subjektive Theorie）

此說以為犯罪為犯意之表現，以其行為可以識別是否為犯罪之顯著狀態為準，如足以識別犯意之成立時，即為犯罪行為之著手。

舉例說明

> 例如因欲放火而購汽油，然汽油非專為放火之物，不能謂購油即認為放火，必以火種接觸汽油時，其犯罪之意思，方足以識別，是以識別犯意，為犯罪之著手，否則為預備。

（三）主、客觀混合理論（折衷說）

「形式客觀理論」僅限於開始實行嚴格意義的構成要件該當行為，方

為著手，致過度限縮未遂犯的適用範圍，而且亦乏客觀標準，並不足採。而「實質客觀理論」置行為人主觀意思於不顧，且「必要關聯性」及「直接危險」均係空泛之詞，缺乏客觀認定標準；尤其是若採「客觀理論」的立場，以客觀事實為判斷背景，將導致在「不能未遂」的情形，無法清楚說明著手實行的時點。

至於主觀說對於預備與著手之區別，以「犯意之能否識別」為準，有時頗難以界定。例如未著手前，因有意思之表示，人人皆知其欲犯罪，則其預備行為認為著手，如此，殊難予兩者以實質上之區別。

主、客觀混合理論主張，行為人直接依其對於行為之認識，而開始實行「實現構成要件必要關聯」之行為，而該行為對於刑法所保護之客體足以造成直接危險時，即可認定行為已達著手實行階段，此說為多數者所採，[4]又稱「印象理論」。[5]質言之，行為人必須依其犯罪計畫，開始實行與構成要件實現具有密切關係的實行行為，而且在行為人的「主觀想像」中，實行行為如繼續不中斷地進行，勢必直接導致構成要件的實現，則視其行為即已「著手」實行。[6]由於此說以行為人主觀上所認識之事實作為判斷之背景事實，故在「不能未遂」的情形也可找到著手實行的時點，並且加上客觀限制，故不致於擴大未遂犯之範圍，亦即折衷了主觀理論與客觀理論，又能避免前二說的缺點，故本書亦採之。

---

[4] 林山田，《刑法通論（上）》，元照，十版，2008.01，466頁以下；林東茂，《刑法綜覽》，一品，七版，2012.08，1-217頁；黃常仁，《刑法總論－邏輯分析與體系論證》，新學林，二版，2009.01，187頁；王皇玉，《刑法總則》，新學林，初版，2014.12，362頁；張明偉，《學習刑法－總則編》，五南，三版，2013.09，352頁；林書楷，《刑法總則》，五南，二版，2014.09，266頁。。

[5] 也有認為印象理論與混合理論仍不盡相同不可劃上等號。參閱柯耀程，《刑法總則》，三民，初版，2014.08，232頁。

[6] 張麗卿，《刑法總則理論與運用》，五南，四版，2013.10，307頁。

行為人除主觀上有放火故意外，客觀上直接潑灑易燃物如汽油之類於目的物上，潑灑於目的物上，一旦火點燃的話，勢必導致火的延燒，故當行為人點燃火種之際，即屬著手。反之，假如行為僅使構成要件之實現較容易或有可能者，則行為仍屬預備。

二、我國實務見解

　　我國早期實務界對於「著手」（預備與著手之區別）之認定，係採「形式客觀說」，[7]其後認為「於行為人以行竊之意思接近財物，並進而物色財物，即可認為竊盜行為著手」，[8]足見已開始採實質客觀說見解。但近來亦有開始接受主客刑法理論之見解稱：「對於未遂犯之認定，係從原本之客觀理論，演變到主客觀混合理論，即以行為人主觀上在心中所盤算擬具的犯罪階段計畫為基礎，再具體觀察行為人在客觀上是否已經依其犯罪階段計畫直接啟動與該當犯罪構成要件行為直接密切的行為而定。而所謂直接密接行為的判斷則包含行為人對行為客體的空間密接性、對於行為結果的時間密接性以及行為對於法益侵害結果的危害可能性等。」[9]又有謂：「所稱著手，指犯人對於犯罪構成事實主觀上有此認識，客觀上並有開始實行此一構成事實之行為，而所實行者乃犯罪行為之開端，且與犯罪行為之實行已達到相當密接之程度。」[10]

---

[7]　最高法院27年滬上字第54號、28年滬上字第8號、42年台上字第40號、48年台上字第1006號判例。

[8]　最高法院82年度第2次刑事庭會議決議（二）。

[9]　最高法院97年度台上字第77號判決。

[10]　最高法院101年度台上字第771號、100年度台上字第7208號判決、100年度台上字第3909號判決。

參、既、未遂認定時點

一、共同正犯

共同正犯中的各個行為人在共同行為「決意」下所參與共同實施的行為，並非必須全部既遂或全部未遂，全體行為人始負擔既遂或未遂的刑事責任。只要共同正犯中的任何一個行為人所實行的行為業已使共同的犯罪既遂或未遂者，雖其他行為人的行為尚未完成或仍屬未遂階段，甚或仍未達著手實行的行為階段，但全體共同正犯仍均成立既遂犯或未遂犯。[11]

二、間接正犯

關於此一問題，有兩種看法：

（一）以「被利用者之行為」為準

利用他人為犯罪行為者，其利用行為即係實行行為，利用行為開始即係實行開始，犯罪即著手。利用行為完畢，即係實行完畢，被利用者之舉動，僅屬一種自然現象。此說有一個前提是，必須和利用行為有較密切之關連。

舉例說明

> 行為人把毒藥交給不知情的人，謊稱是有益健康的天然食品，讓不知情的人交給仇家食用。並非交出毒藥的那一刻，行為人即已著手殺人應該是被利用的人將毒藥交給仇家，行為人才算是著手殺人。因為只有在這一刻（不知情的人已展開攻擊），被害人的生命才出現立即而顯然

---

11 林山田，《刑法通論（下）》，元照，十版，2008.01，95頁。

的危險。[12]但是，例外如個案中，對於法益的侵害已經進入直接的危險，即利用者已經放任犯罪的進行時，應可視為著手。

（二）以「利用者之行為」做判斷

前說將間接正犯的犯罪行為，視為幕後利用者與被利用者相互結合的整體犯罪行為，有違間接正犯的利用他人為工具的本質，由於間接正犯的著手實行有可能先於行為工具的開始實行，而且認定間接正犯的著手實行時點，應就操縱支配犯罪全局的利用者的行為為準。因此，判斷間接正犯的著手實行的時點，應以幕後利用者本身的利用行為做為判斷標準，而非取決於被利用的行為工具。[13]

三、教唆犯

犯罪行為有不同的階段。在教唆犯情形，由於分為教唆行為與本罪實行行為兩個部分，因此，犯罪階段的認定及其處罰較為複雜。所教唆的本罪正犯已經既遂者，此時最無疑問，教唆人成立本罪既遂的教唆犯。[14]

若教唆者產生實行犯罪的決意，而且已經著手實行犯罪行為，但未達到既遂狀態，此即狹義的教唆未遂，應依本法第29條第2項來處罰。由於新法已經將第29條第3項刪除，只留下狹義的教唆未遂，因此在這裡就不討論舊法時期「未至教唆」、「失敗教唆」及「無效教唆」是否著手的情形，[15]

---

[12] 林東茂，《刑法綜覽》，七版，2012.08，1-235頁；張麗卿，《刑法總則理論與運用》，五南，四版，2013.10，359頁。

[13] 林山田，《刑法通論（下）》，元照，增訂十版，2008.01，67頁。

[14] 林鈺雄，《新刑法總則》，元照，四版，2014.09，467頁以下。

[15] 所謂「未至教唆」，是指教唆者已實施教唆行為，但被教唆人尚不知有教唆行為存在；「失敗教唆」，是指教唆者已實施教唆行為，但為被教唆人所拒絕；「無效教唆」，是指教唆者已實施教唆行為，但被教唆人尚未實施犯罪。參閱甘添貴、謝庭晃，《捷徑刑法總論》，瑞興，修訂版，2006.09，285頁。

因爲此等情形在2005年修正後，均不予處罰。[16]

四、幫助犯

幫助行爲與教唆行爲不同的是，未必有明確的前後階段可言。此外，依照限制的從屬性說，幫助犯的處罰是從屬於正犯的「構成要件該當性與違法性」。據此，若正犯所犯乃本罪既遂之違法犯行，即應論以本罪既遂之幫助犯，亦有稱「幫助既遂犯」。至於事後的幫助行爲，能否成立幫助犯？例如：竊盜（既遂）後，被害人追趕之際，甲伸腳絆倒被害人，小偷因而逃脫。學說上認爲，基於罪刑法定原則，甲無法成立竊盜的幫助犯。[17]

但若本罪未遂亦可罰，且正犯所犯乃本罪未遂之違法犯行，則應論以**本罪未遂之幫助犯，亦有稱「幫助未遂犯」**。反之，若正犯未至著手階段，無論原因爲何，因無可罰的正犯，故無可罰的幫助犯可言，此種情形可謂幫助行爲本身未完成的未遂，屬於「不罰的未遂幫助犯」（versuchte Beihilfe）。[18]

五、不作爲犯

純正不作爲犯，應以違反一定之作爲義務而成立，因此純正不作爲犯之著手，應以其違反其義務時，認已著手。

不純正不作爲犯，以消極的不作爲爲手段，達到積極作爲而犯罪之目的，此項犯罪，多以發生一定之結果爲成立要件。故於法律上應有一定之作爲，且在事實上爲防止結果之發生，亦有作爲之必要，而以犯罪之意思不作爲時，即係著手之時。

---

[16] 余振華，《刑法總論》，三民，修訂二版，2013.10，422頁。

[17] 林東茂，《刑法綜覽》，一品，七版，2012.08，1-258頁

[18] 林鈺雄，《新刑法總則》，元照，三版，2011.09，484頁。

六、結合犯

　　所謂結合犯，僅須結合之二罪係相互利用其時機，在時間上有銜接性，在地點上有關連性，亦即二行為間具有密切之關連，事實之認識，即可與結合犯之意義相當；至行為人究係先犯基本罪，抑或先犯結合罪，並非所問，亦不以行為之初具有相結合各罪之包括犯意為必要，是他罪之意思究係出於實行基本行為之初，而為預定之計畫或具有概括之犯意，抑或出於實行基本行為之際，而新生之犯意，均不生影響。[19]如本法第332條第1項規定，犯強盜罪而有故意殺人之行為者，處死刑或無期徒刑。顯係認為行為人利用強劫之犯罪時機，而故意殺人者，因該兩個行為互有關連，對社會之危害極大，故將該兩個犯罪行為，結合成為一個獨立之強盜故意殺人罪，處以重刑。至於行為人於實施人兩個行為時，其前後行為之間是否有犯意聯絡關係，法律條文既未有所規定，自難認係該罪之構成要件。[20]又如準強盜罪之基本罪雖屬未遂，但結合罪已成立既遂，客觀上已符合結合犯成立之要件。[21]是以，學說及實務見解，即使基礎犯罪未遂，但只要相結合之罪為既遂，即應成立結合犯之既遂。

　　但於結合犯未處罰未遂犯者，即無法依結合犯未遂犯處罰，此時只能依基礎之罪與相結合之罪，故仍得分別加以論處，數罪併罰。

七、過失犯

　　由於過失犯乃係結果犯，依結果之發生而成立，故結果如未發生，則在刑法上毫無意義。由是，過失犯顯無未遂之情形，無須加以探討。惟為追究過失犯之責任，其究係何時著手，理論上應以其應注意能注意而不注意時，為其著手實行之時。

---

[19]　最高法院99年度台上字第5941號判決。

[20]　最高法院85年度第2次刑事庭會議決議。

[21]　高金桂，〈實質結合犯之未遂問題－兼評最高法院101台上3380號判決〉，《軍法專刊》，第58卷第6期，2012.12，159頁以下。

肆、犯罪既遂與犯罪終了

一、概念

（一）犯罪既遂

行為人之行為與其所發生之預期結果，形式上符合構成要件所描述之內容，即為既遂。

（二）犯罪終了

行為人之行為對於所侵害法益之影響性是否告一段落，決定犯罪是否終了。

（三）既遂即終了者

如侵占罪，凡對自己持有之他人所有物，有變易持有為所有之意思時，即應構成犯罪，縱事後將侵占之物設法歸還，亦無解於罪名之成立，[22]此即所謂即成犯。

（四）既遂但未終了者

1. 剝奪行動自由罪，一經將被害人置於實力支配之下，即為既遂；直至其重獲自由，該犯罪始告終了（§剝奪行、§§奪行、§§奪行、§§奪行等），此即所謂繼續犯。

2. 竊盜破壞原持有支配關係而建立新的持有支配關係，即為既遂；直至新的持有支配關係已經達到安全穩固狀態，犯罪始告終了，此即所謂狀態犯。

22　最高法院43年台上字第675號判例。

二、區別實益

區分	犯罪既遂並終了	犯罪既遂但未終了
（一）得否成立相續之幫助犯或相續之共同正犯？	×	（繼續犯）可能成立
（二）有無成立加重結果犯？	×	可能成立
（三）追訴時效之計算	即時起算	犯罪終了時起算
（四）既遂後，被害人得否正當防衛？	×	有主張之可能

伍、未遂犯之種類

一、廣義未遂犯

　　狹義未遂犯，專指普通未遂，廣義的未遂犯，還包括中止未遂以及不能未遂。

分類	有無出現結果可能	未出現結果之原因	法律效果
普通（障礙）未遂	本有出現構成要件結果之可能	因意外障礙	得減輕
中止犯	本有出現構成要件結果之可能	因已意中止或防止結果發生	「必」減輕或免除
不能犯	無出現構成要件結果之可能	客觀不能	不罰

二、著手未遂（中絕未遂、未了未遂）；實行未遂（缺效未遂、既了未遂）

未遂行為人就實行行為的階段而言，可分為實行行為未完成的未遂，又稱為「未了未遂」，與實行行為已完成的未遂，又稱為「既了未遂」。

（一）實行行為未完成的未遂（又稱為「未了未遂」、中絕未遂、著手未遂）

係指行為人著手實行，而未完成實行行為的未遂行為。

（二）實行行為已完成的未遂（又稱為「既了未遂」、缺效未遂、實行未遂）

指行為人著手實行後，雖已完成實行行為，但未發生結果的未遂行為。

陸、未遂犯之處罰

類別	障礙未遂	不能犯	中止犯
未遂犯之處罰	得減（25Ⅱ）	原為「必減免」（26）修正為「不罰」	必減或必免（27）

一、普通未遂之處罰

（一）本法第25條第2項規定：「未遂犯之處罰，以有特別規定者為限，並得按既遂犯之刑減輕之。」此即指普通未遂而言。

（二）所謂得按既遂犯之刑減輕之，乃既遂犯應處罰之刑，於刑法分則各條均有明文規定。未遂犯之處罰，得依照既遂犯所定之法定刑減輕

之，而另定其應科之刑。

（三）又本條僅規定得減輕之，故其應否減輕，仍由法官斟酌案情定之。

（四）普通未遂犯，刑法所以規定得減輕其刑，乃因行為一經著手，雖具有侵害法益之危險性，但尚未發生預期之結果，與既遂犯已生結果者不同，故得按既遂犯之刑減輕之。

二、不能未遂之處罰

依據本法第26條，行為不能發生犯罪之結果，又無危險者，不罰。顯然採取客觀上有無危險來作為不能未遂的判斷基準，且一旦被認定是不能，即屬於不罰。

三、中止未遂之處罰

（一）依本法第27條第1項：「已著手於犯罪行為之實行，而因己意中止或防止其結果之發生者，減輕或免除其刑。」

（二）所謂減輕或免除其刑，乃謂依行為人之情況為減輕或免除其刑之裁判。

（三）中止犯何以採減免主義，其理由在於認為中止犯之減免，實由於其行為危險性之消滅或責任消滅。蓋行為人既因己意而中止其犯行，則自中止時起，已無違法之意思，是其行為已從犯行變為不犯罪之行為，果能如此，對於此種行為毋庸以通常之責任非難。刑法所以規定必減免其刑，實基於此。

（四）然而本質上中止犯仍不失為未遂犯，故較普通未遂之處罰為輕。至於究應予以減輕或免除其刑，則由裁判官就行為人中止犯罪之動機及客觀之具體事實決定之。

柒、不能成立未遂犯之類型

一般而言，各種犯罪，莫不有未遂犯。然如過失犯、加重結果犯、純正不作爲犯、形式犯、陰謀犯與預備犯等，則無未遂犯之可言（與未遂犯之觀念不能相容）。

一、過失犯

過失犯因過失而犯罪，本無犯罪之故意，不過因其結果之發生，有害於社會，特加以處罰以促其注意。無結果之發生，則不能以未遂犯。例如駕駛汽車因不注意而傷人，法律以其既有傷人之結果，以過失傷害罪處罰，若無傷人之結果，則駕駛汽車與犯罪無關，自無未遂犯之可言也。

二、純正不作爲犯

純正的不作爲犯之成立，不以結果之發生爲條件，故無所謂未遂犯。例如不爲嬰兒哺乳，僅有不爲哺乳之事實，遺棄罪既已成立，不問嬰兒有無死亡之結果也。故純正不作爲犯不發生未遂問題。

三、結果加重犯

行爲人對於基本行爲有故意，而於基本行爲所生之加重結果無故意，法律令其就發生之加重結果負刑罰之責任者，謂之加重結果犯。如無加重結果之發生，根本不生加重結果問題。如結果已發生，則成立既遂犯，故不可能有未遂之情形也。例如婦女墮胎，若不生死亡之結果，則無加重結果之可言，若已生死亡結果，則成既遂。

四、形式犯

　　犯罪行為一經著手，其犯罪即告完成者，謂之形式犯。此種與著手實行同時完成之犯罪，自無成立未遂犯之餘地。例如公然侮辱人罪（刑§罪行為），一有公然侮辱之行為，罪即成立，無所謂未遂也。此乃當然之結論也。

五、陰謀犯與預備犯

　　法律既以一定之行為，為某種犯罪之陰謀犯或預備犯，而設處罰之明文，則此等犯罪在解釋上不得更有所謂未遂。故陰謀犯與預備犯均無未遂犯之可言。

捌、障礙未遂與中止未遂之區別

一、障礙未遂的實例

　　殺害（或傷害）特定人之殺人（或傷害）罪行，已著手於殺人（或傷害）行為之實行，於未達可生結果之程度時，因發現對象之人有所錯誤而停止者，其停止之行為，經驗上乃可預期之結果，為通常之現象，就主觀之行為人立場論，仍屬意外之障礙，非中止未遂。[23]

二、竊盜罪的障礙未遂與中止未遂

　　（一）發現物之價值太小而停止，屬於中止未遂。
　　（二）以特定物為竊取對象，發現並無該物而停止，屬於障礙未遂。
　　（三）原來有甚大價值期待，著手後發現並無預期價值之物而停止，

---

[23]　最高法院73年度第5次刑事庭會議決定。

屬於障礙未遂。

　　障礙未遂與中止未遂之區別，學說上多數認為應依一般經驗的標準予以觀察，以其性質上是否對犯罪之既遂以通常之妨礙，為決定其係障礙未遂或中止未遂之依據。若其因一定之原因致未予完成犯罪，在一般經驗上係屬通常之現象，即其因此項原因致停止犯罪之實行，乃可預期之結果者，則屬意外之障礙，而不視之為因己意中止。故所重者乃主觀之行為者立場。

第四節　不能犯

壹、不能犯的概念

一、概念

　　本法第26條：「行為不能發生犯罪之結果，又無危險者，不罰。」一般稱為不能未遂。關於本條之適用範圍，我國早期通說與實務的見解是，必須基於實施過程之障礙「以外」的原因，在本質上無法達成既遂的情形，可以區分為主體、客體或手段三種類型。相對於此，晚近受德國通說影響的學者則認為，應以行為人認知之事實為基礎，判斷行為人主觀上是否出於重大無知而真誠地相信，可以達成一般經驗上不可能達成的犯罪，例如用砂糖「甜死」仇家。只有在肯定的情形始可適用該寬免規定。

　　不能犯是指行為在本質上即不能達到既遂狀態的未遂犯，係由於事實上或法律上的原因，犯意的實行竟與行為人所認識的大有出入，而不能完全實現客觀構成要件。包括由於主體不能（如不具公務員身分而收賄）、行為客體不能（如未懷胎的婦女服藥「墮胎」）與行為手段不能（懷胎婦女吃維他命墮胎），而成立的未遂犯。

貳、成立要件

一、須有犯罪之故意。

二、須已著手於犯罪行為之實行。

三、須行為不能發生犯罪之結果。本法第26條但書，所謂不能發生犯罪之結果者，即學說上所謂之不能犯，在行為人方面，其惡性之表現雖與普通未遂犯初無異致，但在客觀上則有不能與可能發生結果之分。

四、須有處罰未遂犯之特別規定。

五、須無危險。

 問題思考

本條所謂「無危險」應如何認定？

■ 參考解答

（一）客觀危險說

此說困難點在於無法限定在事後判明行為時之客觀事實，對於結果不發生而言，究竟有何理由，最後使結果不發生，導致其行為在判斷上並無危險，很有可能所有情形都作為不能犯，就危險可能在行為時點之情事，且將事後可能確定之全部情事納入考量，或在科學上不確定性的限度內亦很有可能納入考量，使得科學上不確定的事態，也成為法所不期待之事態。

（二）具體危險說（偏重客觀面）

判斷危險時，應以一般人之認識能力為基準，或者以科學方法之判斷為基準」。換言之，將未遂犯的處罰根據求諸法益侵害的危險性，以「行為時一般人所能認識」以及「行為人特別認識」的事實作為判斷基礎，從一般人的觀點，如果有發生結果的可能性時，屬於未遂犯，若沒有發生結

果的可能性時，則屬不能犯。[24]

舉例說明

　　例如奪取警察之配槍，並使用該配槍擊殺他人之行為，警察偶然忘記裝填子彈而無法發射，縱使未發生所期待之結果，在此行為時點，已經裝填子彈之假設事實已有某種程度存在之可能性，該行為具有具體危險，應論以殺人未遂。

三、重大無知說（採主客觀混合理論）

　　此說認為，必須嚴格認定不能犯。似乎唯一的解釋就是將不能未遂解釋為「行為人嚴重無知下的未遂」，偶然的不能，絕不可視為不能未遂，否則會造成不能未遂的氾濫。危險的判斷上，應依行為當時所存在的具體情狀作基礎，並且依據「一般人所認知」者，來判斷有無危險。亦即以一般人主觀上認為絕對不可能發生犯罪結果為無危險。[25]我國實務見解亦有採此說而認為，危險之有無，以客觀之具體事實認定之，倘非出於行為人嚴重無知，其行為復足以造成一般民眾不安，自非無「危險」，尚難認係不能犯。[26]但也有實務認為本法第26條有關不能犯之規定，既未如德國刑法針對「重大無知」加以規範，且「無危險」與「重大無知」在文義上復相去太遠，甚難畫上等號。故「重大無知」不宜作為有無危險之唯一判

---

[24] 甘添貴、謝庭晃，《捷徑刑法總論》，瑞興，修訂版，2006.09，237頁以下；陳子平，《刑法總論》，元照，增修版，2008.09，頁398；余振華，《刑法總論》，三民，二版，2014.09，348頁。

[25] 張麗卿，〈新修正刑法之要點與評析〉，收錄於氏著，《新刑法探索》，元照，五版，2014.09，418頁；黃榮堅，《基礎刑法學（下）》，元照，四版，2012.03，頁513；蔡聖偉，〈刑法第26條之「無危險」要素/最高院99台上6867判決〉，《台灣法學雜誌》，第180期，2011.07，189頁。

[26] 最高法院97年度台上字第2824號判決。

準，僅得作爲認定有無危險之參考之一。詳言之，行爲若出於重大無知，致無法益侵害及公共秩序干擾之危險，固可認定其爲「無危險」，但若非出於重大無知，亦可能符合「無危險」之要件，即「無危險」不以重大無知爲限。另所謂「危險」，不能純以法益是否受損爲唯一標準，如行爲人所爲引起群眾之不安，造成公共安寧之干擾，並動搖公眾對法秩序有效性之信賴，破壞法和平性者，亦係有危險。即此處所謂之「危險」，包含對於公共秩序及法秩序之危險，始不致過度悖離人民之法感情。[27]

參、不能犯的類似概念

一、事實之欠缺

事實之欠缺，乃指不具備行爲主體、客體、手段及情況等構成要件要素而誤認爲具備而行爲之情形，因而事實之欠缺亦可謂爲構成要件之欠缺。關此各種情狀之事實欠缺，究應如何論處，大多集中討論事實之欠缺是否構成不能未遂或障礙未遂之問題。就欠缺構成要件要素而仍爲行爲之觀點而言，事實之欠缺與不能犯相似，惟事實之欠缺所缺少者爲構成要件要素中之行爲或結果以外之部分，而不能犯所缺少者爲構成要件要素之結果部分，故二者仍有其區別。

 選擇題練習

*甲於車站月台上行竊，利用人多擁擠時，伸手進入被害人A的手提袋中，卻發現袋中空無一物，遂縮手而回。下列敘述，何者正確？[28]　(A)甲於車站月台上之竊盜行爲，應論以加重竊盜罪之未遂　(B)甲之竊取行爲，因袋中無物可得，應屬不能犯　(C)甲於車站月台上之竊盜行爲，應論以普通竊盜罪之未遂　(D)甲之竊取行爲，因袋中無物隨即縮回，應論以竊盜罪之中止犯。　　　　　　　　　　　　　　　　　　　　【100年司法官第一試】

27　最高法院101年度台上字第1645號判決。

28　答案爲(A)，甲並非不能未遂而是普通未遂，併參照刑法第321條。

二、迷信犯

迷信犯，乃指行為人想要透過違反事實上可能的方法而達成犯罪目的，從理性角度此行為不產生法秩序破壞的現實可能性，故不成立犯罪。以迷信巫術手段著手實行者。因係以人類所不能支配的方法實行其犯意，欠缺故意的先決條件，不構成故意犯罪。如以茅山道術害人；千里之外用氣功傷人。

三、誤想犯（又稱幻覺犯）

誤不犯罪行為為犯罪。行為人因幻覺而誤以為其行為係禁止規範明定處罰的行為，但事實上對於該行為並不存有法律處罰規定，其亦不構成犯罪。

肆、不能犯無可罰性

本法第26條規定，即學理上所謂之不能犯，以行為不能發生犯罪之結果，又無危險為要件。有無危險，則應依客觀事實認定之，故已著手於犯罪行為之實行而不遂者，若其行為僅具有主觀之抽象危險，而在客觀事實上並無具體危險，致根本不能完成犯罪者，即應依該條規定「不罰」。

第五節　中止犯

壹、中止犯的概念

中止犯之成立，須已著手於犯罪之實行而因己意中止，預備（或陰謀）行為因僅係著手以前之階段行為，尚未達於著手階段，與中止犯之法定要件不合，自無從成立中止犯。然而預備（或陰謀）行為，對於犯罪之

完成，不僅較未遂更為遙遠，其危險性亦較低；且中間仍可能存有許多障礙，使其無法著手實現犯罪。倘行為人以己意中止著手實行，但因礙於法定要件，致無法適用中止犯之規定減免其刑，在刑罰之權衡上，實有失公平。[29]

　　行為人須已著手於犯罪之實行，而因己意阻止其行為之進行，或實行終了而以己意防止其結果之發生，致未發生犯罪所必要之結果者。因其出於行為人之己意中止，故又稱任意中止，或稱中止未遂。故中止犯仍為未遂犯之一種，必須犯罪之結果尚未發生，始足認之。而共同正犯係以完成特定之犯罪為其共同目的，彼此間就該犯罪之實行有共同犯意聯絡，而各自本於共同之犯意，分擔犯罪行為之一部，並相互利用其他正犯之行為，以完成犯罪。故共同正犯，其各自分擔實行之行為應視為一整體合一觀察，予以同一非難評價，對於因此所發生之全部結果，自應同負其責。是正犯中之一人，其犯罪已達於既遂程度者，其他正犯亦應以既遂論科。[30]

貳、中止犯減免的理由

一、刑事政策說（黃金橋理論）

　　猶如為著手實行的行為人的退卻搭一座黃金橋，而使行為人能夠自犯罪中迷途知返。[31]

二、違法性或責任減少說

　　違法性減少說認為，由於故意係屬於主觀違法要素，故在一度產生故意後再放棄、或自已防止結果發生時，可肯認違法性的減少；責任減少說

29　靳宗立，《刑法總論I－刑法基礎理論 犯罪論》，集義閣，初版，2010.09，389頁。

30　最高法院104年度台上字第355號判決。

31　林山田，《刑法通論（上）》，元照，十版，2008.01，474頁。

則係以「責任非難程度的減少」作爲減免其刑的根據。[32]

三、刑罰目的理論

此說認爲基於自由意願所爲沂爲之中止未遂，在刑罰目的性之考量下，不再有必要。[33]本書認爲，此說本於一般預防與特別預防的觀點，似乎較前兩說可採。

參、中止犯與普通未遂犯之區別

中止未遂與障礙未遂之區別，係以行爲人著手實行犯罪行爲之中止行爲是否出於其自由意志，作爲區分之標準。若行爲人並非因受外界事務之影響，而係出於自由意志自動中止其犯罪行爲或防止其結果之發生，無論其中止係出於眞心悔悟、他人勸說、自覺恐被發現或時機尙未成熟等原因，祇須非因外界事務之障礙而使其不得不中止者，均爲中止未遂；反之，倘係由於外界或客觀之障礙事實（例如他人之制止行爲或被害人之抵抗動作），致行爲人受此心理壓力而不得不中止者，即非出於自由意志而中止，而屬障礙未遂。[34]

肆、成立要件

一、中止未遂的個別要件

中止未遂既爲未遂犯之一態樣，則未遂犯所應具備之要件，自應具備；此外，中止犯所應具備之個別要件，述之如下：

---

32 余振華，《刑法總論》，三民，二版，2013.10，328頁以下。
33 柯耀程，《刑法總則》，三民，初版，2014.08，249頁。
34 最高法院103年度台上字第1009號判決。

（一）須出於己意而中止

謂因行為基於自己之自由意思而中止。惟何謂因己意而中止，以未遂之原因在經驗法則上是否對於犯罪既遂有強制妨害性質爲標準。易言之，必須行為人在自由情況下，出於自我的意願而爲中止方屬之。如係因外界的直接壓力或因外界壓力而形成內心壓力，被迫不得不停止其實行行爲，則不屬之。

（二）須有中止或防止結果發生之行為

於著手中止時，須行爲者已著手於犯罪之實行行爲，因己意而中止，而使實行行爲不完成也。在實行中止時，須行爲者已完成犯罪之實行行爲，因己意而防止其結果之發生，而使犯罪不達於既遂狀態也。未了未遂，是指放棄行為；既了未遂：積極防止結果發生。

（三）須有發生結果之危險

行爲者就自己行爲慮有發生結果之可能，而中止其犯行，或防止其結果之發生者，始有中止犯之可言。如明知自己行爲無發生結果之可能者，自無所謂中止也。至於行爲者主觀上認其行爲有發生結果之可能，而在客觀之經驗法則上認無發生結果之可能者，則依情節，依幻覺犯、迷信犯或不能犯理論決之。

（四）中止須有實際效果（行為與結果之不發生有因果關係）

謂行爲者之中止行爲，而未生該實行行爲在法律上所必要之結果也。（換言之，中止行爲與結果未發生須有因果關係，如欠缺因果關係，則可能成立後敘之「準中止犯」）。

刑法上之中止犯，指已著手於犯罪之實行，而因己意阻止其結果之發生而言，故其結果之不發生，與行為人所爲防止結果發生之行爲間，自須

具有重要的關連性，但不排除基於行為人之發動，邀獲他人之協助，而共同努力獲致結果不發生之情形。

 **問題思考**

> 請附具體理由回答下列甲的行為在刑法上應負何刑責？
>
> （一）甲、乙皆是黑道份子，因爭搶地盤，結怨甚深，某日甲持槍前往乙宅欲槍殺乙。甲在乙宅外使用紅外線槍枝瞄準乙的頭部。不料，乙正好彎腰撿東西，於是甲舉槍連續射擊，都不能擊中，乙因此倖免於難。
>
> （二）若甲並非因乙正好彎腰撿東西不能擊中，而係見乙年邁的母親前來探訪，不忍在老人家面前殺其子，因而未扣下板機，其情形有無不同？

■ 參考解答

（一）甲應論以刑法第271條地2項殺人罪的普通未遂，依刑法第25條之規定，得減輕其刑：

　　1. 關於著手的認定，通說係採取主客觀混合理論。是以，行為人甲使用紅外線瞄準器對準乙的太陽穴，在主觀上，行為人甲有與法敵對的意思；客觀上，亦足使社會大眾產生不安，可謂已達到著手實行殺人罪構成要件的階段。

　　2. 雖然修正後的本法26條賦予不能犯享有最優惠的待遇，不罰。但學說皆認為必須嚴格認定不能犯。解釋上必須將不能未遂解釋為「行為人嚴重無知下的未遂」較為合理，因此偶然的不能，不可視為不能未遂，應論以普通未遂，否則會造成不能未遂的氾濫基礎。題示，若以一般人立場看行為人主觀上的犯罪計劃，顯非行為人甲因本身嚴重的重大無知而導致的未遂。即使採具體危險說，由於一般人以及行為人甲皆認知以紅外線瞄準乙的太陽穴有致命的危險，其結果的不發生是由於乙正好彎腰撿東西，此為偶然的因素，不能謂無危險。

（二）甲應成立殺人罪的中止未遂，依刑法第27條第1項，必減輕或免除
其刑：

1. 依法蘭克模式判斷標準，若犯罪結果的不發生出於行爲人自己之
動機，不論理由爲何（怕處罰、怕被發現、同情、良心譴責、悔過等），
皆可成立中止未遂。而行爲人受外力直接壓迫而中止，則非出於自由意願
之己意中止，係普通（障礙）未遂。

2. 由於本例中甲已達到著手實行殺人罪構成要件的階段，由於不忍
見模樣可愛的丙失去慈愛的父親，因而未扣下板機，顯係出於憐憫而中止
犯罪計畫的實行，不論從法蘭克公式或倫理道德上的要求，皆屬於既了未
遂的己意中止，應成立中止未遂，依刑法第27條第1項，必減輕或免除其
刑。

伍、準中止犯

一、概念

2005年刑法修正後，於本法第27條第1項後段新增「準中止犯」之規
定。即行爲人著手後，爲避免結果發生就須採取積極的手段防止，惟基於
某些客觀因素，造成「結果未發生與行爲人防果行爲間欠缺因果關係」，
這些客觀因素大致是：被害人或第三人行爲介入之準中止犯，或結果自始
不發生之準中止犯爲以及自然事實介入之準中止犯。只是防止行爲雖然無
效，立法政策上爲鼓勵行爲人已盡眞摯努力來防免結果發生，仍賦予減輕
或免除其刑的寬典。

所稱「盡力防果行爲」，是指行爲人眞摯努力實踐的積極作爲，須依
具體個案情狀判斷，是一種有效並足以防止結果發生的適當行爲。亦即，
行爲人必須「積極地」實行足以防止結果發生的作爲；且客觀的積極作
爲，須表現出行爲人防止結果發生的「眞摯性」。尤其，行爲人採取的中
止行爲，依社會普遍理性的角度觀察，是一個適當有效的防果行爲；因爲
即使如無「偶然外力因素的介入來切斷防果行爲與未遂的因果關係」，仍
然可以阻止既遂結果發生，就是一種適當有效的盡力防果行爲。

舉例說明 [35]

> 　　行為人乙裝置炸彈欲炸死甲，但由於未裝妥，所以自始就無法引爆。不過由於行為人主觀上並非出於重大無知且裝置炸彈的危險性是眾所皆知的，自無不能犯成立的空間；不過若事後乙的防果行為已達均衡未遂的不法非價，自仍可成立準中止犯，適用中止犯法律效果的寬典。

二、準中止犯的要件

　　已著手於犯罪行為之實行，而因己意中止或防止其結果之發生者，減輕或免除其刑。結果之不發生，非防止行為所致，而行為人已盡力為防止行為者，亦同。結果之不發生，大致有產生原因有，第三人的行為介入、被害人的行為介入、自然事實的介入等三種類型。

舉例說明

> 　　行為人放火後，皆立即打電話報請消防單位來救火，只是大火於消防車抵達前，有被鄰人合力撲滅，有被害人自行以滅火器滅火，有因突然傾盆大雨將大火熄滅。

　　前項規定，於正犯或共犯中之一人或數人，因己意防止犯罪結果之發生，或結果之不發生，非防止行為所致，而行為人已盡力為防止行為者，亦適用之。

　　該條文第1項前段為，單獨正犯之中止犯；該條文第1項後段為，單獨

---

[35] 張麗卿，〈不能犯或自始不能發生結果之準中止犯〉，《台灣法學雜誌》，第180期，2011.07，110頁以下。

正犯之準中止犯。該條文第2項前段為，有參與犯之中止犯；該條第2項後段：有參與犯之準中止犯。

（一）準中止犯的規定

　　按行為人已著手於犯罪行為之實行終了後，而於結果發生前，已盡防止結果發生之誠摯努力，惟其結果之不發生，事實上係由於其他原因所致者，因其防止行為與結果不發生之間並無因果關係存在，固與以自己之行為防止結果發生之中止犯不同。惟，就行為當時，行為人衷心悔悟，已誠摯努力，積極其防止之能事，而實行與有效防止行為結果，具有相當性行為而言。其與倫理評價無關，而係從是否真摯的使結果不發生，已付諸實際行動有可能防止結果不發生之觀點而言，與中止犯並無二致。

　　為鼓勵犯人於結果發生之先儘早改過遷善，中止犯之條件允宜放寬，爰參考德國現行刑法第24條(1)之立法例，將現行規定改列為第1項，並增列「結果之不發生，非防止行為所致，而行為人已盡力為防止行為者，亦同。」等文字，使準中止犯，亦能適用減免其刑之規定。

（二）準中止犯之處罰

　　依據本法第27條第1項後段，若結果發生非因防止行為所致，而行為人已盡力為防止者，減刑或免除其刑。

（三）共犯中止之處罰

　　關於共犯中，若有為中止的行為，是否可成立中止犯，司法院院字第785號解釋認為，除了己意中止的行為外，尚必須防止結果發生始有中止犯的適用，因此為了防止爭議，遂於2005年修法中，增列本法第27條第2項，其列有以下情形的適用：

　　1. 適用中止犯：共犯中有人因己意防止結果發生，而因此造成結果不發生，成立中止犯。

2. 適用準中止犯：共犯中有人因已盡力防止結果發生，但結果不發生並非基於其防止行為，則適用準中止犯。

陸、中止犯與普通（障礙）未遂犯之區別

一般認為，中止未遂與障礙未遂之區別，係以行為人著手實行犯罪行為之中止行為是否出於其自由意志，作為區分之標準。若行為人並非因受外界事務之影響，而係出於自由意志自動中止其犯罪行為或防止其結果之發生，無論其中止係出於真心悔悟、他人勸說、自覺恐被發現或時機尚未成熟等原因，祇須非因外界事務之障礙而使其不得不中止者，均為中止未遂；反之，倘係由於外界或客觀之障礙事實（例如他人之制止行為或被害人之抵抗動作），致行為人受此心理壓力而不得不中止者，即非出於自由意志而中止，而屬障礙未遂。[36]即以法蘭克公式檢驗，中止未遂是出於自願「縱使我能，我也不願」，普通（障礙）未遂是非出於自願「縱使我願，但我不能」。[37]

不過另有學者認為，應該要緊縮中止犯的概念。緊縮的方法是，解釋上，自願中止犯行，不但必須出於「自律」（必要條件），而且應當出於「倫理上的自我要求」（充分條件）。例如：由於憐憫、由於行為此刻或行為結束後的突然悔悟、由於正義的召喚、由於剎那間宗教情懷的萌生。因此氏主張若係因行為人理性的、功利的計算，儘管行為當時自律的放棄行動，或行為後自律的防止結果發生，但都不成立中止犯。例如：殺人後，在逃離現場時遇上熟人，深知法網難逃，於是電召救護車將傷者送醫，皆非中止犯。[38]

---

[36] 最高法院103年度台上字第1009號判決。

[37] 林鈺雄，《新刑法總則》，元照，四版，2014.09，389頁。

[38] 林東茂，《刑法綜覽》，一品，七版，2012.08，1-234頁。

 **問題思考**

> 陰謀犯與預備犯可否成立中止犯？

■ 參考解答

（一）否定說

中止犯之成立，以已著手於犯罪之實行因己意中止者為要件。所謂著手，必須從客觀方面可以認其實行行為已經開始者而言，若實行行為未曾開始，而其所為尚係著手以前之準備行為，只能謂之預備，除刑法上有處罰預備罪之規定，得依預備罪論科外，實無中止犯之可言。[39]又如殺人之幫助犯，欲為有效之中止行為，非使以前之幫助全然失效或為防止犯罪完成之積極行為不可，如屬預備犯，則其行為之階段，尚在著手以前，縱因己意中止進行，仍與刑法第27條所定已著手之條件不合，自應仍以殺人預備罪論科。[40]因為既然中止犯罪計劃，法律在危險階段以鼓勵中止，那麼在預備階段，應不構成犯罪。[41]

（二）肯定說

此說以為，預備犯屬於未遂以前之階段，若預備之中止不能準用減免其刑之規定，在行為人進入著手實行至未遂階段後而中止之情形，反而得適用減免其刑之規定，則明顯發生刑罰不均衡之現象，[42]且若預備犯不能適用中止犯的規定，應以「類推適用」填補法律漏洞。由於行為人的法律地位因而有利，並不違反悖逆「禁止類推適用」的基本原則。[43]

---

[39] 最高法院22年上字第980號判例。

[40] 最高法院32年上字第2180號判例。

[41] 林山田，《刑法通論（上）》，元照，十版，2008.01，497頁以下；黃常仁，《刑法總論－邏輯分析與體系論證》，新學林，二版，2009.01，203頁。

[42] 陳子平，《刑法總論》，元照，二版，2008.09，428頁。

[43] 林東茂，《刑法綜覽》，一品，七版，2012.08，1-233頁。

（三）區分說：[44]

1. **在無處罰預備規定之犯罪**：因該預備行為本為刑法所不處罰的行為，自無得否適用的問題。

2. **在設有處罰預備規定之犯罪**：行為人於著手後為中止行為既得成立止犯而減免其刑；但陰謀、預備為著手的反不能準用中止犯的規定而減免其刑，在刑罰的權衡上，顯失輕重，宜在立法上訂定準用之明文。

3. **獨立規定之預備罪（實質預備犯）**：此類預備行為既已構成要件化，性質尚已屬獨立之犯罪，得論本罪的中止犯。

一、共同正犯之中止

共同正犯欲成立中止犯，除放棄自己行為外，尚應積極其他共犯之行為實現犯罪結果，始得中止犯之寬典；又，刑法上之共同正犯，雖應就全部犯罪結果負其責任，但科刑時仍應審酌本法第57條各款情形，為各被告量刑輕重之標準，並非必須科以同一之刑，中止犯「減輕或免除其刑」之寬典屬行為人「個人責任免除事由」，共同正犯仍應依其情節輕重，分別裁處。

問題思考

在著手實行前的階段，中止共同犯罪的決意而脫離共同正犯關係者，應負擔如何的刑事責任？

■ 參考解答

一、全部責任說

此說乃基於「一部行為全部責任」之法理。就犯罪行為階段言，共同正犯之間一人既遂即全部既遂（全部論以本罪既遂之共同正犯）；一人著

---

[44] 甘添貴、謝庭晃，《捷徑刑法總論》，瑞興，修訂版，2006.06，245頁；甘添貴，刑法之重要理念，瑞興，2006.06，158頁。

手即全部要著手。[45]若共同正犯有中止者，必須積極有效的阻斷其他人的行動，才可以享有法律的寬免。簡單的理由是，共同正犯的彼此參與，激勵犯罪意志，升高了被害人的風險，中止者若不積極有效的阻斷其他人，被害人的風險不因一人的放棄而降低，共犯的脫離，也是一樣的處理。[46]

二、因果關係切斷說

此說乃參酌最近成為日本通說的因果性切斷論為理論基礎，因刑法最重要的功能之一乃法益保護功能，即無論是正犯或共犯，其處罰根據（理由）皆在於惹起法益的侵害或侵害的危險。

若依此說之主張，共同正犯者之間諸如凶器的提供等「物理性的因果力」以及犯罪遂行意思的維持或強化等「心理性的因果力」，若具備二者之一者，則可成立共同正犯。換言之，若脫離者未能切斷「物理性的因果力」以及「心理性的因果力」二者，則否定共同正犯關係脫離而仍以成立共同正犯；反之，脫離者若能切斷「物理性的因果力」與「心理性的因果力」，則依然得承認共同正犯關係的脫離，而對於其他共同正犯者所實現的結果不負擔責任，但仍得成立陰謀犯、預備犯或未遂犯。[47]

 選擇題練習

*甲見乙所有之鸚鵡十分可愛，乃趁乙不在場時，擬將該鸚鵡帶回家給其兒子丙賞玩，當其打開鳥籠正在抓該鸚鵡時，不慎讓該鸚鵡飛走不再返回，甲的行為應如何評價？[48]　(A)成立普通竊盜未遂罪　(B)因尚未建立自己對鸚鵡之持有支配關係，而鸚鵡已飛走不再返回，故為毀棄一般物品罪

45　林鈺雄，《新刑法總則》，元照，四版，2014.09，395頁。

46　林東茂，《刑法綜覽》，一品，七版，2012.08，1-266頁；相同見解：余振華，《刑法總論》，三民，二版，2013.10，338頁以下。

47　陳子平，〈著手實行前共同正犯關係之脫離—九十四年度台上字第三五一五號與九十五年度台上字第三二五一號刑事判決之評析〉，《月旦法學雜誌》，第203期，2012.04，172頁以下

48　答案為(A)。

(C)過失毀損，爲刑法所不罰　(D)成立破壞安全設備之加重竊盜未遂罪。

【104年警佐班】

*甲擬殺A，持槍瞄準後扣動扳機射擊，未料該槍因有瑕疵而爆膛，致傷及自己的手。對甲行爲之論罪，下列敘述，何者正確？[49]　(A)由於槍枝瑕疵致爆膛，甲之行爲應成立不能未遂，不罰　(B)甲之行爲是屬於自招（陷）風險之行爲，排除客觀歸責之可能性　(C)甲使用之槍枝有瑕疵，可因打擊錯誤而阻卻故意　(D)甲之行爲係因偶然的槍枝瑕疵，應成立障礙（普通）未遂。

【102年律師第一試】

*甲想要教訓A，見到A時掄棍就打，將A打到昏迷。甲唯恐出手過重，而將A打死，遂緊急將A送醫急救，經醫師即時救治，總算僅有皮肉之傷而無致死的危險。下列敘述，何者正確？[50]　(A)甲攻擊A致昏迷，雖爾後有防止A死亡結果之發生，但已生傷害之結果，仍應論以傷害罪之既遂　(B)甲雖有攻擊A之行爲，但出於己意中止，並防止結果之發生，應論以中止犯　(C)甲雖有救治A之行爲，但係因恐A致死，非出於己意之中止，應論以殺人罪之未遂犯　(D)甲雖有攻擊A致生命危險之行爲，但因及時救治，根本不會發生死亡結果，應爲不能犯。

【102年律師第一試】

*基於殺特定人之故意，已著手於殺人實行之行爲，於未達可發生結果之程度時，因發現殺錯對象而停止其行爲，應如何論罪？[51]　(A)應論以殺人罪之普通未遂（障礙未遂）　(B)應論以殺人罪之中止未遂　(C)應論以殺人罪之準中止未遂　(D)由於殺錯對象，屬於構成要件錯誤而得以阻卻故意。

【100年律師第一試】

49　答案爲(D)。

50　答案爲(A)，若已達既遂狀態，即無由成立中止犯。

51　答案爲(A)，若已達既遂狀態，即無由成立中止犯。

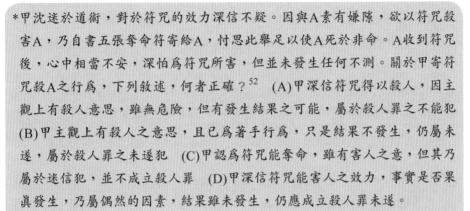

*甲沈迷於道術，對於符咒的效力深信不疑。因與A素有嫌隙，欲以符咒殺害A，乃自書五張奪命符寄給A，忖思此舉足以使A死於非命。A收到符咒後，心中相當不安，深怕爲符咒所害，但並未發生任何不測。關於甲寄符咒殺A之行爲，下列敘述，何者正確？[52]　(A)甲深信符咒得以殺人，因主觀上有殺人意思，雖無危險，但有發生結果之可能，屬於殺人罪之不能犯　(B)甲主觀上有殺人之意思，且已爲著手行爲，只是結果不發生，仍屬未遂，屬於殺人罪之未遂犯　(C)甲認爲符咒能奪命，雖有害人之意，但其乃屬於迷信犯，並不成立殺人罪　(D)甲深信符咒能害人之效力，事實是否果眞發生，乃屬偶然的因素，結果雖未發生，仍應成立殺人罪未遂。

【100年律師第一試】

 考題觀摩

*試附理由說明下列事實中，甲、乙之刑責爲何？甲唆使乙殺A，乙誤取外觀重量神似眞槍，卻無殺傷力之模型手槍朝A射擊，A毫髮無傷。

【102年檢察事務官】

*公務員甲亟需一筆龐大金額的錢來支付賭債。他邀請因查緝毒品工作所認識之毒犯乙一同幹一票，兩人再均分所得。乙告訴甲某倉庫存放大量毒品，兩人於是相約於某夜晚潛入，未料該倉庫內之毒品爲躲避查緝而於日前全部移轉至其他場所。甲乙只好放棄，悻悻然的離開。問：如何論處甲、乙的行爲？

【101年高考三級法制】

*甲男有高血壓宿疾，長期服用抗高血壓藥物。某日與網友乙女相約見面，隨後因乙女突然肚痛難耐，甲即載乙至附近的汽車旅館休息。在汽車旅館房間中，甲男因情緒高亢而血壓升高，故等待乙女如廁沐浴中甲服用抗高

52　答案爲(C)。

血壓藥物。隨後乙女沐浴完畢，甲男突然獸性大發將乙女壓倒在床上，但甲卻因服用抗高血壓藥物導致性功能不佳而無法勃起，以致於未能對乙女為性交行為。請依下列問題討論甲男刑責：

（一）何謂不能未遂？

（二）甲男應成立刑法第221條強制性交罪之不能未遂或普通未遂？

【100年檢察事務官】

*甲企圖殺乙，持刀守候乙家附近，傍晚時分，乙偕同小女兒返家，甲不忍小孩驚慌，於是放棄行動。越數日，甲再度持刀守候於乙家門前，時近黃昏，乙獨自返家，甲揮刀刺殺乙，乙血流如注，但仍奮力抵抗。甲突生悔意，逃離現場，並即電召救護車。救護車未到，乙已先行攔搭計程車就醫，雖然傷勢不輕，但倖得不死。試問，如何論處甲的先、後行為？

【99年司法官】

*通緝犯甲搶奪巡邏警員乙的配槍，對準乙的太陽穴扣扳機，但是未能擊發，因為乙出勤時疏忽未裝彈匣。問甲成立何罪？　【98年普考法律政風】

*甲熱愛名畫成痴，得知富商A近來高價購得一幅張大千之山水畫，為圖將之據為己有，遂決定於某夜11點左右，潛入A宅行竊。試問，在下列情形下，甲之刑責如何？

（一）翻牆並進入A宅後，正準備開始四處搜查該幅畫作所在之際，突然間，警鈴大作，甲為恐遭人發覺，不得不放棄行竊計畫，乃中斷其物色行為，悻悻然快速離去。

（二）翻牆並進入A宅，經其仔細搜查後，發覺A宅內並無任何張大千之山水畫存在，甲失望而不得不放棄行竊計畫，悻悻然快速離去。

【99年警特三等法制】

*何謂中止犯？行為人雖有防止行為，但結果之不發生係因共犯中他人之行為所致者，該行為人是否仍成立中止犯？　【98年警特三等法制】

*何謂「未遂犯」？如依據未遂發生之原因區分，「未遂犯」有那些分類？
「未遂犯」是否要處罰？如果要處罰，應如何處罰？

【97年身心障礙書記官】

第六章　犯罪參與論

第一節　序說

壹、犯罪參與之概念

正犯與共犯本質上有所不同，在概念上，「單一正犯概念」（Einheitstäterbegriff）與「二元犯罪參與體系」（dualistisches Beteiligungssystem），而「二元犯罪參與體系」為世界各國立法所採用，其又分「限制正犯」的概念與「擴張正犯」的概念。前者，認為正犯的處罰應以構成要件所描述的行為者，始為正犯，教唆犯或幫助犯非正犯，刑法所做的規定係在擴張其處罰範圍所作的特別規定（擴張刑罰事由）；後者，認為教唆犯或幫助犯皆足以惹起構成要件結果，其本質上亦屬正犯，刑法所做的規定係在限縮其處罰範圍所作的特殊規定（限縮刑罰事由）。一般認為採限縮正犯概念較能說明己手犯或純正身分犯始能成立正犯的現象，而擴張正犯的概念卻無法充分說明此現象。

由於我國繼受德國、日本同採「二元犯罪參與體系」，而非「單一正犯概念」，且目前學說見解皆認正犯與共犯有本質之不同，即正犯被評價為直接之實行行為者（如直接正犯、間接正犯、共同正犯），共犯則被評價為間接參與實行行為者（如教唆犯、幫助犯），2005年將現行法之「共犯」章名，修正為「正犯與共犯」，以符實際。

事實上，刑法對「多數行為人之介入型態」，德語原文為「Beteiligungsform」，且此為一涉及介入某一犯罪行為而有多數人時之上位概念；其中對於故意行為人之區分，則有「主要行為人」，亦即所謂的「正犯性」（Täterschaft）與「參與犯」（Teilnahme）。其中「Teilnahme」這個字應專指「部分的行為介入、非正犯性、參與犯」，不應譯為「共犯性」，因為有「共犯性」可能是「共同正犯」（Mitäterschaft），或是「共同參與犯」（Mitteilnahme），在概念上、用

語上，可謂均全屬有別，不容混爲一談。[1]我國學者不乏採此概念者，[2]認爲「正犯」（Täterschaft）是指犯罪活動中居於重要「犯罪支配」地位者，其可掌握犯罪是否發動及如何進行，即被評價爲直接實行行爲之人，如直接正犯、間接正犯、單獨正犯，共同正犯。共犯是指透過正犯侵害法益，而被評價爲間接參與實行行爲之人，廣義共犯（Beteiligung）包括共同正犯、教唆犯、幫助犯。然而，我國刑法用語所稱之共犯，指的是狹義的共犯也就是「參與犯」（Teilnahme），即專指教唆犯與幫助犯。但其實，「共犯」這兩個字，在條文用語上，並非就是等同於德國立法上所說的Teilnahme，反而近於Beteiligung，亦即多數人參與犯罪的意思。並且「共犯」這兩個字，在一般中文的語意理解上，大致上也的確會被理解成大家一起犯罪的意思，而最典型的共同犯罪應該就是共同正犯的類型，[3]非常容易造成語意上的誤會，林山田教授別指出，「廣義共犯」及「狹義共犯」之區分，實有未妥，而足以混淆區分正犯與共犯的意義與目的。蓋正犯在整個犯罪過程中居於犯罪支配的地位，而共犯則否，故在邏輯上不宜將有屬正犯與有屬共犯的兩種不同的行爲人，合稱爲「廣義之共犯」因此，共犯應僅指教唆犯與幫助犯，而無廣義共犯與狹義共犯之分，[4]故本書認爲，部分留德學者稱教唆犯與幫助犯爲「參與犯」（Teilnahme）取代「共犯」的用語其來有自，非無的放矢。

貳、正犯與共犯（參與犯）的區分

關於正犯與共犯（參與犯）的區分，一般分爲「客觀說」、「主觀說」與「犯罪支配說」。客觀說，係以行爲外觀爲判準。主觀說，則以行

1　陳志龍，〈正犯與參與犯的區分標準—評最高法院九十八年台上字第八七七號判決〉，《月旦裁判時報》，第6期，2010.12，88頁。

2　王皇玉，《刑法總則》，新學林，初版，2014.12，401頁以下；柯耀程，《刑法總則》，三民，初版，2014.08，254頁以下。

3　黃榮堅，《基礎刑法學〈下〉》，元照，四版，2012.09，749頁。

4　林山田，《刑法通論（下）》，元照，十版，2008.01，29頁。

爲人的想法爲判準。而犯罪支配說係指犯罪過程中，居於主控支配地位的人，才是正犯。[5]犯罪支配說（Tatherrschaftslehre）爲目前國內學說主流，[6]又衍生出：「行爲支配論」（Handlungsherrschaft），用以定義「直接單獨正犯」；「意志支配論」（Willensherrschaft），用以界定間接正犯；「功能支配論」（funktionelle Tatherrschaft），用以區分共同正犯與共犯（參與犯）。本書亦採犯罪支配說做爲正犯與共犯（參與犯）的區分標準。

由於不法構成要件設有各種不同的限制，以下犯罪類型，不適用於犯罪支配說做爲正犯與共犯（參與犯）的區分標準：

一、己手犯（eigenhändige Delikte）

亦稱爲親手犯，乃指行爲人必罪，也才具有本罪特殊的行爲不能成爲此等犯罪之正犯，例如通姦罪、重婚罪、血親性交罪、僞證罪、醉態駕駛罪。[7]

二、純正身分犯（echte Sonderdelikte）

由於法定構成要件中已限定行爲人資格，因此只有該符合法定資格者始能成立犯罪。例如：唯具有公務員身分者始能成立公務員收受賄賂罪（本法§§121 I、122 I）。[8]

5　林東茂，《刑法綜覽》，一品，七版，2012.08，1-260頁。

6　但亦有學者認爲犯罪支配說，雖然被視爲區分正犯與共犯的理論，但其所側重者，仍在於以界分正犯爲主，對於共犯的認定，仍舊相當模糊不清。參見柯耀程，《刑法釋論I》，一品，初版，2014.08，558頁以下。

7　王皇玉，《刑法總則》，新學林，初版，2014.12，414頁。

8　張麗卿，《刑法總則理論與運用》，五南，四版，2013.10，346頁。

三、義務犯（Pfichtdelikte）

是指具備構成要件所設之特別義務者始能成立之犯罪，因此，成立此罪正犯的前提在於，行為人負有構成要件所要求的特別義務，[9]例如肇事逃逸罪之駕駛人，違反留在現場釐清責任歸屬之義務、公務員（職務犯）洩漏因職務上知悉之秘密罪等。

 選擇題練習

*我國實務對於正犯與共犯之見解，下列敘述何者正確？[10]　(A)正犯與共犯之區分，採取利益說　(B)過失犯可成立共同正犯　(C)承認共謀共同正犯之型態　(D)承認片面共同正犯之型態。　　　　　　【104年一般警特四等】

*依據我國刑法對於正犯與共犯之規定，下列敘述何者正確？[11]　(A)共同合作，收取賄賂，這兩人是刑法上所說的共同正犯　(B)是公務員己的配偶，己想要收取賄賂，戊幫忙己代收，因為戊本身不是公務員，所以戊不會是己的從犯　(C)到任何己的從犯　(D)庚教唆辛實行犯罪，辛受教唆後實行犯罪行為，但是庚本身沒有實行犯罪行為，所以庚不需受任何刑事裁判。　　　　　　【103年一般警特三等】

第二節　正犯

正犯是指主控構成要件的實施之人。[12]正犯的類型，從犯罪類型與參與結構來看，概念上可區分為五種，即單獨正犯、共同正犯（兩者皆可稱

9　林鈺雄，《新刑法總則》，元照，四版，2014.09，418頁。

10　答案為(C)。

11　答案為(A)。

12　林東茂，《刑法綜覽》，一品，七版，2012.08，1-246頁。

為直接正犯）、間接正犯、同時犯及對向犯。

壹、單獨正犯

一、概念

　　所謂單獨正犯，是指行為人單獨一個人實施一定的犯罪。[13]刑法所規定絕大多數的犯罪類型，本為預定由行為人單獨實施即可完成。所以，單獨正犯，屬於刑法犯罪的基本類型。[14]基本上構成要件的實現，最基礎的對於行為人的要求，都是以單獨正犯為行為人的基本要求，作為刑法評價的基礎型態，實為支配構成要件行為事實的根本，分析犯罪類型的基礎。直接正犯亦屬之。

　　所謂直接正犯是指，親自實施犯罪之行為人。惟若不能由他人之手實施犯罪，亦即無法由間接正犯的形式實施的犯罪，稱之為「己手犯」，或稱「親手犯」此犯罪類型又可分「真正己手犯」與「不真正己手犯」。

舉例說明

> 　　「真正己手犯」是指不論任何情形皆不得成立間接正犯，如重婚罪、吸食毒品罪，充其量只能成立教唆犯或幫助犯；「不真正己手犯」是指只有身分犯或目的犯的人，始可以成立間接正犯，反之則否，如公務員利用公務員身分之妻子收受賄賂，則可以成立間接正犯；間接正犯，是指假他人之手，以逐行其構成要件實現之行為人。

---

[13]　柯耀程，《刑法總則》，三民，初版，2014.08，273頁。

[14]　甘添貴、謝庭晃，《捷徑刑法總論》，瑞典，修訂版，2006.06，25頁。

二、典型的間接正犯

（一）概念

　　間接正犯，是指以自己犯罪的意思利用他人的行為，並不親自下手實施，即能實現不法構成要件的犯罪類型。雖然未明文規定於刑法條文中，但學說與判例均肯定間接正犯的概念。基本上，間接正犯本身為正犯之一種型態，其認定之重要基礎在於正犯之間接，而非間接之正犯，亦即必先有直接正犯的存在，方有間接正犯存在之可能。[15]

舉例說明

　　刑法第214條規定使公務員登載不實罪，該公務員並無行為之故意，所為的登載之行為並非構成要件之行為，雖其侵害關係確已存在，由於該公務員無從受構成要件評價為正犯，若將利用者之行為視為間接正犯，則因欠缺直接正犯的存在，故間接正犯無法成立，亦與刑法第213條公務員登載不實罪無從區隔。由於，我國刑法設有第214條規定「使」公務員登載不實罪之規定，故利用人仍為「直接」正犯，[16]但本質上，第214條之行為人即是「非公務員」以間接正犯方式違反第213條的明文處罰規範。[17]

（二）理論根據

　　間接正犯理論的根據，在於利用者支配被利用者的行為，實與直接正

---

[15] 柯耀程，《刑法總則》，三民，初版，2014.08，282頁。

[16] 林山田，《刑法通論（下）》，元照，十版，2008.01，65頁。

[17] 林鈺雄，《新刑法總則》，元照，四版，2014.09，424頁。

犯具有相同的行為支配，被利用者無論故意或是過失，其存在適足以證明利用者果眞得以利用他人爲自己實現構成要件，以遂行其犯罪目的之正犯。利用者對於整個犯罪過程，具有優越性認知的意思支配，而處於掌握全局的上位角色，被利用者基於事實上原因（如錯誤、過失、無知、相對強制）或法律上原因（如無責任能力等），在犯罪過程中居於受支配的下位角色地位，此爲晚近通說所採Roxin之犯罪支配論的見解，[18]以間接正犯而言，係指行爲人對於被利用人具有「意思」支配力，[19]（直接正犯、同時正犯均屬於「行爲」支配、幫派組織的主持者，是「功能」支配）。被利用人就犯罪的實現欠缺意思決定的自由。

舉例說明

例如：甲爲了早日繼承遺產，向臥病在床的父謊稱其係患有不治的癌症，使父在此認知下自殺身亡。此例中，子使父陷入錯誤而自殺，係利用其對於被利用人之優勢的認知地位而實現殺人結果，故而成立殺人罪之間接正犯，而不成立教唆自殺罪（§275Ⅰ）。我國實務見解：教唆無犯罪意思之人使人實施犯罪者，固爲教唆犯，若逼令他人犯罪，他人因怵於威勢，意思失其自由而實施者，在實施之人因無犯罪故意，既不構成犯罪，則造意之人爲間接正犯而非教唆犯。[20]

---

[18] 國內亦有不採犯罪支配論的見解而採「實行行爲說」，間接正犯的正犯性暫。其本質上係與直接正犯具有相同的實行行爲性。參見余振華，《刑法總論》，三民，二版，2013.10，381頁。亦有採「規範障礙說」之論者，視「被利用者是否爲利用者實現犯罪上之規範障礙」，若被利用者不成爲規範障礙，利用者之利用行爲，與自己親自實現犯罪並並無一致，亦得成立正犯，參見陳子平，《刑法總論》，元照，二版，2008.09，463頁。

[19] 林山田，《刑法通論（下）》，元照，十版，2008.01，43頁以下；張麗卿，《刑法總則理論與運用》，五南，四版，2013.10，345頁；黃常仁，《刑法總論－邏輯分析與體系論證》，新學林，二版，2009.01，210頁；林鈺雄，《新刑法總則》，元照，四版，2014.09，415頁；王皇玉，《刑法總則》，新學林，初版，2014.12，410頁以下；林書楷，《刑法總則》，五南，二版，2014.09，305頁。

[20] 最高法院23年上字第3621號判例。

三、成立要件

其成立要件可分客觀要件與主觀要件。前者，是指利用人單方面的利用被利用人的行為，則被利用人之行為，必須為構成要件行為的全部或是一部行為始可。利用人於利用行為開始，亦即當利用者對於法益的侵害在具體危險的階段時，即可認定該間接正犯具有實行行為性（著手實行階段）；後者，是指除對構成要件事實具有認識及容認之外，還必須要有正犯的意思，亦即利用他人的行為，實現自己特定犯罪的意思。

四、類型

1. 利用他人欠缺構成要件該當的行為

行為人對於他人使用強暴脅迫之手段或利用他人無故意之行為，使他人在受迫或不知不覺中，實施欠缺構成要件該當的行為。

舉例說明

> 某醫師企圖殺死某病患，遂將加入超過病患所能承受的藥劑，交由護士予以注射，護士不知情而予以注射，造成病患死亡，則護士可能成立過失致死罪，醫師則成立殺人罪的間接正犯。

2. 利用他人欠缺違法性（合法）的行為

被利用者的行為，雖具有構成要件該當性，但因欠缺違法性，或被利用者其行為本係合法行為，但經利用人的利用行為，而遂行其犯意，則可以成立間接正犯。

舉例說明

> 挑撥他人正當防衛，並經加以利用，以遂行其殺人犯意。

3. 利用他人無責任能力的行為

被利用者的行為，雖具有構成要件該當性及違法性，但欠缺責任能力、不法意識或期待可能性，利用人的利用行為，可以成立間接正犯。

舉例說明

> 以糖果為餌引誘六歲兒童進入商家行竊，或利用原住民欠缺對野生動保育法的認識，獵殺台灣黑熊，可成立間接正犯。

五、特別利用關係──正犯後之正犯

（一）概念

間接正犯的傳統理論係「道具理論」，認為被利用人不負刑事責任，其在刑法上的定位與道具無異，[21]故將此種被利用人予以道具化而不負刑事責任的理論。以上所述之典型間接正犯，是指其所被利用的道具欠缺自主性，不具有故意犯罪之可罰性，甚至有些被利用者還會成為間接正犯所支配犯罪的被害人。不過，在少數例外的情形，被利用者卻可能具有構成犯罪的故意，仍然具有犯罪意思的自主性，而不是單純幕後利用者的行為工具而已。此時幕後利用者，只要具有「意思支配」關係，仍有成立間接正犯的可能，以填補「利用他人以達自己犯罪目的」之漏洞。亦即，被利

---

21 甘添貴、謝庭晃，《捷徑刑法總論》，瑞興，修訂版，2006.06，261頁。

用者基本上就是一個構成此犯罪類型者，此為學說上稱之為「正犯後之正犯」（Der Täter hinter dem Täter），[22]該「直接正犯」（被利用者）為直接正犯，仍有其意思自主性；利用者該當於間接正犯，以防止實際幕後操控的利用人不受刑事制裁。

（二）類型

1.「組織支配」（Organisationshenschaft）型

是指幕後具有命令指揮權者，藉由組織上的權力結構，下令執行某項犯罪行為，而執行者仍有其自主性意思自由，非受強制或錯誤情況下，完成其組織成員之工作任務。[23]本質上該執行人員只不過是國家權力機器操作下，隨時可以替換的部分零件。該幕後利用者得以任意利用組織上的優勢支配力，故得評價為間接正犯。

舉例說明

> 效忠特務組織之屬下甲，因受到上級乙的命令，執行暗殺任務，甲為直接正犯，乙即為正犯後（直接正犯為甲）之正犯（間接正犯）。

2.「錯誤支配」（Irrtumsherrschaft）型

是指行為工具就其犯行相關的重要事項，遭到幕後利用者的刻意欺瞞，並藉此讓被利用人在不知情的情況下為其實行犯罪計畫的情形。[24]亦即，幕後者利用被利用者可避免的錯誤，但卻刻意製造使得被利用者因此而陷於錯誤，而實行犯罪行為。

---

22 林山田，《刑法通論（下）》，元照，十版，2008.01，62頁。

23 王皇玉，《刑法總則》，新學林，初版，2014.12，424頁。

24 林書楷，《刑法總則》，五南，二版，2014.09，318頁。

舉例說明

> 甲與丁共同追求A，某日甲知悉乙有殺丙計畫。恰巧丙、丁為孿生兄弟，於是甲計誘丁，前往乙設伏之處。乙果然誤認丁為丙，將其殺害，本例甲成立殺人罪之正犯（直接正犯為乙）後之正犯（間接正犯）。

貳、共同正犯

一、概念

我國新修正刑法第28條，之所以將「實施」修改為「實行」，即必須行為人著手於犯罪行為之實行，始有共同正犯成立之可能。要言之，2005年1月透過修法來限縮共同正犯成立範圍，不再承認所謂的「陰謀共同正犯」及「預備共同正犯」。因此新法共同正犯之範圍已有限縮，排除陰謀犯、預備犯之共同正犯。[25]

二、成立要件

學理上對於本法第28條共同正犯，詮釋其成立要件在於：參與的行為人主觀上必須具有共同實行行為的意思，在客觀上必須要有共同實行的行為。我國最高法院見解：主觀要件係採「犯意聯絡（決意）」，客觀要件係採「行為分擔」，作為判斷成立共同正犯的標準。[26]

---

[25] 最高法院99年度台上字第5297號判決。

[26] 最高法院69年台上字第695號判例。

（一）主觀要件——須有共同實行犯罪之決意

於犯罪實行爲上，不僅須彼此認識自己分擔對於其他共同者存有相互分工、相互補充作用，包括意思合致、彼此知情、共同謀議、相互依存等共同參與行爲的意思存在。但是，若僅有事前知情，或僅有事後分贓，或未參與計畫，而僅給予相當助力，即不構成共同正犯。

二人以上，同時同地犯一罪，如係各別爲之者，本無犯罪意思的聯絡，僅爲同時同地實施之單獨犯，學理上稱「同時犯」（平行正犯），並非共同正犯。

舉例說明

刑事訴訟法第7條第3款：「數人同時在同一處所各別犯罪者」例如甲、乙、丙及丁同時在夜店吸食毒品，但四人原先並無共同犯罪之決意，只不過是藥頭戊提供毒品四人才不約而同吸食。

共同正犯其意思之聯絡，或基於事前之協議，或基於行爲當時相互之認識，以共同犯罪之意思而參與，均無礙於共同正犯之成立。無論出於明示默示、直接間接、事先事中均可，但刑法不承認「事後共犯」，如他人竊盜既遂後，參與盜贓物之處理，應依情節成立贓物罪，而非竊盜罪之共同正犯。

 問題思考

「過失共同正犯」（fahrlässige Mittäterschaft）的存在可能性？

■ 參考解答

（一）否定說

德國與日本的法院曾有承認過失犯的共同正犯的案例，惟我國學說與實務，[27] 多認為行為人必須要有「共同行為的決意」（gemeinsamer Tatentschluss），由於過失犯本身因無意識其行為的發生，彼此間欠缺意思聯絡，並無法成立過失犯的共同正犯之餘地，是以，二人以上共同造成的過失犯罪，僅成立「同時犯」，不能援引第28條作為令負共同責任的處罰依據。[28]

（二）限制肯定說

有學者認為，[29] 在具有「共同義務之共同違反」之要件前提下，可有條件成立。首先，必須共同正犯被課以共通之注意義務。至於，如何始具共通之注意義務，則應視具體事件，依是否存在「相互利用、補充之關係」為斷。其次，必須共同違反注意義務。各個人不僅違反各自之注意義務，對於其他共同者之違反亦有懈怠，而形成「整體的一個不注意」且該不注意與結果發生之間存有因果關係。

（二）客觀要件——須有共同實行犯罪的行為分擔

共同實行係指共同著手於犯罪之實行而言。亦即，實行行為之分擔或並進皆可，只其行為共同即可，並非共同行為的全部階段均經參與為必要，分擔實行一部分或階段，仍不失為共同行為。

27　最高法院44年台上字第242號判例。

28　林山田，《刑法通論（下）》，元照，十版，2008.01，43頁；林東茂，《刑法綜覽》，七版，2012.08，1-249頁；余振華，《刑法總論》，三民，二版，2013.08，397頁以下；林鈺雄，《新刑法總則》，元照，四版，2014.09，442頁。

29　陳子平，《刑法總論》，元照，二版，2008.09，525頁。

舉例說明

　　事前參與謀議殺人，其後復參與構成要件行為事實之一部，亦屬實行犯罪行為的分擔，自負應共同殺人罪責、強盜中一人，有強暴脅迫行為，其他共犯同負一責任、教唆誣告後，又代為製作書狀，向該管官署提出告訴，即為共同行為的分擔、受人之託代為販賣毒品，亦為實行犯罪行為的一部、普通強盜罪之行為人只要基於共同參與犯罪的意思，無論參與強制行為或是強取行為皆可，成立強盜罪的共同正犯。

考題觀摩

*甲、乙二人從事營造業工作，某日二人謀議自建築工地之頂樓共同將建築廢棄物投下地面，惟因未注意樓下是否有人，致將經過該處之路人丙壓死。試論甲、乙成立何罪？　　　　　　　　　　　【99年地特四等】

三、類型

（一）必要共同正犯與任意共同正犯

　　共同正犯依其性質而為分類，有必要共同正犯與任意共同正犯二種。[30]一般而言，刑法總則第28條所稱之共同正犯，係指任意共同正犯。至於必要共同正犯的犯罪類型，必須多數型為主體共同實行犯罪行為，始能成立犯罪，有無本法第28條之適用應分別而論。任意共同正犯的犯罪類型，原得由一人獨立完成之犯罪，而由二人以上任意協力共同實行之情形，例如甲乙兩人共犯傷害A，共犯殺害B等是。

30　最高法院81年台非字第233號判例。

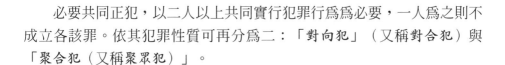

必要共同正犯，以二人以上共同實行犯罪行為為必要，一人為之則不成立各該罪。依其犯罪性質可再分為二：「對向犯」（又稱對合犯）與「聚合犯（又稱聚眾犯）」。

1. 對向犯（Begegnungsdelikte）

是指二個或二個以上之行為人，彼此「相互對立」之意思經合致而成立犯罪之「對向犯」，如通姦行為（§239）、賄賂行為（§§122、145、144）、重婚行為（§237）、賭博行為（§266）、加工自殺（§275）屬之。因行為者各有其目的，各就其行為負責，彼此間並無犯意之聯絡，當然無適用本法第28條共同正犯之餘地。若對向之二個以上行為，以法律上有處罰之明文為限，彼此間因無共同犯意之聯絡，當亦無適用刑法總則第28條共同正犯之餘地。

對向犯的處罰，在立法上有下列三種情形：(1)對於參與者均予以相同之處罰者，如重婚、通姦、賭博罪；(2)對於參與者分別予以不同之刑罰者，如違背職務之收賄與行賄罪。

2. 聚合犯（Konvergenzdelikte）

是指二人以上朝同一目標共同參與犯罪之實施者，謂之「聚合犯」，如刑法分則之公然聚眾施強暴、脅迫罪、參與犯罪結社罪、共同強制性交罪（舊法的輪姦罪）等是。聚合犯本質上即屬總則之共同正犯，故除法律依其首謀、下手實施或在場助勢等參與犯罪程度之不同，而異其刑罰之規定時，各參與不同程度犯罪行為者之間，不能適用刑法總則共犯之規定外，其餘均應引用本法第28條共同正犯之規定。亦即、階層與階層間，如首謀與非首謀不能引用§28（因為刑分已特別規定）；但階層內如二人共同首謀，則應引用§28。

聚合犯又分聚眾犯與結夥犯兩種：

(1)聚眾犯

聚集不特定之多數人（聚眾行為），以合同之意思互相利用，人數得以隨時增加的狀態（§§100、101、136、149、150、154、161、162）；聚眾犯之首謀與首謀者、下手實行者與下手實行者間仍引用刑法

第28條；但首謀者與下手實行者間則不能引用刑法第28條。

(2)結夥犯

　　係指三人以上基於意思之聯絡與行為之分擔，共同實行犯罪行為者（§321I④），結夥犯須援引刑法第28條。

（二）共（同）謀共同正犯

1. 理論基礎

(1)共同意思主體說

　　即原本屬於「異心別體」的兩個以上的行為人，為了實現一定犯罪的共同目的，互相謀議，形成「同心一體」，而成立一個共同意思的主體。其中任何一個人基於共同目的而實行犯罪時，其所實行的行為即為共同意思主體全體的活動，實行犯罪者的行為亦視為其他共同謀議者的行為。

(2)目的行為支配說

　　在共謀共同正犯的情形，因為共謀者對於實際實行犯罪的行為人，在功能上亦得加以目的行為支配，自得肯定共謀共同正犯的概念。

(3)間接正犯類似說

　　此說認為在共謀者間，於成立實現犯罪的合意時，已蘊含互相利用而實現結果的意義，實與間接正犯的利用行為，本質上並無差別。

　　以上諸說，依司法院釋字第109號解釋：「以自己共同犯罪之意思，參與實施構成要件以外之行為，或以自己共同犯罪之意思，事先同謀，而由其中一部份人實施犯罪之行為者，均為共同正犯。」此號解釋做成後，實務依循此見解，共同正犯除以自己共同犯罪之意思，事先同謀，而由其中一部分人實行犯罪行為之共謀共同正犯外，以有犯意之聯絡及行為之分擔為要件。又以自己共同犯罪之意思，事先同謀之共謀共同正犯。[31]由上述可知，實務基本上係採「共同意思主體說」。但須注意者，若係以自己共同犯罪之意思參與實行犯罪構成要件以外之行為者，應屬「實行正犯」

---

[31] 最高法院97年度台上字第4311號、96年度台上字第2508號判決。

之範疇，尚難以共謀共同正犯論擬。[32]

　　而學說上亦有支持「共同意思主體說」論點，由於共同正犯的犯罪結構，是二個以上的行為人整體地形成一個犯罪共同體，各共同行為人間在主觀上因具有意思的聯絡，彼此相互提供、強化促進行為的動機，形成一個同心一體的利益主體，對於法益的侵害或危險，具有直接的心理因果性；在客觀上，各共同行為人各別分擔犯罪行為的一部分或其中某一階段的行為，彼此將他人的行為視為自己的行為，並相互利用與補充，以致造成法益侵害或危險，亦具有直接的物理因果性。所以得將其共謀者亦視為共同正犯。[33]但亦有支持間接正犯類似說的論者，此說認為，存在於共犯間之相互利用關係者，係形成共同正犯之本質，此相互利用關係，對各構成員而言，乃類似視為間接正犯的利用關係。[34]

　　由於「共謀共同正犯」主觀上有共同參與犯罪實行的意思，但是在客觀上並未共同實行犯罪行為，得否成立共同正犯，滋生疑義。然而，實際上此人隱身於幕後、支配或設計，其惡性比實際參與行動者為高，其參與謀議並視他人之實行行為為自己的行為，實質上對犯罪的形成具有重大影響力，若是最多只能以教唆犯或幫助犯論處，殊有違正義。這也是承認「共謀共同正犯」主要理由，而與「實行共同正犯」一併包括在本法第28條之「共同正犯」的概念中。

2. 對共（同）謀共同正犯概念的質疑

　　2005年刑法修正第28條將「實施」修改為「實行」，但基本上不影響學理對於參與關係形成的基本態度。一般而言，稱「實施」者，係指行為從陰謀、預備、著手、實行都包括在內；而稱「實行」者，僅限於行為著手乃至既遂終了之階段。然而在決定共同正犯的型態時，並不會因「實

---

[32]　最高法院99年度台上字第7195、5371號判決。

[33]　引自甘添貴，〈共謀共同正犯與共犯的區別－最高法院98年度台上字第877號刑事判決評釋〉，《法令月刊》，第61卷第2期，2010.02，55頁以下。

[34]　余振華，《刑法總論》，三民，二版，2013.10，402頁。

施」與「實行」概念有異，即發生不同判斷之結果。[35]

不過學說上仍質疑，共（同）謀共同正犯概念的存在過度擴張解釋本法第28條之規定。因為等同完全放棄第28條所要求之客觀上須「共同實行犯罪之行為」而類推適用共同正犯之規定。又所謂「事先同謀」或「共謀」，語意模糊，角色定位不清且「參與謀議」與「行為分擔」之性質也有異。此外，「謀議」或「共謀」本身難以解釋為行為之分擔部分，[36]對於與教唆、幫助犯之區別不無實際上的困擾。[37]就共同正犯的類型觀察，根本不能認為即使只是單純的共謀，亦得以成立共同正犯，這樣的解讀方式，恐有誤解共同正犯存在的意義，而是應從行為實現之後，回溯判斷共同正犯的共同性形成關係，究竟僅止於實行之人，或是仍有其他具有共同意思形成，而具有共同性關係。也就是說，並非只要「謀議」即可成立共同正犯，必須俟謀議行為被實現後，方有將來親自實行行為之人，定以「共謀共同正犯」之餘地。[38]

從犯罪支配說觀點而言，唯有彼此之間具有功能支配關係者，才能論以共同正犯，所謂「事先同謀，而由其中一部分人實施犯罪之行為者」，代表行為人在犯罪時並未在場，其既然未參與實行構成要件或構成要件以外行為，因此必須視其是否「策劃與指揮他人實行犯罪」並對犯罪流程作出了決定性的共同貢獻而定，若肯定之，當然就有功能支配關係而成立共同正犯。[39]

本書認為，共（同）謀共同正犯概念存在並不需要否定，但必須限縮，亦即在犯罪支配理論下有條件承認，否則「謀議」或「共謀」非不可

---

[35] 柯耀程，〈共同正犯形成之判斷－評刑法修正後之適用與釋字第109號之重新詮釋〉，《東海大學法學研究》，第25期，2006.12，30頁；相同意見：張明偉，《學習刑法－總則編》，五南，三版，2013.09，281頁。。

[36] 黃常仁，《刑法總論－邏輯分析與體系論證》，新學林，二版，2009.01，402頁。

[37] 張麗卿，《刑法總則理論與運用》，五南，四版，2013.10，321頁。

[38] 柯耀程，〈共同正犯形成之判斷－評刑法修正後之適用與釋字第109號之重新詮釋〉，《東海大學法學研究》，第25期，2006.12，32頁以下。

[39] 林鈺雄，《新刑法總則》，元照，四版，2014.09，頁。

解釋爲「精神上之幫助」或「惹起犯意之教唆」。有文獻主張，[40]在通常情況下預備階段的參與，往往不具有共同正犯在實行階段應有的決定性支配；縱使參與他人犯罪實現其因果關係，也不應論爲共謀共同正犯。至於何時提供參與並不重要，重點是參與的份量與地位可以平衡對直接實現犯罪的不足。本書支持這樣的觀點，**參與犯罪之「謀議」者必須達到犯罪支配（功能性支配）的程度，方得以視爲正犯。**

有鑑於「同謀」這個概念引發諸多疑義，近來實務見解認爲：「共謀共同正犯，因其並未參與犯罪構成要件之實行而無行爲之分擔，僅以其參與犯罪之謀議爲其犯罪構成要件之要素，故須以積極之證據證明其參與謀議……。」[41]可見最高法院對於共謀共同正犯的成立，已改採嚴格認定的立場。

3. 最高法院對共（同）謀共同正犯適用範圍的限縮

實務認爲：[42]「刑法分則或刑法特別法中規定之結夥二人或三人以上之犯罪，應以在場共同實施或在場參與分擔實施犯罪之人爲限，不包括同謀共同正犯在內。司法院大法官會議釋字第109號解釋「以自己共同犯罪之意思，事先同謀，而由其中一部分之人實施犯罪之行爲者，均爲共同正犯」之意旨，雖明示將「同謀共同正犯」與「實施共同正犯」併包括於刑法總則第28條之「正犯」之中，但此與規定於刑法分則或刑法特別法中之結夥犯罪，其態樣並非一致。」

此一見解，學說上認爲並不妥當。蓋此判例認爲分則或特別法所規定之結夥犯，在參與的類型上，不同於本法第28條共同正犯之規定，顯然並不正確，例如在分則與特別法中，關於聚眾或是結夥的規定者，都是基於共同正犯的法理基礎而存在，型態上並無不同，所不同者，僅是參與人數之最低限制而已；再者，其認爲要成立共同正犯，必須走在行爲實施之時

40　黃惠婷，〈犯罪支配理論下的共謀共同正犯〉，《台灣法學雜誌》，第161期，2010.10，76頁。

41　最高法院104年度台上字第539號、103年度台上字第1938號判決。

42　最高法院76年台上字第72100號判例。

「在場」，確實符合分則與特別法中所設定的結夥犯條件，但此種在場的關係，並不能擴張到全部共同正犯的關係。[43]

（三）相續（承繼）共同正犯

乃指前行為人已著手於犯罪之實行後，後行為人中途與前行為人取得意思聯絡而參與實行行為而言。亦稱事中共同正犯。基本上，共同正犯應該是在犯罪前先有意見交換，再分繼（相續）的共同正犯在犯罪前並未參與意見的交換，而是在違法狀態的延續中加入犯罪。承繼（相續）的共同正犯只發生於繼續犯。[44]

 **問題思考**

於相續（承繼）共同正犯（sukzessive Mitttäerschaft）之情形，其中後加入者對其加入前已發生之行為應否負責？

■ 參考解答

（一）肯定說

此說乃源自於犯罪共同說的立場，由於犯罪共同說係主張「數人一罪」。共同犯罪之意思不以在實行犯罪行為前成立者為限，若了解最初行為者之意思而於其實行犯罪之中途發生共同之意思而參與實行者，亦足成立，依此邏輯，後行為人對於參與前先行為人所為的既存犯罪部分亦須負責，最高法院98年度台上字第4230號判決採此說。

（二）否定說

採否定見解的立場主要是基於行為共同說，由於此說主張的是「數人

---

43 柯耀程，〈共同正犯形成之判斷－評刑法修正後之適用與釋字第109號之重新詮釋〉，《東海大學法學研究》，第25期，2006.12，26頁。

44 林東茂，《刑法綜覽》，一品，七版，2012.08，1-248頁。

數罪」的邏輯，故無必要侷限於成立共同正犯的各種罪名。

　　是否亦須對於參與前之他共同正犯之行為負擔責任，學理上固有犯罪共同說肯定）、行為共同說（否定）之爭議，但共同正犯之所以適用「一部行為全部責任」，即在於共同正犯間之「相互利用、補充關係，若他共同正犯之前行為，對加入之事中共同正犯於構成要件之實現上，具有重要影響力，即他共同正犯與事中共同正犯對於前行為與後行為皆存在相互利用、補充關係，自應對他共同正犯之前行為負責；否則，事中共同正犯對他共同正犯之前行為，既未參與，亦無形成共同行為之決意，即難謂有行為共同之存在，自無須對其參與前之犯罪行為負責。[45]

（三）折衷說

　　以上兩說，犯罪共同說論者僅以認識利用既存狀態的意思作為實質的處罰理由，恐有使刑法淪為意思刑法之虞；後行為人無法左右犯罪參與前的既存事實，而不具因果的影響力；因此基本上否定說較妥當。惟前行為的效果倘若持續至後行為人參與犯罪之際，且後行行為人積極涉入、維持此既存事態而為其犯罪的手段時，先行行為人所惹起的既存事實，在規範上的評價等同於後行行為人自己所惹起者，在此限度內，例外肯認成立承繼共同正犯。[46]亦即，此種情形應視事實上能夠支配構成要件之最後時點而定。假如由於後加入者在事實上無法逆轉而參與其加入前已發生之行為，即欠缺共同正犯之客觀要件。[47]亦有認為，在「繼續犯」（Dauerdelikte）的情形，固為肯定。若參與之犯罪屬於「狀態犯」（Zustandsdelikte），若屬於接續犯則在同一犯罪的數接續行有為完成前，縱使犯罪已經既遂，仍為肯定；只有在不具接續性質之狀態犯的情形，一旦犯罪行為既遂了，即無再加入共同正犯之可能。[48]

　　而最新實務的統一見解亦採這種折衷看法，若他共同正犯之前行為，

45　最高法院102年度第14次刑事庭會議決議。

46　余振華，《刑法總論》，三民，二版，2013.08，395頁以下。

47　謝開平，〈相續共同正犯應否對加入前之行為負責—評最高法院九十八年台上字第四二三〇號刑事判決〉，《月旦裁判時報》，第2期，2010.04，145頁以下。

48　林書楷，《刑法總則》，五南，二版，2014.09，25頁。

對加入之事中共同正犯於構成要件之實現上，具有重要影響力，即他共同正犯與事中共同正犯對於前行為與後行為皆存在相互利用、補充關係，自應對他共同正犯之前行為負責；否則，事中共同正犯對他共同正犯之前行為，既未參與，亦無形成共同行為之決意，即難謂有行為共同之存在，自無須對其參與前之犯罪行為負責。[49]本書認為，就功能支配的角度來說，此說當屬可採，亦即此一議題不宜斷然採肯、否見解，仍須視具體個案中行為人加入後，在整個犯罪過程支配的程度而定。

舉例說明

> 甲企圖搶奪乙之財物，拘束其身體自由後，丙路過看見即加入甲的行列，共同收刮乙的財物。又如，丙對於擄人的行為並未實施參與，而其出面勒贖，係在擄人勒贖繼續進行中參與擄人勒贖罪的目的行為，丙自應成立擄人勒贖罪之共同正犯。因為丙在加入後，就整個犯罪過程觀察，具有重要支配的地位。

考題觀摩

> *甲見路邊有一未上鎖之自行車，企圖據為己有，趁車主A在商店買東西，便將車騎走。A見狀緊追不捨。幾百公尺後，甲撞遇友人乙，告以原委，並請乙共同將A驅離，乙應允。甲與乙將自行車放在身後，A氣喘吁吁趕到後，甲向A表示「錢財乃身外之物，現在四下無人，你孤立無援不要因小失大，趕快離開」。A發現甲乙兩人眼露凶光，因而心生恐懼，急忙離去。甲、乙依刑法如何評價？ 【101年司法四等】

---

49 最高法院102年度第14次刑事庭會議決議。

（四）不作為的共同正犯

二人以上基於共同不作爲之決意，共同實行不作爲，而成立共同正犯的犯罪類型。[50]在不作爲的情形，由於行爲人**違反作爲義務的不作爲**，係屬實行行爲，故二人以上相互利用合作以實現犯罪時，成立共同正犯。

舉例說明

> 甲、乙進入A家，A要求離開，甲乙共同決意滯留不離去時，成立消極侵入住宅罪的共同正犯。夫妻甲、乙共同決意餓死數個月大的嬰兒，於應餵奶之際，袖手旁觀，導致嬰兒餓死，甲、乙成立消極殺人罪的共同正犯。

（五）片面的共同正犯

共同行爲人間雖有客觀上共同實行的行爲存在，但主觀上共同實行行爲的意思，僅係一方存在，另一方並不存在的犯罪類型。若以犯罪共同説的立場，必須共同行爲間各自均具有共同實行的意思，始可成立共同正犯，故不應承認片面共同正犯的概念存在。

四、共同正犯的處罰範圍

共同正犯係兩個以上的行爲人，形成一個犯罪共同體，由於每一個參與者，均係共同意思的實現者，只要其中一人已經達到著手實行階段，則視爲全體已經著手實行犯罪行爲。亦即，只要共同正犯中之一人所實行的犯罪行爲業已既遂或未遂者，甚或未達著手實行階段，但全體共同正犯仍

50　甘添貴、謝庭晃，《捷徑刑法總論》，瑞興，修訂版，2006.06，280頁。

均成立既遂犯。

（一）共同正犯的逾越行為（共同正犯之過剩）

共同正犯，係分別在共同意思範圍內，相互利用他人的行為，以達其犯罪的目的，縱只分擔犯罪行為的一部，即應對於全部所發生的結果共同負責。亦即，共同正犯，對其他共同正犯所實行之行為負其全部責任者，應以就其行為有共同犯意之聯絡為限，若其他共同正犯所實行之行為，超越原計畫之範圍，而為其所難預見者，此即所謂共同正犯之逾越行為，則僅應就其所知之程度令負責任，未可概以共同正犯論。[51]亦即，對於其他共同正犯，超越彼此約定共同決意的過剩部分，不必負責。[52]

（二）共同正犯間刑罰減免的效力

共同正犯若其中有人具備刑罰減輕或免除其刑的原因、訴追條件之欠缺，以及刑罰加重之理由，得單獨發生效力。例如共同正犯中之一人與被害人具有親屬關係之竊盜者，得適用本法第324條「親屬間犯竊盜得免除其刑與告訴乃論」之規定。

（三）共同正犯間與加重結果之責任歸屬

加重結果犯究竟能否成立共同正犯。我國實務見解認為：按加重結果犯，以行為人能預見其結果之發生為要件，所謂能預見乃指客觀上能預見的情形而言（以通常觀念不能無預見之可能），與主觀上有無預見之情形不同，例如甲乙共謀強盜A的財物，惟因甲不慎出手過重導致A傷重死亡。若主觀上有預見，而結果之發生又不違背其本意時，則屬故意範圍。是以，加重結果犯對於加重結果之發生，並無主觀上之犯意可言。從而共

---

[51] 最高法院50年台上字第1060號判例。

[52] 張麗卿，《刑法總則理論與運用》，五南，四版，2013.10，352頁。

同正犯中之一人所引起之加重結果，其他正犯應否同負加重結果之全部刑責，端視其就此加重結果之發生，於客觀情形能否預見；而非以各共犯之間，「主觀上」對於加重結果之發生，有無犯意之聯絡為斷。[53]但學說上多不認同這個意見，蓋結果加重犯之主觀要件所要求的乃「過失」而非客觀預見可能性。因此該主觀要件應指主觀預見可能性而非「過失」因為主觀預見可能性不等於過失，更不等於「客觀預見可能性」。[54]是以，所謂「能預見」應是以行為人個人之能力以為斷。[55]

 考題觀摩

*甲、乙二人長期與A有嫌隙，因而二人約好共同教訓A，某日看見A單獨一人在堤防邊散步，於是說好將A打成鼻青臉腫的輕傷程度即可（輕傷的故意）後，一齊向A跑去。甲先趕到A身邊，想用腳踹A的腳，卻不小心踹到腹部，當場導致A的內臟破裂而死亡，乙隨即趕到而尚未出手。試問甲、乙二人的行為，應如何論處？試根據實務與學說見解詳細分析論述。

【103年司法官第二試】

*甲沉迷賽鴿，賭輸新臺幣300萬元，生活陷入困境，其賽鴿好友乙見其處境，心想最近與富商A發生土地買賣糾紛，乃唆使甲搶劫A，但甲不為所動。其後，甲之摯友丙獲悉該事實後，乃向乙獻上能說服甲之良策，乙依照丙所教辦法，再次唆使甲，甲終於決意向A下手。某日，甲夥同友人丁與戊三人開車強押A前往某銀行提款，抵達現場後，戊突然想起家中年邁老母，乃向甲與丁請求退出，經應允後自行離去。丁在銀行外接應，甲進入銀行順利領取新臺幣100萬元，正擬上車離開之際，該銀行保全員見情況有異，出面盤問甲，甲情急之下，強力將A拉出車外，迅速與丁逃離現

53　最高法院91年台上字第50號判例。

54　甘添貴、謝庭晃，《捷徑刑法總論》，瑞興，修訂版，2006.06，275頁；類似意見：陳子平，〈結果加重犯與共同正犯〉，《月旦法學雜誌》，第147期，2015.01，23頁。

55　黃常仁，《刑法總論－邏輯分析與體系論證》，新學林，二版，2009.01，137頁。

場。A被拉出車外時，腦部碰撞地面，導致傷重不治。警方循線查獲甲、
乙、丙、丁、戊五人，移送法辦。試問：

（一）甲、丁、戊三人之行為應如何論處？

（二）乙、丙二人之行為應如何論處？　　　　　　【101年司法官第二試】

第三節　教唆犯

壹、序說

一、概念

　　教唆犯有可能不願自己實行犯罪行為，或不能親自實行犯罪行為（己手犯或純正身分犯），乃唆使他人違犯，而由被教唆人去實行犯罪，故教唆犯之行為僅止於引發、挑起或招致他人萌生犯意，亦即本來被教唆人並沒有實行犯罪行為或是為犯罪行為的意思，純係因為教唆犯之教唆而惹起犯意。因此，教唆犯又稱造意犯。即對於本無犯罪意思之人，以挑唆或勸誘之方式使他人萌生犯罪決意進而實行犯罪之行為者而言。[56]

舉例說明

> 　　偽證罪係屬學說上所謂之「己手犯」，「己手犯」之特徵在於正犯以外之人，雖可對之加功而成立該罪之幫助犯或教唆犯，但不得為該罪之間接正犯或共同正犯，亦即該罪之正犯行為，唯有藉由正犯一己親手實行之，他人不可能參與其間，縱有犯意聯絡，仍非可論以共同正犯。[57]

---

[56] 最高法院101年度台上字第1084號判決。

[57] 最高法院102年度台上字第4738號判決。

二、理論根據

我國刑法對於教唆犯成立的理論根據，究係採共犯獨立說還是共犯從屬性說，一直是學界的爭論點。首先就共犯獨立說與共犯從屬說敘明之。

（一）共犯獨立性說（Verselbständigung der Teilnahme）

此說以犯罪為惡性之表現，因而教唆行為之本身，當然屬於犯罪之實行。蓋教唆行為之本身，苟足資為行為者之反社會表徵，且對結果有原因力，即成為獨立遂行自己之犯罪，其教唆行為不過利用他人之行為以實現自己犯意之方法而已。換言之，教唆犯係透過正犯之實行行為，而對正犯犯罪之完成予以影響，故正犯之實行行為。是以教唆行為之本身乃獨立之犯罪，即其本身固有之犯罪。

（二）共犯從屬性說（Akzessorietät der Teilnahme）

此說以教唆為從屬於他人犯罪之犯罪，即對正犯之加功犯罪，乃以他人成立犯罪為條件而成立之犯罪。此又分「嚴格從屬性說」（即正犯必須具備構成要件該當性、違法性與有責性）、「限制從屬性說」（正犯只要具構成要件該當性與違法性，即為已足，不必考慮有責性）。

（三）現行法採限制從屬性說

現行刑法第29條第1項規定「教唆他人使之實行犯罪行為，為教唆犯」，其中所謂「使之實行犯罪行為」，係指被教唆人著手實行行為，且其行為具有違法性而言。我國2005年修正刑法第29條之理由係採「限制從屬形式」說。蓋如採共犯獨立性說之立場，實側重於處罰行為人之惡性，此與現行刑法以處罰犯罪行為為基本原則之立場有違。更不符合現代刑法思潮之共犯從屬性思想，故改採德國刑法及日本多數見解之共犯從屬性說中之「限制從屬形式」。依限制從屬形式之立場，共犯之成立係以正犯行

為（主行為）之存在為必要，而此正犯行為則須正犯者（被教唆者）著手於犯罪之實行行為，且具備違法性（即須正犯行為具備構成要件該當性、違法性），始足當之。

貳、成立要件

一、教唆既遂之雙重故意

本法第29條第1項規定「教唆他人使之實行犯罪行為者」。被教唆者有故意違犯的主行為與教唆者的教唆行為，以及教唆者的教唆故意。因此，教唆者不僅要有惹起他人犯罪的故意外，還要具備教唆他人完成特定犯罪的故意，此故意包括完成構成要件的教唆既遂故意，亦即所謂「雙重故意」。

教唆者若自始即認識到被教唆者無法實現法益侵害之結果，或教唆者雖已經意識到法益有受到侵害之可能，但自始即以使被教唆者的實行行為未遂的意思，且教唆者內心確信其不會發生犯罪結果者（即使發生亦不違反其本意），學理上稱前者為「虛偽教唆」，後者稱之為「陷害教唆」（屬於教唆未遂）例如教唆他人行竊，於行竊之際，通知警方逮捕，縱使教唆者存在著誘使他人實行犯罪之故意，但是教唆者不具備使人實現教唆既遂之故意（亦即雖然有教唆他人萌生犯意的行為，但並不希望他人實現犯罪），依照雙重故意所採的見解，則因教唆者欠缺教唆故意，仍無法構成教唆犯。不過，若發生超過此範圍的陷害教唆，即於某種程度上教唆者有使被教唆人達於既遂認識之程度時，仍有可能成立教唆犯，自不待言。

無論是教唆既遂、教唆未遂（教唆者本以教唆既遂之意，而被教唆者未生預期的結果）或是未遂教唆（自始即以使被教唆者的實行行為未遂的意思，而實行教唆），皆是具有促使他人實現不法構成要件以侵害法益的故意為前提。教唆犯從屬於被教唆人而處罰，不適用陷害教唆，理由是因其欠缺教唆的雙重故意。藉此以觀，陷害教唆並非教唆犯，又因有教唆實行故意卻沒有產生不法結果，本屬教唆未遂。

我國實務見解認為，「陷害教唆」者，是指行為人原不具犯罪之故

意，純因司法警察之設計教唆，始萌生犯意，進而實現犯罪構成要件之行為者而言，被教唆人之所以不成立犯罪，理由係因違反偵查紀律，已逾越犯罪偵查必要的程序，且侵害到被告的基本人權，對於公共利益的維護並無意義，故該證據不具證據能力。然而，若屬刑事偵查技術上所謂之「釣魚」者，係指對於原已犯罪或具有犯罪故意之人，以設計引誘之方式，使其暴露犯罪事證，而加以逮捕或偵辦者而言。「釣魚」純屬偵查犯罪技巧之範疇，並未違反憲法對於基本人權之保障，且於公共利益之維護有其必要性存在，故依「釣魚」方式所蒐集之證據資料，原則上仍具有證據能力。[58]

舉例說明

　　司法警察甲為肅清煙毒，甲表示有意向該組織購買數量龐大的毒品，並且要親自與幕後老板接洽。就在毒品交付之後，立刻安排警方將幕後老板及其同夥，全數逮捕。從法益破壞的觀點來看：陷害教唆者，雖然有意使被教唆人實現構成要件的既遂行為（毒品交易），但是不願讓交易行為的結果出現（毒品），所以教唆人欠缺可罰性，但如果甲誘使販毒後，卻無力監控毒品流向，毒品因而流入市面，甲有可能成立教唆犯。[59]

---

[58] 最高法院102年度台上字第444號判決。

[59] 林東茂，〈臥底警探的法律問題〉，收於氏著《危險犯與經濟刑法》，五南，三版，2002.10，256頁以下。

二、教唆行為

（一）須主行為構成犯罪

依共犯從屬性原則，教唆行為必須從屬於正犯的主行為，此主行為是指著手於犯罪構成要件之行為，且此正犯所為者（被教唆者）必須是一個故意的犯罪行為，始足以成立教唆犯。但是，若教唆者本身之行為非刑法所處罰之行為者，即便是被教唆者有故意之行為，亦在不罰之列。

舉例說明

> 教唆他人隱藏自己，或使他人頂替自己，以便隱藏，在刑法上自己隱避既非處罰之行為，則被教唆者或是使之頂替者，當然亦在不罰之列。[60] 換言之，正犯既然無罪，依共犯從屬性原則，則教唆行為自不構成教唆犯罪。

問題思考

> 甲教唆乙為自己之刑事案件偽證。乙偽證罪成立，甲是否亦構成教唆偽證罪？

■ 參考解答

（一）否定說

甲教唆乙為自己之刑事案件偽證，旨在脫免「自己」之罪責，教唆犯之成立應就教唆行為本身之性質決定之，而不能以被教唆者之行為為準。

---

60 最高法院24年上字第4974號判例。

某甲爲避免自己犯罪，教唆某乙僞證，爲自己脫罪，乃人性防禦之本能。其行爲「欠缺期待可能性」，應不構成犯罪。[61]

（二）肯定說

此說認爲，被告在自己的刑事案件接受審判，雖然不可能期待其爲眞實之陳述，以陷自己於不利地位之訴訟結果。故被告在自己的刑事案件中爲虛僞之陳述，乃不予處罰。惟此期待不可能之個人阻卻責任事由，僅限於被告自己爲虛僞陳述之情形，始不爲罪；如被告爲求脫罪，積極教唆他人犯僞證罪，除將他人捲入犯罪之外，法院更可能因誤信該證人經具結後之虛僞證言而造成誤判之結果，嚴重侵犯司法審判之公正性，此已逾越法律賦予被告單純爲求自己有利之訴訟結果而得採取之訴訟上防禦或辯護權之範圍且非國民道德觀念所能容許，依一般人客觀之立場觀之，應得合理期待被告不爲此一犯罪行爲，而仍應論以教唆僞證罪。

 問題思考

> 丙教唆丁爲湮滅關係自己刑事被告案件之證據。丙是否亦構成教唆湮滅刑事證據罪？

■ 參考解答

刑法第165條所謂湮滅關係「他人」刑事被告案件之證據，必以所湮滅者「非其本人」犯罪之證據爲要件，否則縱與其他共犯有關，亦難律以該項罪名。[62]依共犯從屬性原則，教唆行爲必須從屬於正犯的主行爲，正犯既然不存在，自無成立教唆犯之餘地。

教唆者所教唆之行爲，使得本無犯意或犯意未確定的行爲人萌生犯意，始成立教唆行爲。然其教唆行爲須限於特定之人或得以特定之人爲之，否則則涉及爲煽惑犯的問題（刑法§§153、155）；若雖有教唆故意

61　臺灣高等法院暨所屬法院80年法律座談會提案刑事類第3號研究意見。

62　最高法院25年台上字第4435號判例。

但為相對人所不知情者，則涉及未遂教唆的問題（舊刑法§29III）；或者是堅定正犯行為的決意者，則涉及精神幫助犯的問題（刑法§30I）；若教唆行為涉及強制手段，使人陷於錯誤或壓抑其自由意志者，則為間接正犯的問題。[63]例如甲以愛情為枷鎖控制乙，乙對甲形同精神奴隸，任其擺佈，甲設下殺妻的圈套，使乙無法自拔，終於促動其殺妻的行為，甲為殺人罪的間接正犯。

（二）所教唆者須為特定之罪

若為非特定之罪，可能構成本法中之「煽惑」行為。所謂「煽惑」，乃係為煽動蠱惑之意，亦即為使被煽惑者產生實行犯罪之決意，或為助長其已生之犯罪決意，而予以刺激慫恿之行為。因此，被煽惑者於被煽惑前是否已生犯罪之決意，被煽惑後是否因此而生犯罪之決意或實行犯罪，均非所問。就其使被煽惑者產生實行犯罪之決意而言，固與教唆相似；就其對於被煽惑者已生之犯罪決意予以助長而言，則又與幫助相同。故煽惑之概念，實具有教唆與幫助雙重性質。[64]

 概念釐清

「教唆」與「煽惑」之比較

	教唆（本法§29）	煽惑（本法§§107、153、155）
客體	對特定之人或可得特定之人。	對不特定人，不特定多數人為之。
方式	通常以秘密方式進行，且手段不拘，但須未達強制或支配的程度。	以公然對大眾之方式而為之，例如透過臉書或媒體。
行為結果	須惹起他人犯意進而實行所犯特定之罪。	被煽惑後是否因此而生犯罪之決意或實行犯罪，並非所問且不以特定之罪為限。

63　最高法院23年上字第3621號判例。

64　甘添貴，《刑法各論〈下〉》，三民，修訂二版，2013.06，458頁以下。

參、教唆犯的刑責

一、處罰的範圍

　　本法第29條第2項規定，教唆犯之處罰，依其所教唆之罪處罰之。教唆者教唆殺人，被教唆者殺人既遂者，教唆者應負教唆殺人既遂罪。教唆犯僅就教唆故意極其教唆行為所及的範圍，負擔刑事責任。逾越此範圍的行為，教唆犯自無須負擔教唆的刑事責任。例如甲教唆乙傷害A，結果乙竟將A打死，就此致生加重結果，若係甲所不能預見者，教唆者自不須負擔此部分之刑事責任。

　　由於依修法後之規定，必須是「正犯已著手實行犯罪行為（是指該正犯行為須具備構成要件該當性、違法性）」，而修法前之「失敗教唆（被教唆人未產生犯意）」、「無效教唆（被教唆人雖產生犯意，但未實行或僅止於預備）」，因不具有共犯從屬性，且本法業已刪除本法第29條第3項未遂教唆之規定，故修法後此類未遂教唆，皆不具可罰性。

 **問題思考**

　　大哥甲教唆小弟乙殺仇人丙。當乙攜帶槍枝埋伏於丙之家門前，為巡邏員警發現上前盤查，當場逮捕乙。請問甲可否成立預備殺人罪之教唆犯？

■ 參考解答

（一）否定說

　　依舊法第29條第3項的處罰規定來看，不論失敗、無效或狹義的教唆唆未，均是教唆未遂之型態，均要加以處罰。然而，新法已經將第29條第3項刪除，只保留狹義的教唆未遂。即被教唆者未產童生犯罪決意或有產生犯罪決意，但未實行，教唆者雖是失敗或無效教唆都不成立教唆犯。[65]

---

[65]　張麗卿，《刑法總則理論與運用》，五南，四版，2013.10，373頁。

由於這項規定的刪除，甲教唆乙殺人，若未惹起乙犯意，甲不受處罰。若乙預備殺人，尚未著手，乙本身成立預備殺人罪；但是，甲既非殺人未遂的教唆犯，也非預備殺人的教唆犯，所以無罪。[66]

（二）肯定說

即被教唆人已萌生犯意，且本罪已經進入有處罰預備犯之規定的預備階段時（如刑法§271III），此際，若依照目前教唆犯的處罰規定解讀，被教唆人既然成立本罪預備犯，教唆人當亦有可能成立本罪預備的教唆犯，[67]蓋「殺人罪」有預備犯之處罰規定。[68]

（三）本書看法

本書認為，舉凡教唆者之教唆未使被教唆人萌生犯意；或被教唆人未達於該犯罪之著手實行階段，而不構成教唆犯者，即「狹義之教唆未遂」，顯與具有共犯從屬性質的教唆犯不同。理由是：因刑法第29條第2項是指促使被教唆人著手實行，而不是指著手前的預備行為（即不包含被教唆人根本尚未達於著手階段的情形）。既然舊法第29條第3項「狹義之教唆未遂」已刪除，若甲仍成立預備殺人罪之教唆犯，將產生規範衝突，故第271條第3項之預備殺人罪不適用於教唆犯。

二、教唆的逾越與減縮

（一）教唆之逾越

教唆犯對於被教唆人其教唆逾越範圍的部分，若被教唆人係「故意」逾越，教唆犯對此不負的刑責，僅由被教唆之正犯單獨負責，[69]蓋其對逾越犯為部分並無故意。就加重結果之部分，因共犯僅就故意之基本犯罪從

---

[66] 林東茂，《刑法綜覽》，一品，七版，2012.08，1-254頁。

[67] 林鈺雄，《新刑法總則》，元照，四版，2014.09，471頁。

[68] 黃常仁，《刑法總論－邏輯分析與體系論證》，新學林，二版，2009.01，247頁。

[69] 林鈺雄，《新刑法總則》，元照，四版，2014.09，473頁。

屬於正犯，對加重結果則無從屬可言（過失犯不能成立共犯），則其是否應對加重結果負責，亦唯共犯本身就加重結果之發生能否預見，有無過失爲問，[70]故此種情形應就教唆犯對加重結果之發生有無預見可能性爲斷。

（二）教唆之減縮

　　若教唆犯教唆正犯者爲較重的犯罪行爲，但正犯只犯較輕的犯罪行爲。教唆犯仍僅成立輕罪之既遂，只對較少的部份負責。[71]

 考題觀摩

*張三、李四平日相處不睦，張三因心懷恨意，欲使李四雙腳殘廢，乃於100年5月間教唆王五伺機持刀將李四雙腳砍斷，王五接受張三教唆後，亦決意持刀砍殺李四雙腳使其殘廢。然於動手前，因口風不緊，將上情透露給李四友人趙六。趙六得知該消息後迅速告知李四應防備受害，經李四報警而查獲張三、王五。問張三是否應負教唆重傷害罪責？

【102年高考三級法制】

*幫派老大甲與丙間素有仇隙，乃唆使其手下乙殺害丙，當乙依甲之指示攜帶刀械前往遂行任務時，不巧於前往丙家途中，爲警盤查而查獲。試從我國刑法第29條教唆犯修正前後規定檢討甲、乙二人刑事責任如何？

【97年警特三等法制】

---

[70]　最高法院100年度台上字第3062號判決。

[71]　張麗卿，《刑法總則理論與運用》，五南，四版，2013.10，375頁。

第四節　幫助犯

壹、序說

一、概說

　　行爲人以幫助之意思，於他人實施犯罪之前，或犯罪之際，給予助力，雖自己並未參與構成要件行爲，但是使他人易於實行，或易於完成犯罪結果者，可成立幫助犯。幫助犯是指故意幫助他人實施故意犯罪的人，因非出於自己犯罪的意思，對於犯罪行爲欠缺犯罪支配力，故非單獨正犯；且因與被幫助的他人並無犯意的聯絡而欠缺共同行爲決意，故亦不構成共同正犯。因此，必須先有實行故意犯罪的行爲人，始有幫助犯的可能。在所有參與犯的判斷上，因其可罰性最爲薄弱，在不能認定其爲共同正犯或教唆犯者，有時可認定成立幫助犯。

二、刑事責任

　　關於幫助犯處罰之依據，有採犯罪起因說，認爲幫助犯之行爲，亦予正犯之行爲以發生犯罪結果爲條件，故幫助行爲對於犯罪結果之發生，自有因果關係之存在，自應予以處罰。以及責任參與說，認爲幫助犯以其幫助之行爲，促使正犯之犯罪成立，亦即使人墮落，不能無罰。

　　依本法第30條第2項規定：「幫助犯之處罰，得按正犯減輕之。」從犯之處罰，有採必減主義，或採得減主義。該條之立法理由有謂：幫助犯之不法內涵輕於正犯、教唆犯，故在處罰效果上，採得減主義。減輕與否，一任裁判官自由裁量，如認爲情節重大，與正犯不分軒輊，不予減輕者，亦無不可。不過，我國既採二元犯罪參與體系之立法，將正犯與共犯做實質的區別，以處罰正犯爲原則，共犯爲例外，其不法的本質上必然輕於正犯，且就所有參與犯而言，其可罰性最爲薄弱，因此幫助犯的處罰應採必減主義爲宜。

貳、成立要件

一、主觀要件——幫助既遂的雙重故意

　　幫助犯，學理上亦稱爲從犯，因行爲人事前或事中幫助正犯，助益其犯罪之進行或完成，而從屬於正犯，予以非難，課以刑責，是若正犯已經完成其犯罪，除法律另有規定外，**並不能成立事後幫助犯**。[72]幫助者自己並無實行犯罪構成要件之意思與行爲，而於他人犯罪時，認識自己之幫助行爲，而且對於正犯之犯行有構成要件故意之存在，導致可使正犯之犯罪容易實現。[73]所謂幫助故意，必須具有雙重故意，其一是幫助他人實行特定犯罪的故意，以及幫助既遂故意。[74]於正犯實行犯罪行爲時，給予幫助的行爲無論是物質或是精神的鼓勵皆屬之，而使正犯得以或易於實現構成要件。至於幫助犯與正犯有無意思聯絡，並非必要，**片面的幫助（即使被幫助者不知情）**亦得成立幫助犯，[75]現行刑法規定「幫助他人實行犯罪行爲者，爲幫助犯。雖他人不知幫助之情者，亦同」（§30I）。

二、客觀要件

（一）須有被幫助之正犯行為的存在

　　幫助犯的成立，須有被幫助之正犯存在爲前提，此爲「共犯從屬性」當然之結果。倘正犯無實行行爲，自不成立犯罪，因此，幫助犯的成立必須以被幫助之正犯著手實行犯罪，且具備違法性爲必要。至於被幫助之正犯是否具有「有責性（罪責）」，並不影響幫助犯之成立，例如成年人幫助未滿十四歲之人犯罪者，仍有可能成立幫助犯。

---

[72] 最高法院103年度台非字第236號判決。

[73] 柯耀程，《刑法總則》，三民，初版，2014.08，299頁。

[74] 余振華，《刑法總論》，三民，二版，2013.10，429頁。

[75] 甘添貴、謝庭晃，《捷徑刑法總論》，瑞興，修訂版，2006.06，266頁。

2005年修法後，對於幫助犯，已改採共犯從屬性說之「限制從屬形式」，亦即「無正犯即無共犯的存在」概念的確立，且不採「嚴格從屬形式」。若就構成犯罪事實之一部，已參與實行即屬共同正犯，則非幫助犯。

舉例說明

> 例如：他人實行恐嚇時，在旁助勢，攔阻被恐嚇人之去路，即已分擔犯罪行為之一部，自係共同正犯，不得以幫助犯論擬。又如計程車司機甲，明知乘客乙強押另一名乘客A欲殺害之，竟將其載往山上，果真乙將A殺害之，則甲為殺人罪的共同正犯，而非幫助犯。

幫助犯係從屬於正犯而成立，以正犯已經實行犯罪為要件，故並非幫助行為一經完成，即成立犯罪，必須幫助行為或其影響力持續至正犯實行犯罪始行成立，例如犯罪既遂後尚未終了前的違法狀態或繼續狀態者皆屬之。另，有關追訴權時效，告訴期間等，亦自正犯完成犯罪時開始進行。至於教唆之幫助、幫助之教唆，以及幫助之幫助行為，仍以正犯構成犯罪為成立要件。

（二）須有幫助行為──精神上的助力及物質上的助力

行為人必須構成要件以外的行為，始構成幫助犯。幫助犯所為幫助正犯的方式，並無任何限制，只要出於幫助故意，而足以達到幫助他人犯罪之目的的行為，均為幫助行為。幫助行為可能予正犯精神上的助力，亦可能提供正犯物質上的助力。前者例如鼓勵正犯，以堅定其犯意，或助長其氣勢；後者例如提供正犯的犯罪工具、場所或犯罪必需的資力等。此幫助行為必須是在事前或事中即已經認識到，不包括事後知情。本法亦承認相續（承繼）幫助犯，因此幫助行為可以是自始幫助或中途幫助。但在行為

已經完成之後的階段，原則上不應在既有行為中作任何參與關係的牽連。[76]因此，若是狀態犯之相續幫助，必須在犯行既遂前，介入才能能成立。至於繼續犯之幫助則不論在既遂前或行為終了前提供助力，均能成立。[77]

舉例說明

甲在事前早就已經認識到，乙因長期憂鬱症所苦，企圖殺害其子A以求解脫，甲仍賣刀給乙以實現其殺子A的願望，結果乙果真使用該刀殺死子A，甲成立殺人罪的幫助犯。又如甲視力不佳，央求乙幫助其施打毒品，乙之注射行為係施打麻醉藥品之犯罪構成要件行為，並非幫助行為，故乙非幫助犯，而是與甲成立施打毒品犯罪之共同正犯。然而，若只是提供場所供人施打毒品，只能構成施打毒品的幫助犯，而非構成施打毒品的共同正犯。[78]

三、幫助犯的因果關係

幫助行為如對於犯罪構成要件之實現未發生原因力，則是否仍論幫助犯，不無爭議。幫助犯之成立，是否以幫助行為對犯罪的實現，有實際上之影響力為必要，一般認為處罰幫助犯的理由是增加法益被侵害的危險，認為幫助犯的處罰乃透過正犯的實行行為而間接的侵害法益之故。本法採限縮正犯概念與共犯從屬性說的立場，幫助犯的處罰是以正犯之實行行為存在為前提，在此前提之下，才考慮幫助犯惹起犯罪結果之因果關係。

---

[76]　柯耀程，《刑法總則》，三民，初版，2014.08，305頁。

[77]　張麗卿，《刑法總則理論與運用》，五南，四版，2013.10，378頁。

[78]　最高法院44年台上字第758號判例。

問題思考

中性幫助行為是否具可罰性？

■ 參考解答

在幫助犯的討論中，有一極為重要的問題，在於中性幫助行為的可罰性，亦即，中性的、日常生活的舉止方式，如果對正犯犯行有所助益的話，能否視為幫助行為，而依幫助犯處罰，實不無疑問？

我國早期實務認為：[79]「上訴人在製造嗎啡機關內，如僅係受僱服洗滌器具等一切雜事，對於製造嗎啡並無加工行為，縱係知情，尚難論以幫助製造嗎啡罪」係採否定之見解。

至於我國學者則較傾向折衷的看法，如黃惠婷教授認為，[80]並非只要對正犯提供助益，皆成立幫助犯，除非幫助行為與正犯犯罪具因果關係，且提高被害人的風險。日常的中性行為雖然與他人犯罪具因果關係，但欠缺犯罪的意義關聯性，且依信賴原則能排除結果的客觀歸責時，也不成立幫助犯。簡言之，如果幫助行為與法益的攻擊無關或構成要件的實現欠缺重要關連性，則非幫助。[81]

因此，在通常情形，提供者若只是賣麵包、賣菜刀或租房子，這些「日常生活舉止」根本沒有製造任何具有刑法意義的風險，或者所製造的僅是「可容許之風險」而已，無法以刑法相繩；但是若正犯擺明了就是要以該提供物來實現違法犯行，而提供者也完全知悉正犯的打算，此時，提供者對於犯罪的貢獻就已經失去了「日常生活舉止」的特徵，提供者就是以幫助故意來資助並貢獻正犯故意犯行之人，構成幫助犯。[82]這個見解與近期判決則相同，如轟動一時的張錫銘擄人勒贖案中，提供餐點給正犯等人食用，待人質逃離後，並到派出所查看情況，顯出於幫助正犯等人擄人

---

[79] 最高法院25年上字第2387號判例。

[80] 黃惠婷，《刑法案例研習〈三〉》，新學林，初版，2011.12，161頁。

[81] 林東茂，《刑法綜覽》，一品，七版，2012.08，1-257頁。

[82] 林鈺雄，《新刑法總則》，元照，三版，2011.09，482頁以下。

勒贖之犯意，於事中予以助力，其以幫助之意思參與犯罪構成要件以外之行爲，應係擄人勒贖罪之幫助犯。[83]

 考題觀摩

*幫助犯（即從犯）與正犯之區分標準如何？請分析下列案例：

1. 甲、乙一起前往丙家，欲行竊盜，甲在屋外負責把風，乙入屋內搜尋財物。試問甲、乙各爲正犯或幫助犯？

2. 甲明知乙經營流動賭場營利，竟爲圖得高額租金，以高於一般行情三倍之價位，將其位於山中之工寮出租給乙供爲賭場之用，甲並在場內負責替賭客泡茶、買便當，以賺取賭客之小費。試問就所犯意圖營利，供給賭博場所罪而言，甲、乙各爲正犯或幫助犯？　　【100年高考三級戶政】

*甲女爲單親媽媽，卻遭裁員而失業。因經濟拮据，某日看到報紙上的分類小廣告稱，只要將在金融機構開立的帳戶存摺及提款卡交給廣告中所示某公司之公關人員，每個帳戶即可獲得3千元獎勵金。於是甲女至4家銀行分別開立4個新帳戶後，撥打廣告中的聯絡電話，與姓名不詳的男子約好在某路口超商，甲女交付4個帳戶的存摺及提款卡予該名姓名不詳的男子，獲得1萬2千元現金。不久後，甲女接獲警察機關的通知書，認爲其乃提供人頭帳戶予詐騙集團，涉及詐欺罪之幫助犯。有關甲女應否論以詐欺罪之幫助犯，請回答下列問題：

（一）請說明何謂幫助故意？

（二）甲女向警方表示，根本不認識她交付存摺及提款卡之男子，也不知道該男子拿走她的存摺及提款卡之用途爲何。試問甲女能否論以具有詐欺罪之幫助故意？　　【99年高考三級法制】

---

[83]　最高法院96年度台上字第1388號判決。

 問題思考

是否承認幫助的預備犯或陰謀犯？

■ 參考解答

　　所謂「幫助預備或陰謀預備」，是指幫助預備罪或是陰謀預備罪的行為，結果正犯僅止於預備或陰謀階段而言。[84]

　　若採共犯獨立性說之立場，得肯定幫助犯之成立。[85]但我國係採共犯從屬性說之「限制從屬形式」，所謂實行犯罪是指著手構成要件的「實行」，不包括預備階段，[86]故本書認為不應承認幫助的預備犯或是陰謀犯。

第五節　連鎖共犯

壹、序說

　　又稱共犯之共犯，指有多數人連鎖為教唆或幫助行為的情況而為犯罪行為。連鎖共犯的情況裡，直接對實行構成要件行為之正犯，或是為教唆或幫助之人，其應分別按照對於正犯的作用，究竟是引起決意的教唆，或是使正犯更易於實現構成要件的幫助，決定其成立教唆犯或幫助犯，並無問題。連鎖共犯的概念，最終要決定的是，是最前面的共犯，究竟應成立教唆犯或幫助犯，不無疑義。

84　最高法院27年台字第2766號判例。

85　陳子平，《刑法總論》，元照，二版，2008.09，601頁。

86　林東茂，《刑法綜覽》，一品，七版，2012.08，1-257頁。

貳、類型

一、教唆教唆犯

係指教唆他人轉使其他人之實施犯罪行為，[87]應按教唆犯之定處理。

舉例說明

> 如甲收買乙，請乙代為出面收買丙殺人。此時，甲引起乙教唆殺人的決意，乙則是引起丙殺人決意。

二、教唆幫助犯

亦即教唆者對原無幫助正犯意思的他人，促使其產生幫助正犯的意思，而實行幫助正犯的行為，[88]亦稱為幫助之教唆犯。由於主要的行為仍是「幫助」，應按幫助犯之規定處理。

舉例說明

> 甲教唆乙，在丙為殺人而求助於乙時，提供丙殺人工具。此時，甲惹起乙「幫助」殺人的決意，乙又對丙的殺人提供物理上的「幫助」，應成立幫助犯。

---

[87]　甘添貴、謝庭晃，《捷徑刑法總論》，瑞興，修訂版，2006.06，288頁。

[88]　余振華，《刑法總論》，三民，二版，2013.10，434頁。

三、幫助幫助犯

對於幫助他人犯罪者更予以幫助，是為幫助幫助犯，或稱之為間接幫助犯。幫助幫助犯因有助於正犯的犯罪實現，故應以幫助犯之規定來處理。

舉例說明

> 甲介紹欲竊盜的丙給乙認識，以便乙得以協助丙竊盜，亦即乙可為丙提供被害人保險櫃的密碼。此時，乙是對丙提供物理上幫助，甲則是提供乙的幫助更易於實現竊盜之結果，嗣後丙果真竊取被害人之財物得手，故可稱為幫助之幫助。

四、幫助教唆犯

幫助被幫助者教唆他人犯罪，亦稱為教唆之幫助犯。[89]由於被幫助者早有犯意，因此主行為是「幫助」，故應按幫助犯之規定處理。

舉例說明

> 乙早有傷害丁的犯意，但不敢親自下手。於是甲出面幫助乙教唆丙傷害丁。甲應成立傷害罪之幫助犯。

---

[89] 甘添貴、謝庭晃，《捷徑刑法總論》，瑞興，修訂版，2006.06，288頁。

第六節　身分犯之參與

壹、序說

　　身分犯的概念，是指某犯罪須行為人具一定身分或特定關係，才能構成身分犯，亦稱「特別犯」。從本法第31條來看，此一定身分影響犯罪的成立與否，或是犯罪的輕重。前者稱之為純正身分犯（又稱純正特別身分犯）；後者稱之為不純正身分犯（又稱不純正特別犯）。

貳、類型

一、純正身分犯

　　亦稱為「純正特別犯」（echte Sonderdelikte），是指因身分影響犯罪成立與否，這種犯罪在法律上，乃指行為主體資格係在於創設刑罰意義之特別犯，構成要件上之身分，以具有一定身分或特定關係為其可罰性的基礎，因此須具備一定身分或特定關係，才能成立犯罪（本法§31I），不具備一定身分或特定關係，則不能成立犯罪，例如公務員受賄罪此身分為純正身分犯之構成身分。

　　所謂「一定身分者」，[90]是指有基於自然關係，如男女的性別；有基於血緣關係，如親屬關係；有基於法令或契約關係，例如公務員的收賄罪、為他人處理事務之「委任人」的背信罪、「證人、鑑定人、通譯」的偽證罪等。特定關係者，是指身分以外行為人具有的一切特殊地位、狀態、或事實等，例如「持有他人之物」的侵占罪、「懷胎婦人」的墮胎罪、「依法令或契約應負有扶養義務或保護義務之人」的遺棄罪。

　　按照純正身分犯的本質，不具該特定主體資格的參與者，既不能成立純正身分犯的單獨正犯，亦不能與具有行為主體資格的純正身分犯的共同

90　甘添貴、謝庭晃，《捷徑刑法總論》，瑞興，修訂版，2006.06，292頁。

正犯；但是可以因其參與行爲而成立該罪的教唆犯或幫助犯。[91]

依貪污治罪條例第2條：「公務員犯本條例之罪者，依本條例處斷。」同條例第3條：「與前條人員『共犯』本條例之罪者，亦依本條例處斷。」此規定無異承認無身分之人得與有身分之人共論正犯。但這與學理不符，因爲公務員職務犯罪須行爲人具有「特別義務的地位」（besondere Pflichtenstellung）爲其成立構成要件成立前提。

舉例說明

> 某縣政府地政處公務員甲唆使不具公務員身分的乙在地籍資料上做虛僞登記，則甲因具有職務身分且在職權範圍内，不應成立教唆犯，而應成立僞造文書罪的間接正犯。反之，乙因不具公務員身分，在構成要件上只成立「參與犯」（幫助犯）。[92]而國内學者亦大多持相同之看法。[93]

二、不純正身分犯

亦稱爲「不純正特別犯」（unechte Sonderdelikte），即有無具有身分或特定關係僅影響量刑的輕重者，稱之爲加減身分，而以加減身分罪作爲犯罪成立要件的犯罪類型。據此身分或特定關係者，可成立加重或減免刑罰的犯罪。[94]本法第31條第2項規定，所謂的「科以通常之刑」，其實是

---

[91] 林山田，《刑法通論（下）》，元照，十版，2008.01，140頁。

[92] *Vgl. Wessels, Johannes /Beulke, Werner, Strafrecht, Allgemeiner Teil, 28. Aufl., 2012, S. 154, Rn. 521.*

[93] 林山田，《刑法通論（下）》，元照，十版，2008.01，143頁；柯耀程，《刑法釋論 I》，一品，初版，2014.08，634頁以下；王皇玉，《刑法總則》，新學林，初版，2014.12，416頁；陳志輝，〈義務犯〉，《月旦法學教室》，2004年9月，34頁以下。

[94] 張麗卿，《刑法總則理論與運用》，五南，四版，2013.10，384頁。

論以「通常之罪刑」的意思，[95]無此身分或特定關係者，則成立基本構成要件的犯罪，科以通常的刑罰。

舉例說明

> 殺害直系血親尊親屬罪的直系血親屬（本法§272）、生母殺嬰罪的生母（本法§274）、親屬間的竊盜罪的直系血親、配偶或同財共居親屬（本法§324），皆屬不純正身分犯。

問題思考

> 刑法第336條第2項之業務侵占罪，其性質是屬於純正身分犯與不純正身分犯所組成的雙重身分犯，抑或僅為純正身分犯？

■ 參考解答

（一）實務見解

實務上主張將「業務上持有」當作一個整體的「構成身分」，即認為業務侵占罪係因其業務上持有之身分關係而成立之罪，應屬於刑法第31條第1項所稱之「純正身分犯」，因此，無此身分之人仍可依刑法第31條第1項，擬制其身分，使得無「持有關係」亦無「業務關係」者，如與有業務上持有之身分者共同實施，無身分者可依刑法第31條第1項之規定，論以業務侵占罪之共同正犯。無身分或特定關係之人，與有身分或特定關係之人，共同實施犯罪之情形，應依照刑法第31條第1項規定，仍得以共同正犯論。[96]

95　林書楷，《刑法總則》，五南，二版，2014.09，25頁。

96　最高法院70年台上字第2481號、28年上字第2536號判例。

甲與店員乙共同侵占其店中之財物，甲原無業務關係，不能為刑法第336條第2項業務侵占罪之犯罪主體，但因與乙共同實施侵占行為，應依照刑法第31條第1項規定，仍應以共同正犯論。故甲與乙為業務侵占罪之共同正犯。

（二）學說看法

　　有學者主張，有關本法第336條之罪應屬於「雙重身分犯」，應在構成身分之「持有」限度內適用第31條第1項，即非持有者〈非構成身分者〉成立第335條普通侵占罪」，並以此罪之刑加以處罰，至於「業務上之持有者」，則因「公務、業務性」之「加減身分」，而根據第31條第2項成立第336條之「業務侵占罪」。[97]

　　另有文獻主張，雙重身分之犯罪既同時含有構成身分或加減身分。倘於業務侵占，應先依本法第31條第1項先為「持有關係」身分之擬制，再按第31條第2項對於無業務身分之人論以普通侵占罪。[98]

　　不過，對於身分犯類型而無身分者可成立正犯，對於上開見解有採取完全反對立場，認為業務侵占罪中，既然以「持有關係」作為構成身分，則行為人必須具備「持有關係」此一身分或資格，此乃立法者創設刑罰的事由。因此，欠缺該身分或資格的人無法成立業務侵占罪之正犯，當然無身分之人也就不能與有身分者成立業務侵占罪共同正犯，而只能論以對行為人主體資格沒有要求的「參與犯」（教唆或幫助）。[99]

97　陳子平，《刑法總論》，元照，二版，2008.09，621頁

98　劉幸義，〈侵占罪的特定關係問題〉，《台灣本土法學》，第33期，2002.04，165頁。

99　盧映潔，〈為愛沖昏頭〉，《月旦法學教室》，第97期，2010.11，22～23頁。

第七章　過失犯

第一節　序說

　　過失犯，係行為人違背在日常社會活動中客觀必要的注意義務，在心態上是一種輕忽的心理狀態，造成法益的侵害結果的犯罪。過失犯，乃行為人對於實現構成要件上有認識或有認識的可能，或因疏虞或懈怠，以為不會發生法益侵害的結果，竟貿然著手實行，導致實現犯罪構成要件結果的犯罪。

　　故意犯與過失犯，在客觀構成要件的行為態樣上，皆屬法義務規範的違反，而造成法益侵害的結果。所不同者，在於**主觀不法構成要件之規範性的差異**（過失本身即具有高度規範性）。亦即，過失的內涵，是指行為人對於侵害之法益有所認識或有認識之可能，但是對於果真發生侵害的結果，非屬其本然意思的希望範圍。故，過失犯不能完全以故意的內涵，做單純性程度的區隔。

　　基於刑事政策上的目的與刑法謙抑性原則，對於法益侵害較輕微的過失行為，其不法與責任內涵均較故意行為為低者，未列為處罰的對象。過失行為僅限於重大法益侵害或危險結果者，始具有應罰性。故，過失行為之處罰，僅以有特別規定者為限（§12II）。

　　不過，在理論上，故意犯可能的犯罪類型，過失犯亦能成立。過失犯受到刑事政策的影響，過失犯本身就欠缺完整性的構成要件，對於過失犯處罰的規定，在學理上有被視為可罰行為的特別犯罪類型。兩種犯罪類型在客觀構成要件應具有同質性。亦即，行為人對於法益侵害的結果，皆會發生結果迴避的義務。

　　由於社會的公害事件、醫療糾紛、交通事故等大量的過失犯產生，若將過失構成要件視為結果侵害類型，忽視過失行為不法的犯罪類型，而與罪刑法定主義頗有齟齬。各種過失的犯罪類型，自有其不同注意義務違反的態樣，如何建構出結果迴避義務的規範標準的客觀化，同時，須兼顧社

會活動的自由，建構出違法性的理論基礎，則成爲當前過失犯如何限縮或擴張其範圍的重要課題，以解決司法實務工作者所面臨的困境。

第二節　過失犯的成立要件

壹、違反注意義務

所謂「違反注意義務」指的是，怠於實踐其注意義務，而違背法規範之要求。行爲人得認識或可得認識其構成犯罪要件之事實，而爲防止結果發生之積極或消極行爲，卻怠於注意，致無認識，或雖有認識，但確信其不會發生，以致於未能採取一定的行爲避免結果的發生。

由於我國刑法第14條第1項對於「過失」所下的定義爲：「行爲人雖非故意，但按其情節應注意，並能注意，而不注意者，爲過失。」注意義務又分爲：

一、**主觀注意義務**：依照現在的犯罪理論，不僅將過失當作責任的條件，也成爲過失主觀的要素，故意與過失應並列爲主觀構成要件要素。

二、**客觀注意義務**：即謂行爲人有結果預見義務與結果迴避義務。行爲人該當構成要件的客觀注意義務，須兼具結果預見義務與結果迴避義務，欠缺其一，不成立過失。

因此「違反注意義務」可謂過失犯最核心之概念。但操作上並不容易。何種情況應注意，何種情況行爲人違反了注意義務，其實還是要依照個案的特殊情節去判斷。違反注意義務這個判斷基準，有時候還可能引起誤解，以爲只要行爲人破壞了注意義務，就等於過失，但情況並非如此。例如：違反了交通上的注意義務，可該當於本法第14條第1項的規定。但是違反注意義務這個判斷標準，例如：醫療行爲的「專業規範」即是醫療過失案件中之特別規範的客觀注意義務。因此有無符合醫療過失除應審查一般規範的注意義務，如：過失致死或過失致傷的一般規範注意義務的違

反之外，尚須審查醫療行爲中的特別專業的規範。[1]

　　然而，注意義務之違反之認定亦有其界限，分述如下：

（一）容許風險

　　此概念係指，行爲雖然製造了具有法律上的風險，不過由於該行爲係公眾生活所不可或缺，因此普遍爲法社會所容忍。例如：醫療行爲、工業生產、各種其危險性的運動類型等。[2]

（二）信賴原則

　　所謂「信賴原則」（Vertrauensgrundsatz），是1935年以來德國帝國法院所創設，而後日本始漸受德國之影響，發展信賴原則，[3]它可以說是容許風險概念的運用，最初主要被運用在交通事故中，後來也陸續適用在其他分工合作的職業活動上。[4]

　　早期，我國實務界並不承認信賴原則。但近來我國判例也接受此原則而謂：「汽車駕駛人對於防止危險發生之相關交通法令之規定，業已遵守，並盡相當之注意義務，以防止危險發生，始可信賴他人亦能遵守交通規則並盡同等注意義務。若因此而發生交通事故，方得以信賴原則爲由免除過失責任。」[5]

　　但此等判例見解，似乎認爲違反交通規則的人，就不得主張信賴原

[1]　張麗卿，〈醫療糾紛鑑定與刑事責任認定—以戒毒致死案爲例〉，《月旦法學雜誌》，第157期，2009年，12頁。

[2]　林書楷，《刑法總則》，五南，二版，2014.09，25頁。

[3]　林東茂，〈信賴原則的適用範圍與界限〉，收於氏著《一個知識論上的刑法學思考》，五南三版，2007.10，63頁。

[4]　林東茂，〈從客觀歸責理論判斷交通事故的刑法責任〉，收於氏著《危險犯與經濟刑法》，五南，三版，2002.10，310頁。

[5]　最高法院84年台上字第5460號、74年台上字第4219號、65年台上字第3696號判例同旨。

則。我國學說並不贊同。例如，酒醉駕車或無照駕駛的人，也享有不被無故衝撞的權利。因為酗酒駕車或禁止無照駕駛，是要防止這類駕駛人直接造成他人的侵害；而不是強求這類駕駛人承擔突如其來的禍事。[6]另外，從規範目的關係的角度思考，道路交通管理處罰條例規定開車點燈之目的，是防止駕駛人因為視線不良而撞到他人或被他人撞到，而非在以照明設備使其他駕駛人或用路人之間避免發生交通事故。[7]

貳、結果的可避免性

所謂「結果的可避免性」，是指結果若可以避免，而行為人居然沒有避免，任其發生，那麼行為人即有過失。又刑法上過失不純正不作為犯之成立要件，係指為人怠於履行其防止危險發生之義務，致生構成要件該當結果，即足當之。故過失不純正不作為犯構成要件之實現，係以結果可避免性為前提。因此，倘行為人踐行被期待應為之特定行為，構成要件該當結果即不致發生，或僅生較輕微之結果者，亦即該法律上之防止義務，客觀上具有安全之相當可能性者，則行為人之不作為。[8]

參、結果預見可能性

此係指從一般人角度來看，處於同樣的情況下，可以預見可能發生之結果，客觀做判斷。[9]此種要求從本法第14條第1項所指稱的「……並能注意……」，應可得知。據此，倘若該構成要件結果在客觀上根本就「客觀欠缺預見可能性」（objektive Vorbersehbarkeit），亦即讓相同類型具理智且謹慎之人處於相同的具體情況下也無法預見其發生時，此時即不存在所

6　林東茂，〈信賴原則的適用範圍與界限〉，收於氏著《一個知識論上的刑法學思考》，五南，三版，2007.10，63頁。

7　黃榮堅，《基礎刑法學(上)》，元照，四版，2012.09，347頁。

8　最高法院97年度台上字第3115號判決。

9　張麗卿，《刑法總則理論與運用》，五南，四版，2013.10，401頁。

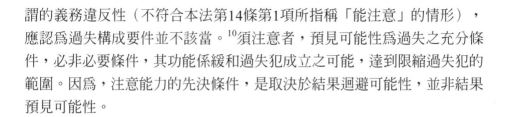

謂的義務違反性（不符合本法第14條第1項所指稱「能注意」的情形），應認爲過失構成要件並不該當。[10]須注意者，預見可能性爲過失之充分條件，必非必要條件，其功能係緩和過失犯成立之可能，達到限縮過失犯的範圍。因爲，注意能力的先決條件，是取決於結果迴避可能性，並非結果預見可能性。

肆、相當因果關係

　　由於過失犯爲結果犯，刑法上之過失，其過失行爲與結果間，在客觀上有相當因果關係始得成立。

　　而對於過失犯因果關係的判斷，實務向採相當因果關係理論，亦即，最高法院76年台上字第192號判例認爲，「所謂相當因果關係，係指依經驗法則，綜合行爲當時所存在之一切事實，爲客觀之事後審查，認爲在一般情形下，有此環境、有此行爲之同一條件，均可發生同一之結果者，則該條件即爲發生結果之相當條件，行爲與結果即有相當之因果關係。反之，若在一般情形下，有此同一條件存在，而依客觀之審查，認爲不必皆發生此結果者，則該條件與結果不相當，不過爲偶然之事實而已，其行爲與結果間即無相當因果關係。」[11]，但這並無法完整過濾犯罪的功能，只能配合背後的條件因果關係的思考做循環論證。依照相當因果關係說，將產生降低風險的行爲也是結果發生的條件的盲點。因此遂有學者主張以「客觀歸責（咎）理論」來檢討評價上的因果關係。這理論分成三個層次，依序檢討：第一個層次「行爲是否創造法律不被容許的危險」；第二個層次是「危險行爲是否導致結果發生」；第三個層次是「危險行爲是否導致結果發生」。[12]

　　而依照客觀歸責的檢驗結果，如果在客觀構成要件上可以歸責者，至

---

[10]　林書楷，刑法總則，五南，二版，2014.09，418頁。

[11]　最高法院103年度台上字第4543號判決、103年度台上字第1076號判決、101年度台上字第5210號判決同旨。

[12]　林東茂，刑法綜覽，一品，七版，2012年，1-80頁、1-191頁以下

少應該成立過失犯罪。因此,所謂「注意義務的違反」、「預見可能性」以及「可避免性」的判斷,都可被包含在之中,已經能夠處理過失犯罪的所有問題。[13]本書認為,除了「違反注意義務」這個基準之外,相當因果關係說是我國實務界最常引用的過失判準。然而所謂「違反注意義務」究係指限於刑法規範或是包含行政規範概念模糊不明確。況且是否已盡注意義務即足以阻卻過失犯的成立,亦不無疑問。而相當因果關係說又不免落入循環論證的套套邏輯,因此本文較贊成以「客觀歸責(咎)理論」來檢驗過失犯罪的。換言之,若違反注意義務,但該行為並未產生法律不被容許的危險,並無必要以過失犯來處罰。反之,若以盡規範上之注意義務,但該行為在客觀上仍製造了法律不被容許的危險,則需再進一步檢驗過失犯是否成立。

伍、須有法律明文規定

本法第12條第2項規定,「過失行為之處罰,以有特別規定者,為限。」而未遂犯是指「著手於犯罪之實行而不遂」,一般是指故意犯,不包括過失犯。因為,過失犯不會發生「行為未遂、結果既遂」之情形,所以,過失犯不會單獨處罰過失之實行行為,一旦過失之實行行為被否定,則無過失犯成立之可能。

 考題觀摩

*甲在鮮果店擔任送貨員工作已達三年之久。應鮮果店老闆乙的要求,甲每日在上班前都必須駕駛他平日用來送貨的貨車到老闆乙家載送老闆的一雙兒女上學。某日,甲一如往常載送他們上學。當車駛入小學附近的巷道時,車速大致上保持在「道路交通安全規則」所規定速限內,而正當準備右轉時,甲注意到老婦人丙正要穿越馬路因而踩煞車減速,但由於車與人

---

13 張麗卿,〈醫療糾紛鑑定與刑事責任認定—以戒毒致死案為例〉,《月旦法學雜誌》,第157期,2009年,13頁以下。

靠得太近，該車的照後鏡勾到老婦人丙手中雨傘。丙所持雨傘被甲所駕駛
汽車之照後鏡勾到後，雨傘先戳中她的臉部，後因顏面受傷突然神智不清
而跌倒、頭部撞地，最後由於對衝性顱腦鈍力損傷、腦挫傷及出血等傷害
而喪命。問：甲的刑事責任為何？　　　　　　　　　【97年檢察事務官】

第三節　過失犯的種類

壹、無認識之過失與有認識之過失

　　刑法上之過失責任，係以行為人對於構成犯罪之事實雖非故意，但按
其情節應注意，並能注意，而不注意者（無認識的過失），或雖預見其能
發生而確信其不發生者（有認識的過失）為成立要件。

一、無認識的過失（疏慮過失）

　　不認識的過失，是指行為人依客觀情況負有注意義務之必要，且有注
意能力，竟不注意，行為人對於可能造成法益侵害益有認識或認識的可
能，只是在主觀心態上自始因疏於注意其行為所存在的客觀情況變化，導
致構成要件結果之實現。如本法第14條第1項規定「行為人雖非故意，但
按其情節應注意，並能注意，而不注意者，為過失」。

舉例說明

　　行為人寒冬燒木取暖，本來就可以意識到用火要小心，只要「按其
情節」自始就應注意到，若睡著火即無法控制，而會產生延燒的行為變
化，而且能控制，竟不加理會，導致火災。[14]

---

[14]　柯耀程，《刑法釋論I》，一品，初版，2014.08，312頁。

二、有認識的過失（懈怠過失）

有認識的過失，係指行為人雖預見其行為有可能造成法益侵害之結果，但因過於自信，而認為自己有控制能力，不致於實現構成要件之結果，卻出乎意料竟然發生構成要件侵害之結果。亦即，行為人雖預見其行為對於法律所保護的行為客體存有危險，但因低估這種危險，或高估其自己的能力，[15]或是希望好運當頭，而確信構成要件不致實現，怠於去防止侵害結果之發生的主觀心理。如本法第14條第2項規定「行為人對於構成犯罪之事實，雖預見其能發生而確信其不發生者，以過失論」。

舉例說明

在2015年6月27日20時30分發生的「八仙塵爆案」，早在2013年舉辦「西子灣彩色節音樂派對ColorPlayParty」時，即提醒有爆炸風險只要是具有燃點的任何物質，在密閉空間達到一定相當高的濃度，提供大量的火源引燃，皆有可能引起燃燒爆炸。但呂姓負責人在2013年卻在臉書上宣稱自己的彩粉很安全，塵爆可能性低，彩色趴所使用的粉末皆以100%的食用色素製造，100%台灣製造並兼顧安全及環保，宣稱比美國採取了更高的規格標準，呂姓負責人對於業務過失致死（傷）之事實，具備預見其能發生而確信其不發生之「有認識的過失」。

三、普通過失與業務過失

（一）普通過失一般過失

普通過失又稱一般過失，是指構成要件並無賦予特別限定之一般過失。例如失火罪等是。

---

[15] 柯耀程，《刑法釋論I》，一品，初版，2014.08，311頁。

（二）業務過失

　　業務過失，是指從事於一定業務者，因怠於業務上必要之注意，而致實現構成犯罪之結果。如本法第276條第2項之業務過失致死之罪。所謂「業務」係「事實」的概念，即以事實上執行業務者爲標準，即指以反覆同種類之行爲爲目的之社會的活動而言；執行此項業務，縱令欠缺形式上之條件，但仍無礙於業務之性質。[16]

舉例說明

> 　　甲行醫多年，雖無醫師資格，亦未領有行醫執照，欠缺醫師之形式條件，然其既以此爲業，仍不得謂其替人治病非其業務，其因替人治病，誤爲注射盤尼西林一針，隨即倒地不省人事而死亡，自難解免刑法第276條第2項因業務上之過失致人於死之罪責。

　　此外實務尚認爲，刑法上所指「業務」係指個人基於其社會地位繼續反覆爲同種類之行爲所執行之事務，[17]包括主要業務及其附隨之準備工作與輔助事務在內，不以專門技術爲常業者爲限，偶爾從事之事務亦可。附隨或輔助之事務，只須與其主要業務有直接、密切之關係者，即可包含在刑法上之業務概念中。[18]

　　但論者有謂，[19]依此實務見解，從業務意義之觀點而言，雖不能謂之有誤，卻仍屬於未能妥適掌握「附隨之準備工作與補助事務」的意義；蓋能成爲業務過失的「業務」行爲，並非指一般所謂的附屬行爲，例如養豬

16　最高法院68年度第5次刑事庭會議決議、43年台上字第826號判例。

17　最高法院71年台上字第1550號判例。

18　最高法院89年台上字第8075號判例。

19　陳子平，〈業務過失致死罪的「業務」—八十九年台上字第八○七五號刑事判例〉，《月旦裁判時報》，第7期，2011.02，136頁以下。

業者開車載運豬隻、夜市商人開車載送錄音帶、農夫駕駛鐵牛車到農田不應該算是業務行為。因此，所謂「業務行為」，應指「以此為業的行為」，例如餵養豬隻、販賣錄音帶、計程車司機的駕駛行為及醫師的醫療行為，以其為「業務」方屬之。

由此可知，我國實務上所認定業務過失之範圍，過於寬泛而不合理。有學者建議建議，對於所謂業務過失犯罪，如果個案中果真有從事業務之行為人具備高度預見可能性或特別可期待其高度之注意義務，那麼用輕率過失作為加重的依據，比起以所謂之業務作為加重刑罰的標準，更具說服力。[20]

 考題觀摩

*刑法上業務過失致人於死罪，所稱之「業務」意義為何？

下列之情形，是否成立業務過失致人於死罪？理由何在？

（一）甲以養豬為業，從事豬隻之生產、養殖、管理、出售工作，但平日並不必經常駕駛貨車載運豬隻或養豬所需之飼料。某日甲欲往豬舍養豬，單純駕駛小貨車以為代步之工具，因過失致人於死。

（二）乙以駕車為業，為丙公司僱用之司機，平日駕駛公司之大貨車運送公司之貨物。某日乙駕駛該車載送丙公司人員（不載貨物），因過失致人於死。 【92年律師】

 **問題思考**

醫事人員未遵守醫療常規（準則）是否就可認定刑法上的業務過失？

■ 參考解答

所謂醫療常規，係在臨床醫療上，由醫療習慣、條理、經驗或知識等

---

20 黃榮堅，《基礎刑法學(下)》，元照，四版，2012.03，406頁以下。

所形成的常見成規。其乃係醫學經過長期的研究與發展，在臨床執業上，由醫界匯集共同的臨床經驗與專業知識所形成的醫療處置準則。[21]學界多不贊成將未遵守醫療常規就立即視爲刑法上的業務過失的概念，進而做爲加重醫事人員刑責的事由，蓋不但在理論上有爭議，且無助於改善醫病關係及醫療事件的紛爭解決，學者紛紛提出以下看法，蓋因：

一、例如醫療法第81條中有醫師爲告知的義務，或者是爲特定之醫療行爲時，必須先得到受醫療人本人或特定家屬的同意(如醫療法第63至65條)，但違背醫療法所定的義務，尙「無法直接」推定醫療行爲在民事法或刑事法上，因爲具有過失的責任關係，欲判斷刑事法或民事上的責任關係，僅能從具體的醫療行爲本身來觀察。[22]

二、醫療準則係爲容許風險作出了說明，但若是違反醫療準則本身並不立即代表就有醫療疏失，這只是顯現出一種憑徵而已，至於是不是成立醫療疏失，則還需要有個案的醫學上說明。[23]

三、近年來，臺灣醫療糾紛或醫療事故的處理模式，已經向「刑罰化」或「刑事化」方向傾斜。但這使得醫師視外科手術如畏途也間接造成了醫療環境惡化。爲求「醫師刑事責任合理化」，學說上有主張，爲緩和醫病關係，醫師應僅限「重大過失」（亦有稱爲「嚴重偏離醫療常規或嚴重違反注意義務」）或「故意」時，始能處以刑罰。[24]

四、因此在醫療爭議事件中，如何判斷是否爲輕微的偏離注意義務或重大的偏離注意義務，尙需視事件的類型而定，尤其在複雜的醫療行爲，仍有待專家進一步進行專業的評估判斷。[25]

五、參照英、美兩國對於醫療過失之認定，應審酌：「照顧責任」

[21] 甘添貴，〈醫療常規與臨床裁量〉，《臺北醫法論壇（VIII）》，2015.05.23，7頁。

[22] 柯耀程，〈過失醫療行爲與刑事責任關係之學理探討〉，收錄於《過失醫療與刑事責任》，台灣刑事法學會，2009.06，204頁以下。

[23] 盧映潔等，〈由刑事過失責任概念論醫療行爲之注意義務〉，收錄於《醫療行爲與刑事過失責任》，新學林，初版，2013.05，10頁以下。

[24] 王皇玉，〈論醫療刑責合理化〉，《月旦法學雜誌》，第213期，2013.02，73頁以下。

[25] 張明偉，〈美國對於過失醫療行爲與刑事責任關係之探討〉，收錄於《過失醫療與刑事責任》，台灣刑事法學會，2009.06，110頁以下。

（duty of care）、被告有無「違反照顧義務」（breach of standard of care）、損害與過失有無因果關係（causality）、損害之事實（damage）四者。因此在醫療爭議事件中，如何判斷是否為輕微的偏離注意義務或重大的偏離注意義務，尚需視事件的類型而定，尤其在複雜的醫療行為，仍有待專家進一步進行專業的評估判斷。[26]

六、參酌德國刑法的部分條文，要求要有「輕率」（leichtfertiges）的行為，方才符合條文之構成要件，如第138條第3項、第251條、第306條c、第308條第3項）。這裡指的「輕率」，係指違反高於一般人所應注意的程度。[27]因此，本書認為詮釋醫療過失時，不妨將國內學說上的所謂「重大」過失，理解為違反高於一般人所應注意的程度，未來亦宜修法，以「輕率」過失的概念來取代「業務」過失。

 問題思考

有無過失幫助犯成立的可能性？

■ 參考解答

（一）肯定說

幫助過失犯亦即過失犯的幫助犯，是指幫助者使違反注意義務之正犯容易發生結果之行為，學說上有採取肯定之見解。[28]

26　葛謹，《醫學與法律－從醫學角度省思司法判決的盲點》，元照，初版，2014.06，230頁。

27　Vgl. Wessels/Beulke, StrafrechtAT., 28. Aufl., 2012, Rn. 662. (S.206).

28　余振華，《刑法總論》，三民，二版，2013.10，434頁。

舉例說明

　　甲駕駛貨車，而乙為該貨車之助手，因習慣長途駕駛之情況下，所以，甲、乙間約定：雙方有隨時替換駕駛之義務。某日甲於行駛途中，不斷地打瞌睡已經出現疲勞駕駛的狀態，乙卻相信深夜路上不會有行人，應該不會發生交通事故，未能適時提醒甲小心駕駛或替換由其駕駛，而逕自睡覺，甲因而不慎撞傷行人。甲乙間存有共同約定替換駕駛的意思聯絡外，同時存在著「於防止結果發生之義務規範下（乙對於自己所發生前行為的危險，負有防止的作為義務，乙對於事故的發生存在著排除危險結果發生的保證人義務），乙雖非直接違反，但卻間接惹起法益侵害之結果」，乙對此事故的發生，主觀上有預見可能性，且有結果迴避義務的違反，故乙成立幫助過失傷害罪。

（二）否定說

　　基於幫助行為的故意，幫助者必須認知到其行為足以幫助他人實現故意不法犯罪構成要件。據此，因過失行為促進他人犯罪行為者，不成立幫助犯。[29]也就是幫助必須是基於故意，因此，無所謂過失的幫助。[30]即使採犯罪共同說或行為共同說亦僅適用於過失共同正犯之情形，而不應承認過失犯之幫助犯。[31]

（三）本書看法

　　本書認為，既然幫助犯之主觀要件，必須具備幫助他人實行特定犯罪以及既遂的雙重故意，而過失的幫助犯則欠缺此要件。如果行為人（前例的乙）主觀上有預見可能性，且有結果迴避義務的違反，則應成立過失傷害罪之「正犯」，而非幫助犯。

29　林鈺雄，《新刑法總則》，元照，四版，2014.09，258頁。

30　林東茂，《刑法綜覽》，一品，七版，2012.08，1-256頁。

31　陳子平，《刑法總論》，元照，二版，2008.09，601頁。

 **問題思考**

> 信賴原則得否適用於醫療分工？

■ 參考解答

由於信賴原則乃容許有益社會之危險行爲存在，是爲了公眾之共同利益，行爲人製造了被容許之風險，本於危險分擔之法理，限制過失犯之成立，以符現實社會生活之需要。然而，在醫療行爲之情形，醫事人員經由各自之行爲，共同達成醫療目的，倘其中之一人或數人信賴其他醫事人員，得否依信賴原則免除業務過失之刑責，實不無疑問。關於信賴原則是否得適用於醫療領域中，有以下不同見解：

（一）反對或質疑之見解

此說認爲，[32]交通事故適用信賴原則，乃長期理論與判例之發展之結果，因此其他之藥品公害或醫療事故，性質與交通事故未盡相同，故應由醫療行爲之本質與社會之需要，毋需適用此原則。

（二）肯定之見解

此說認爲，病人與醫師或醫師與護士之間所存在之信賴關係令對方相信其實施之醫療行爲，此在刑法上稱爲信賴原則，或醫學上之信賴原則。亦即，於醫療過失案件亦適用信賴原則，惟必須具備信賴條件，以及符合信賴容許範圍。[33]

更有論者直言指出，信賴原則之形成背景，雖然原本係由道路交通事故所發展出來之原則，但隨著產業、醫學等技術之高度化、專門化、分工化等因素，故嗣後又於醫療事故上，亦應有適用信賴原則之餘地。[34]

---

[32] 曾淑瑜，〈信賴原則在醫療過失中之適用〉，《月旦法學雜誌》，第28期，1997年，86頁。

[33] 蔡墩銘，《醫事刑法要論》，翰蘆，2005年，二版，239頁以下。

[34] 陳子平，《刑法總論》，元照，二版，2008.09，208頁。

> 　　在一個醫療手術當中，主導動刀的醫師在縫合手術之後，把善後的處理工作交給團隊其他護理人員去處理。所以基於醫療分工合理的信賴，因此除非有特殊情形存在，否則後來護理人員的處置不當而使病患發生感染，主治醫師並不需要為護理人員的過失負責任。不負責任的理由即是基於的容許風險的信賴原則。[35]

（三）本書看法

　　基於與交通事故適用信賴原則類似之「危險分擔」的法理，本書認為原則上應採肯定的見解。

問題思考

> 醫療分工適用於信賴原則之界限為何？

■ 參考解答

　　誠上所述，如同交通事故適用信賴原則之情形，於醫療行為適用信賴原則，並非漫無限制。此一法理於醫療分工領域自亦不例外，至於應為如何之限制，學說上有不同之判斷標準，本書探討如后：

（一）以分工方式做基準

　　在醫療院所中，分工方式大致可分為兩類，一類是「垂直分工」情形，另一類是「水平分工」情形。

　　所謂醫療的「垂直分工」一種具有上下位階關係或指令拘束關係的「階層性結構」，例如主治醫師之於住院醫師或是專科醫師之於護理人員之關係，在其監督責任範圍內，不能主張信賴原則。至於所謂水平分工，

---

[35]　黃榮堅，《基礎刑法學（上）》，元照，四版，2012.09，346頁以下。

則指不同專業領域的醫療人員之間，彼此之間地位平等，此種情形可以主張信賴原則。

（二）以客觀「預見可能性」為準

此說認為，信賴原則主要在於限縮過失的成立，則在主張信賴原則的適用時，在客觀上如果有「預見可能」時，就應有信賴原則的適用。

（三）本書看法

本書認為，第二種看法顯然較可採。蓋第一種看法以分工方式作界分太過形式論、機械化，如果以「預見可能性」作為界限基準，則較無此問題。不但對於水平分工的麻醉醫師得主張信賴，對於垂直分工的助理醫師、護理人員亦得主張之。又如：護士有權信賴藥師所給的藥沒有貝題，藥師也有權信賴醫師開出的處方不會出錯。，如果醫師使用未經護士仔細消毒的手術刀，以致病患感染細菌死亡，這個過失結果應由護士承擔，而不能歸咎醫師。

第八章　不作爲犯

第一節　序說

　　作爲與不作爲均得以成爲刑法上的行爲。作爲就是做一定身體的動作，如開槍；不作爲就是不做社會所期待之一定身體動作，如母親不餵奶而致嬰兒死亡。[1]作爲及不作爲是處於相等而平行的地位，這兩種行爲型態，構成「作爲犯」與「不作爲犯」兩種犯罪類型。在解釋上，依作爲所實施的犯罪，稱「作爲犯」；依不作爲所實施的犯罪，稱「不作爲犯」。前者，係指行爲人以作爲的行爲方式，實現構成要件的犯罪；後者，係指行爲人以不作爲的行爲方式，實現構成要件的犯罪。此二者分屬於破壞刑法規範的不同犯罪類型。

　　不作爲犯，是指不依法規範所要求或期待的行爲，依據構成要件的實行行爲方式的不同，在分類上可分「純正不作爲犯」與「不純正不作爲犯」。[2]「純正不作爲犯」，係依不作爲而違反命令規範的犯罪，並非單純消極不作爲的狀態，而是指刑法命令規範下，以此不作爲當做犯罪構成要件者，這樣的不作爲被認爲具有刑法規範上的價值，如第149條公然聚眾不遵命解散罪、第306條第2項侵入住宅不退去罪。不作爲的行爲是否構成犯罪，本屬構成要件該當性的問題。不作爲之行爲既與構成要件該當，不作爲即具有形式的違法性，自得推定其違法。至於是否具有實質違法性，亦即有無阻卻違法事由的存在，則在違法性階層加以判斷。

---

[1]　陳子平，《刑法總論》，元照，二版，2008.09，150頁。

[2]　甘添貴、謝庭晃，《捷徑刑法總論》，瑞興，修訂版，2006.06，72頁。

第二節　作為犯與不作為犯的區別

　　刑法所預定的犯罪類型，大部分都是作為犯，係以構成要件的「作為」的行為予以類型化。作為犯，是指刑法禁止行為人為一定行為而違犯者，始課以刑罰，故又稱「違反不作為義務」的犯罪類型。只有在例外的情形之下，當刑法命令行為人應為一定作為而不為者，始課以刑罰，即不作為犯，又稱「違反作為義務」的犯罪類型。不作為的犯罪能量較低，社會大眾對於不作為的手段有比較低的非價領悟，所以（不純正）不作為犯的處罰，應當輕於作為犯。[3]刑法通常以「違反不作為義務」之作為犯為優先規定，極少數在違反作為義務，始有不作為犯處罰。以消極侵入住宅罪為例，一般人未得屋主同意擅自侵入他人住宅者，為積極侵入住宅罪。惟，行為人之前進入住宅係得到屋主同意，自有其正當的理由，嗣後受屋主退去要求時，始發生刑法上的作為義務，若仍滯留屋內，已無正當理由，行為人必須遵守退去的要求（遵守作為義務的法命令），若不遵守，成立消極侵入住宅罪（本法§306II）。

舉例說明

　　以有義務的遺棄罪（本法§294 I）為例，其後段之「不為保護」，在此構成要件中，同時規範著：不純正不作為犯（消極之棄置是違反法律所禁止之規範）、純正不作為犯（因為「不為」必要保護是違反律所誡命應為之規範）。又如駕車將人撞成重傷，昏迷在地，未將其送赴醫院救護，得以成立本罪之不純正不作為犯。

　　就行為違背義務之性質而言，「作為犯」係指違背原本應不作為義務，不作為犯係指破壞作為義務。亦即，「作為犯」，是指違反不作為義

3　林東茂，《刑法綜覽》，一品，七版，2012.08，1-161頁。

務之犯罪類型，亦即違反禁止規範而言；不作為犯，是指違反作為義務之犯罪類型，亦即違反命令規範而言。[4]因此，作為犯的成立，即不可能同時存在不作為犯。反之，亦同。

倘若犯罪型態可以以禁止作為的行為出現，同樣也可以命令不作為的行為出現；同樣的情形，可以命令為一定作為的行為，也可以禁止為一定不作為的行為。例如醉酒不能安全駕駛罪，是屬違背不作為義務之舉動犯（行為犯），蓋因刑法規定喝醉酒不能安全駕駛之人不得為駕駛的行，此為禁止規範；同時刑法也可以命令規範出現，亦即命令喝醉酒不能安全駕駛的人，其應不作為的行為，是不為駕駛的行為，此為命令規範。不過，首先應考慮的是，刑法既有禁止不作為義務（禁止不得為危險駕駛行為），此為刑法明文的禁止規範。

單純危險行為的不作為，不會伴隨著如同作為犯一般，具有相當的犯罪能量，因此原則上不具有可罰性。例如喝醉酒應該靜靜地休息，不應該在馬路上高聲喧嘩吵鬧，儘管有可能發生其他事故（與人發生鬥毆）。但是，刑法認為這不具有可罰性。所以，它既不會成為刑法所禁止的規範，當然也不會成為刑法違反命令規範的行為，自然就不會發生違背刑法義務的行為。

就保護個人基本自由權利觀之，對於單純的不作為的危險行為，原則上不具有可罰性，除非專以保護公共利益之必要性的前提下，始課予一定作為之命令的義務，否則，將是違反人的自律性、自我責任原則。例如，不能因為發生有人被殺害必須要救護的場合，卻禁止他人為任何行動的自由。因之，刑法只是有期待在某種情況下能夠符合一般法規範價值，卻不為活動，始有規範義務可言。故不作為之所以成立的犯罪，須有法規範上作為義務的存在，始生拘束人的行動自由。

4　陳宏毅，《論過失不作為犯》，元照，初版，2014.09，58頁。

 問題思考

有無不作爲犯的幫助犯成立可能？

■ 參考解答

　　所謂「不作爲犯的幫助犯」亦稱「幫助不作爲犯」，使不作爲犯容易實行其行爲而言。[5]在一般的情形，針對不作爲犯的幫助或是教唆，應係作爲犯的正犯，不會成立幫助犯或是教唆犯。實務亦認爲，必有以物質上或精神上之助力予正犯之實施犯罪之便利時，始得謂之幫助。若於他人實施犯罪之際，僅以消極態度不加阻止，並無助成正犯犯罪之意思，及便利其實施犯罪之行爲者，即不能以從犯論擬。[6]

第三節　純正不作爲犯

壹、概念

　　所謂「純正不作爲犯」（echte Unterlassungsdelikte），是指行爲人不符法律期待之行爲規範的要求，實現構成要件內容者，不問是否導致一定結果發生，即成立犯罪，與作爲犯實係相對而生的概念。[7]純正不作爲犯之不作爲，刑法僅規定在少數的分則條文中，無論是明示或默示規定於分則構成要件中，甚至把業務過失傷害犯、侵占罪、肇事逃逸罪亦可列入默示不作爲犯之中，其作爲義務直接從構成要件條文中適用之。純正不作爲犯之作爲義務，是單純來自刑法分則構成要件的條文爲限，是以其命令規範之性質濃厚。

5　余振華，《刑法總論》，三民，二版，2013.10，434頁。

6　最高法院27年上字第2766號判例。

7　陳宏毅，《論過失不作爲犯》，元照，初版，2014.09，61頁。

貳、類型

一、故意純正不作為犯

　　就犯罪主體而言，未必一定具有保證人地位，一般犯亦可，重點在於以不作為的方式，實現其構成要件的內容。此類型大多是舉動犯（行為犯）之型態，所謂舉動犯：行為人只要實現構成要件所描述事實，即可成立犯罪之犯罪類型。[8]但是仍有例外，如廢弛職務釀成災害罪則為結果犯。有關廢弛職務部分是故意犯，是針對廢弛職務之行為部分因其行為有導致災害結果之認識可能性即足；然而對於釀成災害部分則為過失之不法結果。

　　由於純正不作為犯，是指只有以不作為的行為方式，才能實現法定構成要件的不作為犯。是以，這些不作為犯，均屬實現刑法條款明定的構成要件，並且只有以不作為始能違犯的犯罪，故可謂具有不作為本質的不作為犯。由於行為人係單純不為刑法規範誡命應為的行為。

　　純正不作為犯就構成要件而言，係依消極的不作為形式，為其構成要件的行為要素，以牴觸命令規範為其內容。應為而不為，是指有一般作為義務存在。此項作為義務，通常以法律明定其內容，以構成要件上所預定之作為義務，令其負作為義務。是其犯罪之是否成立，以有無破壞此項一般作為義務為核心加以判斷。純正不作為犯可能為純正身分犯，亦可能為一般犯。其規定於分則之構成要件中，其不法之行為關聯性較明顯。

舉例說明

> 　　例如：「滯留」要塞（本法§112）廢弛職務釀成災害罪中應為預防或阻止之作為義務（本法§130）、「不解散」（本法§149）、「留滯」而不退去（本法§306II）。

8　　張麗卿，《刑法總則理論與運用》，五南，四版，2013.10，421頁。

二、過失純正不作為犯

消極之不作為亦有過失之情節，刑法以處罰故意行為為原則，對於過失行為之處罰，以法律另有規定者為限（本法§12II）。此項規定對於過失不作為犯，亦有適用。

就比較之立法例而言，對於過失純正不作為犯設有處罰規定者，例如德國刑法第138條第2項對於知悉組織恐怖集團之犯罪計畫或實施，於其實施尚得加以防止前，而怠於適時向官署告發或向犯罪可能受威脅之人通報者，設有處罰規定；德國刑法第323條c不進行急救罪，意外事故、公共危險或困境發生急救，根據行為人當時之情況有急救之可能，尤其對自己無重大危險且又不違背其他重要義務而不進行急救者，設有處罰規定。[9]

我國刑法則有第108條第2項規定過失戰時不履行軍需罪，或公務員過失縱放或便利脫逃罪。蓋因僅僅是單純的違背客觀注意義務，不待結果之發生，即可充足其不法內涵，具有類似舉動犯的性質，即可成立犯罪，[10]蓋此等行為往往侵害法益之危險程度高，不問是否有實際侵害或有侵害危險為必要。

第四節　不純正不作為犯

壹、概念

「不純正不作為犯」（unechte Unterlassungsdelikte），是指以不作為方式實現通常得以作為的手段所規定的犯罪行為，[11]該不作為得以成為刑法評價的客體，與純正不作為犯完全相同。所不同者，在於不純正不作為

9　蘇俊雄，《刑法總論》，自刊，四版，1998.12，576頁。

10　黃常仁，《刑法總論－邏輯分析與體系論證》，新學林，二版，2009.01，166頁以下。

11　王皇玉，《刑法總則》，新學林，初版，2014.12，504頁。

犯必須具有保證人地位（純正身分犯），且要有具體的作為義務（義務犯）的存在，使之與作為犯於構成要件上產生等價關係。[12]惟，「不純正不作為犯」，不同於「純正不作為犯」，多半尚未經過立法予以類型化。在解釋上，是以作為犯所生犯罪侵害結果，可依不作為的方式去實現相當於作為犯的犯罪，故稱之為「不純正不作為犯」。理由是因不作為而未防止結果發生，與依作為而實現構成要件之當罰性，具有等價性。因此，我國刑法第15條予以明文規定「對於犯罪結果之發生，法律上有防止之義務，能防止而不防止者，與因積極行為發生結果者同」，同條第2項規定「因自己行為致有發生犯罪結果之危險者，負防止其發生之義務」。

　　「不純正不作為犯」，是從行為人不為防止犯罪結果而言，造成犯罪結果與不作為間被認為具有一定的原因力，如此的因果關係判斷，係規範價值的因果判斷。因此，認為不作為與結果發生仍具有價值性、機能性的關聯。不作為之所以能成為刑法上評價之對象，並非「不為任何行為」，乃「不為法律所期待的一定行為」始具有實行行為性。故不作為，並非單純的「不作為」，乃指不為法律所期待的一定行為，導致侵害一定犯罪的結果。

貳、要件

一、須有不作為的結果存在或構成要件實現

　　不純正不作為犯，乃指對於構成要件結果之發生負有防止義務之人，不為其應為之防止行為，致發生與作為之行為方式實現構成要件情況相當之不作為犯。此種不作為犯係由行為人以不作為，而違犯刑法規範以作為之行為方式規定之不法構成要件，強調不作為與作為之等價性。基本上此不作為須有排他支配的可能性。例如肇事逃逸罪之行為人，是否成立消極殺人罪，仍須視具體情況判斷之。

12　陳宏毅，《論過失不作為犯》，元照，初版，2014.09，172頁。

二、不作為與結果間的因果關係

　　不純正不作爲犯並非只是不作爲即構成犯罪，而是必須因不作爲，致發生構成要件該當的結果，始足以成罪，故不純正不作爲犯屬結果犯。「不作爲犯」與「作爲犯」類似，都存在因果歸責的問題，也就是應檢討行爲人之不作爲與構成要件結果之間是否存在因果關係，[13]此可以由客觀歸責（咎）理論檢驗之。

三、須具有法律上負有防止義務之保證人地位

　　本法第15條規定之不作爲犯，係消極行爲之犯罪與積極行爲之犯罪，在法律上有同一之效果，並非對於犯罪行爲之意思要件，特設例外規定，故被告之行爲縱令客觀上係違反法律上之防止義務，仍應視其主觀上之犯罪意圖，定其應負之刑責，[14]若行爲人已有積極作爲，並非單純容任忍受之不作爲，自無不純正不作爲犯規定之適用。[15]至於所謂法律上之防止義務義務，並非以法律設有明文規定之義務爲限，[16]實質規範上所生之義務亦包括在內。

舉例說明

> 　　刑法第294條第1項後段「有義務」的遺棄罪規定「消極棄置」的行爲，是指行爲人破壞「作爲」義務之「不作爲」行爲所導致，故爲不純正不作爲犯。

---

[13]　林書楷，《刑法總則》，五南，二版，2014.09，457頁以下。

[14]　最高法院100年度台上字第2643號判決。

[15]　最高法院103年度台上字第1031號判決。

[16]　最高法院24年上字第1511號判例。

依通說的立場，保證人地位是以社會信賴關係作爲評價的實質基礎，此信賴關係不以法有明文規定爲依據，更不以具有法規範價值之義務爲必要，事實上只要與特定法益之保護有關係者，居此身份關係之存在即足。申言之，與特定法益保護有關者，居於有防止結果發生可能性之身分之人，就已經居於保證人地位。亦即法律上處於保障結果不發生之地位之行爲人，違反應防止結果發生之法律上義務，始可成立不純正不作爲犯。

 **舉例說明**

> 以「八仙塵爆事件」爲例，由於粉塵本身具有爆炸性；在懸浮在空氣中並與空氣混合到爆炸濃度；就有足以引起粉塵爆炸的高度可能性。舉辦此種危險活動，**主辦單位之負責人及八仙樂園即具有保證人地位**。又依觀光遊樂業管理規則第23條，八仙樂園在園區水域遊樂設施辦理非營業項目活動（抽乾泳池池水辦理彩色派對活動），涉及「遊樂設施出租及變更用途使用」，並未向主管機關觀光局申請同意，因此八仙樂園出租場地給「玩色創意」公司的行爲，不但違反《發展觀光條例》及《觀光遊樂業管理規則》中不得部分出租觀光發展設施的規定，且依該管理規則第35條第1項也規定，觀光遊樂業應建立緊急救難及醫療急救系統，八仙樂園在慘劇發生後，竟「不作爲」封閉急難通道的後門，末引導消防救難人員迅速救助傷者，亦屬不純正不作爲犯。

問題思考

> 保證人地位應如何認定？（103年地特法制類似題）

■ 參考解答

（一）不限於危險前行爲說

不純正不作爲犯的成立關鍵是保證人地位，刑法第15條有簡略的規

定。其第2項清楚規定，製造危險前行為的人有保證人地位。但是，危險前行為並不是保證人地位的唯一根據。否則，第15條第1項就成為多餘。立法者不可能做出這種明顯而又多餘的規定。

依照通說的看法，保證人地位有下列幾種情形：[17]

1.基於法令。

2.基於自願承擔保護義務。

3.基於密切的生活關係。

4.基於危險共同體。

5.基於危險源的監控義務。

6.基於危險前行為。

7.商品製造人責任。

（二）限於危險前行為說

通說所包含廣泛的保證人地位說法，其最後建構保證人地位的基本理由何在並未見說明。採此說的學者認為，[18]不作為的生活態度是基本人權，因此所有不以作為為前提的保證人地位事由，都是對於基本權利的侵害。

此說認為，通說得看法違背不作為之基人權理念，蓋通說所列的保證人地位事由本身往往在適用上出現不見理由的自我限縮。其中最明顯的例子是在所謂法令規定作為義務的情形：既然通說以法令規定作為義務作為保證人地位的事由，那麼在理論上，當行為人有作為可能性的情況下卻不作為，就應該成不作為犯，然而依通說之看法基於法令即得為保證人地位，但若以醫師法第21條之規定為例，醫師對於危急之病人，應即依其專業能力予以救治或採取必要措施，不得無故拖延。然而如有醫師對於危急病人之招請無故不理，致病人不治死亡，卻不曾有實務認為這是構成不作為犯，足見通說欠缺論理上一貫性。

---

[17] 林東茂，〈不純正不作為犯〉，收錄於《甘添貴教授七秩華誕祝壽論文集上冊》，承法，初版，2012.04，120頁以下；林鈺雄，《新刑法總則》，元照，四版，2014.09，544頁。

[18] 黃榮堅，《基礎刑法學(下)》，元照，四版，2012.03，721頁以下。

基於上述，只有製造風險之「危險前行為」應是構成不作為犯之保證人地位的唯一理由。

（三）本書看法

　　第二說看法雖言之有物，但操作某些案例會產生不合理現象。舉凡：兄弟同住，弟弟急病，哥哥不理會，弟弟病死；又如及值勤警員打瞌睡有人被殺傷沒有處理，但死傷結果非可歸咎值勤員警，因為警員沒有製造危險的前行為，所以沒有保證人地位，警察法規、警察勤務條例等規範，將顯得毫無意義。[19]又如，「八仙塵爆事件」中，八仙樂園違反《發展觀光條例》及《觀光遊樂業管理規則》的規定違法出租，導致之前的消防檢查根本無法發揮作用，事故發生後又違反規定未開啟逃生通道，雖然「出租」本身不能算是危險前行為，但是違反這些規定仍構成保證人地位，因此本書贊同通說的見解。

 考題觀摩

*刑事偵查員甲有收賄嫌疑，偵查員乙曾揚言舉發，。兩人因此結怨。一日，兩人奉命查緝毒犯丙。線報指出，丙經常隨身攜帶槍械。當乙發現丙的行蹤，隨即追趕，甲緊跟在後。乙的腳程迅速，眼看追上，丙掏出一把槍向乙擊發。丙掏出手槍時，甲已經舉槍瞄準丙，卻心念一轉，企圖讓丙槍殺乙。甲等而擊發兩槍後，才開槍反擊、將丙擊斃。乙身受重傷，送醫後，僥倖保住性命。問：對於丙的死亡，對於乙的重創，甲是否有罪？

【104年一般警特三等】

*試說明「保證人地位」之意義，並列舉其種類？　【103年地特三等法制】

19　林東茂，《刑法綜覽》，一品，七版，2012.08，1-176頁以下。

*某日深夜裡，船長甲於駕駛A客輪時飲酒，因醉酒不慎使該客輪撞到暗礁，導致船體裂開、大量海水進入船體。當船體快速傾斜時，甲除要求乘客留在原地、不要走動外，並沒有採取任何救援措施。等到救援船舶到達後，甲放棄客輪及乘客，自己率先登上救援船舶。很幸運的，在千鈞一髮之際，全體乘客均獲救，僅數人受傷。試就船長甲是否成立刑法第271條「殺人者，處死刑、無期徒刑或十年以上有期徒刑。前項之未遂犯罰之。」第2項殺人未遂罪加以討論。　　　　　【103年高考三級一般民政】

*甲、乙皆爲某海水浴場的救生員。某日甲、乙的輪班表爲：甲是上午10點至下午4點，乙是下午4點至晚上8點。甲該日值班至下午4點，乙卻因塞車遲遲未能夠趕到海水浴場，甲因有私事，沒有等到乙趕到海水浴場交接值班即自行離去。乙後來於下午6點始趕到海水浴場，但已有泳客丙因腳抽筋且無人救援而溺斃。丙的家屬因而對甲、乙提告。請依下列問題討論甲、乙刑責：

(一) 甲、乙兩人誰對泳客丙居於保證人地位？

(二) 甲、乙兩人是否成立不純正不作爲之過失致死罪？

【100年檢察事務官】

四、作為可能性（期待可能性）

　　作爲可能性，是指行爲人所不做的行爲，必須該行爲人有作爲之可能性始可，蓋因法不可能要求人作做不到的事。也就是對於悲劇的發生居於管控地位的保證人，必須生理上或現實上可被期待，有能力伸援手予以防阻。[20]一般而言，結果迴避可能性，與作爲可能性（期待可能性），應屬相同的概念。結果迴避可能，是指於通常具體的情形下，結果的發生是可

20　林東茂，《刑法綜覽》，一品，七版，2012.08，1-177頁。

以避免的。[21]就不純正不作為犯而言，須發生可避免結果的具體情況，而法規範期待行為人應遵守作為義務而不作為者，才有作為可能性的問題。換言之，不作為必須與作為等價。然而，在不純正不作為犯中，此種等價條款，通常不需要特別的獨立審查，只要符合不純正不作為犯之成立要件，即可認為不作為與作為等價。[22]但就結果論而言，此不作為須能夠幾近確定足以導致犯罪的不法結果，才可能成立不純正不作為犯。

舉例說明

> 例如甲乙兩人相約到海邊去游泳，兩人游到離岸邊一百多公尺距離時，突然一個巨浪衝過來，甲見狀立刻游回岸邊，乙猝不及防被大浪捲走，甲如果當時捨命去救乙或許可以救乙一命，但甲選擇游回保住自己性命。由於刑法評價的核心是因為甲本身不具有法期待之作為義務，而本例中甲根本就不具有不作為之作為可能性，因此，甲不去救乙的不作為，並非法規範所期待之作為義務，亦即甲的不作為與法規範期待的作為義務完全無關。

五、故意或過失

純正不作為犯的概念，有所謂防止結果發生之作為義務，並非杜絕所有可能發生侵害犯罪的結果，皆課以絕對的責任。通常情況之下，仍應以依日常生活經驗有預見可能，且事實上有防止結果發生的作為可能為前提，且以犯罪結果的發生，係因可歸責於作為義務人故意或過失的不作為為限。在法解釋上，為求刑法犯罪理論體系下的完整性，我國刑法第15條

---

[21] 張麗卿，〈樂極生悲—過失的不純正不作為犯〉，收於氏著《新刑法探索》，元照，五版，2014.09，590頁。

[22] 王皇玉，《刑法總則》，新學林，初版，2014.12，523頁。

並未限制此類犯罪必須以故意犯始可，過失犯仍有該法條的適用。

概念釐清

「純正不作為犯」與「不純正不作為犯」之比較

	純正不作為犯	不純正不作為犯
定義	指行為人不符法律期待之行為規範的要求，實現構成要件內容者，不問是否導致一定結果發生，即成立犯罪。	不純正不作為犯是指以不作為方式實現通常得以作為的手段所規定的犯罪行為。該不作為得以成為刑法評價的客體，與純正不作為犯完全相同。所不同者，在於不純正不作為犯必須具有保證人地位。
規範違反	違反命令規範	違反禁止規範
舉例說明	戰時不履行軍需罪（§108）、「滯留」要塞（本法§112）廢弛職務釀成災害罪中應為預防或阻止之作為義務（本法§130）、「不解散」（本法§149）、「有義務」的遺棄罪之「不為」生存所必要之扶助、養育或保護（§294I）。「留滯」而不退去（本法§306II）。	肇事逃逸罪之「逃逸」（§185-4）、生母殺嬰罪之「不哺乳」（§274I）、「有義務」的遺棄罪之「消極之棄置」行為（§294I）。

考題觀摩

*母親甲，攜同三歲的小兒在便利商店購物。甲先裝滿一大盒熱騰騰的關東煮，放置在結帳櫃臺上，又走回貨架，挑選物品。此時，小兒伸手拿取桌上的關東煮，卻打翻淋在頭臉上，導致多處燙傷。店員乙雖注意到小孩的舉動，但忙於幫其他顧客結帳，且立於櫃臺之內，來不及防止。問對於小孩的燙傷，甲乙是否有罪？　　　　　　　　　　　【101年檢察事務官】

*請舉例說明，何謂純正不作為犯與不純正不作為犯。

管理規則第35條第1項也規定，觀光遊樂業應建立緊急救難及醫療急救系統，八仙樂園在慘劇發生後，竟然持續封閉離事故現場最近的後門，引導消防救難人員從前門進入，恐有延誤救災的行政違失。

【94年薦任升官法制】

第九章　錯誤論

第一節　序說

　　所謂刑法上的「錯誤」，是指行為人主觀上希望發生的事實（犯意）與客觀上實際發生的事實（結果）不一致。刑法上對犯罪判斷具重要影響的錯誤，是指涉到構成要件或是行為違法性，早期刑法學說將錯誤區分為事實錯誤與法律錯誤。惟因所謂「事實」面與「法律」面難有明確的分界，現在多改稱「構成要件錯誤」與「禁止錯誤」。

第二節　構成要件錯誤

壹、概念

　　構成要件錯誤又稱為「事實錯誤」，[1]係指行為人主觀上認識的內容與客觀構成要件的構成犯罪事實不相符合。換句話說，即行為人主觀所認識的構成犯罪事實與客觀發生的構成犯罪事實不相一致。

 選擇題練習

*原住民甲夜裡持獵槍至森林打獵，見約100公尺處有一微弱亮光，其以為是山羌的眼睛，立即朝該亮光處瞄準開槍射擊，結果卻傳來人的慘叫聲，甲趕緊跑過去察看。原來，甲所擊中的不是山羌，而是帶著頭燈正在挖地瓜的另一原住民乙。問甲之此等誤認係屬刑法學理上何種錯誤？[2]　(A)構成

1　林東茂，《刑法綜覽》，一品，七版，2012.08，1-272頁。

2　答案為(A)。

要件錯誤　(B)容許構成要件錯誤　(C)反面的構成要件錯誤　(D)反面的容許構成要件錯誤。　　　　　　　　　　　　　　　　　　　【102年警大二技】

貳、類型

由於其不一致的情形不同，又可分為下列數種：

一、客體錯誤

客體錯誤，乃指行為人主觀上認識的行為客體與客觀發生的行為客體不相符合。其處理方式學說上有具體符合說與法定符合說兩種相異的見解：

（一）具體符合說

此說認為，行為人所認識的事實與實際發生的事實，必須具體符合或一致時，始能成立故意犯，否則阻卻故意。再討論是否有處罰過失的規定，若有處罰過失犯之規定，則成立過失犯。

舉例說明

行為人原本欲殺甲（人），但客觀上實際侵害之客體為犬（物），就構成要件保護之法益價值以觀，構成要件所保護之客體「不」等價，兩罪係一行為觸犯數罪名的想像競合犯（本法§55）。也就是對「人」之部分固得成立未遂犯，但對「物」之部分得阻卻「故意」，應論以過失犯，只不過本法不處罰過失毀損，所以此部分無罪。

（二）法定符合說

此說認為，行為人所認識的事實與實際所發生的結果，若於法律所規定的構成要件概念範圍內符合或一致時，即為已足，並不須要具體符合，即可成立故意犯。

舉例說明

> 甲欲殺死乙，實際卻殺死丙，則須負殺人罪責。蓋因其所殺之客體均係構成要件的「人」，與實際上是否為同一人，並無關緊要。

1. 構成要件「等價」的客體錯誤——不得阻卻故意

構成要件等價的客體錯誤，是指行為人主觀上所認識的行為客體與其行為在客觀事實上所侵害的客體，就構成要件所保護的法益價值而言，具有構成要件等價的客體錯誤。一般係採「**法定符合說**」，認為具有構成要件等價的客體錯誤，在刑法的評價上，可不予注意。換言之，刑法對於這些錯誤行為，就當作好像沒有錯誤一樣地加以評價。因為這些錯誤，並不會影響行為人在主觀上的故意，故仍舊成立行為人主觀上本所欲違犯的犯罪的既遂犯。

舉例說明

> 行為人主觀上認識之殺害客體為甲，與客觀上侵害之客體為乙，就構成要件保護之法益價值以觀，甲與乙皆為「人」，具構成要件等價，不影響「故意」在刑法上之評價，仍應論以殺人既遂罪。

選擇題練習

*甲擬殺害乙，將丙誤認爲乙，持刀殺害致輕傷，後來發現錯誤，乃立即停止殺害行爲，依司法實務之見解，甲應成立何罪？[3] (A)傷害既遂罪 (B)殺人罪之中止未遂 (C)殺人罪之不能未遂 (D)殺人罪之普通未遂。

【103年警大二技】

 考題觀摩

*甲、乙二人相約，利用白天，由甲進入Ａ家中竊取金飾，乙在外把風，甲於入屋內翻箱倒櫃後未發現金飾，但見抽屜內有新台幣1萬元，遂將1萬元放入自己口袋，出門後告知乙，找不到金飾，改天再來，將1萬元獨自侵吞。問甲、乙所爲如何論處？ 【99年高考三級一般民政】

2. 構成要件不等價的客體錯誤──得阻卻故意

　　構成要件不等價的客體錯誤則指行爲人主觀上認識的行爲客體與其行爲在客觀事實上所侵害的客體，就構成要件所保護的法益價值而論，具有構成要件不等價的客體錯誤。一般係採「具體符合說」，認爲刑法對於這種錯誤行爲的處理即與前述的構成要件等價的錯誤行爲有所不同，而認爲應就行爲人主觀認識上該當的行爲成立未遂罪，並就客觀事實上所侵害的客體成立過失犯（如果應負過失責任的話），兩罪係一行爲觸犯數罪名的想像競合犯（本法§55）。

3　答案爲(A)，此種情形應爲打擊錯誤。

二、打擊錯誤

　　所謂「打擊錯誤」是指行為人的侵害或攻擊行為，由於失誤致其事實上所侵害的客體與行為人本所認識而應受侵害的客體不相一致。換言之，打擊錯誤是因行為實行的失誤，致客觀事實上所發生的與行為人主觀本所預期的非屬同一個客體，而與主觀認識與客觀事實的不相一致的客體錯誤不同。

　　刑法對於打擊失誤行為的處理，固有不同見解，[4]惟一般採「具體符合說」，[5]認為不必區分構成要件等價或不等價，對本欲侵害的客體，即目的客體成立未遂犯，而對事實侵害的客體，即失誤客體成立過失犯，兩罪屬一行為而觸犯數罪名的想像競合，而從一重處斷。[6]

 選擇題練習

> *甲欲射殺A，向A瞄準開槍，未中A，卻射中在旁之B，致B死亡。有關甲之刑責，依實務見解，下列敘述，何者錯誤？[7]　(A)此為刑法學理上所謂的「客體錯誤」　(B)甲係以一行為而觸犯殺人未遂罪及過失致死罪兩個罪名 (C)甲之行為侵害數個法益，宜論以想像競合犯，從一重處斷　(D)從一重處斷的結果，不得科以較輕罪名所定最輕本刑以下之刑。
>
> 【102年司法官第一試】

4　不同意見：張麗卿，《刑法總則理論與運用》，五南，四版，2013.10，275頁；林書楷，《刑法總則》，五南，二版，2014.09，120頁。

5　柯耀程，《刑法總則》，三民，初版，2014.08，217頁；黃惠婷，〈打擊錯誤〉，《台灣本土法學》，第31期，2002.02，117頁；林鈺雄，《新刑法總則》，元照，四版，2014.09，213頁；吳耀宗，〈死劫難逃〉，《月旦法學教室》，第73期，2008.11，16頁；王皇玉，《刑法總則》，新學林，初版，2014.12，231頁。

6　最高法院37年上字第2318號判例。

7　答案為(A)，等價客體錯誤不阻卻故意。

考題觀摩

*甲乙丙與張三有仇。某日，甲等人探知張三將於飯店用餐，乃共謀殺害張三。甲持槍、乙持開山刀、丙持西瓜刀共同前往。剛抵達飯店，丙接聽手機後匆忙離去。甲、乙兩人對張三展開圍殺，張三躲避敏捷，只受到輕微槍傷；乙未砍中張三卻誤中一同用餐的李四，李四傷重，送醫不治。問甲乙丙三人的罪責如何？　　　　　　　　　　　　　　　【98年高考三級法制】

三、因果關係歷程錯誤

　　行為人所認識之結果，未依行為人所預見之因果關係歷程出現之情形，即主觀因果歷程和客觀因果歷程不一致之現象，即學說所謂因果關係錯誤。因果關係錯誤者，係指行為及結果，其法定事實雖屬一致，而具體事實則有錯誤者而言。亦即行為人所引起之結果，係經由與其所意圖不同之因果過程，而致發生之結果，此又分以下兩種情形：

（一）結果延後發生

舉例說明

　　例如1：甲欲殺乙，將不會游泳的乙推下橋，乙卻死於撞到橋墩，而非溺斃而死。例如2：丙持棍打乙，然而乙並未因此死亡，丙將丁推落海中，丁因而溺斃。

　　我國早期實務採「概括故意說」[8]，將「單一的行為過程」

8　最高法院28年上字第2831號。

（einheitliches Handlungsgeschehen），總括於一個殺人故意，因為依此一理論見解，則甲僅涉及單一「殺人既遂罪」。[9]國內文獻有主張「自主雙行為說」[10]，並非基於殺人故意而為，其乃出於毀屍滅跡之故意，因而造成丁死亡，應同時成立殺人未遂（本法§271II）與過失致死罪（本法§276I），因兩者犯意個別，行為互殊，應數罪併罰之。

　　但國內學說多採「第一行為關鍵說」[11]，關鍵點在於第一行為，也就是這個前行為導致了第二個行為以及其衍生結果。換言之，應視第一行為偏離之歷程是否「重要」，因為一般生活經驗不可能對行為人要求對所有過程都要有認知，因此若屬於重大因果歷程的偏離，僅能論以「未遂」。[12]但若非「重要」（大）之偏離，最終的結局可以歸咎最初的危險行為；也就是這個初始的危險行為牽動後續的行為，並導致結果發生行為人，仍可以成立故意既遂。[13]

 選擇題練習

> *職業殺手甲受僱殺A，甲之計畫是將A勒昏後，將其投入河中，使其溺斃企圖誤導案情。但甲誤將長相酷似A之B勒昏，於投河時，因撞及水中尖銳石頭而死亡。對甲行為之論罪，下列敘述何者正確？[14]　(A)甲得因客體錯誤而阻卻故意　(B)甲基於等價的客體錯誤及非重大偏誤（離）的因果歷程錯誤，不阻卻故意　(C)甲得因打擊錯誤而阻卻故意　(D)甲得因因果歷程錯誤而阻卻故意。　　　　　　　　　　【102年律師第一試】

9　黃常仁，《刑法總論－邏輯分析與體系論證》，新學林，二版，2009.01，45頁。

10　陳子平，〈因果歷程錯誤之另一思考問題〉，《台灣本土法學》，第55期，2004.02，166頁以下。

11　林鈺雄，《新刑法總則》，元照，四版，2014.09，216頁；林山田，《刑法通論（下）》，元照，十版，2008.01，425頁以下；王皇玉，《刑法總則》，新學林，初版，2014.12，236頁；最高法院66年台上字第542號判例亦採此說。

12　張麗卿，《刑法總則理論與運用》，五南，四版，2013.10，276頁以下。

13　林東茂，《刑法綜覽》，一品，七版，2012.08，1-275頁。

14　答案為(B)。

考題觀摩

*住在某地的甲、乙夫婦,於三年前結婚後與甲七十歲的母親A同住,但甲遊手好閒,乙也好奢華,夫妻倆經常伸手向A要錢而引發齟齬。年老體衰的A不敵年輕力壯的甲、乙,三年內分別有五次被二人合打得鼻青臉腫的就醫紀錄。某日,甲為了買新車又向母親A討錢遭拒並受責罵,惱羞成怒,甲、乙夫婦倆基於殺人犯意的聯絡,由乙先毆打A,再由甲用從冰箱剪下的電線將A扼頸致昏迷,當時一息尚存,甲、乙誤以為A已死,為了掩飾犯行,又共同將A裝在黑色垃圾袋,載至某山區的山溝棄置,終致溺水窒息死亡。問甲、乙的刑責各應如何論處? 【103年檢察事務官】

(二)結果提前發生

在結果提前於預備階段發生的情形,德國學界及實務界向來採否定的看法,即以是否「著手實行」為分水嶺。但這樣的看法盲點在於無法說明,即便行為人進入既了未遂的階段,仍可能會因為因果歷程偏離而無法否定故意既遂犯之成立,因此遂有國內學者主張「故意既遂歸責的前提——在於於行為人是否業已終局地作出了牴觸行為規範的決定」。只有當行為人放任牴觸行為規範的決定付諸實現,客觀上所實現限的結果,才能論以故意既遂。[15]

---

[15] 蔡聖偉,〈論結果提前發生之因果歷程偏離〉,收於《刑與思－林山田教授紀念論文集》,元照,初版,2008.11,298頁以下。

第三節 禁止錯誤

壹、序說

所謂「禁止錯誤」，指得是行為人誤認其行為係違法所容許或所不禁止。簡言之，就是行為人因為錯誤，而欠缺「違法性的認識」，學理上又稱「不法意識」。而禁止錯誤，學理上又稱為「違法性錯誤」。行為人由於這種錯誤而欠缺「違法性的認識」，其主觀上認為合法的行為，在客觀事實上，卻是法律規定所不允許的行為。

禁止錯誤與構成要件錯誤的區別，應以行為人所認識的對象是「法律面」或是「事實面」為標。構成要件錯誤，是行為人對於客觀構成要件的行為情狀（客觀事實）無所認識，而形成的誤認，在這種錯誤中，行為人不知其所做者究為何事。違法性錯誤，是行為人在行為時對於行為的法律禁止的錯誤，在這種錯誤中，行為人雖知其所做究為何事，但卻誤認或不知其行為係法所不容許或禁止，亦即是指行為人誤認其行為違法性的評價。

舉例說明

> 日本料理師傅進口某一種稀有的保育魚類做成「生魚片」供饗客食用，但是不知道該魚種乃是野生動物保育法中的保育類動物。[16]

貳、類型

一、概念

所謂「禁止錯誤」（或稱「法律錯誤」、「違法性錯誤」），乃指行

---

16 張麗卿，〈原住民打獵－無法避免的禁止錯誤〉，收於氏著《新刑法探索》，元照，五版，2014.09，584頁。

爲人對於行爲之違法性發生的錯誤，行爲人對法律規範的「不知」或「無知」。所謂「不知法律」，其態樣包含消極之不認識自己行爲爲法律所不許（直接禁止錯誤），以及積極之誤認自己行爲爲法律所許（間接禁止錯誤）二者。

在違法性錯誤的種類上，將其區分爲積極的違法性錯誤與消極的違法性錯誤，前者是指行爲人對於本非違反刑罰法規的行爲，誤認爲違法者而言（反面禁止錯誤），後者是指法律原設有刑事責任，而行爲人誤認爲不必負擔刑事責任（正面禁止錯誤）。

刑法學說上，正面禁止錯誤（又稱消極的違法性錯誤），又再區分爲直接的禁止錯誤與間接的禁止錯誤。

 選擇題練習

> *教師甲認爲體罰調皮學生乃爲人師長之本分，即使稍微過度亦無妨，乃將不願繳交作業之學生A罰以交互蹲跳五十下，致A大腿肌肉受傷。若依錯誤理論，甲較有可能主張之免責事由爲何？[17]　(A)構成要件之錯誤　(B)違法性之錯誤　(C)事實之錯誤　(D)客觀可罰性之錯誤。【100年司法官第一試】

二、禁止錯誤的種類

（一）直接禁止錯誤

是指行爲人對與行爲直接有關的禁止規範所無認識，致誤以爲其行爲是法律所允許的。行爲人可能因爲不知道有禁止規範的存在；或是雖然知道有禁止規範的存在，但是因錯誤而認爲業已失效；或是誤解法律而認爲法律的規定已不適用他的行爲等情形。

---

[17] 答案爲(B)。

舉例說明

1. 不知有禁止規範存在；例如誤放火燒毀自己現非供人使用之住宅致生公共危險罪（§174II）不罰。

2. 誤認禁止規範已失效；例如誤認為通姦罪（§239）已經除罪化。

3. 誤認禁止規範不適用於其行為；例如年邁無子，誤信只要徵得其妻同意，即可再娶妻生子，不算是重婚（§237）。

（二）間接禁止錯誤（又稱容許錯誤）

　　指行為人誤認行為存在阻卻違法事由或誤認阻卻違法事由的法律界限所在。

1. 因錯誤而認為有阻卻違法事由存在

舉例說明

　　公務員過年時收受高級禮物，誤以為乃僅係禮尚往來之習俗，不構成受賄罪。

2. 因錯誤而曲解阻卻違法事由的界限

舉例說明

　　債權人將債務人之財產自行取走抵債，認為屬民法第151條的自助行為，可阻卻違法。

選擇題練習

下列何者屬於對規範的認識錯誤？[18]　(A)打擊錯誤　(B)因果歷程錯誤
(C)禁止錯誤　(D)容許構成要件錯誤。　　　　　　　　【104年警佐班】

三、禁止錯誤的評價

如何評價禁止錯誤行為，在刑法學說上曾有對立的兩種不同見解：

（一）故意理論

此說認為，若依嚴格故意理論，故意除知與欲兩個要素之外，尚須具
備不法意識，行為人主觀上假如欠缺這種不法意識，則即不具故意。故禁
止錯誤行為不能成立故意犯罪，至多只能成立過失犯罪。限制故意理論則
認為，在行為人因對法律無知而欠缺不法意識之前提下，仍具故意罪責。
但是，如此折衷的結果，反而是自相矛盾，反而喪失故意理論原本的論
據。[19]

（二）罪責理論

此說認為，不法意識是一個獨立的「罪責要素」，行為人主觀上假如
欠缺不法意識，則不致影響故意的成立，而只會影響罪責而已。因此，禁
止錯誤行為仍舊可以成立故意犯罪，惟罪責則有部分減輕或全部排除的可
能，故可以減輕或免除其刑。在現代刑法的學理，已肯定並採用罪責理
論，作為評價。[20]

---

[18]　答案為(C)。

[19]　林鈺雄，《新刑法總則》，元照，四版，2014.09，342頁。

[20]　柯耀程，《刑法釋論I》，一品，初版，2014.09，439頁。

四、我國刑法關於不法意識的規定

依我國刑法第16條修正後之條文規定：「除有正當理由而無法避免者外，不得因不知法律而免除刑事責任。但按其情節，得減輕其刑。」（舊刑法條文規定：「不得因不知法律而免除刑事責任。但按其情節得減輕其刑。如自信其行為為法律所許可而有正當理由者，得免除其刑。」）。

分析其要件：主觀上自信認為是法律所允許，客觀上此自信是有正當理由而無法避免，亦即其不知法律或誤解法律，是以行為人個人在社會上地位及能力是否在法規範的期待範圍之內，來判斷其是否具有可非難性或非難可能性；例如深山老人不知獵取野生動物觸犯刑罰。相對的，行為人個人對於法律規範漠不關心、法律盲目、故意不關心或輕率不知法律評價，自非不可避免，如此僅能按其情節，得減輕其刑。

舉例說明

> 河川地禁採砂石，誤以為自己的河川地應不在禁止之列，大肆挖採，而未向政府主管機關查詢。

關於違法性認識在犯罪論之體系，通說係採責任說立場。由我國刑法第13條對故意的定義與第16條對不法意識之規定觀之，我國刑法上故意認識的對象為構成犯罪之事實而不包括法律，即不法意識欠缺與否並非於構成要件故意之範圍內檢驗，而是罪責(可非難性)要素。準此以言，我國刑法關於不法意識的規定，係採罪責理論而非故意理論，應無疑問。

選擇題練習

參、有關錯誤的處理方式

　　就禁止錯誤之情節，區分不同法律效果：

一、不可避免的禁止錯誤

　　依本法第16條本文反面解釋，行爲人對於違法性錯誤，有「**正當理由**」而屬無法避免者，應免除其刑事責任，不罰。至於所謂「正當理由」之內涵，學者認爲，構成本條所稱「正當理由」的原因，可能有以下幾種情形：[22]1.不知法律；2.對法規的信賴；3.對判決的信賴；4.對公家機關見解的信賴；惟不包括對專家見解的信賴，除非該私人專家團體如具有準公家機關的性質時。但亦有認爲，[23]本條判斷之重點應在於是否「無法避免」，至於所謂「正當理由」其實與「無法避免」是同義詞。大致上如果行爲人對於其行爲是否合法有所疑慮時，卻怠於查詢而不知其不法，即非無法避免。亦即，當行爲人對於自己的行爲是否有涉及不法有疑慮時，負有查詢的義務，行爲人若信賴既專業查詢，雖然法院不予接受，仍可主張

21　答案爲(D)。

22　甘添貴、謝庭晃，《捷徑刑法總論》，瑞興，二版，2006.09，216頁以下。

23　黃榮堅，《基礎刑法學〈下〉》，元照，四版，2012.03，660頁以下。

不可避免之禁止錯誤。[24]新近的實務見解亦認爲，本法第16條之規定，行爲人得否減免其刑責，在於行爲人對於其行爲是否涉及不法有所懷疑時，應負有查詢義務，不可恣意判斷主張。[25]

二、可避免的禁止錯誤

依本法第16條之但書文義解釋，如行爲人對於違法性錯誤，非屬無法避免，而不能阻卻犯罪之成立，然得視具體情節，減輕其刑。[26]

三、容許錯誤與容許構成要件之錯誤

（一）容許錯誤

誤認容許規範（阻卻違法身由）的存在或界限，又稱作「間接之禁止錯誤」。其主要情形有二：

1. 誤以爲某一容許規範存在。

舉例說明

> 以為依長輩的命令可阻卻違法。

2. 誤解既存之容許規範的界限。

24　張麗卿，〈新修正刑法之要點與評析〉，收於氏著《新刑法探索》，元照，五版，2014.09，413頁。

25　最高法院103年度台上字第1452號判決。

26　張麗卿，〈刑事責任相關之立法修正評估〉，收於氏著《新刑法探索》，元照，五版，2014.09，73頁。

舉例說明

> 以為逮捕交通違規者也是逮捕現行犯。

刑法上就此一錯誤之處理（依禁止錯誤處理），一般認為，應視行為人欠缺不法意識究竟是否可以避免而定。如可避免則減輕或免除罪責；如不可避免，則阻卻罪責不成立犯罪。

（二）容許構成要件之錯誤

關於不法意識（違法性認識）欠缺時，如何評價，即其效果如何，行為人對於阻卻違法之事實情狀（即阻卻違法事由之前提事實）的誤認，例如誤想防衛。刑法上就容許構成要件錯誤之處理，一所採之理論不同有如下諸說：

1.嚴格責任說（嚴格罪責理論）

此說認為「容許構成要件錯誤」亦為禁止錯誤（違法性錯誤），欠缺不法意識，依禁止錯誤之規則處理，亦即不得阻卻行為人之故意，僅生減輕或免除罪責之問題。蓋不法意識係罪責之要素，若行為人業已該當於故意犯罪之構成要件，而其雖具有正當防衛之主觀意思，但客觀上究無不法之侵害，仍無法阻卻違法性，而成立故意犯，惟在罪責層次，因行為人主觀上認為自己的行為是受法所容許的，故欠缺不法意識，依禁止錯誤之規則處理。

2.一般的限制責任說──類推適用構成要件錯誤得阻卻故意

此說認為行為人之行為該當犯罪之構成要件，且具備違法性，此種情形與禁止錯誤有所不同，而與構成要件錯誤相似，故應類推適用構成要件錯誤之法理，阻卻故意，成立過失犯。此說認「容許構成要件錯誤」與「構成要件錯誤」性質上不能劃上等號，故不能「直接適用」構成要件錯

誤，而只能「類推適用」構成要件錯誤加以解決。

3. 限制法律效果的罪責說

　　容許構成要件錯誤既非構成要件錯誤，亦非禁止錯誤，係一獨立之類型。但法律效果應類推適用構成要件錯誤，即阻卻故意，如有過失，則成立過失犯。阻制法律效果之罪責理論，不影響行為人之構成要件故意，也不應在不法意識的欠缺上來作處理，而是在罪責層次，欠缺故意罪責，在法律效果上，以過失犯處理。

4. 負面構成要件說（又稱「消極行為構成要件要素說」）

　　此說認為阻卻違法事由為「消極之構成要件」，亦屬整體不法構成要件之一，故發生錯誤時，直接適用構成要件錯誤之規則處理即可。

　　以上諸說，在故意理論、消極構成要件理論的見解中，認為行為人所為行為的意思，阻卻故意；而嚴格責任理論則將此種錯誤視為一種禁止錯誤，並不能排除故意，僅能減免罪責。

　　國內多數學者多採限制法律效果的罪責說。因採此說，可以有效掌握惡意的共犯（幫助犯或教唆犯）。至於採取其他理論，則有可能會有處罰上之漏洞，因為其他理論都在「行為不法」的層面認為成立過失，而對於過失的不法行為，是不能幫助或教唆的。依照國內通說的看法，[27]對於故意、過失的判斷，在構成要件該當性的層次，作第一次的評價；在罪責的層次，作第二次的評價。絕大多數的案例類型，構成要件故意（故意行為），罪責亦為故意；構成要件過失（過失行為），罪責亦為過失，唯有在「容許構成要件錯誤」的情形，並採「法律效果的限制責任論」的前提下，故意、過失才出現雙重評價的功能，簡言之，構成要件判斷仍為故意（行為故意），罪責判斷則為過失。

---

[27] 參見林東茂，《刑法綜覽》，一品，七版，2012.08，1-284頁；林山田，《刑法通論（上）》，元照，十版，2008.01，442頁；林鈺雄，《新刑法總則》，元照，四版，2014.09，351頁；張麗卿，《刑法總則理論與運用》，五南，四版，2013.10，282頁；陳子平，〈正當防衛、誤想防衛與緊急避難〉，《月旦法學教室》，第104期，2011.06，102頁。

考題觀摩

> *甲女加夜班返家途中，恰遇同事乙男在同一班公車上，乙欲追求甲而企圖
> 伺機搭訕，不料公車緊急剎車造成乙倒向甲身上，甲以為乙意圖猥褻輕薄
> 而重打乙一巴掌。隔日甲又夜班回家，半路在巷內發覺有人跟蹤，甲以為
> 乙重操故計，跟蹤者果真接近甲並拉扯甲之皮包，甲毫不猶豫的將皮包內
> 用以防身之噴霧器噴向跟蹤者之臉部，竟發現跟蹤者不是乙而是準備行搶
> 的丙，丙之一眼因此失明，試問甲之行為在刑法理論如何評價？甲如欠缺
> 不法意識時可否阻卻故意？　　　　　　　　【101年高考二級司法行政】

肆、包攝錯誤

　　所謂「包攝錯誤」，行為人對於屬於構成要件要素之構成犯罪事實並
未錯誤，只是因為對於法律規定的理解或解讀上發生錯誤。換言之，即行
為人對於構成要件要素的理解錯誤，誤認構成要件的效力範疇，或誤認規
範的效力，例如，行為人不認為在他人的名畫塗鴉也算是刑法上所要處罰
之毀損行為。其處理方式，應視「一般人是否可能也會有這種錯誤之發
生」來判斷。如果一般人也可能有此種錯誤時，就比照禁止錯誤的法理來
解決，而非以能否阻卻故意的構成要件錯誤法理來解決。[28]

問題思考

> 　　某遊樂園區占地遼闊，景色優美，其人工造景更是獨樹一格，為假日
> 遊客遊憩、拍照的好去處。惟該園區幅員廣闊，但為確保遊客安全，因此該
> 園區規定禁止汽、機車任意進入。某日，遊客甲竟趁該大門保全不注意，趁
> 隙闖入，並任意停放。不久，為其他巡邏保全人員乙查覺，乙於是依該園區
> 之規定將輪胎予以放氣（其認為既可打氣回復，不構成「毀損」），並開了

---

[28] 張麗卿，《刑法總則理論與運用》，五南，四版，2013.10，287頁以下。

張紅色警告單留言：「欲打氣回復，請洽本園區管理處」。請問乙之行為是否構成犯罪？

■ 參考解答

一、刑法第354條的「毀棄損壞」「致令不堪用」是兩種平行的行為方式，也就是只要有其中一種行為，即可該當毀損罪。[29]「致令不堪用」是指對於物品功能之影響，凡足以使他人之物喪失其特定目的之效用，即使物品的外形或物理外在沒有影響，仍是致令不堪用。乙的行為雖不構成毀棄損壞甲的輪胎，但足以使其「致令不堪用」，足生損害於甲。因此符合刑法一般毀損罪的成要件。

二、然而本題是屬於乙對於規範的構成要件要素在「解釋上」有錯誤的情形，亦即學說上所謂的「包攝錯誤」。這種錯誤的處理，有可能比照禁止錯誤的法理來解決，也就是如果錯誤應該可以避免，卻未能避免，罪責減輕；如果錯誤實在無法避免，罪責排除。本例的情形是屬於不可避免的禁止錯誤。因為乙有「正當的理由」，相信學校的規定是合法的，依照刑法第16條，阻卻罪責，不構成犯罪。

 概念釐清

「禁止錯誤」與「包攝錯誤」之比較

概念	禁止錯誤	包攝錯誤
相同點	禁止錯誤與包攝錯誤，皆是與構成要件有關的「法律面」錯誤。	
相異處	是指不知其行為係法規範所禁止或可能是法規範所禁止。	乃行為人對法律規範「界限」的誤認。
舉例說明	誤以為將他人之鳥放生不構成犯罪。	19歲少年因犯罪，但誤以為刑法的成年界限，與民法同為20歲，而主張得減輕其刑。又如，行為人知道偷東西是違法的，卻擅自將「偷」（構成要件中的竊取）做限縮解釋，認為「偷東西」只限於無生命的動產，不包括有生命的動產。

---

29 盧映潔，《刑法分則新論》，新學林，修訂九版，2015.02，780頁。

伍、反面錯誤及其相類似之類型

一、反面禁止錯誤

行為人因誤解刑法規範，而誤以為其行為牴觸刑法規範，可是在事實上卻不是刑法規定處罰的行為。此與禁止錯誤（違法性錯誤或稱直接禁止錯誤）為相反現象，故稱反面禁止錯誤。幻覺犯即屬反面禁止錯誤。

舉例說明

1. 均已經成年的甲、乙合意性交，誤以為未婚性交要處罰。
2. 丙、丁誤認為同性戀性交係刑法所要禁止的處罰行為。

 選擇題練習

甲男與十八歲女友於情人節當晚兩人情不自禁地發生性行為，惟從此以後，甲整天惶恐不安，因為其誤以為，只要與未成年人發生性行為，即屬犯罪，深怕女友之父母提告。問甲之此等誤會，在刑法學理上係屬於下列何種錯誤？[30]　(A)禁止錯誤　(B)反面的禁止錯誤　(C)容許錯誤　(D)反面的容許錯誤。　　　　　　　　　　　　　　　　　　　　　　　【103年警佐班】

二、反面容許錯誤

行為人因誤解阻卻違法事由的規範，而誤以為其經由阻卻違法事由合法化的行為，係具有違法性的行為。可是事實上其行為已經符合阻卻違法

---

[30]　答案為(B)。

事由而不具有違法性，故非刑法所加以制裁的行為。

> 甲女被乙男強制性交而受孕，至醫院實施人工流產之後，不知依優生保健法第9條第1項第5款「因被強制性交、誘姦或與依法不得結婚者相姦而受孕者。」得阻卻違法、誤認為自己犯了刑法所要處罰的墮胎罪。此為容許錯誤的相反現象，故屬反面容許錯誤。

三、反面容許構成要件錯誤

行為人違犯行為時不知存在阻卻違法事由，雖然事實上存在阻卻違法事由，但是行為人卻是渾然不知，例如學理上稱的「偶然防衛」。此現象與容許構成要件正好相反，故稱反面容許構成要件錯誤。

> 甲為了洩恨拿石塊砸破乙家的玻璃門窗，那知乙家適因瓦斯外洩，屋中充滿瓦斯足以致人於死，熟睡中的乙家渾然不知，甲的毀損行為正好挽救了乙家全家人的性命，甲在主觀上並未認識到乙全家所面臨的風險，因此甲的行為是偶然發生避難結果的「假象防衛」，是「反面容許構成要件錯誤」的一種，[31]故無緊急避難的適用，甲的行為仍具有違法性，仍應成立刑法的毀損罪。

---

[31] 張麗卿，〈刑事責任相關之立法修正評估〉，收於氏著《新刑法探索》，元照，五版，2014.09，547頁以下。

四、反面構成要件錯誤

行為人將並不存在的事實「誤認」可實現構成要件。例如誤以為自己已經懷孕而實施墮胎行為，即學理上所稱之「不能犯」。

五、迷信犯

係指行為人以人類力量所無法掌握的迷信手段，而著手實行犯罪的現象，因欠缺構成要件故意的先決條件，且對於其行為之因果歷程無法支配，自無法成為刑法評價之客體，充其量僅視為單純的願望而已，刑法並不承認此有發生結果之可能性。

舉例說明

江湖術士甲欲作法殺害乙，於是養小鬼纏住乙，企圖讓乙精神渙散而亡。

第十章　競合論

第一節　序說

競合的概念

　　所謂「競合論」，乃介於犯罪論與刑罰論間之一個領域，乃研究行為之單複數及決定其罪數之理論。亦即，針對行為人個別之犯罪行為予以認定，選擇適用最恰當的法條及其處罰，也就是「罪數之認定」。[1]只要是具體的行為事實中，有兩個以上構成要件該當出現，就是屬於犯罪「競合論」的問題。

　　「競合論」（罪數論）的問題，乃在實體法上區別想像競合犯與數罪併罰具有重大意義，且在刑事訴訟程序上據以判斷起訴效力有無「公訴不可分」、「審判不可分」之適用，以及對於「已確定的判決如何界定其既判力的範圍」，如何決定「追訴時效是否完成」等。

第二節　罪數之計算

壹、概說

　　基本上，在罪數的確定前，須先確認行為的單複數的問題，再檢驗侵害法益個數認定，其順序如後：

---

[1]　張麗卿，《刑法總則理論與運用》，五南，四版，2013.10，453頁。

一、行為單、複數之確認

先確定行為究竟是單數抑或為複數：

1. 若為行為單數

(1)先檢驗是否為法律單數，為不純正競合（法條競合）。
(2)若非法律單數，則為犯罪單數，為純正競合（想像競合）。

2. 若為行為複數

(1)先檢驗是否為不罰之前或不罰之後行為，為不純正競合的法條競合。

(2)若非不罰之前或不罰之後行為，則為實質競合的數罪併罰，為純正競合。

二、侵害法益個數認定之標準

1. 人格法益

個人法益中的人格法益，如生命、身體、自由、名譽等，因係一身專屬的法益，故應以「人」者的個數，作為計算法益個數的標準，即以法益所有者的個數，為法益的個數，如殺害二人，即侵害二個生命法益。

2. 財產法益

個人法益中的財產法益則以財產「持有者的個數，為法益的個數」，而與財產所有者的個數無關。換句話說，財產法益的個數係以財產監督權的個數為準。惟財產假如在所有人持有的手中被害，則自應以財產所有者的個數，為法益的個數。

行為人竊取同一持有者持有支配中的分屬數人所有的動產，則這行為人的竊取行為僅侵害一個財產法益。相反地，行為人竊取同一人所有的分別由數人持有的動產，則為侵害數個財產法益。

3. 整體法益

　　整體法益包括社會法益與國家法益，因爲這些法益係以社會或國家爲法律人格者而擁有的公法益，故在本質上恆爲「**單數**」，概括地視爲一個法益。惟侵害公法益犯罪，往往亦同時侵害數個私法益。例如以一狀誣告數個人，或如有追訴犯罪職務的公務員濫用職權逮捕數個人等。對於這種情形侵害法益究應就國家法益而認定爲單數，抑應就個人法益而認定爲複數，則不無疑問。按這些罪名既列入侵害整體法益的犯罪，其保護的法益應以國家法益爲主，故原則上應就國家法益判定爲侵害一個法益，而不構成想像競合。

貳、行爲單數與行爲複數之概念

　　犯罪行爲究竟係單數，抑或屬於複數，就行爲的自然概念或就行爲的法律概念而爲判斷，往往有不同的結果。雖然就自然概念而判斷爲單數行爲，但在法律概上可能爲複數行爲；相反的，雖就自然概念而判斷爲複數行爲，但在法律概念中可能爲單數行爲。

　　本書認爲，究爲犯罪單數的一罪，抑或犯罪複數的數罪，須視行爲人的主觀犯意、客觀行爲與行爲所造成的法益破壞而作綜合判斷。

舉例說明

　　行爲人放火燒屋的行爲，雖屬自然概念上的一個行爲，例如放火罪原含有毀損性質在內，放火燒燬他人住宅損及牆垣自無兼論毀損罪之餘地，[2]亦即，放火燒燬現供人使用之住宅罪，自係指供人居住房至之整體而言，應包括牆垣及該住宅內所有設備、傢俱、日用品及其他一切用品。故一個放火行爲，若同時燒燬住宅與該住宅內所有其他物品，無論

2　最高法院29年上字第2388號判例。

該其他物一為他人或自己所有，與同時燒燬數犯罪客體者之情形不同，均不另成立刑法第175條第1項或第2項放火燒燬住宅以外地人或自己所有物罪。但就刑法第173條第1項之放火罪與第247條第1項之損壞屍體罪關係，仍係一行為所觸犯數罪名，應屬想像競合犯。[3]又如，強制性交罪（本法§221Ⅰ）係結合使被害人不能抗拒的強制行為與性交行為而成，雖在自然概念上有二個行為，但在法律概念上則為一個行為。

一、行為單數

行為單數，係就法律與社會意義關係而言，為刑法上一行為。

（一）自然意義的行為單數

係指行為人出於一個決意，所顯現出一個意思活動而言，在法律評價上恆屬行為單數，此又稱為「自然意義上之一行為」。[4]

舉例說明

> 甲基於一個殺人的決意朝乙的頭部開一槍。

（二）法律構成要件的行為單數

1.複行為犯

又稱多行為犯，或稱複行為犯，指單一獨立構成要件規定中包含了數

3　最高法院79年台上字第1471號判例。

4　張麗卿，《刑法總則理論與運用》，五南，四版，2013.10，458頁。

個行為的犯罪型態。[5]

舉例說明

　　行為人對於同一犯人先予藏匿、然後再使之隱蔽，僅成立一個藏匿人犯罪（本法§164I）。

2.結合犯

　　刑法上之結合犯，此乃立法者將原本獨立的兩種犯罪結合成一個新的犯罪類型，並賦予一個新的法定刑。結合犯之「基礎」犯罪為既遂或未遂犯皆可；但所「結合」之殺人罪必須為既遂，否則不能成立結合犯，應數罪併罰。

舉例說明

　　刑法第332條第1項規定之強盜結合罪，因「強盜」（基礎犯罪）而「殺人」（相結合之罪），此處之「殺人」限於既遂情形；若殺人行為僅達未遂程度，故應將強盜未遂罪與殺人未遂罪分別處斷，數罪併罰。[6]

(1)結合之時間點

　　理論上，應該是行為人主觀上最初即有意違反兩個獨立之罪之犯意而著手，始足當之。但實務卻認為，本法第332條第1項之強盜而故意殺人罪，其強盜行為為基本犯罪，凡利用強盜犯罪之時機，而起意殺人，即可成立結合犯，至殺人之意思，不論為預定之計畫或具有概括之犯意，抑或

5　林鈺雄，《新刑法總則》，元照，四版，2014.09，583頁。

6　王皇玉，〈強盜罪之結合犯〉，《月旦法學教室》，第151期，2015.05，33頁。

於實行基本行為之際新生之犯意，亦不問其動機如何，祇須二者在時間上有銜接性，地點上有關聯性，均可成立結合犯。因之，先強盜後殺人或先殺人後強盜，均可成立強盜而故意殺人罪之結合犯。[7]

(2)既遂之認定──以相結合之罪是否既遂為準

以本法第348條第1項之擄人勒贖而故意殺人罪，是將擄人勒贖與殺人二個獨立犯罪行為，依法律規定結合成一罪，並加重其處罰，其是否既遂，應以其所結合之殺人罪是否既遂為標準，故祇須相結合之殺人行為係既遂，即屬相當，至其基礎犯之擄人勒贖行為，不論是既遂或未遂，均得與之成立結合犯。[8]

選擇題練習

*甲於強盜時又當場殺人、放火，依司法實務見解，應成立何罪？[9]　(A)強盜殺人結合罪及放火罪　(B)強盜殺人放火結合罪　(C)殺人放火結合罪及強盜罪　(D)強盜放火結合罪及殺人罪。　　　　　　　【103年警大二技】

考題觀摩

*甲於某夜凌晨時分，見乙女踽踽而行，乃心生歹念，企圖性侵乙女，並心想若遭抗拒將予以殺害。乙女果然不從，反而辱罵甲，甲益生羞憤，除以蠻力性交乙女得逞外，又強力扼住乙女的脖子，欲置乙女於死地，之後，見乙女昏厥，以為已死，乃倉促逃逸，幸經路人送醫，乙女倖免一死。問甲的刑責應如何論處？　　　　　　　　　　　【102年一般警特四等】

7　最高法院104年度台上字第483號、98年度台上字第7112號、96年度台上字第1156號判決。

8　最高法99年度台上字第7137號判決；99年度台上字第5197號、91年度台上字第7119號判決同旨。

9　答案為(A)。

3. 繼續犯

繼續犯係指行為人能夠以其意思支配其行為所造成的違法情狀的久暫的犯罪，這種違法狀態繼續不斷的行為單數，亦屬法律意義的行為單數。[10]

舉例說明

私行拘禁罪（本法§302Ⅰ）、擄人勒贖罪（本法§347）。

4. 包括一罪

所謂包括一罪，係指行為人基於一個意思決定，實施該當於同一構成要件且具有密接關連性之數個行為，而且侵害同一法益的犯罪。[11]

(1)成立要件

① 犯意單一

行為人所實施之數個行為，須基於一個意思決定而為者，始能成立包括一罪。

② 構成要件同一

所實施之數個行為，須該當於同一犯罪構成要件始能評價為包括一罪。

③ 行為時空密接

行為人所實施之數個行為，係在時間、場所上相當密接的情況下，反覆實行或接續而為，且其性質相同者，即具有密接可能性。

④ 侵害法益同一

只有在侵害同一法益之數行為，始有包括一罪之適用。

10　林山田，《刑法通論（下）》，元照，十版，2008.01，304頁。

11　甘添貴、謝庭晃，《捷徑刑法總論》，瑞興，修訂版，2006.06，307頁。

(2)傳統類型

① 集合犯

刑法上所謂集合犯，乃其犯罪構成要件中本即預定有多數同種類之行為將反覆實行，立法者以此種本質上具有複數行為，反覆實行之犯罪，認為有包括一罪之性質，因而將此種犯罪歸類為集合犯，特別規定為一個獨立之犯罪類型。從而，集合犯之成立，除須符合上開客觀條件及行為人主觀上須出於單一或概括犯罪決意外，該自然意義之複數行為，在時、空上並應有反覆實行之密切關係，依社會通念，客觀上認為以包括之一罪評價較為合理者，始與立法之意旨相符。[12]

A. 營業犯

所謂營業犯，係指以反覆實行某種特定行為以獲得財產利益為職業的犯罪而言。營業犯是否成為評價上一罪，應從刑罰法規的利法旨趣來判斷。

如販賣危險物罪（§187）、販賣妨害衛生物品罪（§191）、販賣違背定程度量衡罪（§207）、販賣猥褻物品罪（§235I）等行為，均具有反覆為同種行為之意義存在。

B. 偽造犯

如偽造貨幣罪之偽造行為；蓋其本質具有為反覆實施之特性。

C. 收集犯

如收集偽幣罪（本法§196I）、收集偽造有價證券罪（§202II）等。

D. 散布犯

如散布猥褻物品罪（本法§235I）、誹謗罪之散布行為（§310II）等。

② 接續犯

刑法上之「接續犯」，係指行為人以單一之決意，於同時、同地或密切接近之時、地，接續實行侵害同一法益之數行為而言。因其各行為之獨

---

[12] 最高法院103年度台上字第261號判決。

立性極為薄弱，依一般社會健全觀念，在時間差距上難以強行分開，故在刑法評價上以視為數個舉動之接續實行，合為包括之一行為予以評價較為合理。反之，若數行為並非基於單一之決意而為，或在時、空上已有相當間隔，且係先後侵害不同法益，而各具有相當獨立性者，在刑法評價上即難視為數個舉動之接續實行，而論以接續犯一罪。[13]

舉例說明

　　黃飛鴻以「佛山無影腳」攻擊納蘭提督，因同時、同地或密切接近之時、地，接續實行侵害同一法益之數個動作，可合為一之傷害罪或殺人罪。但前提是攻擊同一法益；若是如鄭捷在捷運上殺、傷數人，縱然時空密接，因攻擊法益不同且犯意各別，仍應評價為數行為，論以數罪併罰。

```
┬（一）自然意義的行為單數。
├（二）法律構成要件的行為單數
│    ┬1.複行為犯（本法§164I）
│    ├2.結合犯（本法§226之1、332）
│    ├3.繼續犯（本法§302I、347）
│    └4.包括一罪
├（三）裁判上一罪之行為單數：如想像競合犯。
└（四）法條競合之行為單數：
```

二、行為複數

（一）數次行為侵害同一法益

1.不罰的前行為

　　即後行為的不法內涵，足以包含不法的前行為，無庸再針對前行為為

---

[13]　最高法院86年台上字第3295號判例、101年度台上字第6233號判決。

處罰。

舉例說明

> 破壞門鎖後竊盜，只罰竊盜；不罰毀損。又如先行求，再收受賄賂，只處罰後行為之受賄罪即為已足。

2.不罰的後行為

行為完成一行為後，其後的不法行為不過在確保前行為的不法，故無用針對後行為處罰。有認為竊盜後之變賣贓物，依「競合理論」，不法取得財產行為之後行為，仍符合侵占行為之觀念，之所以不罰，是因為「不罰之後行為」。然而，行為人對其竊盜所得之物加以變賣，不能認為再一次侵害被害人的法益。因為，法益已經在竊盜既遂時就已被破壞，已沒有再次被侵害之可能，不符合「數次」侵害同一法益的概念。故本書認為應採「構成要件解決理論」，認為此種情形不符合侵占罪之構成要件。

舉例說明

> 1. 殺人後棄屍，僅論殺人罪。
> 2. 教唆行竊而收受所竊之贓，其受贓行為當然包括於教唆竊盜行為之中，不另成收受贓物罪名。[14]

---

14 最高法院28年上字第2708號判例。

（二）數次行為侵害數法益

1. 數罪併罰

即所謂的「實質競合」，不同於單純數罪，亦不同裁判上一罪，乃指同一人出於數犯意，而為數行為，該當於數個構成要件，而成立數罪，且此數罪均須在裁判確定前所犯之數罪，所犯之數罪尚未受處罰且依法可以處罰，法院應分別對其所犯的數罪，各依法宣告其刑，然後始依一定之標準定其定應執行之刑（本法§50）。

舉例說明

> 如殺人又放火，判處死刑與七年有期徒刑，不可能同時執行，故合併執行死刑，即死刑吸收七年有期徒刑，不另執行七年有期徒刑。

2. 舊法的牽連犯

具有方法、結果與原因、目的之牽連的數行為、數罪。基於舊刑法第55條的規定，從一重罪處斷，即所謂牽連犯。不過由於過去司法實務在認定行為個數上，相當分歧。所以類似具體案件中，可能在想像競合、吸收關係與牽連犯間徘徊著。如強制性交被害人而先行拘禁被害人，實務似乎傾向於以時間的間距，來決定是行為單數或複數，若認為是行為單數，則可能為想像競合或吸收關係來處理，若認為是行為複數，則以牽連犯來處理。不過，此紊亂的標準也可能預示，在牽連犯刪除下，司法實務亦可能會將類此案件轉向法條競合或想像競合處理。

3. 舊法的連續犯

原本應屬於數罪的連續犯，完全是因法條規定，乃基於行為人的概括故意，數罪在構成要件同一性的前提下，以一罪論，並得加重其刑二分之一處斷，關於此部分於下文中，詳細說明之。

三、修法後相互流動性的關係

我國刑法於連續犯、牽連犯刪除後，並不表示此類案件將全以數罪併罰來處理，亦有可能以想像競合犯來處理，但這只是可能的轉向，仍應視具體案例。我國實務見解認為，想像競合犯之一行為，與所犯罪名間，僅須有一部行為重疊或合致，即可構成想像競合犯，俾契合現實情況與人民法律之期待，在牽連犯廢除後，對於先前牽連犯的處理，在適用上，得視具體情形，分別論以想像競合犯或數罪併罰，予以處斷。[15]

現行法行為複數
┌ 數次侵害同一法益 ┌ 1.不罰前行為：破壞門鎖後竊盜，不罰毀損。
│   └ 2.不罰後行為：殺人後棄屍，僅論殺人罪。
└ 數次侵害數法益─數罪併罰（實質競合）

問題思考

> 舊刑法第56條所規範的犯罪，於新法修正後應如何處理？

■ 參考解答

刑法第56條刪除理由稱：「至連續犯之規定廢除後，對於部分習慣犯，例如竊盜、吸毒等犯罪，是否會因適用數罪併罰而使刑罰過重產生不合理之現象一節，在實務運用上應可參考德、日等國之經驗，委由學界及實務以補充解釋之方式，發展『接續犯』之概念，對於合乎『接續犯』或『包括的一罪』之情形，認為構成單一之犯罪，以限縮數罪併罰之範圍……。」故本條刪除後，首應釐清的是「接續犯」與「連續犯」的概念與界限：

而刑法第56條刪除後原先認定連續犯之案件，就應如何處理，有下列

---

[15] 最高法院101年度台上字第988號判決。

兩種看法：

一、實務見解

　　修法前，實務已有對於「接續犯」與「連續犯」區別之判準。如最高法院86年台上字第3295號判例所稱：「連續犯之成立，除主觀上須基於一個概括之犯意外，客觀上須先後數行為，逐次實施而具連續性，侵害數個同性質之法益，其每一前行為與次行為，依一般社會健全觀念，在時間差距上，『可以分開』，在刑法評價上，『各具獨立』，每次行為『皆可獨立成罪』，構成同一之罪名，始足當之；如數行為於同時同地或密切接近之時地實施，侵害同一之法益，各行為之『獨立性極為薄弱』，依一般社會健全觀念，在時間差距上，『難以強行分開』，在刑法評價上，以視為數個舉動之接續施行，合為包括之一行為予以評價，較為合理，則屬接續犯，而為包括之一罪。」此號判例見解，不但為往後之實務所依循，[16]國內學者亦有支持此見解者。[17]

二、學說看法

　　依照前述實務見解，對於原先認定連續犯之案件，似乎是傾向依照具體個案情形，論以數罪併罰或接續犯。

　　然學說上並不認同此一見解，由於其本質上係「數罪」，故原先認定連續犯之案件，基本上仍應以數罪併罰處斷，僅於刑期宣告上適度審酌，使其不至於有輕重失調之現象即可。」理由在於如原先認定以連續犯之案件改以接續犯處理，會造成接續犯範圍不當擴張。且接續犯本身並無加重其刑之規定，對於行為人之科刑反而過於優厚，可能與立法目的相違。[18]

　　亦即，連續犯廢除後，應回歸數罪併罰之基本立場，蓋如果因為連續犯廢除而擴張單純一罪之範圍，把數罪併罰的犯罪大量解釋為單純一罪，

---

[16]　修法後最高法院104年度台上字第1242號判決、104年度台上字第1176號判決同此旨。

[17]　甘添貴，〈科刑上之罪數〉，收錄於氏著，《罪數理論之研究》，元照，初版，2006.04，頁135以下。

[18]　張麗卿，〈法律與文學第二講：施耐庵及羅貫中的「水滸傳」—武松殺人，饒不得也〉，《月旦法學教室》，第44期，2006.06，89頁。

那麼廢除連續犯概念的基本用意即完全喪失。[19]

本書基本上贊同上述學說的見解，因連續犯本質上為數犯意數行為之數罪，但如連續犯廢除後，一律以數罪併罰論斷，未免過苛。例如甲在同一夜中連續進出乙宅竊取電冰箱、電視、高級影響、電腦、沙發等，因是大型家俱，所以來回多趟。此在舊法論以連續犯固屬無疑，但在修法後數罪併罰論之明顯過苛。而竊盜罪並無反覆實施的特質，不可能是集合犯。或有認為，此種情形可能以接續犯論斷。然而，接續犯的特徵在於因其各行為之獨立性極為薄弱，依一般社會健全觀念，在時間差距上難以強行分開，其數個舉動之接續實行，合為一罪。但是前例甲連續竊取乙宅之電冰箱、電視、高級影響、電腦、沙發等，每一「竊取行為」，皆可以獨立成罪，並不符實務向來接續犯之定義。假如因此特例放寬接續犯的定義，則喪失接續犯其各行為之獨立性極為薄弱之特性，如同畫蛇添足般（蛇添四腳不再是蛇），不能再名之為接續犯。

本書認為，既然依照修法理由，接續犯和集合犯應僅係包括一罪的例示類型之一，不排除有新型態的包括一罪類型出現之空間，[20]則由於此等情形符合包括一罪之「行為人基於一個意思決定，實施同一構成要件且有密接關連性的數行為，亦即自然意義（或物理意義）的數個行為，侵害同一之法益」的構成要件，依修法理由，此種情形不妨視為接續犯和集合犯以外之「新型態的包括一罪」。如此以來，不僅可避免以數罪併罰論之過苛之嫌，又可防止接續犯概念不當擴張而失其本質特性。

 **問題思考**

> 對於多次販賣毒品之行為應如何評價？

---

19 黃榮堅，〈數罪併罰量刑模式構想〉，《月旦法學雜誌》，第123期，2005.08，49頁。

20 張麗卿，〈牽連轉想像與連續轉包括〉，《月旦法學教室》，第59期，2007.09，16頁以下。

■ 參考解答

一、集合犯說[21]

「販賣」本質上即包含多次反覆同種類之實行行為，行為人意圖營利販售而買入毒品，可以想見本欲將所持毒品全部賣出，因此賣出一次與其數次的賣出行為，亦只應評價一罪；但若營業上可以將其切割成多批成品販賣則得成立數罪。

二、數罪併罰說[22]

基於規範目的與客觀不法內涵，倘若將行為人只有意圖營利而買入，於尚未賣出也視為販賣，恐有違罪刑法定原則。惟「販賣」是一種有償的讓與，可能是反覆為之，也可以只賣出一次，故不必係持續實行之複次行為。實務將多次販賣毒品行為評價為數罪，而有文獻主張成立構成要件行為單數而成立一罪，其間的差異在於對「販賣」概念持不同的見解。

論者有謂「販賣」依其文義應係指「出售」，不含意圖營利或販賣而買入的行為而且販賣也不具反覆性與持續性，故買入後再數次出售，除非成立接續犯，否則，多次販賣基於本法制定目的，其加劇或重新危害國民的身心健康，既不能成立集合犯而論以構成要件行為單數或包括一罪，也不成立與罰的後行為，而是數罪併罰。

 問題思考

> 對於多次施用（吸食）毒品之行為應如何評價？

---

21 陳志輝，〈競合論之發展在實務實踐的光與影－以集合犯概念為中心〉，《台灣本土法學》，第101期，2007.12，159頁；相同見解：張麗卿，《刑法總則理論與運用》，五南，四版，2013.10，455頁；王皇玉，《刑法總則》，新學林，初版，2014.12，536頁；林書楷，《刑法總則》，五南，二版，2014.09，484頁。

22 黃惠婷，〈多次販賣毒品行為之罪數評價－高等法院九十八年度上訴字第一三六三號與最高法院九十八年度台上字第四二一四號判決〉，《月旦法學雜誌》，第179期，2010.04，272頁以下。

■ 參考解答

一、數罪併罰說[23]

依刑法第56條修正理由之說明,「基於連續犯原為數罪之本質及刑罰公平原則之考量,爰刪除有關連續犯之規定」等語,即係將本應各自獨立評價之數罪,回歸本來就應賦予複數法律效果之原貌。因此,就刑法修正施行後多次施用毒品之犯行,採一罪一罰,始符合立法本旨。顯採數罪併罰之立場。

二、集合犯說[24]

學界多主張應論以包括一罪之集合犯:

若從毒品危害防制條例第20條與同法第23條來看,並非行為人只要一施用毒品,即應論罪科刑,而是必須達到一定成癮程度(即經觀察勒戒,戒治後而於五年內再犯)。至於在達到一定成癮程度之前,不管行為人施用毒品幾次,皆僅成立一個施用毒品罪。是故,依照毒品危害防制條例之設計,施用毒品罪性質上屬集合犯。惟須注意者,縱使將施用毒品罪定性為集合犯,仍不排除其有論以接續犯或集合犯之可能。本書亦認為應採此說。蓋所謂集合犯,乃在構成要件上本身即預先設定有複數之同種行為反覆實施之性質的犯罪類型。而吸食毒品,因具有成癮的特性而反覆為之,這也正是法律所要處罰的理由,但以此為由採一罪一罰,為免過苛。

問題思考

被告甲先後多次向有投票權之人,行求、期約或交付賄賂或其他不正利益,而約其不行使投票權或為一定之行使,而犯公職人員選舉罷免法第99條第1項之投票行賄罪,應如何論罪?

---

[23] 最高法院96年度第9次刑事庭會議決議。

[24] 吳耀宗,〈多次施用毒品行為之刑法評價〉,《月旦法學教室》,第87期,2009.12,28頁以下;相同見解:張麗卿,《刑法總則理論與運用》,四版,2013.10,455頁;余振華,《刑法總論》,三民,二版,2013.10,465頁;林鈺雄,《新刑法總則》,元照,四版,2014.09,589頁;陳志輝,〈競合論之發展在實務實踐的光與影—以集合犯概念為中心〉,《台灣本土法學》,第101期,2007.12,157頁。

■ 參考解答

　　本問題涉及投票行賄罪之罪數性質，實務與學說見解不一，茲分述如下：

一、有條件之接續犯說（不排除數罪併罰之可能性）

　　刑法於2005年刪除連續犯規定之同時，對於合乎接續犯或包括的一罪之情形，為避免刑罰之過度評價，已於立法理由說明委由實務以補充解釋之方式，發展接續犯之概念，以限縮數罪併罰之範圍。而多次投票行賄行為，在刑法刪除連續犯規定之前，通說係論以連續犯。鑑於公職人員選舉，其前、後屆及不同公職之間，均相區隔，選舉區亦已特定，以候選人實行賄選為例，通常係以該次選舉當選為目的。是於刪除連續犯規定後，苟行為人主觀上基於單一之犯意，以數個舉動接續進行，而侵害同一法益，在時間、空間上有密切關係，依一般社會健全觀念，難以強行分開，在刑法評價上，以視為數個舉動之接續實行，合為包括之一行為予以評價，較為合理，於此情形，即得依接續犯論以包括之一罪。否則，如係分別起意，則仍依數罪併合處罰，方符立法本旨，此為最高法院近來之統一見解。[25]

二、集合犯說

　　學者多數。因為揆諸實際，候選人參加公職選舉，一般而言，不可能僅買一票，為期能當選，必定反覆向多數有投票權人行賄，始能達其目的。是以，行賄行為具有反覆實施同種行為之性質，所侵害者為同一國家法益，應認其成立集合犯。[26]這也就是實務判決屢次提到的「概括犯意」（追求同一目標的多次意識活動），僅成立一個構成要件，也就是應僅論以一個投票行賄罪，蓋投票行賄罪已具備集合犯之特質。[27]實務見解放寬時空關聯密接認定，即不難察覺出最高法院面對集合犯與接續犯擇一選擇

[25]　最高法院99年度第5次刑事庭會議決議（一）、100年度台上字第6521號、101年度台上字第2196號判決、102年度台上字第1869號判決。

[26]　甘添貴，《刑法各論（下）》，三民，初版二刷，2011.01，451頁。

[27]　盧映潔，〈投票行賄與集合犯－評最高法院98年度台上字第3093號刑事判決〉，《台灣法學雜誌》，第154期，2010.06，250頁以下。

的窘境。但是放寬時空關係的密接判斷，反而背離接續犯在犯罪類型上最核心的特質。[28]

　　本書認爲，依接續犯的本質，除概括犯意侵害同一法益外，最重要的特徵在於時、空密接性，在時間差距上難以強行分開，這是過去實務對接續犯一貫的見解（最高法院86年台上字第3295號判例），實在沒有必要因投票行賄罪做另外的詮釋，因爲採集合犯亦能得到包括一罪之結論。再者，就同次選舉而言，爲同一候選人買票，實難評價爲數犯意，論以數罪併罰之可能性。

 考題觀摩

> *接續犯與集合犯，有何區別？試以公職人員選舉之投票行賄罪爲例，根據現行刑法條文，分析之。　　　　　　　　【100年高考二級一般行政】

> *甲爲某次公職選舉候選人。某日，甲至乙宅，對於正在乙宅內泡茶之乙、丙二位投票權人，分別給與新臺幣（下同）一千元，並約定投票日將票投給甲。於五日後，又到丁宅，對有投票權之丁，給與一千元，並約定投票日將票投給甲。試問，甲之刑責爲何？　　　　　　【100年高考二級法制】

第三節　本質上的一罪

壹、法條競合

一、概念

　　所謂法條競合，係指一個犯罪行爲，因法規之錯綜關係，致同時有數

28　李聖傑，〈投票 賄罪的犯罪性質－兼評最高法院99　第5次刑事庭會議（一）決議要旨〉，《國立高雄大學法學論叢》，第7卷第1期，2011.09，45頁以下。

符合該犯罪構成要件之法條可以適用，依法理擇一適用者而言。

　　刑法學理上所謂法規競合，係指一行為在外觀上雖然觸犯數個罪名，但僅能適用其中一個犯罪之構成要件而排除其他之構成要件，因其僅受一個犯罪構成要件之評價，**故非犯罪之競合，仍屬本來一罪**。此與本法第55條所規定之想像競合犯所指一行為而觸犯數罪名，雖亦係以一個犯罪行為之實行，生數個犯罪之結果，侵害數個法益，應受數個犯罪構成要件之評價，屬於犯罪之競合，僅裁判上得以從一重處斷（裁判上一罪）者不同。

二、形成原因

　　不法構成要件會重疊的原因，乃在於刑事立法的過程中，係將犯罪之具體事實，經過抽象化的過程，將其不法構成要件予以明文化；而刑事審判實務之運作，係將抽象化之條文還原到犯罪事實之適用。此時由於抽象之條文相對於具體事實而言，涵蓋內容較廣，難免會發生不法構成要件重疊之現象。為求規範周全以期減少法律漏洞，故在立法過程中，一方面就行為階段與法益保護之程度（如實害或危險）而設計，另一方面，就各別情況而有各別規定（特別構成要件）與概括規定（一般構成要件）之設計。諸如此種為防法律漏洞發生之設計之規範，亦足以造成構成要件重疊之現象。另外，於各法規間之重疊規範，亦有可能係立法者之疏忽所致。

三、類型

　　法條間有「特別關係」、「補充關係」、「吸收關係」之現象（傳統見解另有「擇一關係」，是否包含「擇一關係」學說上仍有爭論）。

（一）特別關係

　　係行為人之行為該當兩個以上的刑罰法規，由於數個法條之間，具有特別法與一般法的關係。若從法體系的觀點分析，所謂特別法與普通法的關係，又分為法典與法典間通案適用上的比較，一般稱為特別法優於普通

法，於此情形，應依特別法優於普通法之原則，此兩者競合時，應適用特別法。一般而言，在特別法當中，包含普通法全部的構成要件，換言之，特別法透過構成要件的包攝作用，將特別法的構成要件外延至普通法的構成要件當中，亦即在成立範圍有大小程度上的差異。可分下列四種情形：

1. 基本構成要件與修正構成要件之競合

兩者競合時，因修正構成要件適用範圍較基本構成要件為優，應適用修正構成要件。例如：本法第272條之殺直系血親尊親屬罪為修正構成要件，較第271條之普通殺人罪之基本構成要件為優，應優先適用第272條之罪。第273條之義憤殺人罪為修正構成要件，其要件相對於第271條之普通殺人罪之基本構成要件。又稱減輕、加重要件與基本要件的競合。

2. 單一構成要件與結合構成要件之競合

結合構成要件優於單一構成要件而適用，例如妨害性自主罪（本法§§221、222、224、224之1、225）與妨害性自主罪的結合犯（本法§226之1）、強盜罪（本法§328）與強盜罪的結合犯（本法§332）、海盜罪（本法§333）與海盜罪的結合犯（本法§334）等特別關係。

3. 個別構成要件與概括構成要件之競合

個別構成要件優於概括構成要件而適用，例如私刑拘禁罪（§302I）與強制罪（§304I），略誘婦女罪（§298II）與私行拘禁罪（§302I）等特別關係。

（二）補充關係

「補充關係」，截堵構成要件之關係。係在刑罰法規間彼此具有基本條款與補充條款的關係時，優先適用基本條款，在基本條款無法適用的情形下，始有適用補充條款。例如：既遂與未遂之關係。一個行為，同時該當基本法之構成要件及補充法之構成要件時，補充法既係為補充基本法而設，依「基本條款排斥補充條款」之原則，基本條款自應優先適用，但於

基本條款未爲規定者，仍適用補充條款。

舉例說明

　　本法第302條第1項所謂「其他非法方法剝奪人之行動自由」，爲同條項「私行拘禁」之補充規定。公務員加重處罰罪（本法§302I）係補充公務員販瀆職罪以外之罪的規定，若公務員有包庇賭博（本法§270）或侵占罪（本法§336I），由於有公務員包庇賭博罪與公務員侵占罪可適用，則不適用公務員加重處罰罪（本法§134），若是公務員加重處罰罪未特別規定犯罪時，則適用公務員加重處罰罪。加暴直系血親尊親（本法§281）屬係補充普通傷害罪（本法§227）與傷害直系血親尊屬罪（本法§280）的規定，準強盜罪（本法§329）係補充強盜罪（本法§328I）的規定，放火燒毀現供人使用之住宅以外之放火罪（本法§175I）係補充放火燒毀現供人使用之住宅罪（本法§173I）與放火燒毀非現供人使用住宅罪（本法§174I）的規定。

（三）吸收關係

　　所謂「吸收關係」：一行爲涉及數規範時，規範相互間無必然包含關係，但基於共同保護的法益之情形下，其中一法條對於該法益的保護較完整，若該法條本身已經足夠充分保護該法益的安全，因而將其他法條吸收而排斥其適用。簡言之，犯罪行爲的性質或結果當然含他罪之構成要件。[29]一般而言，吸收關係乃主要構成要件與伴隨構成要件的關係，當行爲實現主要構成要件時，通常必然均同時伴隨其他構成要件的實現，其不法內涵或責任內涵由主要的構成要件之「不法內涵」及「責任內涵」所吸

---

[29]　最高法院42年台上字第410號判例。

收。因此，藉由主要構成要件的處罰，亦包括伴隨構成要件的處罰。

舉例說明

1. 實害行為吸收危險行為：例如，行為人先以加害生命恐嚇他人，該當於恐嚇安全罪（本法§305），隨後，果真將他人殺害，又該當於殺人罪（本法§271），此時僅論以殺人罪即為已足。

2. 高度行為吸收低度行為：例如，共同正犯吸收教唆犯，教唆犯吸收幫助犯，[30]既遂吸收陰謀、預備、未遂罪。又如行使偽造紙幣罪（本法§196I）、吸收詐欺罪[31]、行使有價證券罪（本法§201II）、吸收詐欺罪（本法§339）。[32]

3. 主要行為吸收附隨行為：行使偽造私文書罪（本法§216）、吸收偽造文書罪（本法§210）[33]、偽造私文書罪吸收偽造印章、印文罪（本法§217）。[34]

4. 強制性交罪（本法§221）、吸收強制罪（本法§304）。[35]

貳、包括一罪

見前揭說明，茲此不贅。

---

[30] 最高法院46年台上字第831號判例。

[31] 最高法院42年台上字第410號判例。

[32] 最高法院25年上字第1814號判例。

[33] 最高法院22年上字第564號判例。

[34] 最高法院44年台上字第864號判例。

[35] 最高法院46年台上字第1285號判例。

第四節　本質上數罪

包括裁判上一罪（又稱之科刑上一罪），又分為想像競合犯（§55）、牽連犯（已刪除）、連續犯（已刪除）及**實質競合**（數罪併罰）。

壹、裁判上一罪

一、想像競合犯之定義

想像競合犯者，同一行為人出於單一犯意，為單一行為，發生數個犯罪結果從其中一重罪處斷。包含一個行為觸犯數個罪名或數法益。申言之，即一個意思決定，發為一個行為，而數個罪名或侵害數個法益，符合數個構成要件，發生數個相同或不同之結果，成立數個罪名也。

舉例說明

> 如縱火毀人無人居住房舍，意外造成屋內流浪漢死亡，構成放火罪與過失致死罪，只處斷放火罪。想像競合犯之實質根據，通說均以「單一行為之處罰一次性」

二、想像競合犯之本質

想像競合犯之本質，係以單一行為能犯數個罪，因數罪重合於一個行為，故法律上作為一罪處斷，所以不適用第50條數罪併罰之規定。

三、想像競合犯之要件

（一）一個行為（基於行為的單一性）

　　想像競合犯的「一行為」，係指排除以構成要件的法律概念之行為，而在自然觀察或社會認識上，所認定的一個行為而言。所謂「一行為」乃指基於一個意思決定所實行之一個行為而言，若是行為之際，對於其他犯罪另行起意，或基於同一犯意而分成二個行為實行，皆非基於同一意思決定。至於基於單一之意思決定，可能同時該當於多數構成要件的複數故意，或基於一個意思決定，亦可能該當於二個構成要件的故意或過失。又一個過失行為而觸犯數罪名，亦有想像競合犯之成立。想像競合犯是以一行為而觸犯數罪名為要件，此與數行為而犯數罪名之實質競合犯不同。

（二）侵害數個法益

　　關於法益數之認定，請參前揭說明。

舉例說明

1. 縱放依法逮捕拘禁人罪，所侵害之法益，係公之拘禁力，故所縱放者，無論為一人或數人，其被害法益祇有一個（國家法益），不能以其所縱放人數之多寡，為計算犯罪個數之標準。[36]
2. 上訴人偽證之對象雖有甲、乙二人，而其侵害國家審判權之法益則仍屬一個（國家法益），自僅構成一個偽證罪，不能因其同時偽證甲、乙二人放火，即認為係一行為而觸犯數罪名。[37]

---

[36] 最高法院年28上字第1093號判例。

[37] 最高法院年31上字第1807號判例。

3. 同時偽造同一被害人之多件同類文書或同一被害人之多張支票時，其被害法益仍僅一個（**社會法益**），不能以其偽造之文書件數或支票張數，計算其法益。此與同時偽造不同被害人之文書或支票時，因有侵害數個人法益，係一行為觸犯數罪名者迥異。[38]
4. 丙夜間潛入某甲家中，將某甲所有財物及其妻某乙所有之國民身分證，雖竊取兩人之財物，但就丙的認知而言，僅係侵害一個財產監督權（**財產法益**），不生一行為而觸犯數罪名問題。[39]

　　惟須注意者，侵害社會法益或國家法益的行為，可能有許多人同時受到侵害（**個人法益**），依照學說及實務見解，此一行為仍只能認定單純侵害一個法益，所以不是想像競合，[40]是法條競合。

舉例說明

1. 刑法上之放火罪，其直接被害法益為一般社會之公共安全，雖私人之財產法益亦同時受其侵害，但本罪係列入公共危險章內，自以社會公安之法益為重，此觀於燒燬自己所有物致生公共危險時並應論罪之點，亦可得肯定之見解，故以一個放火行為燒燬多家房屋，仍祇成立一罪，不得以所焚家數，定其罪數。[41]
2. 如一狀誣告數人之情形。[42]

---

[38] 最高法院73年台上字第3629號判例。

[39] 最高法院62年台上字第407號判例。

[40] 林東茂，《刑法綜覽》，一品，七版，2012.08，1-296頁。

[41] 最高法院21年上字第391號判例。

[42] 最高法院49年台上字第883號判例。

（三）觸犯數罪名

想像競合犯之所以從一重罪之刑處斷，而不依數罪併罰之辦理者，即在於數個犯罪構成要件重合於一個行為之上，故一個行為所誘發之數個結果，必須合於數個構成要件，成立數個罪名，始有成立想像競合犯之可言。然其所犯之數罪名，則不以相同之罪名為必要。所謂「同種想像競合」，是指同一刑罰之規定，例如，丟一顆手榴彈炸死三個人。而「異種想像競合」，是指觸犯不同刑罰之規定，例如，違規超車，不慎造成一死一重傷。

舉例說明

> 甲因違規被警員乙開罰單，甲因而辱罵乙三字經，即同時實觸犯公然侮辱罪（本法§309Ⅰ）及侮辱公務員罪（本法§140Ⅰ），應依刑法第55條規定從一種之侮辱公務員罪處斷。

四、裁判方式

（一）從一重處斷

1. 依本法之規定，想像競合犯係就所觸犯之數罪中，「從一重處斷」，即依其中之一重罪之刑處斷之。

2. 本法第55條之從一重處斷，應以法定刑之輕重為準，即係以某一罪名之法定刑與他罪名之法定刑相較，而從一法定本刑較重之罪名處斷之謂。至各該罪名是否有總則上加重或減輕其刑之原因，係屬別一問題，並不以此而使該條之比較輕重，受其影響。是以「刑法所定之從一重處斷，其比較輕重，係以法定本刑為標準。縱使數罪之中，重罪應行減輕，輕罪

無須減輕，減輕以後之刑罰，重罪比輕罪爲輕，仍應依重罪處斷」。至於同種之競合犯只有同一之法定刑，處斷之際，自無比較輕重之可言。

3. 條文雖曰從一重處斷，尙非置輕罪於不論，故輕罪、重罪之條文，均應於判決中引用之；關於輕罪之沒收，仍得併科之。

（二）不得科以較輕罪名所定最輕本刑以下之刑

另需注意者爲，若重罪的下限低於輕罪，則依據本法第55條但書，不得科以較輕罪名所定最輕本刑以下之刑，若不如此，則失從重處罰的目的。

想像上競合犯，依現行第55條規定，應從一重處斷。遇有重罪之最輕本刑較輕罪之最輕本刑爲輕時，裁判者仍得在重罪之最輕本刑以上，輕罪之最輕本刑以下量定其宣告刑。此種情形，殊與法律規定從一重處斷之本旨相違背，顯不合理。爰增設不得科以較輕罪名所定最輕本刑以下之刑之限制規定，以求量刑上之平允。

五、想像競合與法條競合之比較

（一）意義

想像競合係指一行爲侵害數法益而觸犯數罪名，應從一重論處。其外形上具備數個構成要件，但包括的作爲一個構成要件加以評價，乃犯罪之併合，亦即犯罪之個數問題。

概念釐清

「法條競合」與「想像競合」之比較

		法條競合	想像競合
相同點		同為行為單數	
相	評價方式	可以只用一個規範評價	不可以只用一個規範評價
異	競合方式	為不純正競合，亦即形式上有好幾個規範競合，而實際上只有一個適用，並排斥其他規範之情形。	為純正競合，非如法規競合只是單純刑罰法規相互間有重疊且互為包含之現象，必須選擇其一適用之問題，而是行為本身所涉及刑罰之規定，應該同時適用之，故稱為「純正競合」。
	條文依據	無明文	有法條依據（即本法§55）
	裁判限制	法無明文限制	所謂「從一重處斷」是從一重「刑」處斷，而非從一重「罪」處斷。
處	法益侵害數	侵害同「一」法益	侵害「數」法益。

 選擇題練習

> *甲攜帶螺絲起子一把，前往乙家破壞大門並侵入屋內竊得金條數塊，甲犯竊盜罪而同時該當刑法第321條所定之加重事由「攜帶兇器而犯之者」、「毀越門扇而犯之者」、「侵入住宅而犯之者」三款，依實務見解，下列敘述，何者正確？[43]　(A)甲應成立一個加重竊盜罪、一個毀損罪、一個侵入住宅罪，三罪併罰　(B)甲應成立一個加重竊盜罪、一個毀損罪、一個侵入住宅罪，三罪想像競合　(C)甲應成立三個加重竊盜罪，三罪想像競合　(D)甲只成立一個加重竊盜罪，但應將各加重情形揭明。　【104年警佐班】

---

[43] 答案為(D)，最高法院69年台上字第3945號判例：「刑法第321條第1項所列各款為竊盜之加重條件，如犯竊盜罪兼具數款加重情形時，因竊盜行為祇有一個，仍祇成立一罪，不能認為法律競合或犯罪競合，但判決主文應將各種加重情形順序揭明，理由並應引用各款，俾相適應。」

*依刑法第55條的規定，想像競合犯應從一重處斷。下列有關「從一重處斷」之敘述，何者錯誤？[44]　(A)比較罪刑之輕重，以宣告刑為標準　(B)數罪名中有刑法總則上加減之原因者，係屬科刑範圍，於法定刑之輕重不生影響　(C)同種之刑，以最高度刑較長或較多者為重　(D)同種之刑，最高度相等者，以最低度之較長或較多者為重。　【100年律師第一試】

*甲引燃汽油，燒燬A、B、C三棟房屋。甲之行為，應如何論罪？[45]　(A)一行為觸犯三個放火罪，想像競合　(B)一行為觸犯三個放火罪，法條競合　(C)一行為觸犯一個放火罪，包括一罪　(D)一行為觸犯一個放火罪，單純一罪。　【103年司法官、律師第一試】

*計程車司機甲，平日於座車內經常放置匕首一把，以備犯案時之用。某日，載女乘客A前往郊區，見A女頗具姿色，乃頓生淫念，取出匕首威脅A女與其性交得逞，甲犯強制性交罪而同時該當於刑法第222條所定之加重事由有「攜帶兇器犯之者」與「利用駕駛供公眾或不特定人運輸之交通工具之機會犯之者」兩款，依實務見解，下列敘述，何者正確？[46]　(A)上述兩款為數罪之實質競合　(B)上述兩款為接續犯　(C)上述兩款為想像競合犯　(D)強制性交行為僅為一個，祇成立一個加重強制性交罪。

【103年司法官、律師第一試】

*癌末病人甲因情緒低落，夜深心煩，乃獨自在病床上抽煙，稍後，竟呼呼入睡，結果煙蒂燒及床單，引起醫院大火，並燒死同棟大樓之另兩位病患A、B。關於甲之刑責，下列敘述，何者正確？[47]　(A)失火罪與過失致死罪的法條競合　(B)失火罪與過失致死罪的想像競合犯　(C)失火致死罪的加重結果犯　(D)失火罪與過失致死罪二罪併罰。　【102年律師第一試】

44　答案為(A)，應以法定刑為準，參照最高法院22年上字第734號判例。

45　答案為(D)。

46　答案為(D)。

47　答案為(B)，甲一行為侵犯社會法益與個人之生命法益。

*甲偽造私文書後，復進而自爲行使，依實務見解，應如何論罪？[48] (A)僅論以偽造私文書罪 (B)僅論以行使偽造私文書罪 (C)同時成立偽造私文書罪與行使偽造私文書罪，一行爲觸犯數罪名，從一重處斷 (D)同時成立偽造私文書罪與行使偽造私文書罪，數罪併罰。 【102年律師第一試】

*甲以一紙告發狀向地方法院檢察署誣告警員A、B、C三人執行臨檢時曾收受他人賄賂，觸犯貪污罪。下列敘述，何者正確？[49] (A)甲以一狀誣告3人犯貪污罪，成立3個誣告罪，爲數罪併罰 (B)甲以一狀誣告3人犯貪污罪，爲誣告罪之連續犯 (C)甲以一狀誣告3人犯貪污罪，爲一行爲觸犯3個誣告罪，成立想像競合 (D)甲以一狀誣告3人犯貪污罪，僅成立一個誣告罪。 【101年律師第一試】

*A、B、C3人之住宅相連而居，某日，甲因與A發生口角，乃放火燒燬A的房屋，熊熊大火延燒及B、C的住宅，甲對此皆有預見，且心想就算延燒B、C之住宅也無所謂。甲所成立之放火罪，下列敘述，何者正確？[50] (A)想像競合犯 (B)數罪併罰 (C)法條競合 (D)單純一罪。 【101年律師第一試】

*甲住10層樓公寓的5樓，爲圖私利，將其所住大廈逃生通道堵成私人儲藏室，致某日火災時，鄰居A、B二人因逃生無門，嗆傷倒地，幸而及時送醫急救而無大礙。有關甲之刑責，下列敘述，何者正確？[51] (A)甲僅成立一個侵占罪 (B)甲僅成立一個阻塞逃生通道罪 (C)甲僅成立二個過失傷害罪 (D)甲成立一個阻塞逃生通道罪及二個過失傷害罪之想像競合犯。 【101年律師第一試】

---

48 答案爲(B)，參照最高法院69年台上字第695號判例。

49 答案爲(D)。

50 答案爲(D)，侵害一個社會法益，最高法院21年上字第391號判例。

51 答案爲(D)，甲係一行爲觸犯數罪名。

> *甲與A素有恩怨，某日，攜汽油一桶，對A宅放火，結果火勢延燒及與A宅
> 相鄰而居的B、C二家之住宅，甲所成立之放火罪，下列敘述，何者正
> 確？[52]　(A)單純一罪　(B)法條競合　(C)想像競合　(D)數罪併罰。
>
> 【100年司法官第一試】

 考題觀摩

> *想像競合與法規競合（法條競合）有何異同？試申述之。
>
> 【102年高考法律廉政】

第五節　實質競合（數罪併罰）

壹、概念

　　數罪併罰有廣狹二義，廣義的數罪併罰，泛指競合論所要解決的問題
是，如法官究竟要宣告一個或數個罪，若是宣告數罪，刑罰應如何量定的
問題。狹義的數罪併罰，專指本法第50條所規定之「數罪併罰」（實質競
合）。

一、實質競合的概念

　　數罪係指同一個行為人出於數個犯意而為數個行為而構成的實質競
合。實質競合係指同一行為人出於數個犯意，而做數個行為，實現數個構
成要件，而構成數罪，並且這些數罪均能在同一刑事訴訟程序中接受裁判

---

[52] 答案為(A)，侵害一個社會法益，參照最高法院21年上字第391號判例。

的犯罪競合現象。這就是現行刑法所規定的「裁判確定前犯數罪者」
（§50），亦稱為「狹義數罪併罰」。

二、實質競合的種類

實質競合就其競合構成要件的種類，可分為同種實質競合與異種實質
競合兩種。

（一）同種實質競合

係指行為人在裁判確定前，多次違犯同一的犯罪行為，數次實現同一
構成要件而形成的數個構成要件的競合。

（二）異種實質競合

則指行為人在裁判確定前，違犯數不同的犯罪行為，實現數個不同的
構成要件，而形成的數個構成要件的競合。

實質競合在本質上即屬行為複數，行為人所違犯的數行為，必須係各
自獨立的數罪，且須於裁判確定前違犯者，始構成多數構成要件的實質競
合。可是並非所有的行為複數均有實質競合的現象，假如欠缺在同一刑事
訴訟程序中接受裁判的行為複數，即無實質競合可言。

三、實質競合之要件

（一）須一人違犯數個獨立之罪

必須由同一行為人違犯二個以上的獨立犯罪，始有可能形成實質競合
關係。否則，如二人以上的行為人分別犯數罪，或同一行為人違犯一個獨
立的犯罪，均無由構成實質競合。

（二）行為人必須出於數個犯意而做數個行為

行為人主觀上須出於各別的數個犯意，而做數個獨立行為，始有可能成立實質競合。這些各別的數個犯意可能係同時萌生，亦可能為一行為後始另行起意。若係另行起意，即可認為行為人具備數個犯意。但須注意的是，「犯意變更」與另行起意本質不同；犯意變更，係犯意之轉化（昇高或降低），指行為人在著手實行犯罪行為之前或行為繼續中，就同一被害客體，改變原來之犯意，在另一犯意支配下實行犯罪行為，導致此罪與彼罪之轉化，因此仍然被評價為一罪。犯意如何，既以著手之際為準，則著手實行階段之犯意若有變更，當視究屬犯意昇高或降低定其故意責任；犯意昇高者，從新犯意；犯意降低者，從舊犯意，並有中止未遂之適用。另行起意，則指原有犯意之構成要件行為已經完成，或因某種原因出現，停止原來之犯罪行為，而增加一個新的犯意產生，實行另一犯罪行為之謂，至於被害客體是否同一則不問；惟因其係在前一犯罪行為停止後（即前一犯罪行為既遂、未遂或中止等），又另起犯意實行其他犯罪行為，故為數罪。行為人以傷害之犯意打人，毆打時又欲置之於死地，乃犯意昇高，應從變更後之殺人犯意，殺人行為之傷害事實，當然吸收於殺人行為之內。倘若初以傷害之犯意打人已成傷之後，復因某種原因再予以殺害，則屬另行起意，應分論併罰，成立傷害與殺人二罪。[53]

學說上認為，若行為人起初是以傷害之犯意而著手侵害他人身體或健康，但其後改為殺人之故意繼續實施傷害行為時，仍然可以適用同一法理，亦即此時傷害與殺人二者間亦屬於行為階段之一體關係。參照德國的「一體性理論」（Einheitstheorie），此種犯意的轉換必須是在自然的行為單數範圍之內，否則即應論以數罪。所謂行為單數的判準即：（一）一個具有一致性的意思決定；（二）數個行動具有時空上的緊密關係；（三）以客觀之第三人角度予以觀察，可知數行動之間的關聯性。如從犯意之轉變過程觀之，已經超出自然的行為單數意義下一行為之範圍時，即

---

[53] 最高法院99年度台上字第702號判決。

屬另行起意，應數罪併罰。[54]

 考題觀摩

*甲本想毆打乙洩憤，動手後，愈想愈氣，決定把乙活活打死，乙死後丙恰好路過，將甲逮捕，並立即將之扭送警局法辦。問：甲的刑責如何論處？丙有無刑責？　　　　　　　　　　　　　　　【102年一般警特三等】

（三）須在裁判確定前所犯之數罪

行為人所違犯的數個行為必須具備共同裁判的可能性者，始足以形成數個構成要件的實質競合關係。換句話說，行為人必須在裁判確定前違犯獨立的數個行為，才有可能成立實質競合。否則，行為人雖違犯數個行為，但數個行為並無在同一刑事訴訟程序中共同接受審判的可能性的，即無構成實質競合的餘地。例如被告雖犯二罪，但其中一罪不屬於普通法院管轄，則另一罪即無實質競合可言。立法例包括：裁判宣告前主義、裁判確定前主義、執行完畢前主義等，本法採裁判確定前主義。裁判確定後另犯他罪，不在數罪併罰規定之列，雖緩刑期內更犯者，其所科之刑亦應於緩刑撤銷後合併執行[55]；其復受有期徒刑之宣者，則俊之有期徒刑，應予合併執行，不受本法第51條第5款但書之限制。[56]

1. 同時之併合罪

裁判確定前之數罪，同時被追訴、審判的情形。

54　徐育安，〈犯意變更與另行起意之區別-最高法院99年度台上字第702號刑事判決〉，《月旦裁判時報》，第4期，2010.08，121頁以下。

55　司法院釋字第98號解釋。

56　司法院釋字第202號解釋。

2. 溯及（事後）之併合罪（裁判確定後餘罪之處理）

　　裁判確定前之數罪，部分犯罪裁判確定後，發覺未經裁判之餘罪者，就餘罪處斷（§52）。

（四）須無以下情形

1. 得易科罰金之罪與不得易科罰金之罪。
2. 得易科罰金之罪與不得易服社會勞動之罪。
3. 得易服社會勞動之罪與不得易科罰金之罪。
4. 得易服社會勞動之罪與不得易服社會勞動之罪。

　　由於舊法數罪併罰規定未設限制，造成併罰範圍於事後不斷擴大有違法安定性，為明確數罪併罰適用範圍，故於2013年增訂第50條第1項但書規定。此乃為避免不得易科罰金之罪與得易科罰金之罪合併，造成得易科罰金之罪無法單獨易科罰金，故宜將兩者分開條列。此外第50條第1項但書亦將易科罰金與易服社會勞動之罪，分別列舉得易科、不得易科、得易服與不得易服等不同情形之合併，以作為數罪併合處罰之依據。

　　本法第50條第2項規定，第50條第1項但書情形，受刑人請求檢察官聲請定應執行刑者，依第51條規定定之。

四、實質競合之處斷

　　裁判確定前所犯數罪，如何處罰立法例包括：（併科主義、吸收主義、限制加重主義）（本法係採折衷主義）。本法第51條關於數罪併罰之規定，係採折衷主義，第1款至第4款與第8款係採吸收主義；第5款至第7款係採限制加重主義；第9款及第10款則採併科主義。本法第51條是指被告一再犯罪，經受多次科刑判決確定之科刑判決而言，亦即以該首先判刑確定之日作為基準，凡在該日期之前所犯之各罪，應依本法第51條各款規定，定其應執行之刑；在該日期之後所犯者，則無與之前所犯者合併定執行刑之餘地；惟在該日期之後之數罪，其另符合數罪併罰者，仍依前述法

則處理；然無論如何，既有上揭基準可循，自無許任憑己意，擇其中最為有利或不利於被告之數罪，合併定其應執行之刑[57]。

數罪併罰，應分別宣告其罪之刑，並依本法第51條各款規定，定其應執行之刑；此所稱其罪之「刑」，不僅指主刑而言，褫奪公權、沒收等從刑亦包括在內。

（一）吸收主義

1. 死刑

(1)宣告多數死刑者，執行其一。

(2)宣告之最重刑為死刑者，不執行他刑。但罰金及從刑不在此限。

現行第50條第2款宣告最重刑為死刑者，不執行他刑，即此一死刑之執行刑所吸收者，為併合處罰各罪之宣告刑，包含死刑、無期徒刑、有期徒刑、拘役及罰金。而罰金刑，係剝奪犯人之財產法益，屬於財產刑，其與死刑合併執行，並無困難；況刑事訴訟法第470條第3項規定，罰金得就受刑人之遺產執行，則死刑與罰金併予執行者，不論死刑先予執行或後予執行，均不影響罰金刑執行之可行性。

2. 無期徒刑

(1)宣告多數無期徒刑者，執行其一。

(2)宣告之最重刑為無期徒刑者，不執行他刑。但罰金及從刑不在此限。

3. 褫奪公權

宣告多數褫奪公權者，僅就其中最長期間執行之。

4. 三年以上有期徒刑與拘役

數罪併罰，應執行者為有期徒刑與拘役時，因有期徒刑與拘役之性

---

[57] 最高法院100年度台抗字第921號裁定。

質、功能雖有不同，但同屬自由刑，拘役刑期頗短，將其與較長之有期徒刑併予執行，實無意義可言，宜予採用有期徒刑吸收拘役主義。為謀兩者調和適中，避免有以較短有期徒刑（二月未滿）吸收較長拘役（一百二十日）之情事，經衡酌再三，宜以三年以上有期徒刑與拘役併執行者，始採吸收主義，僅執行有期徒刑，不執行拘役，乃於第51條第10款增列但書，以資適用。

（二）限制加重主義

　　1. 宣告多數有期徒刑者，於各刑中之最長期以上，各刑合併之刑期以下，定其刑期。但不得逾三十年。

　　為免單一罪之最高刑度與數罪併罰所定執行刑之刑度上限輕重失衡，並配合第33條第3款之修正，修正條文第51條第5款將宣告多數有期徒刑各刑合併處罰時之執行刑之最高限制，由現行法規定之二十年提高為三十年。

　　2. 宣告多數拘役者，比照前款定其刑期。但不得逾一百二十日。

　　修正條文第51條第6款將宣告多數拘役合併處罰時，其所定之執行刑之上限由「不得逾四個月」，配合第33條第4款已將拘役改以日為單位，改為「不得逾一百二十日」。

　　3. 宣告多數罰金者，於各刑中之最多額以上，各刑合併之金額以下，定其金額。

（三）併科主義

　　1. 宣告多數沒收者，併執行之。

　　2. 依第5款至第9款所定之刑，併執行之。但應執行者為三年以上有期徒刑與拘役時，不執行拘役。

　　法律上屬於自由裁量事項，尚非概無法律性之拘束，在法律上有其外部界限及內部界限，前者法律之具體規定，使法院得以具體選擇為適當裁判，此為外部界限。後者法院為自由裁量時，應考量法律之目的，法律秩

序之理念所在，爲內部界限。法院爲裁判時，二者均不得有所踰越。在數罪併罰而有二裁判以上，應定其應執行刑之案件，法院所爲刑之酌定，固屬自由裁量事項，然對於法律之內、外部界限，仍均應受其拘束。

 選擇題練習

*關於刑罰之敘述，下列何者正確？[58]　(A)數罪併罰，法院應分別宣告其罪之刑，並定應執行之刑　(B)實質數罪，如均爲有期徒刑，法院應於各刑中之最長期以上，各刑合併之刑期以下，定其應執行之刑，但不得逾三十年　(C)實質數罪，如均爲罰金刑，法院應於各刑中之最多額以上，各刑合併之金額以下，定其應執行之金額　(D)數罪併罰，法院宣告之最重刑爲死刑者，不執行他刑，包括拘役、罰金。　　　　　　　　　　　【104年警佐班】

*甲在上學途中撿到A之身份證、全民健康保險卡；隔日又撿到B不愼遺失之汽車駕駛執照，均未交警處理，而據爲己有。甲之行爲構成何罪？[59]　(A)二個普通侵佔罪　(B)二個侵佔遺失物罪，成立法條競合　(C)二個收受贓物罪　(D)二個侵佔遺失物罪，二罪併罰。　　　　　　　【102年司法官第一試】

*有關主刑加減之標準，下列敘述，何者錯誤？[60]　(A)死刑不得加重。死刑減輕者，爲無期徒刑或十五年以上有期徒刑　(B)無期徒刑不得加重。無期徒刑減輕者，爲二十年以下十五年以上有期徒刑　(C)有期徒刑或罰金加減者，其最高度與最低度同加減之　(D)拘役加減者，僅加減其最高度。

　　　　　　　　　　　　　　　　　　　　　　　　　　　　【101年司法官第一試】

58　答案爲(A)。

59　答案爲(D)，甲有兩個犯意。

60　答案爲(A)。

*被告甲於民國98年1月犯強盜罪，98年6月又再犯強盜罪而遭逮捕。甲所犯兩罪均經檢察官起訴。法院判決第一次強盜罪之宣告刑爲五年六月有期徒刑，第二次強盜罪之宣告刑爲六年三月有期徒刑。試問法院所定之應執行刑，下列何者不符合刑法第51條之規定？[61]　(A)6年2月有期徒刑　(B)7年8月有期徒刑　(C)9年2月有期徒刑　(D)11年有期徒刑。

【101年司法官第一試】

---

[61] 答案爲(A)，參照刑法第51條第5款。

第三篇　刑罰論

　　犯罪乃刑罰之前提，刑罰則爲犯罪之效果。刑法之法律效果，除刑罰之外，尚有「保安處分」，以爲補充或代替。因此，刑法亦可謂爲規定犯罪與刑罰或保安處分之法律。

　　確定犯罪後，依罪刑法定原則，國家爲維持社會秩序對犯罪者應科處一定制裁，稱爲刑罰。目前刑罰除懲罰犯罪而科以刑罰外，如對殺人犯罪者，科處死刑、無期徒刑或有期徒刑，以嚇阻犯罪；除刑罰外，法院認爲犯罪或類似反社會行爲有特殊危險者，爲防止其危險，並預防侵害社會秩序，得透過刑罰以外的方式，如教育方法，防止犯人再犯的處分，爲「保安處分」。保安處分有別於刑罰，刑罰係制裁威嚇罪犯的方式，而保安處分則重矯正與預防的手段。保安處分的種類包括：感化教育、監護、禁戒、強制工作、強制治療、保護管束與驅逐出境等七種處分。

第一章　刑罰的概念與種類

壹、刑罰的本質（刑罰之目的）

　　刑罰有何意義、使用刑罰作爲法律制裁手段是要達成什麼目的，研究此等問題之刑法理論，稱爲刑罰理論。犯罪者違反刑法規範，應接受法律制裁。但是爲何對犯罪者處罰，目的何在？有古典學派與近代學派提出不同的刑罰理論。

一、應報主義之觀點

　　古典學派認爲犯罪是人在自由意志下，違反刑事法律的行爲。刑罰即

屬對犯罪行為的報應，透過刑罰威嚇犯罪，使人預知犯罪將受刑罰的痛苦，而且痛苦將超過犯罪所得的快樂，以達到心理強制，排除犯罪的慾望。對於犯罪者過去所為惡害之報復，經由刑罰之制裁，實現正義公理，並平復被害者之怨懟。所謂絕對理論就是所謂的以眼還眼，以牙還牙，是報應思想的寫照，又稱為正義理論（又可分絕對應報論與相對應報論）。

二、預防主義之觀點

　　近代學派採實證方式，其研究發現貧窮環境造成犯罪、甚至主張犯罪者非天生，而認為犯罪是受後天環境影響，因而反對刑罰的目的是威嚇、報應犯罪。故主張刑罰應該在預防犯罪的發生，而刑罰亦應採取教育刑，使犯罪者能重返社會生活。刑罰本身除處罰犯罪人外，更蘊含教育、預防之目的，亦即經由制裁之手段，使犯罪者明白犯罪後要承受痛苦之代價，從而知所警惕，不敢再犯（**特別預防功能**）；而對一般大眾，也能產生警戒、嚇阻作用，使其不敢為非做歹（**一般預防功能**）。

　　我國刑法綜合二種學派，原則上認為犯罪行為應受應報，犯罪處罰亦具有嚇阻犯罪的功能，但同時在刑法所定的應報刑罰範圍，兼顧犯罪的預防與矯正，達到教化犯人。我國刑法的刑罰論兼規定保安處分，即綜合二種學派的表現。如十五歲少年甲，因械鬥殺傷乙少年，論以傷害罪處以一年有期徒刑，屬於應報刑；但因甲年紀輕、智識不足，故刑罰尚應注重其重返社會的可能，而得依保安處分，處以感化教育，此教育刑的表現。

三、兩極化刑事政策的意義

　　所謂兩極化刑事政策，即是寬嚴並進的政策，即：

　　（一）**寬鬆政策**：針對於輕微的犯罪、無被害者犯罪、偶發性犯罪採取較為寬鬆的態度，這些犯罪，在刑事立法上，朝向除罪化、除刑化、除機構化。

　　（二）**嚴格政策**：但是針對重罪、再犯，則採入罪化、重刑化、機構化的對待。

貳、刑罰的種類

　　刑罰包括獨立科刑的主刑與附屬主刑的從刑。我國刑法上將刑罰分為主刑與從刑兩種，主刑乃得獨立宣告之刑罰，亦稱單獨刑，又稱本刑，既得單獨宣告，亦得與從刑併科，惟主刑除有特定規定者外，對於同一犯罪，僅得單科一種，而排斥其他主刑之適用，從刑則為附隨於主刑而宣告之刑罰，亦稱附加刑，除有特別規定外，應附隨於主刑而宣告，而不得單獨科處。

一、主刑（§33）

（一）主刑之內容

　　主刑分為剝奪生命權的死刑、永久剝奪自由權的無期徒刑、剝奪一定時間自由權的有期徒刑與拘役、與剝奪財產權的罰金。

1. 死刑

　　乃國家剝奪犯罪人生命法益之刑罰，亦稱生命刑。而有關死刑之存廢，向來是個爭論不休的議題。贊成廢死論者認為：基於人性尊嚴及生命的絕對保障，人的生命權一旦遭到剝奪，所有其他性質的人權保障即當然失其附麗。德國基本法第102條即規定，死刑絕對禁止。[1]所以我們儘管無法完全阻止一個人不法侵害他人的生命，但至少應該阻止國家透過合法公權力剝奪人的生命。甚至在缺乏實證研究的支持下，恣意地將死刑作為嚇阻犯罪的工具。若謂死刑的存在是對犯罪被害人家屬最重要的情感需求，其實任何「保護措施」的加強，皆無法取代此種情感的需求。[2]雖然，台灣廢除死刑的民意調查顯示反對者占多數，然而國家有義務以立法手段取

---

[1]　　GG Art 102 §Die Todesstrafe ist abgeschafft.

[2]　　吳志光，〈我為何主張廢除死刑—一個廢死論者的心路歷程〉，《新使者雜誌》，第119期，2010.08，24頁以下。

代不合時宜的民意,以替代手段取代死刑。[3]此外,死刑缺乏犯罪預防上的有效性以外,司法誤判而造成無法挽回亦即冤獄的可能性,也是死刑存在的大問題。[4]

而支持死刑續存論者則認為,廢除死刑的國家,都允許墮胎。若允許肆無忌憚的殺戮但卻無視於被害家屬的椎心泣血,無視於社會群體的無盡恐慌;對於殺戮、沾滿血腥的兇手,我們竟說,這兇手的生命價值高於純潔的胎兒?事實上,對於重大犯罪,只要精確的實踐追訴審判程序,謹守無罪推定與罪疑唯輕的原則,經過層層疊疊的繁複過濾,誤判的機率趨近於零。重點是如何建立嚴格、公正而且客觀的緩死制度。[5]以我們國內當前的人文制度、社會狀況,殊難否認死刑仍為今日不得已的一種制裁,故暫時是不得不認其有存在的必要。[6]固然,死刑制度的合理性較為薄弱,但是廢除死刑要逐步漸進,要呼應人民的法律情感,相關的規定要步步為營的調整,現階段不必即刻的全面廢除死刑。[7]

2. 無期徒刑

為自由刑之一種,乃終身拘禁犯人於監獄,而剝奪其自由之刑罰;然仍可假釋出獄。

3. 有期徒刑

乃於一定期限內,拘禁犯罪人於監獄,而剝奪其身體自由之刑罰。現行法定二月以上,十五年以下,但遇有加減之原因時,得減至二月未滿或加至二十年。

---

[3] 陳新民,《憲法學釋論》,自版,七版,2011.09,350頁。

[4] 黃榮堅,《基礎刑法學(上)》,元照,四版,2012.09,68頁。

[5] 林東茂,《刑法綜覽》,一品,七版,2012.08,1-28頁以下。

[6] 張麗卿,《刑法總則理論與運用》,五南,四版,2013.10,492頁。

[7] 張麗卿,〈台灣死刑存廢之現況與解決〉,收於氏著《新刑法探索》,元照,五版,2014.09,310頁。

4.拘役

亦為自由刑之一種，乃將犯人拘禁於監獄，剝奪其身體自由，使服勞役之刑罰，為自由刑中最輕者，現行法定一日以上，六十日未滿，得加重至一百二十日。但此時仍為拘役。

5.罰金

財產刑之一種，即令犯人繳納一定金額之刑罰。本法定為一千元以上，最高度則於分則中，依情況分別規定。我刑法所規定之罰金，可分為四種：

(1)專科罰金

以罰金為唯一之法定刑，如本法第266條第1項之賭博罪即是。

(2)選科罰金

以罰金與其他法定刑併之，由裁判官擇一科處，如本法第320條第1項之竊盜罪。

(3)併科罰金

除處其他法定刑外，可同時併科罰金，蓋就犯人之危險性而言，應科以自由刑，另就犯人之貪得性而言，又得科以罰金者也。併科有「必併科」，如非常時期農礦工商管理條例第31條之規定。有「得併科」，如本法第336條第1項公務侵占罪是。

（二）主刑之重輕

1.刑之重輕，依第33條規定之次序定之（§35Ⅰ）。

決定主刑輕重的標準，按死刑、無期徒刑、有期徒刑、拘役、罰金的順序定重輕。即死刑最重，無期徒刑次之，有期徒刑又次之，拘役更次之，罰金為最輕。

2.同種之刑，以最高度之較長或較多者為重。

最高度相等者，以最低度之較長或較多者為重（§35Ⅱ）。

3. 刑之重輕，以最重主刑為準，依前二項標準定之。最重主刑相同者，參酌下列各款標準定其輕重（§35III）：

一、有選科主刑者與無選科主刑者，以無選科主刑者為重。

二、有併科主刑者與無併科主刑者，以有併科主刑者為重。

三、次重主刑同為選科刑或併科刑者，以次重主刑為準，依前二項標準定之。

由於舊條文第3項：「除前二項規定外，刑之重輕參酌前二項標準定之。不能依前二項標準定之者，依犯罪情節定之。」對於刑之重輕之判斷標準似過於簡略。蓋判斷刑之重輕，情形至為複雜，此等規定幾等於未設標準；且「得依犯罪情節定之」，更有違法理。為便於未來刑之重輕判斷更趨明確，2005年修法時，茲就實務適用情形，分別規定如下：

(1)各罪法定刑之重輕，應以最重主刑為準，依第1項、第2項之標準定其輕重。

(2)二罪之最重主刑相同，而不能依第1項、第2項之標準定其重輕者，如一罪有選科主刑者，他罪並無選科主刑者，則以無選科主刑者為重。

(3)二罪之最重主刑相同，而不能依第1項、第2項之標準定其重輕者，如一罪有併科主刑者，他罪並無併科主刑者，則以有併科主刑者為重。

(4)二罪之最重主刑相同，而其次重主刑同為選科刑或併科刑者，以次重主刑為準，依第1項、第2項之標準定其重輕。

（三）刑法上的罰金折算

現行法規所定貨幣單位折算新台幣條例（1992年7月17日公（發）布）第2條：現行法規所定金額之貨幣單位為圓、銀元或元者，以新臺幣元之三倍折算中華民國刑法施行法第1條之1（2006年06月14日修正）第1項：2005年1月7日刑法修正施行後，刑法分則編所定罰金之貨幣單位為新臺幣。第2項2005年1月7日刑法修正時，刑法分則編未修正之條文定有罰金者，自2005年1月7日刑法修正施行後，就其所定數額提高為三十倍。

二、從刑（§34）

　　指附加於主刑而科處之刑罰，又稱附加刑，分爲剝奪財產權的沒收、追繳、追徵、抵償（2005.02新增）與剝奪名譽權的褫奪公權。刑罰乃國家對於犯罪之人，以剝奪其私人法益之手段，所加之公法上制裁，其種類依本法第33條、第34條之規定，有死刑、無期徒刑、有期徒刑、拘役、罰金五種主刑及褫奪公權、沒收二種從刑。

三、刑罰與行政刑罰

　　刑罰者，乃對犯罪行爲之制裁方法，其種類不外乎本法第33條所定死刑、無期徒刑、有期徒刑、拘役、罰金五種主刑，及本法第34條規定之褫奪公權、沒收二種從刑（特別刑法有關銷燬、發還、追徵、追繳、財產抵償等規定，仍屬沒收之性質），刑罰復可分爲一般刑罰與行政刑罰。前者，通常是就反社會性之犯罪行爲，基於防衛社會與矯治教化爲目的所施以之制裁；後者，則係基於行政政策上之考量，對違反行政法上之義務行爲，以前揭刑法所定主刑及從刑之刑名加以制裁，此類處罰，均屬刑罰之性質，應由刑事法院依刑事訴訟程序處理之。至行政秩序法（即狹義之行政罰），乃就違反行政法上義務之行爲，本於維持行政秩序之目的，由該管主管機關以刑法刑名以外之方法予以處罰，其種類繁多，常見之拘留、罰鍰、罰役、沒入、勒令歇業、禁止發行、限期改善、勒令恢復原狀等皆屬之。一般刑罰及行政刑罰，屬於法院處斷之權限，由法院依刑事訴訟程序裁判之。而行政秩序罰科罰之主體，通常爲行政機關，僅少數例外，如依社會秩序維護法規定，影響人民權益較爲重大之制裁如拘留及勒令歇業等，始由地方法院之簡易庭裁罰。足見刑罰（包括行政刑罰）與行政秩序罰（狹義之行政罰），二者性質有別，不容混淆。[8]

---

[8]　最高法院97年度台非字第267號判決。

參、沒收與追繳、追徵或抵償

一、沒收之意義

沒收者，謂國家剝奪與犯罪有密切關係之物之所有權，強制收歸國有之處分，依我國刑法之規定，沒收雖爲財產刑之一種，但係從刑而非主刑，沒收有「一般沒收」與「特定沒收」之別。前者爲對犯人全部財產之沒收，故又稱全部沒收。後者爲對一定範圍之特定物之沒收，故又稱限制沒收或特別沒收。現行刑法所採者，多屬此類特定沒收，我刑法亦然。

沒收，乃剝奪與犯罪有密切關係的特定物之所有權，而強制收歸國庫的處罰。係從刑之一種，通常附隨主刑科處，於例外情況下，亦有單獨宣告的沒收，如專科沒收與違禁物的沒收，

沒收與沒入有別：沒收是刑罰，而沒入是行政罰，兩者性質不同。故沒入保證金，性質上屬於行政罰。係被告經法官（或檢察官）諭令繳交保證金候傳（即具保），如嗣後棄保潛逃時，該保證金即沒入國庫並通緝。

二、沒收之法律性質

依本法的規定及實務見解，沒收屬從刑的一種刑罰手段。[9]但就本質言，沒收態樣繁多，可能包含或兼具了刑罰（特殊型態的財產刑）與保安處分（如違禁品之沒收）。[10]是以，學說上認爲將沒收規定爲從刑，不無可議之處。[11]

三、第三人利得沒收之問題

依現行法規定，刑事不法利得沒收之效力原則上僅及於實行犯罪之行

---

[9] 最高法院99年度台上字第7127號、96年度台上字第3446判決。

[10] 林鈺雄，《新刑法總則》，元照，四版，2014.09，654頁。

[11] 林山田，《刑法通論（下）》，元照，十版，2008.01，482頁。

為人（包含正犯及共犯）。此觀諸我國刑法第38條第3項本文明定，因犯罪所得之物，以屬於「犯罪行為人者」為限，始得沒收自明。德國刑法第73條第1項第1款亦有類似的規定。然而，刑事不法行為所得之利益雖非由行為人所保有，但仍流入犯罪行為人以外無權享有此利益之第三人時，仍不應完全容任該第三人繼續保有該不法利得。換言之，我國刑法總則現行並無「第三人不法利得沒收」之規定。所謂「第三人不法利得沒收」，指沒收效力及於未參與犯罪或刑事不法行為的第三人所獲取之不法利益。雖然，在我國刑事特別法律中，亦存在為數不少的第三人沒收規定。但大多屬於狹義沒收，而非利得沒收。有關第三人利得沒收規定，如洗錢防制法第14條第1項、人口販運防制法第35條第1項、證券投資信託及顧問法第105條第3項、漁會法第50條之2第3項、農會法第47條之2第3項及食品安全衛生管理法第49條之1第1項等特定犯罪類型始有其適用。有鑑於我國刑法至今尚無基準性的第三人不法利得沒收規定，我國學者建議於刑法總則第38條第4項增訂：「因犯罪行為人為之實行刑事違法行為，因而直接獲得財產上利益者，應沒收之。但以相當對價而取得財產上利益者，不在此限。」亦即，收受不法利益之第三人，不以自然人為限且任何有權享有財產權之主體，均足以當之。[12]

四、沒收之分類

刑罰法令關於沒收之規定，有採職權沒收主義與義務沒收主義。沒收之主義有二：一為「義務沒收主義」；一為「職權沒收主義」。前者對於犯人之規定財物必須予沒收，裁判官無裁量之權，故又稱強行沒收主義。後者對於犯人之特定財物沒收與否，由裁判官斟酌案情而定。我國刑法兼採二種主義，第38條第1項第1款之「違禁物」及分則中有沒收之特別規定者，為「必沒收」，係採義務沒收主義。同條第1項第2款「供犯罪所用或供犯罪預備之物」，以及第3款之「因犯罪所生或所得之物」，均為「得

12 陳重言，〈第三人利得沒收之立法必要及其基礎輪廓—源自德國法規範與實務之啟發〉，《月旦法學雜誌》，第238期，2015.03，87頁以下。

沒收」，係採職權沒收主義。

（一）職權沒收（相對沒收；得沒收）

1. 職權沒收係指法律規定與犯人及犯罪有關之物品得爲沒收時，法院於宣告主刑時，仍得依職權斟酌決定之，學理上稱爲「相對沒收」（§38III）。

2. (1)供犯罪所用或供犯罪預備之物（§38I②）；
　　(2)因犯罪所生或所得之物（§38I③）。

原條文第38第1項第3款所稱「因犯罪所得之物」，係指因犯罪結果取得之物（如竊盜罪中之財物），至因犯罪之結果產生之物（如僞造文書罪中之假文書），如何沒收，並無明文規定。於2005年修法時，增設「因犯罪所生之物」亦得沒收，以資明確。

本法第38條第1項第3款規定因犯罪所得之物得宣告沒收，以該所得之物屬於犯人所有爲限，此觀諸同法條第3項之規定甚明，則第三人若對該物在法律上仍得主張權利者，該物即不在得沒收之列。[13]

3. 共同正犯之間的沒收採連帶沒收主義。共同正犯犯罪所得之財物爲新台幣時，因係合併計算，且於全部或一部不能沒收時以其財產抵償之，爲避免執行時發生重複沒收、抵償之情形，故各共同正犯之間係採連帶沒收主義，於裁判時固應諭知被告共同犯罪所得之財物應與其他共同正犯連帶沒收之；惟共同正犯犯罪所得之財物若已經扣押在案，即無發生重複沒收或抵償之顧慮，此種情形於裁判時即無庸諭知被告共同犯罪所得之財物應與其他共同正犯連帶沒收之必要。[14]

（二）義務沒收（絕對沒收；必沒收）

義務沒收則係指法律規定與犯人及犯罪有關之物品應予沒收時，法院

---

[13] 最高法院21年上字第589號判例。
[14] 最高法院102年度台上字第5193號判決。

即有義務依法宣告沒收，學理上稱為「絕對沒收」。[15]。亦即，祇要有主刑存在，不問檢察官有無聲請，法院即有義務就上開物品依法宣告沒收，毫無斟酌之餘地。例如：

1. 本法第38條第2項規定：「前項第一款之物，不問屬於犯罪行為人與否，沒收之」。

2. 本法第219條規定：「偽造之印章、印文或署押，不問屬於犯人與否，沒收之」，

3. 毒品危害防制條例第18條第1項規定：「查獲之第一、二級毒品及專供製造或施用第一、二級毒品之器具，不問屬於犯人與否，均沒收銷燬之；查獲之第三、四級毒品及製造或施用毒品之器具，無正當理由而擅自持有者，均沒入銷燬之。但合於醫藥、研究或訓練之用者，得不予銷燬。」、第19條第1項規定：「犯第四條至第九條、第十二條、第十三條或第十四條第一項、第二項之罪者，其供犯罪所用或因犯罪所得之財物，均沒收之，如全部或一部不能沒收時，追徵其價額或以其財產抵償之。」皆屬之。

義務沒收，又可分為絕對義務沒收與相對義務沒收二者：

1. **絕對義務沒收**：指凡法條規定「不問屬於犯罪行為人與否，沒收之。」屬之，法院就此等之物，無審酌餘地，除已證明毀滅外，不問屬於犯罪行為人與否或有無查扣，均應沒收之（特別規定—§§121II、122IV、131III、143II、200、205、209、219、235、265、266II。）

2. **相對義務沒收**：供犯罪所用或因犯罪所得，且以屬於被告所有者為限，始應予以沒收，例如毒品危害防制條例第19條第1項前段：「其供犯罪所用或因犯罪所得之財物，均沒收之」，既有意省略「不問屬於犯人與否，沒收之」之要件，基於刑止一身之原則及參照本法第38條第3項前段規定之立法精神，應認「以屬於犯人所有者為限」，始得宣告沒收，即供犯罪所用或因犯罪所得之財物若非犯人所有，或已非犯人所有，即無予以宣告沒收之餘地

---

[15]　最高法院100年度台上字第6405號判決。

五、沒收方法

（一）併科沒收

沒收有從屬性質，故應於「裁判時併宣告」之，即在原則上，沒收應與主刑同時宣告。沒收除有特別規定者外，於裁判時併宣告之（§40）。所稱「特別規定」，如有刑事訴訟法第259條之1可單獨宣告沒收之規定者，則不「裁判時併宣告」沒收。

（二）專科沒收

有主刑之宣告，方得宣告從刑，沒收為從刑之一種，原則上應附隨於主刑。惟專科沒收則為例外，即免除其刑者，仍得專科沒收（§39）。

（三）單獨沒收

從刑附隨主刑，惟遇有犯人不明，以及因罪證不足而為不起訴處分或諭知無罪之裁判者，倘案內有違禁物或專科沒收之物時，即得單獨宣告沒收（§40II）。

六、沒收之宣告

（一）原則：裁判時併宣告沒收。
（二）例外：單獨宣告沒收

七、得沒收之物

依現行刑法的規定，得沒收之物計有：

（一）違禁物

所謂違禁物（§38I①），是指法令禁止私自製造、販賣、運輸、持有、所有物或行使之物，如爆炸物、軍用槍或子彈、煙毒（如鴉片、嗎啡、高根、海洛因等）。[16]由於違禁物對於社會公安具有危險性，基於社會保安上的必要，不問屬於犯罪行為人與否，均加以沒收（§38II）。

（二）供犯罪所用或供犯罪預備之物（§38Ⅰ②後段）

供犯罪所用之物（是指直接用以實行犯罪之物，例如偽造貨幣的印刷機、殺人的工具等。所稱「供犯罪預備之物」，係指供犯罪之用所預備之物，而尚未使用之情形而言。[17]犯罪行為必須尚在預備階段，始有供犯罪預備之物。預備行為必須為刑法規定處罰的預備犯，始有得沒收的供犯罪預備之物可言；否則，預備行為如非刑法明文處罰者，則為實施犯罪而預備之物，即不得以供犯罪預備之物，[18]加以沒收。

供犯罪所用或供犯罪預備之物，以屬於犯罪行為人為限，得沒收之。但有特別規定者，依其規定（§38III）。所稱「屬於犯罪行為人」者，係指犯罪行為人而言，包含共同正犯、教唆犯、幫助犯。[19]犯罪行為人必須對之具有所有權，且第三人對於該物在法律上不得主張權利而言，否則，他人對該物在法律上得主張權利，如設定抵押權或質權等。則非屬於犯人之物，故不得沒收。此外，稱「特別規定」係指分則設有「不問屬於犯人與否，沒收之」的規定（例如§§200、205等）。故如這種特別規定的沒收物，則應逕行適用特別規定沒收，而非適用總則的原則規定沒收。

16　余振華，《刑法總論》，三民，二版，2013.10，511頁。

17　最高法院101年度台上字第1440號判決。

18　林山田，《刑法通論（下）》，元照，十版，2008.01，484頁。

19　司法院院解字第2024號解釋；林鈺雄，《新刑法總則》，元照，四版，2014.09，657頁。

（三）因犯罪所生或所得之物（§38 I ③）

　　所稱「因犯罪所得之物」，係指因犯罪結果取得之物。例如賭博而贏得的財物、因犯罪行為而獲得的報酬（例如受雇殺人的酬金、為公然猥褻表演而獲得的酬勞等）。所謂「因犯罪所生之物」，物，係指犯罪所產生之物，例如偽造文書行為所產生的虛偽文書、偽造貨幣所產生的偽幣等。[20]

　　因犯罪所得之物，以屬於犯罪行為人者為限，得沒收之，但有特別規定者，依其規定（§38III）。財產犯罪中的贓物，被害人仍具所有權，而非屬於犯罪行為人，故不得沒收。

八、沒收（從刑）與法律變更

　　（一）沒收為從刑之一種，且與主刑有其從屬關係。如行為後，法律有所變更，但主刑之法定最高度及最低度刑，與修正前之舊法完全相同，或僅沒收之從刑規定有所更易，主刑未修正時，則沒收部分，固不生比較問題。依從新之原則，皆應適用修正後之法律。

　　（二）倘若主刑及從刑均已加以修正，經依本法第2條第1項但書就主刑比較結果，應適用最有利之修正前舊法時，依從刑附屬於主刑之原則，自不得就新舊法予以割裂適用，應一律適用修正前之法律。沒收為從刑之一種，與主刑有其從屬關係。如行為後，法律有所變更，但主刑之法定最高度及最低度刑，與修正前之舊法完全相同，或僅沒收之從刑規定有所更易，主刑未修正時，則沒收部分，固不生比較問題，依從新之原則，皆應適應修正後之法律；[21]倘若主刑及從刑均已加以修正時，經依本法第2條第1項但書就主刑比較結果，應適用最有利之修正前舊法時，依從刑附屬於主刑之原則，自不得就新舊法予以割裂適用，應一律適用修正前之法

---

[20]　余振華，《刑法總論》，三民，二版，2013.10，511頁。

[21]　最高法院88年度第1次刑事庭會議決議。

律。[22]被告犯罪後法律有變更，比較行為時及裁判時之法律孰為有利於被告時，應就罪刑有關之一切情形，比較其全部之結果而為整體之適用，不能割裂而分別適用新舊法；又沒收係附於主刑之從刑，若主刑部分因比較輕重結果而適用舊法，而從刑部分於新舊法均有相同之規定時，從刑部分自無單獨適用新法之理。[23]

九、追繳、追徵或抵償

本法第40條之1：「法律有規定追徵、追繳或抵償者，於裁判時併宣告之。」由於沒收規定僅限於犯罪行為人所保有的所有物，若其已經移轉，或者轉換成財產利益，則無法以沒收方式為之，因此本法第34條第3款特增列以下情形：

（一）**追繳**：若所得財物已移轉，則採用追繳方式，並按照情節加以沒收或發還被害人。

（二）**追徵**：若財物已轉成利益，則必須利用追徵價額的方式為之。

（三）**抵償**：若財物已轉成利益，亦可以財產抵償。

依本法規範從刑之種類除褫奪公權及沒收外，在第121條、第122條、第131條、第143條尚有追徵之規定；貪污治罪條例第10條、組織犯罪防制條例第7條、毒品危害防制條例第19條亦有追繳、追徵或抵償之規定。按價額之追繳、追徵或抵償之規定為現今刑事法制所承認之從刑，且德國及日本立法亦設有相類之規定，故2005年修法時於第34條第3款增列「追繳、追徵或抵償」為從刑之一，係以法律之規定將犯罪所得，收歸國家所有，避免因該犯罪所得因不符本法第38條沒收之規定，致犯罪行為人仍得於判決確定後享受犯罪之成果，故有自犯罪行為人強制收回之必要。惟無論追繳、追徵或抵償，其所得來自於被害人或他人，故欲將此項所得收歸國家所有，自應以法律規定者，始得追繳、追徵或抵償，以符法律保留之原則。

22　最高法院88年度台上字第371號判決。

23　最高法院88年度台上字第3484號判決。

　　依立法理由之意旨，「追繳、追徵或抵償」僅限定在個別法律有規定者，方得以為之，則在犯罪類型的法律效果中，必須有追徵、追繳或抵償之規定者，方得以在主刑宣告之外，另予此類從刑宣告。因此，追徵、追繳或抵償因具有絕對主刑之從屬性，故須伴隨主刑之宣告而宣告之，故對於追徵、追繳或抵償之宣告，乃增訂第40條之1須裁判時，附隨主刑並宣告之，不能獨立為追徵、追繳或抵償之宣告；此與沒收具有一定之獨立性（尤其是違禁物之沒收），不須依附於個別犯罪類型之規定迥不相同。[24]

 選擇題練習

*下列何者，不屬於刑法所規定之從刑種類？[25]　(A)罰金　(B)沒收　(C)褫奪公權　(D)追繳。　　　　　　　　　　　　　【103年一般警特四等】

*下列何者，不是我國刑法上所稱之「從刑」？[26]　(A)吊銷駕照　(B)褫奪公權　(C)沒收　(D)追徵、追繳或抵償。　　　　　【103年一般警特四等消防】

 考題觀摩

*民國94年刑法修正除沒收外增設「追徵」、「追繳」或「抵償」作為「從刑」，試說明此四種從刑有何不同？　　　　　　　　【101年高考二級法制】

24　柯耀程，《刑法總則》，三民，初版，2014.08，332頁。

25　答案為(A)。

26　答案為(A)。

肆、褫奪公權

一、褫奪公權之意義與性質

　　褫奪公權，係剝奪犯人享有公民權之資格，因係以剝奪特定資格或能力爲手段之刑罰，故又稱爲資格刑或能力刑，乃國家剝奪犯罪者在公法上所享有之一定權利能力之刑罰。

　　就性質而言，日本將之視爲「限制資格」，德國刑法規定爲「附隨後果」，均不屬於刑罰的種類。[27]但依我國刑法第34條，從刑之種類爲褫奪公權與沒收，故褫奪公權屬於刑法上之從刑。

二、褫奪公權之內容

（一）為公務員之資格

（二）為公職候選人之資格

　　所謂公職，指執行國家公務之職位而言。所謂候選人，指有被選舉權之人而言。至於被褫奪公權後，可否行使選舉、罷免、創制、複決之權，原法條包括之，但2005年修法後將之刪除，刪除理由認爲此四種權利的剝奪，不分犯罪種類與輕重一律剝奪，顯然有悖於再社會化功能，故宜刪除之，而留由選罷法的相關法律爲規定。

---

[27]　張麗卿，〈褫奪公權制度之研究〉，收於氏著《新刑法探索》，元照，五版，2014.04，314頁。

三、褫奪公權之類型

（一）絕對褫奪公權（終身褫奪公權）

宣告死刑或無期徒刑者，宣告褫奪公權終身（§37I）。

（二）相對褫奪公權（有期褫奪公權）

宣告一年以上有期徒刑，依犯罪之性質認爲有褫奪公權之必要者，宣告褫奪公權一年以上十年以下（§37II）。

第37條第2項，原規定對宣告六月以上有期徒刑者，法院可依其裁量，宣告有期褫奪公權，惟衡諸實務，法院對於宣告一年未滿有期徒刑之案件，併予宣告褫奪公權者，尚非多見，且宣告六月以上未滿一年有期徒刑者，犯罪情狀多屬輕微，亦無併予宣告褫奪公權之必要，故予修正提高。其要件爲：

1.宣告一年以上有期徒刑（§37II①）

必所宣告之刑爲一年以上有期徒刑，方可宣告褫奪公權；至法定本刑如何在所不問，於數罪併罰之案件中，亦以各罪之宣告刑爲準，若各罪之宣告刑均爲一年以下，則縱執行刑超過一年以上，亦不得宣告褫奪公權。

2.依犯罪之性質，認為有褫奪公權之必要者（§37II②）

所謂犯罪之性質，指喪失廉恥等情形。有無必要，由法院酌量之，且不限於故意犯。

四、褫奪公權之生效及起算時期

（一）褫奪公權之生效日期

自法理言，刑罰之宣告應自裁判確定時起，發生效力，褫奪公權既爲

從刑之一種，當應作相同的解釋，不因其為終身褫奪或有期褫奪而有所差別。[28]舊條文第37條第4項前段稱「依第1項宣告褫奪公權者」就其文義言，應僅指終身褫奪，而不包括有期褫奪之情形在內，對有期褫奪自何時發生效力問題，易生歧見，因此於2005年修法時，刪除「依第1項」四字，並修正為「褫奪公權之宣告」，以示有期褫奪與終身褫奪相同，其宣告均自裁判確定時發生效力。

（二）褫奪公權之起算時期

本法第37條第5項本文規定：「依第2項宣告褫奪公權者，其期間自主刑執行完畢或赦免之日起算。」第5項本文明示主刑執行完畢或赦免之日為有期褫奪公權之期間起算日期，並用以澄清有期褫奪公權除生效日期外，另有其期間之起算日期，兩者不容混淆。

褫奪公權於性質上兼有預防犯罪與社會防衛之目的，故於緩刑內執行褫奪公權，並未悖於緩刑之本旨，因此於2005年新增訂第74條第5項：「緩刑之效力不及於從刑與保安處分之宣告。」因緩刑期內主刑既無從執行，則舊法第37條第5項褫奪公權自主刑執行完畢或赦免之日起算之規定，已無法適用，故2005年修法時，於但書增訂「但同時宣告緩刑者，其期間自裁判確定時起算之。」俾利適用。

 選擇題練習

> 刑法有關「褫奪公權」之規定，下列敘述，何者錯誤？[29] (A)剝奪為公務員之資格 (B)剝奪行使選舉、罷免、創制、複決四權之資格 (C)剝奪為公職候選人之資格 (D)宣告死刑或無期徒刑者，宣告褫奪公權終身。
>
> 【101年司法官第一試】

---

[28] 司法院院解字第2494號解釋。

[29] 答案為(B)，參照刑法第36條。

概念釐清

「無期褫奪公權」與「有期褫奪公權」之比較

	無期褫奪公權	有期褫奪公權
褫奪公權之要件	宣告死刑或無期徒刑者（本法§37I）	宣告一年以上有期徒刑，依犯罪之性質認為有褫奪公權之必要者
褫奪公權之期間	終身	一年以上十年以下
效力發生時期	自裁判確定時發生效力	自主刑執行完畢或赦免之日起算。但同時宣告緩刑者，其期間自裁判確定時起算之
褫奪公權之宣告	裁判時併宣告之	

概念釐清

刑法總則中的關鍵數字

1.（領域外犯罪）之效力	最輕本刑為3年以上有期徒刑	（§7）
2.刑事責任年齡	無責任能力：未滿14歲 限制責任能力：14歲以上未滿18歲、滿80歲	（§18）
3.有期徒刑	2月→15年 （加減時未滿2月→20年）	（§33③）
拘役	1日以上60日未滿（得加重至120日）	（§33④）
罰金	新臺幣1000元以上（以百元計）	（§33⑤）
4.有期褫奪公權	1年→10年（宣告1年以上徒刑、認有必要）	（§37II）
5.易科罰金	最重本刑5年以下，受6月以下宣告	（§41）（新臺幣一千元、二千元或三千元折算一日）

6.易服勞役	勞役期限不得逾1年	（§42III）（新臺幣一千元、二千元或三千元折算一日）
7.易服社會勞動	履行期間不得逾2年	（§42-1）
8.數罪併罰	有期徒刑不得逾30年，拘役不得逾120日	（§51）
9.酌免	最重本刑為3年以下有期徒刑、拘役、專科罰金之罪	（§61）
10.死刑減輕	無期徒刑	（§64II）
11.無期徒刑減輕	15→20年有期徒刑	（§65II）
12.有期徒刑、拘役、罰金之減輕	減至1/2；同時有免刑規定得減至2/3	（§66）
13.緩刑	2年以下宣告……得宣告2→5年緩刑期間	（§74）
14.假釋	無期徒刑逾25年；有期徒刑逾1/2年（執行須滿六個月），累犯逾2/3	（§77）

第二章 刑罰的適用

壹、法定刑、處斷刑、宣告刑、執行刑

一、法定刑

　　法定刑者,法律上抽象規定之刑罰也。申言之,即對於一定之犯罪行為,刑法分則各條所規定其處罰之刑罰是也。罪刑法定主義原則下之法定刑,有兩種立法主義:

（一）絕對法定刑主義

　　何種行為,係犯何種罪名,犯何種罪名,應科何種刑罰,均以條文一一規定,裁判官無選擇伸縮之餘地也。

（二）相對法定刑主義

　　對於某種犯罪行為,法律僅規定科刑之標準,在此法定標準範圍內,予裁判官以選擇伸縮之權者。我刑法採相對法定刑主義為原則,絕對法定刑主義為例外。

　　刑法分則或刑事特別法就某種犯罪予以規定刑罰,即所謂法定刑。現行法規定為唯一無期徒刑為普通內亂首謀者（§100I）。

二、處斷刑

　　除法定刑外,法律上尚有加重或減輕刑罰之規定。刑法總則中就一般犯罪應予加重或減輕刑罰之共通條件所規定者,即所謂刑法總則之加重或減輕,係單純的刑之加重或減輕,為概括性之規定,所有罪名均一體適

用。依據法律規定加重或減輕事由，而修正法定刑後之刑度，稱爲處斷刑。

處斷刑者，謂對一定犯罪，依法定之事由，於裁判時選擇法律所定之刑或就法律上加減之刑，而決定賦予特定犯人之刑罰也。申言之，即在特定之刑事案件中，依法律所定之事由，修正法定刑而得具體處斷之刑罰，故爲經修正之法定刑，裁判上之宣告刑須在此範圍內予以量處，至修正之情形，可分：

（一）義務修正

有法定必須修正之事由者，裁判官不得不予修正，故必有處斷刑之形成。

（二）職權修正

法定可受修正或不修正，有無修正之必要，裁判官有權裁量也。

三、宣告刑

係指法官就特定犯罪在法定刑或處斷刑（有加重或減輕事由時）之範圍內，裁定一定之刑罰而爲科處之宣示。

宣告刑者，裁判上實際量定宣示之刑罰也。申言之，即裁判官就特定犯罪，在處斷刑之範圍內，如法定刑未經修正者，即在法定刑之範圍內，量定一定之刑罰，而爲科處之宣示者也。宣告刑之決定方法可分：

（一）絕對法定主義

裁判官裁判時，即就法定刑或處斷刑之範圍確定自由刑之刑期而宣告之，亦稱定期刑制度。

（二）相對法定主義

裁判官就法定刑或處斷刑之範圍，於裁判時不為一定刑期之宣告，或僅定其刑之最長與最短期，而以執行中之狀況，為決定釋放時期之標準，亦即不定期刑制度。

四、執行刑

係指罪犯觸犯數罪經分別宣告其罪之刑後，再將各罪之刑罰合併所定應執行之刑罰。執行刑者，乃數罪併罰中，就各罪之宣告刑，合併而定其應執行之刑罰也。申言之，即狹義的數罪併罰，於實質上數罪經分別宣告其罪之刑後，依法律之規定，乃就各罪之刑合併之結果，所定應執行之刑罰。

貳、科刑之一般酌量事由

科刑（或稱刑罰裁量、量刑等）之標準與科刑之基礎，二者之關係至為密切，在適用上，對於犯罪行為事實論罪科刑時，須先確認科刑之基礎，始得進而依科刑之標準，諭知被告一定之宣告刑。是以，科刑時應以行為人之責任為基礎，並審酌一切情狀，尤應注意下列事項，為科刑輕重之標準（§57）：

1. 犯罪之動機、目的。
2. 犯罪時所受之刺激。
3. 犯罪之手段。
4. 犯罪行為人之生活狀況。
5. 犯罪行為人之品行。
6. 犯罪行為人之智識程度。
7. 犯罪行為人與被害人之關係。
8. 犯罪行為人違反義務之程度。
9. 犯罪所生之危險或損害。

10. 犯罪後之態度。

上述法條之前文部分，係揭櫫行為人責任為量刑之基礎，並審酌一切與犯罪有關之情狀，作為科刑輕重之依據，為科刑時所應遵循之原則性、概括性規定。而其所列各款事項，則為影響科刑輕重事項其中較重要之例示性規定。又所稱「審酌一切情狀」，其範圍雖不以該條所列十款事項為限，惟仍應與本件犯罪有關或足以影響行為人責任之事項為必要。若量刑時逾越此一範圍，而將與犯罪及行為人責任無關之事項，併列為科刑輕重之標準，其適用法則即難謂允當。[1]

參、法定加重或減、免事由

一、加重事由

刑法總則之加重，係概括性之規定，所有罪名均一體適用；刑法分則之加重，係就犯罪類型變更之個別犯罪行為予以加重，成為另一獨立之罪名[2]。

（一）刑法總則之加重事由

1. 累犯（§47～§49）

例如本法第47條普通累犯、擬制累犯條之加重，均係概括性之規定，所有罪名均一體適用，即屬之（加重至1/2）。

2. 罰金之酌加

本法第58條：「科罰金時，除依前條規定外，並應審酌犯罪行為人之資力及犯罪所得之利益。如所得之利益超過罰金最多額時，得於所得利益之範圍內酌量加重。」

---

[1]　最高法院100年度台上字第1431號判決。
[2]　最高法院92年度第1次刑事庭會議決議。

行為人因犯罪所得的利益假如超過罰金最高額時，得於所得利益的範圍內酌量加重（§58後段）。由於有這一酌量加重的規定，法院始可適用這一規定，以罰金的手段，剝奪行為人因犯罪所得的不法利益，而可在法定最高額以外，酌量加重，使行為人不致僅繳少額的罰金，而獲取高額的不法利益。

（二）刑法分則之加重事由

1. 行為人特定者

　　例如第270條：「公務員包庇他人犯本章（指賭博罪章）各條之罪者，依各該條之規定，加重其刑至二分之一。」

2. 被害人特定者

　　例如第116條：「對於友邦元首或派至中華民國之外國代表」，（「得」加重至1/3）。

3. 因親屬關係而特定者

　　例如第170條（直系血親卑親屬）「意圖陷害直系血親尊親屬，而犯前條之罪者（指誣告罪），加重其刑至二分之一。」（其他有：§§170、250、280、295、303）

4. 犯罪方法特定者

　　例如第296條之1第3項：「以強暴、脅迫、恐嚇、監控、藥劑、催眠術或其他違反本人意願之方法犯前二項之罪者（指買賣人口罪），加重其刑至二分之一。」

　　上述四種加重類型，有一共通原則，即均限於特定之罪名，而其特定之方式，又以下列四種型態出現：

1. 限於特定一罪者

　　例如第295條「對於直系血親尊親屬犯前條之罪者（指遺棄罪），加

重其刑至二分之一。」

2.限於特定數罪者

例如第250條「對於直系血親尊親屬犯第二百四十七條至第二百四十九條之罪者,加重其刑至二分之一。」

3.限於特定章節之罪者

例如第270條「公務員包庇他人犯本章(指賭博罪章)各條之罪者,依各該條之規定,加重其刑至二分之一。」

4.限於刑法特定範圍之罪者

例如第134條前段「公務員假借職務上之權力、機會或方法,以故意犯本章以外各罪者,加重其刑至二分之一。」以上四種型態,其特定之方式雖有一罪、數罪、多罪之別,但有其共通之原則,*即其罪名均已特定,而成立另一獨立之罪。*

舉例說明

> 刑法分則中就某種犯罪類型變更之個別犯罪予以加重刑罰之特別事由予以規定,將罪與刑包括在內,而成立另一獨立之罪,即所謂刑法分則之加重,僅限於各該特定之犯罪或可得而確定之犯罪,始有其適用。此乃基於立法上之便宜,實際上與伸長法定刑無異,已係獨立之罪刑規定,而非單純的刑之加重。

四、親屬身分與刑事責任

親屬之間犯罪,基於刑事政策之考量,因犯罪行為人身分而予以就刑事責任或訴追條件上特別規定者,自羅馬法以來之各國立法例即普遍存

在。我國現行刑法考慮親屬關係之特殊性而規定者，計可細分爲三類：

第一類爲因親屬關係存在而對犯罪行爲人有不利作用者，此身分爲不純正身分犯之加重身分，包括對直系血親尊親屬犯誣告罪（§170）、侵害屍體墳墓罪（§250）、殺人罪（§272）、傷害罪（§280）、遺棄罪（§295）及剝奪行動自由罪（§303）等。所謂直系血親尊親屬，乃指行爲人所從出之人（民法§967），包括父母、（外）祖父母、（外）曾祖父母等，實例及通說均認爲血親關係不僅指自然血親，亦包括擬制血親，故養子女對養父母及本生父母等犯前述各罪，均應依法加重論之。另外，對於因親屬關係服從自己監督之人或夫對於妻，犯圖利引誘容留與人姦淫罪（§232），亦屬本類之加重身分。

第二類爲因親屬關係存在而對犯罪行爲人有利之作用者，此身分爲不純正身分犯之減、免身分，包括直系血親、配偶或同財共居親屬之間犯竊盜罪（§324I）、侵占罪（§338）、詐欺罪（§343）、贓物罪（§351）者，得免除其刑。

又配偶、五親等內血親或三親等內之姻親犯藏匿人犯或湮滅刑事證據罪者，減輕或免除其刑（§167）；犯便利依法逮捕拘禁之人脫逃者，得減輕其刑（§162V）。何以因犯罪行爲人與被害人具有親屬關係，而得減、免刑罰？學說上向有個人處罰阻卻（減輕）事由說、可罰的違法性阻卻（減輕）事由說、責任阻卻（減輕）事由說等爭論，唯通說採個人處罰阻卻（減輕）事由說。另外，母於生產時或甫生產後殺其子女罪（§274），亦屬本類之減輕身分。

第三類爲以具有配偶或特定親屬關係存在而爲犯罪成立要件要素者，此身分爲純正身分犯之構成身分，例如有配偶之人重婚（§237前段）或與人通姦罪（§239）。關於構成身分，本法第31條第1項規定：「因身分或其他特定關係成立之罪，其共同實施或教唆幫助者，雖無特定關係，仍以共犯論。」唯重婚罪、通姦罪爲學說上所謂之親身犯（或稱己手犯），除另一方當事人爲必要共犯（即相婚人、相姦人）外，不容第三人以自己參與犯罪之意思而參與行爲之分擔，故第三人除依情節可能成立教唆犯或幫

助犯外，不成立共同正犯。[3] 又直系或三親等內旁系血親性交罪（§230）；對於因親屬關係服從自己監督之人利用權勢性交猥褻者（§228）；加暴行於直系血親尊親屬罪（§281）等，亦屬本類之構成身分。

另親屬之間犯罪，或爲親屬情誼，或爲家庭和睦考慮，在訴追條件上，程序法亦多加特別規定。除部分侵害法益較嚴重或基於公益考量，不以告訴爲訴追條件，故檢察官因其他情事知有犯罪嫌疑者，亦得偵查起訴外，以告訴權人之告訴爲訴追條件，是爲告訴乃論之罪。如親屬間之竊盜罪、侵占罪、詐欺罪（§324II、338、343）；對於因親屬關係服從自己監督之人利用權勢性交猥褻罪（§§236、228）；及加暴行於直系血親尊親屬罪（§287、281）等，另直系或三親等內旁系血親性交罪之告訴人專屬本人直系血親尊親屬、配偶或其直系血親尊親屬；而通姦罪之專屬告訴人爲配偶（刑訴§234I、II）。

（三）加重之限制

1. 罰金不得加重至拘役或徒刑
2. 拘役不得加重至徒刑
3. 有期徒刑不得加重至無期徒刑
4. 無期徒刑不得加重（§65I）
5. 死刑不得加重（§64I）
6. 有期徒刑最高加至二十年，拘役最高加至一百二十日（§33）。

（四）加重之標準

1. 拘役加重，僅加其最高度（§68）
2. 有期徒刑或罰金之加重，最高度及最低度同加重之（§67）
3. 主刑有二種以上，併加重之（§69）
4. 有二種以上加重事由，遞加重之（§70）

3　最高法院67年度第10次刑事庭庭推總會決議。

遞加與通加不同之點，乃在於加重之後如須再加，就已加重之數再加，而不問原刑為若干；若為通加則以原刑為標準。

5. 因加重而有不滿一日、不滿一元者，不算（§72）

二、減、免事由

（一）減免種類：刑罰規定之減免共計八種，包括：

1. **酌免**（§61）；

2. **得免**（§§16可避免之禁止錯誤、275III謀為同死而加工自殺、324I、338、343、351特定親屬間之財產犯罪）；

3. **得減或得免**（§§23但，防衛過當；24I但，避難過當）；

4. **必減或必免**（§§27中止未遂；刑分內之自首102、122III、154II；刑分內之自白§§166、172；167特定親屬犯藏匿人犯、湮滅罪證罪）；

5. **必減**

例如：未滿18歲滿80歲犯本刑為死刑或無期徒刑之罪者前擄人勒贖未取贖而釋放被害人（§§63、347V）；

6. **必免**

例如：因疾病或防止生命危險必要而墮胎（§288III）；

7. **得減**

刑總部分：限制責任能力人之行為（§§18II未滿18歲人、§18III滿80歲人、§19II精神障礙人、§20瘖啞人；§25障礙未遂；§30II幫助犯、§62自首）；刑分部分：（§§122III行賄罪之自白、162V特定親屬犯便利脫逃罪、§244和誘、略誘而送回或尋獲被誘人、§301略誘而送回或尋獲被誘人、§347V後段擄人勒贖未取贖而釋放被害人）；

8. **酌減**（§§59、60犯罪情狀可憫恕）

本法第59條規定之酌量減輕其刑，必須犯罪另有特殊之原因與環境，在客觀上足以引起一般同情，認為即使予以宣告法定最低度刑，猶嫌過重者，始有其適用。此所謂法定最低度刑，固包括法定最低本刑；惟遇有其他法定減輕之事由者，則應係指適用其他法定減輕事由減輕後之最低

度刑而言。倘被告別有其他法定減輕事由者，應先適用法定減輕事由減輕其刑後，猶認其犯罪之情狀顯可憫恕，即使科以該減輕後之最低度刑仍嫌過重者，始得適用本法第59條規定酌量減輕其刑。又此項犯罪情狀是否顯可憫恕而酌量減輕其刑之認定，係屬法院得依職權自由裁量之事項。[4]

本法第59條之得酌量減輕其刑者，必須犯罪另有特殊之原因與環境等情，而在客觀上足以引起一般同情，認為即予宣告法定最低刑期猶嫌過重者，始有其適用；至於犯罪之動機、犯罪之手段或犯罪後之態度等情狀，僅可為法定刑內從輕科刑之標準，不得據為酌量減輕之理由。

（二）減輕之漂準

1. 死刑減輕者，為無期徒刑（§64II）。
2. 無期徒刑減輕者，為20年以下15年以上有期徒刑（§65II）。
3. 有期徒刑、拘役、罰金減輕，減輕至1/2；但同時有免除其刑之規定者，得減至 2/3（§66）。
4. 有期徒刑或罰金減輕，其最高度與最低度同減輕之（§67）。
5. 拘役減輕，僅減輕其最高度（§68）。
6. 主刑有二種以上，併減輕之（§69）。
7. 二種以上減輕事由，遞減輕之（§70），且先依較少之數減輕之（§71II）。
8. 因減輕而有不滿一日、不滿一元者，不算（§72）。
9. 同時有加重、減輕事由、先加後減（§71I）。

肆、自首

一、自首之意義

自首，乃係針對自己所犯之罪於偵查機關未發覺前，向偵查機關報告自

4　最高法院97年度台上字第213號判決。

己之犯罪事實，並自願接受裁判。爲了給予犯罪的人一個自新的機會，希望犯罪的人能夠勇於認錯，並使偵查機關早日發覺犯罪的眞相，節省司法資源，刑法特設「自首」制度，只要符合自首要件者，依法得減輕其刑。

二、自首之要件

「自首」是指必須在犯罪未發覺前，或已發覺犯罪事實，但不知道犯人是誰以前，向有偵查權之機關（如檢察署、警察局或調查局）或公務員（如檢察官、司法警察），自行申告所爲之犯罪事實，並表示願意接受制裁之謂。

（一）須為「偵查機關」未「發覺」之犯罪

1.「偵查機關或人員」

所謂「偵查機關」，係專指偵查主體及偵查輔助機關而言（即檢察官及司法警察），不含政風機關。[5]蓋依政風機構人員設置條例第5條第3款之規定，政風機構掌理關於本機關員工貪瀆不法之預防、發掘及處理檢舉事項。政風機構受理檢舉案件，涉有刑責者，移送檢察機關或司法調查機關依法處理，職司犯罪偵查機關之檢察署檢察官，對之並無指揮、監督或命令之權。是以政風機構並非有偵查犯罪權限之機關，其所屬之政風人員，亦非有偵查犯罪職務之公務員甚明。

2.「發覺」

所謂「發覺」，係指該管公務員已知犯罪事實並知犯罪人之爲何人而言，並不包括私人之知悉在內，至被害人以及被害人以外之人知悉其事並知其人，而該管公務員猶未知之者，仍不能不認爲合於該條所謂未發覺之規定，[6]而所謂知悉，固不以確知其爲犯罪之人爲必要，但必其犯罪事

5　最高法院104年度台上字第566號、104年度台上字第721號判決。

6　最高法院20年台上字第1721號判例。

實，確實存在，且為該管公務員所確知，始屬相當。如犯罪事實並不存在
而懷疑其已發生，或雖已發生，而為該管公務員所不知，僅係推測其已發
生而與事實巧合，均與已發覺之情形有別。[7]

　　故本法第62條所謂之發覺，乃自犯罪調、偵查人員之立場而為出
發，凡犯罪之人及事，已經此等人員發現、覺知者即是；反之，為未發
覺。至上揭人員之發覺，固不能毫無憑據，僅專憑主觀而為臆測，然其若
有某些跡象，依辦案之經驗，而有合理懷疑者，即為已足。且此跡象，無
論係直接或間接、供述或非供述證據，皆包含在內，不以在訴訟法上具有
證據能力者為限。[8]

　　是以，本法第62條所謂自首，祇以犯人在犯罪未發覺之前，向該管公
務員申告犯罪事實，並受裁判為已足。目的在促使行為人於偵查機關發覺
前，主動揭露其犯行，俾由偵查機關儘速著手調查，於嗣後之偵查、審理
程序，自首者仍得本於其訴訟權之適法行使，對所涉犯罪事實為有利於己
之主張或抗辯，不以始終均自白犯罪為必要。[9]如案已發覺，則被告縱有
投案陳述自己犯罪之事實，祇可謂為自白，不能認為自首。[10]

（二）自行申告犯罪事實

　　自首祇以在犯罪未發覺「前」，自行申告其犯罪事實於該管公務員，
而受法律上之裁判為要件，至其方式係用言詞或書面，以及係自行投案或
託人代行，係直接向偵查機關為之，抑向非偵查機關請其轉送，均無限
制。[11]若於該管公務員已然發覺犯罪之「後」，即偵查機關已經知道犯罪
人是誰，而犯罪人自行向偵查機關報到，稱為「投案」，法官只能因為
「犯罪後態度良好」在量刑上從輕發落（§57）。至於到案後所製作的訊

7　最高法院75年台上字第1634號判例。

8　最高法院103年度台上字第2469號判決。

9　最高法院101年度第4次刑事庭會議決議。

10　最高法院103年度台上字第436號、103年度台上字第1586號判決。

11　最高法院24年台上字第1162號判例。

（詢）問筆錄，則爲「自白」，[12]而非自首。

（三）受裁判之意思表示

自首以對於未發覺之罪投案而受裁判爲要件，至其方式雖不限於自行投案，即託人代理自首或向非偵查機關請其轉送，亦無不可，但須有向該管司法機關自承犯罪而受裁判之事實，始生效力，若於犯罪後，僅向被害人或非有偵查犯罪職務之公務員陳述自己犯罪之事實，而無受裁判之表示，即與自首之要件不符。[13]

三、自首之法律效果

（一）原則：原規定（必）減輕其刑；2005年修訂爲「得」減輕其刑

其理由是：自首之動機不一，有出於內心悔悟，有被客觀情勢所迫，亦有基於預期獲邀減刑寬典而自首者。若自首一律減輕其刑，不僅難獲公平，且有使犯人有恃無恐，而助長犯罪之虞。故自首必減主義，顯難因應各種不同動機之自首案例而獲致實質之公平。而自首得減主義，則委由裁判者視個案具體情況決定減刑與否；在運用上較富彈性，且能使眞誠悔悟者，可藉減刑以獲自新，而狡黠兇殘之徒，不能藉減刑寬典而恃以犯罪，始符公平之旨。[14]故刑法於2005年修正時，已改採「自首得減主義」，將第62條關於自首減刑之規定，由舊法之「減輕其刑」，修正爲「得減輕其刑」。

---

[12] 林東茂，《刑法綜覽》，一品，七版，2012.08，第1-34頁。

[13] 最高法院50年台上字第65號判例、102年度台上字第1218號判決。

[14] 最高法院102年度台上字第2519號判決。

（二）有關減免之規定

1. 自首減免：§102（§§100II預備犯普通內亂罪、101II預備或陰謀犯暴動內亂罪、122III違背職務行賄罪、154參與犯罪結社罪。）

2. 自白減免：得減：§122IV違背職務行賄罪、犯湮滅證據偽證誣告罪自白「減輕或免除其刑」（§§166、172：此二條文雖僅規定「自白」，但論理上應含「自首」也適用「減輕或免除其刑」之特別規定）。

 選擇題練習

*以下關於自首的描述，何者正確？[15]　(A)犯罪事實雖已發覺，但犯罪人是誰，偵查機關尚不知悉，如犯罪人向警察自承犯其罪，仍符合自首之要件　(B)對於未發覺之犯罪自首者，法官判決時必須減輕其刑　(C)自首必須由犯罪人本人親自向偵查機關為之，不得委託他人代理自首　(D)犯罪人犯罪後隱匿起來，雖打電話給警察自承犯罪但卻避不出面，仍符合自首要件。

【100年律師第一試】

 考題觀摩

*張三因偽造文書案件仍在法院審理中，友人李四邀請共同偽造千元券新臺幣牟利，張三應允之。惟為求其審理中之偽造文書案件獲得較有利之裁判，乃就準備偽造貨幣之事向該管警察機關自首，其後始與李四著手偽造千元券新臺幣，該偽造貨幣犯罪進行中果爾被警查獲。問偽造貨幣罪部分張三是否可以獲得自首之寬典？　　　　　　【102年普考法律廉政】

15　答案為(A)。

伍、累犯

一、累犯之類型

（一）普通累犯

受徒刑之執行完畢，或一部之執行而赦免後，五年以內故意再犯有期徒刑以上之罪者，為累犯，加重本刑至二分之一（§47I）。

累犯之加重，係因犯罪行為人之刑罰反應力薄弱，需再延長其矯正期間，以助其重返社會，並兼顧社會防衛之效果，可因行為人惡性之程度酌予量處適當之刑。

（二）擬制累犯（準累犯）

強制工作原屬於保安處分，而保安處分本有補充或代替刑罰之功用，為配合第98條第2增訂強制工作處分與刑罰之執行效果得以互代，爰參採竊盜犯贓物犯保安處分條例第7條之立法體例，因此2005年修法時，於47條第2項增訂擬制累犯之規定。（§47II）

二、累犯之要件

（一）須前犯之罪曾受徒刑之執行完畢或赦免

1. 須前犯之罪為有期徒刑以上之罪

累犯之成立，須前犯之罪為有期徒刑以上之罪，如係拘役或罰金之刑者，則不成立累犯，但前犯之罪為死刑且經執行，自無再成立累犯之理。

2. 須受徒刑之執行完畢，或一部之執行而赦免

雖曾受有期徒刑之執行，然其執行如未完畢，或未經合法之免除，則其後之犯罪，即不能以累犯。所謂執行完畢，其在監獄執行期滿者，固不

待言；如係經假釋出獄者，必於該期間內未經撤銷假釋，其未執行之刑，始以已執行論。

前犯之罪，雖係有期徒刑以上之罪，倘未經執行，即經判決確定，亦不能成立累犯，必須有期徒刑執行完畢，或無期徒刑或有期徒刑之一部執行而赦免者，始可成立累犯。然此之所謂「赦免」並不含大赦，依實務見解：「大赦有消滅罪刑之效力，故犯罪經大赦後，不但赦免其刑，並應視與未犯罪同，被告雖因吸食鴉片，被處徒刑執行完畢，然其犯罪時期在民國21年3月5日以前，該罪依大赦條例第一條，係在應予赦免之列，即不發生累犯之問題。」[16]，即可知。

（二）須故意再犯之罪為徒刑以上之罪

犯罪行為人之再犯係出於故意者，固有適用累犯加重規定之必要；惟若過失再犯者因難據以確認其刑罰反應力薄弱，故宜以勸導改善等方式，促其提高注意力以避免再犯，而不宜遽行加重其刑，因此2005年修法時，限制以「故意」再犯者為限，方成立累犯。

本書認為，此一立法修正方向殊值肯定，但僅規定「故意」再犯者為限，而並未限縮犯罪類型與前犯罪之關聯性，對於累犯之成立仍不免失之過寬。

另須注意者，此再犯有期徒刑以上之罪，乃指法定刑而言，只須其法定刑係有期徒刑以上之罪，即可成立累犯，至於宣告刑、執行刑，是否為有期徒刑以上之刑，則非所問。又所再犯之罪如係拘役、罰金之罪者，亦不成立累犯。

（三）須再犯於徒刑執行完畢或赦免後五年以內

即前犯之罪執行完畢，或執行一部經赦免後，五年內再犯有期徒刑以上之罪，即可成立累犯，如已超過五年，則不成立累犯，蓋以其前罪之刑

---

16 最高法院22年上字第2051號判例。

罰已收相當之效力也。

（四）須前犯非於外國法院受裁判

累犯之規定，於前所犯罪在外國法院受裁判者，不適用之。（§49）原條文規定「於前所犯罪依軍法或於外國法院受裁判者」，累犯之規定不適用之。1999年公布修正之軍事審判法，有關第三審上訴程序，依上訴原因，分別由司法審判機關之最高法院或高等法院審理，依本條自應適用累犯加重之規定；反觀依軍法受裁判者，則排除累犯適用之規定，則將發生同一案件視被告是否提起第三審上訴，而發生是否適用累犯加重規定之歧異結果，實有未妥，因此2005年修法時，爰將本條關於「依軍法」受裁判者不適用累犯之規定刪除，以求司法、軍事審判程序中，適用法律之一致。

二、裁判確定後發覺累犯之處置

裁判確定後，發覺被告爲累犯者，除其發覺已在刑之執行完畢或赦免後之情形外，得由該案犯罪事實最後判決法院之檢察官，依本法第48條前段及刑事訴訟法第477條第1項規定，聲請該法院以裁定更定其刑。即將原確定裁判所宣告之刑撤銷，依累犯規定加重其刑後，重新爲刑之量定，且其效力及於被告，應依更定後之刑度執行；若依非常上訴程序救濟，因原錯誤裁判向非不利於被告，非常上訴判決僅得將原判決關於違背法令部分撤銷，不得另行判決，其效力不及於被告，袛生統一法令適用之目的，不生實質上之效力。

依本法第48條規定：「裁判確定後，發覺爲累犯者，依前條之規定更定其刑，但刑之執行完畢或赦免後發覺者，不在此限。」依本條所謂「更定其刑」者，即將原宣告之刑撤銷，再依本法第47條規定加重其刑。至於更定其刑，究應以法定刑爲準，抑以宣告刑爲準，通說及實例均認應以法定刑爲準。然若發覺其爲累犯，係在再犯之罪執行完畢或赦免後，即不得再依本法第47條更定其刑。

三、累犯之法律效果

「必」加重本刑至二分之一。

 問題思考

一 前案受有期徒刑以上刑之宣告，執行完畢後，五年以內再犯後案之罪，後案並受二年以下有期徒刑之宣告，後案係累犯，但後案於判決時已逾前案執行完畢後五年，後案是否符合刑法第74條第1項第2款所稱五年以內未曾受有期徒刑以上刑之宣告，能否同時宣告緩刑？

■ 參考解答

按本法第74條第2款所稱「五年以內」未曾受有期徒刑以上刑之宣告，應以後案宣示判決之時，而非以後案犯罪之時，為其認定之基準；即後案「宣示判決時」既已逾前案有期徒刑執行完畢或赦免後五年以上，雖後案為累犯，但累犯成立之要件與宣告緩刑之前提要件（即本法第74條第1款、第2款所示之情形）本不相同，且法律亦無限制累犯不得宣告緩刑之規定。故成立累犯者，若符合緩刑之前提要件，經審酌後，認其所宣告之刑以暫不執行為適當者，仍非不得宣告緩刑，[17] 應採肯定見解

問題思考

二 被告前犯甲、乙二罪，分別經普通法院判處有期徒刑二年六月、三年確定，又於民國89年間犯丙罪，經軍事法院判處有期徒刑四年確定。前開三罪嗣經軍事法院於89年11月15日裁定定應執行刑有期徒刑八年八月確定，於96年7月16日執行完畢，其於五年內（100年3月6日）故意再犯有期徒刑以上之丁罪，是否成立累犯？

---

17 最高法院92年度第18次刑事庭會議決議。

■ 參考解答

　　修正前刑法第49條規定：「累犯之規定，於前所犯罪依軍法或於外國法院受裁判者，不適用之」。嗣於2005年2月2日修正為：「累犯之規定，於前所犯罪在外國法院受裁判者，不適用之」，並自95年7月1日起施行。被告係於新法施行後始犯丁罪，其行為時，刑法已無「於前所犯罪依軍法受裁判者，不適用累犯規定」之相關明文，是否成立累犯，自應以犯丁罪時之法律為斷，不能適用行為前之法律。被告在本法第49條修正前，因犯罪受軍法判處有期徒刑確定，但已與普通法院判處有期徒刑之他罪，合併定其應執行刑而執行完畢，乃其故意犯丁罪前既存之事實，並符合犯丁罪行為時累犯之要件，而其犯丁罪後有關累犯之規定又無變更，當無法律不溯既往或行為後法律變更新舊法比較適用之問題，應逕依本法第47條規定論以累犯，[18]故應採肯定之見解。

 ## 選擇題練習

*關於累犯，下列敘述，何者正確？[19]　(A)因竊盜罪受三月有期徒刑宣告之人易科罰金執行完畢後第二天，又犯竊盜罪，應加重其本刑至二分之一　(B)受三月有期徒刑宣告並宣告緩刑一年者，於緩刑期滿後第二天，又犯竊盜罪，應加重其本刑至二分之一　(C)受假釋之人，於假釋後第二天，又犯竊盜罪，應加重其宣告刑二分之一　(D)因竊盜罪受刑之執行後假釋，於假釋期滿後第二天，又犯竊盜罪，若宣告強制工作，應加重強制工作期間至二分之一。　　　　　　　　　　　　　【103年司法官、律師第一試】

18　最高法院103年度第18次刑事庭會議決議。

19　答案為(A)。

考題觀摩

*甲以駕駛計程車為業，因不慎於載客時輾斃行人，經法院判處五個月有期徒刑確定，並依刑法規定易服社會勞動，於2014年2月執行完畢。甲旋即失業，於友人介紹下，居中介紹竊車集團與二手車行之贓車買賣以維生，惟2014年5月即為警所獲。試問甲後犯之罪有無刑法第2條第1項從舊從輕原則之適用？又是否構成累犯？ 【103年司法四等】

■ 關鍵提示

易服社會勞動完畢後，依本法第44條之規定，其以受宣告之刑，以已執行論。故甲再犯罪，構成累犯。

*甲平日從事汽車修理業，於民國98年3月因犯傷害罪，被法院判處有期徒刑三個月，並得易科罰金。甲於99年1月辦理完納罰金執行完畢後，又於100年1月，替人修理汽車，在駕車往保養廠途中試車，因天雨路滑，不慎撞到乙，經送醫後，乙終成植物人。問甲成立何罪？是否構成累犯？ 【101年一般警特四等】

第三章　　刑罰的執行

　　對犯罪行為，法官具體科刑，依刑罰種類分別執行，如有期徒刑應入監執行。刑罰執行固然可以使犯罪者得到懲罰，但有時難以避免其流弊，因此宜有補救之措施。在刑罰之執行上，其替代（或補救）制度有三：易刑處分、緩刑與假釋。，易科罰金與易服社會勞動二者本質上均係以機構外處遇替代短期自由刑之執行方式，目的係為了緩和自由刑之嚴屬性、避免短期自由刑之流弊並解決監獄人滿為患之困境之廣義的轉向處分。[1]而緩刑與假釋係不只是自由刑的執行方法的一種改良方式而已，而且也是為了達成受刑人再社會化的刑罰目的，避免機構性處遇的監獄的不良副作用，緩刑可謂救濟中「短期」自由刑之弊，而設立的刑罰執行制度，而假釋則為救濟「長期」自由刑之弊，[2]兩者交互運用，皆有助於自由刑的再社會化目的之達成。

第一節　　易刑處分

壹、易科罰金

一、易科罰金之意義

　　易科罰金者，係刑法對於輕微犯罪處短期自由刑者，為免執行困難，便於鼓勵自新，特准以罰金代替自由刑之執行之謂。

　　本法第41條第1項規定：「犯最重本刑為五年以下有期徒刑以下之刑之罪，而受六個月以下有期徒刑或拘役之宣告者，得以新臺幣一千元、二千元或三千元折算一日，易科罰金。但確因不執行所宣告之刑，難收矯

---

[1]　張明偉，《學習刑法－總則編》，五南，三版，2013.09，445頁。

[2]　林山田，《刑法通論（下）》，元照，十版，2008.01，548頁。

正之效，或難以維持法秩序者，不在此限」。

二、易科罰金的條件

1. 須犯法定刑最重本刑為「五」年以下有期徒刑以下之刑之罪

所謂最重本刑，指法定本刑言，並不包含依總則加重或減輕的情形在內（此即處斷刑），至於分則上的加重則包含之，例如公務員的加重依刑法分則第134條規定加重其刑至二分之一結果，其最重本刑如已超過五年（因分則之加重即代表其法定刑），則不得易科罰金。本條前段雖僅提明有期徒刑字樣，亦及拘役，但拘役罪刑當然包含在內。

2. 受宣告（指最終應執行之刑之宣告而言，而非指學理所謂「宣告刑」）為「六個月以下有期徒刑或拘役」之宣告

釋字第662號認為，2005年2月2日修正之本法第41條第2項（現今修正條文為41條第8項）關於數罪併罰，數宣告刑均得易科罰金，而定應執行之刑超過六個月時，不得適用同條第1項得易科罰金規定部分，牴觸憲法第23條，並與釋字第366號解釋意旨不符，自本解釋公布之日起失其效力。

本號解釋宣告2005年2月2日修正條文違憲的主要理由：

1. 立法院的立法應遵守大法官解釋意旨，不得重複制定已宣告違憲的法律。

2. 對於各個得易科罰金的數罪，由於併合處罰定應執行刑超過六個月，而不得易科罰金時，將使原有得易科罰金的機會喪失，而必須受自由刑的執行，是對已定罪的刑。

3. 2005年2月2日修正該條時，認如仍准易科罰金，恐有鼓勵犯罪的嫌疑，目的雖然正當，但若法官認為不論犯罪者所犯為一罪或數罪，確實有受自由刑執行的必要，當可依法宣告超過六個月的有期徒刑，而不得易科罰金。

4. 如檢察官認定犯罪者不執行所宣告的刑罰，確實難收矯正的功效，或難以維持法律秩序，而認為不宜易科罰金時，依照舊刑法第41條第

1項但書規定，亦可不准易科罰金。所以數罪併罰定應執行刑超過有期徒刑六個月時，縱使准予易科罰金，並不當然導致鼓勵犯罪的結果，若一律不准許易科罰金，實屬對人民身體自由的過度限制。

　　為符釋字第662號意旨，立法院於2009年12月30日修正第41條第8項：「第一項至第四項及第七項之規定，於數罪併罰之數罪均得易科罰金或易服社會勞動，其應執行之刑逾六月者，亦適用之。」因此，數罪併罰之數罪均得易科罰金者，其應執行之刑雖逾六月，亦有第1項規定之適用。數罪併罰之數罪均得易服社會勞動者，其應執行之刑雖逾六月，亦得聲請易服社會勞動，有第2項至第4項及第7項規定之適用。

　　由於刑法第41條第1項僅規定單獨一罪之有期徒刑「宣告」超過六月時不得易科罰金，並未就數罪併罰「應執行刑」是否視為宣告刑以及超過六月應執行利得否易科罰金有所規範，基於罪刑法定主義禁止不利益類推適用之原則，縱已依本法第51條第5款定應執行刑，亦不影響本法第41條第1項係以「宣告刑」為易科罰金對象之原則。[3]

三、以得易科為原則

　　1. 易科罰金制度旨在救濟短期自由刑之流弊，性質屬易刑處分，故在裁判宣告之條件上，不宜過於嚴苛，原規定除「犯最重本刑為五年以下有期徒刑以下之刑之罪」、「而受六個月以下有期徒刑或拘役之宣告」外，尚須具有「因身體、教育、職業或家庭之關係或其他正當事由，執行顯有困難」之情形，似嫌過苛，因此在2005年修法時，刪除「因身體、教育、職業或家庭之關係或其他正當事由，執行顯有困難」之限制。

　　2. 審判人員只須循例於裁判主文諭知；「如易科罰金以若千元折算一日」即可。至於個別受刑人如有不宜易科罰金之情形，在刑事執行程序中，檢察官得依現行條文第一項但書之規定，審酌受刑人是否具有「確因不執行所宣告之刑，難收矯正之效，或難以維持法秩序」等事由，而為准許或駁回受刑人易科罰金之聲請，更符合易科罰金制度之意旨。

3　張明偉，《學習刑法－總則編》，五南，三版，2013.09，448頁。

四、換算標準

第33條第5款修正後，罰金刑已為新臺幣一千元以上，以百元計算之。第5款罰金原規定為一元以上，且以銀元為計算單位，已不符目前社會經濟狀況。其他特別刑法或附屬刑法多數改以「新臺幣」為計算單位，造成現行罰金計算單位之混亂，應有統一必要。其次，現行罰金最低額為一元以上，以現今之經濟水準殊嫌過低，無法發生刑罰儆戒作用，故修正提高為新臺幣一千元以上，且為計算之便宜，避免有零數之困擾，2005年修法，一併規定以百元計算，以符實際。

五、易科罰金的效力

本法第44條規定，易科罰金執行完畢者，「其所宣告之刑，以已執行論。」因為易科罰金，原係徒刑或拘役之代替，雖然易科，其效力仍與受徒刑或拘役的執行者相同。若原宣告之刑為有期徒刑，於易科罰金執行完畢後，五年內再犯有期徒刑以上之罪者，仍應以累犯論。

貳、易服勞役

一、罰金之繳納期限與分期繳納制度

罰金應於裁判確定後二個月內完納。期滿而不完納者，強制執行。其無力完納者，易服勞役。但依其經濟或信用狀況，不能於二個月內完納者，得許期滿後一年內分期繳納。遲延一期不繳或未繳足者，其餘未完納之罰金，強制執行或易服勞役。（§42I）罰金受刑人中，無力一次完納或一時無力完納者，在實務上，時有所見。2005年於第42條第1項增設但書規定，予以明文化。分期繳納，必須依受判決人經濟或信用之狀況，二個月內無繳納之可能時，始准分期，故將之列為准許分期繳納之要件。

所稱「不能於二個月內完納者，得許期滿後分期繳納」者，乃用以表

示，分期之始期，在二個月完納期間屆滿之後。有關罰金准否分期繳納之決定權，歸屬於執行檢察官，故用「得許」二字，以爲配合。

准許分期繳納罰金後，受判決人，如有遲延一期不繳或未繳足之情事，即喪失分期繳納之待遇，故規定遲延一期不繳或未繳足者，其未完納之罰金（如第一期即遲延不繳時，其未繳者爲罰金全部。第二期以後遲延不繳時，其未繳者爲罰金之一部）強制執行或易服勞役。

依前項規定應強制執行者，如已查明確無財產可供執行時，得逕予易服勞役。（§42II）依舊法第1項規定罰金逾裁判確定二個月不完納者，必須經強制執行程序，確屬無力完納，始得易服勞役。惟實務上，如已查明受判決人確無財產可供執行時，尚須經此形式上之強制執行程序，則徒增不必要之勞費並耗費時日，有待改善，經研酌，以得逕予易服勞役爲宜。故2005年於第42條增列第2項規定，以爲適用之依據。

二、易服勞役之期限與折算標準

易服勞役以新臺幣一千元、二千元或三千元折算一日。但勞役期限不得逾一年（§42III）。此乃配合第33條第5款修正罰金刑已爲新臺幣一千元以上後，罰金易服勞役之標準，修正爲以一千元、二千元或三千元折算一日（罰金罰鍰提高標準條例第2條有關易服勞役折算一日之數額提高倍數之規定，不再適用）。蓋如仍依原規定，宣告再高額之罰金刑，受刑人亦僅執行六個月，實無法嚇阻犯罪，與高額罰金刑之處罰意旨有悖，因此將易服勞役期間由六個月提高至一年。

此外，依第51條第7款所定之金額，其易服勞役之折算標準不同者，從勞役期限較長者定之（§42IV）。罰金總額折算逾一年之日數者，以罰金總額與一年之日數比例折算。依前項所定之期限，亦同（§42V）。科罰金之裁判，應依前3項之規定，載明折算一日之額數（§42VI）。易服勞役不滿一日之零數，不算（§42VII）。易服勞役期內納罰金者，以所納之數，依裁判所定之標準折算，扣除勞役之日期（§42VIII）。

參、易服社會勞動

一、得易科罰金有期徒刑或拘役之宣告的易服社會勞動

　　受六月以下有期徒刑，依規定得易科罰金而未聲請易科罰金者，或不符合易科罰金規定者，得以聲請易服社會勞動。經准予社會勞動者須按時向指定的執行機構報到，此為短期自由刑的一種易刑處分。但是對於老殘或重大惡疾等因身心健康因素，不適合提供社會勞動者，或易服社會勞動難收矯正之效或難以維持法秩序者，檢察官得裁量不為之。

　　學說上認為，此一制度完全係從受判決人最有利的方向思考，蓋對犯輕罪的行為人而言，得易科罰金。亦得採易服社會勞動。[4]但亦有論者質疑，在易刑處分的規範中，導入社會勞動制度，在刑罰權實現的多元性構想下，固值肯定，但如此一來使得社會勞動的機制，在刑罰效果的性格上，顯得較為模糊不清，且其與易服勞役的界限也相當混淆。[5]

（一）折算標準與期限

　　得易科罰金而未聲請易科罰金者，得以提供社會勞動六小時折算一日，易服社會勞動（§41II）。至於六月以下有期徒刑或拘役之宣告，不符第41條第1項易科罰金之規定者，得依第41條第2項折算規定，易服社會勞動（§41III）。

　　在期限方面，「得易科罰金」及「六月以下有期徒刑或拘役之宣告」的易服社會勞動履行期間，最長不得逾一年（§41V）。但如有「易服勞役期間逾一年」、「入監執行逾六月有期徒刑併科或併執行之罰金」、「因身心健康之關係，執行社會勞動顯有困難」等情形，則得易服社會勞動履行期間，最長不得逾二年（§42-1I）。

4　余振華，《刑法總論》，三民，二版，2013.10，540頁。

5　柯耀程，《刑法釋論II》，一品，初版，2014.08，490頁。

（二）不得易服社會勞動之情形

「得易科罰金」及「六月以下有期徒刑或拘役之宣告」的易服社會勞動，若因身心健康之關係，執行顯有困難者，或易服社會勞動，難收矯正之效或難以維持法秩序者，不適用之（§41IV）。

二、數罪併罰易服社會勞動之情形

本法第41條第1項至第4項及第7項之規定，於數罪併罰之數罪均得易科罰金或易服社會勞動，其應執行之刑逾六月者，亦適用之（§41VIII）。本項條文之修正，乃落實司法院於2009年6月19日作成釋字第662號解釋。亦即，數罪併罰之數罪均得易科罰金或得易服社會勞動者，其應執行之刑雖逾六月，數罪併罰之數罪均得易服社會勞動者。

在期限方面，數罪併罰應執行之刑易服社會勞動者，其履行期間不得逾三年。但其應執行之刑未逾六月者，履行期間不得逾一年（§41IX）。其已繳納之罰金或已履行之社會勞動時數依所定之標準折算日數，未滿一日者，以一日論（§41VII）。

三、無正當理由不履行社會勞動情節重大或履行期間屆滿仍未履行完畢者之處置

若受判決人易服社會勞動期間有「無正當理由不履行社會勞動情節重大」，或「履行期間屆滿仍未履行完畢」者，於本法第41條第2項之情形應執行原宣告刑或易科罰金；於本法第41條第3項之情形應執行原宣告刑（§41VI）。

於數罪併罰之情形，數罪併罰應執行之刑易服社會勞動有本法第41條第6項之情形者，應執行所定之執行刑，於數罪均得易科罰金者，另得易科罰金（§41X）。

四、再易服社會勞動

2009年6月10日新增：「罰金易服勞役之再易服社會勞動」之規定（§42-1），其制度目的是：罰金為一種財產刑，以能執行受刑人之財產為原則。至如無財產可繳納或供強制執行，原條文雖定有易服勞役制度，惟須入監執行，屬於機構內處遇方式。經參考德國立法例及本法第41條增訂徒刑、拘役得易服社會勞動之立法意旨，爰於第42條之1第1項規定得以提供社會勞動來替代罰金所易服之勞役，將社會勞動作為罰金易服勞役後之再易刑處分，使無法繳納罰金者，得以提供社會勞動方式，免於入監執行罰金所易服之勞役。

 選擇題練習

*下列有關刑法「易服社會勞動」之敘述，何者正確？[6]　(A)犯最重本刑為五年以下有期徒刑以下之刑之罪，而受六月以下有期徒刑或拘役之宣告，但易科罰金難收矯正之效者，得易服社會勞動　(B)得易科罰金而未聲請易科罰金者，得易服社會勞動　(C)上述二項之易服社會勞動履行期間，不得逾二年　(D)易服社會勞動者，以提供勞動六小時折算一日　(E)易服社會勞動，難以維持法秩序者，不得易服社會勞動。　【102年警大二技】

 考題觀摩

*刑法「社會勞動」制度的立法目的為何？於何種情形下被告所處之刑得易服社會勞動？「社會勞動」與緩刑附帶「義務勞務」有何不同？
【98年調查局】

6　答案為(A)、(B)、(D)、(E)，參照刑法第41條。

■ 關鍵提示

　　易服社會勞動係帶有刑罰效果的短期自由刑的一種易刑處分；而緩刑附帶「義務勞務」只是緩刑之附隨條件。

肆、易以訓誡

　　受拘役或罰金之宣告，而犯罪動機在公益或道義上顯可宥恕者，得易以訓誡（§43）。蓋如其行為之動機，係出於公益上或道義上者，其情顯有可原諒之處，如其所犯者，亦為輕微之罪，且所受宣告之刑，亦僅為罰金或拘役者，仍應不予執行為宜。[7]依刑事訴訟法規定，易以訓誡係由檢察官執行之（刑訴§482）。

伍、易刑處分之效果

　　易科罰金、易服社會勞動、易服勞役或易以訓誡執行完畢者，其所受宣告之刑，以已執行論。（§44）。此乃配合本法第41條及修正條文第42條之1易服社會勞動制度之增訂，明定易服社會勞動執行完畢者，其所受宣告之刑，以已執行論。

陸、羈押日數之折抵

　　裁判確定前羈押之日數，以一日抵有期徒刑或拘役一日，或第42條第6項裁判所定之罰金額數（§46I）。羈押之日數，無前項刑罰可抵，如經宣告拘束人身自由之保安處分者，得以一日抵保安處分一日（§46II）。就我國刑法第46條第1項之羈押而言，除指刑事訴訟法第101條第1項及第101條之第1項之羈押外，亦應包含依軍事審判法第102、103條所為之羈押，以及文義相符的引渡法第17條第2項所規定，被告因我國所受理之請求引渡案件在我國所遭受之羈押。就此，德國刑法第51條第1項之羈押，

7　柯耀程，《刑法總則》，三民，初版，2014.08，349頁。

則包含該國刑事訴訟法第112條以下及少年法院法第72條所規定之羈押，但限於事實上已執行之羈押始可。學說上認為，鑒於折抵機制源於責任原則等憲法原則之要求。因此，得為刑罰折抵之主動客體，自不應侷限於一般法律所准許之羈押類型而已，參酌德國刑法第51條第1項第1款關於折抵主動客體之概括規定，應對本法第46條第1項之羈押要件作合憲性擴張解釋或類推適用，使之及於其他剝奪人身自由處分。[8]

此外，由於經宣告拘束人身自由之保安處分者（例如強制工作），受處分人亦失去其自由，在性質上與刑罰相近，如於執行前曾受羈押，而無刑罰可抵者，顯於受處分人不利，故於2005年之增訂本法第46條第2項，俾使羈押之日數亦得折抵保安處分之日數，以保障受處分人之權益，並解決實務上之困擾。

柒、緩刑

緩刑者，乃對於一定之犯罪，宣告一定之刑，並同時諭知於一定期間內，緩其刑之執行，如未經撤銷而緩刑期滿時，其刑之宣告失其效力之制度也。

緩刑乃對初犯輕微犯罪行為的人，猶豫其刑的宣告，或暫緩其宣告刑的執行，倘犯人在法院宣告的緩刑期間內能夠潔身自好，而不再犯罪的，則不再為刑的宣告，或不再執行已宣告的刑罰。故緩刑實含「暫緩刑的宣告」與「暫緩宣告刑的執行」兩種制度，現行刑法係採後者的規定。對處短期自由刑輕微犯罪者，為免因執行刑罰造成對犯罪者更大傷害，故刑法設有救濟短期自由刑者的制度，使受短期自由刑者，免入監感染惡習。緩刑之立法理由：

8　陳重言，〈刑罰折抵－借鏡德國法之體系重構〉，收於《甘添貴教授七秩華誕祝壽論文集上冊》，承，初版，2012.04，710頁以下。

（一）緩刑可以避免短期自由刑之流弊

　　短期自由刑之對象均爲初犯及微罪之人，此等之人，惡性不深，一旦置之監獄，則易染惡習，故改善之效未著，而流弊已生，現代刑事政策所以補救之方式不一而定，如易科罰金、易以訓誡均屬之，但以緩刑成效最著。

（二）緩刑可保全犯人之廉恥以促進其悔改

　　羞恥之心，人皆有之，尤以初犯及微罪之人，惡性未深，天良未泯。若因行爲之偶而失檢，即置之刑獄，往往使其自甘墮落。緩刑之制，可以猶豫刑之執行，藉以保全其廉恥，啓其自新之路，收效至大。

一、緩刑之要件

（一）須宣告刑爲二年以下有期徒刑、拘役或罰金。

（二）且有下列情形之一：

1.未曾因「故意」犯罪受有期徒刑以上刑之宣告者。

　　緩刑之制，原爲救濟短期自由刑之缺點而設，故短期自由刑之範圍，定爲二年以下有期徒刑或拘役，至於罰金，尤較自由刑爲輕，重刑既得緩刑，輕者自不能置之度外，故亦包括在內，應准緩刑。惟此處「二年以下有期徒刑、拘役或罰金」均係指宣告刑而言，法定刑如何，在所不問。

2.前因「故意」犯罪受有期徒刑以上刑之宣告，執行完畢或赦免後，五年以內未曾因「故意」犯罪受有期徒刑以上刑之宣告者。

　　緩刑之目的，在使偶發犯與輕微犯之悔悟自新，若曾受徒刑以上刑之宣告，足徵其品行惡劣，故不得爲緩刑。所謂「受有期徒刑以上刑之宣告」，係指受刑之宣告，且經裁判確定者而言，已否執行，在所不問。如

曾受拘役或罰金之宣告者，尚屬微過，仍得予緩刑。至於前受有期徒刑以上刑之宣告，執行完畢或赦免後五年以內，再受有期徒刑以上刑之宣告者，已足構成累犯，故須五年內未曾受有期徒刑以上刑之宣告者，始可緩刑。

2005年增列「因故意犯罪」字樣，使曾因過失犯罪，受徒刑以上刑之宣告及曾因故意犯罪，受徒刑以上刑之宣告，執行完畢或赦免後，五年以內，再因過失犯罪，受徒刑以上之宣告者，均屬於得適用緩刑規定之範圍。

（三）法院認以暫不執行為適當者

其標準如何，法無明文規定。裁判官為適當裁量之際，須審酌實際情形，並參照本法第57條各款，及刑事政策之要求。

緩刑之宣告，除應具備同法第74條第1項所定條件外，並須有可認為以暫不執行刑罰為適當之情形，始得為之，亦屬法院裁判時得依職權自由裁量之事項，當事人不得以原審未諭知緩刑指為違背法令。[9]

關於暫不執行為適當之標準為何，法無明文，雖屬法院自由裁量之範疇，但應於判決內說明審酌犯罪之情狀，及身體、教育、職業、家庭之關係，或其他正當事由，而認有暫不執行為適當之理由，始為適法。而其重在是否「以暫不執行為適當」，而非是否「有無警惕而無再犯之虞」甚明。[10]

二、緩刑之期間

得宣告二年以上五年以下之緩刑（其期間自裁判確定之日起算）（§74）。

---

[9] 最高法院103年度台上字第578號判決。

[10] 最高法院93年度台上字第6877號判決。

三、緩刑宣告之撤銷

（一）應撤銷

受緩刑之宣告，而有下列情形之一者，撤銷其宣告：前項撤銷之聲請，於判決確定後六月以內為之（§75II）。

依本法第75條之規定，受刑之宣告，有下列情事之一者，「應」予撤銷緩刑，裁判官無審酌之餘地，惟因過失犯之者，不在此限。

1.緩刑期內因故意犯他罪，而在緩刑期內受逾六月有期徒刑不得易科罰金之有期徒刑以上刑之宣告確定者（§75I①）。

所謂「緩刑期內」，係指自裁判確定之日起算，至所宣告之緩刑期間屆滿為止。在裁判宣告之後未確定前，更犯罪而受有期徒刑以上刑之宣告者，與所謂緩刑期內之條件不合，自不得撤銷前案緩刑之宣告。然更犯之罪，其法定刑如何，在所不問，只須受逾六月有期徒刑以上刑之宣告即可。

2.緩刑前因故意犯他罪，而在緩刑期內受逾六月有期徒刑不得易科罰金之有期徒刑以上刑之宣告確定者（§75I②）。

此係指他罪之犯罪行為，在本罪緩刑宣告以前，而裁判則在本罪緩刑期間以內之情形而言。若他罪在本罪緩刑期滿後，始受逾六月有期徒刑以上刑之宣告，則不得為撤銷緩刑之原因。上述緩刑期內更犯罪，或緩刑前犯他罪，在緩刑期內而受逾六月有期徒刑以上刑之宣告者，已經裁判確定為已足，並不以已受刑之執行為必要。

(1)按緩刑制度係為促使惡性輕微之被告或偶發犯、初犯改過自新而設，如於緩刑期間、緩刑前故意犯罪，且受不得易科罰金之有期徒刑以上刑之宣告確定者（意即應入監服刑），足見行為人並未因此而有改過遷善之意，此等故意犯罪之情節較諸增訂第75條之1「得」撤銷之原因為重，不宜給予緩刑之寬典，而有「應」撤銷緩刑宣告之必要。至於有上開情形，而受可易科罰金之有期徒刑刑之宣告者，因犯罪情節較輕，以此列為

「應撤銷」緩刑之事由，似嫌過苛，爰改列爲第75條之1「得撤銷」緩刑之事由，以資衡平。

(2)應撤銷緩刑之原因，既限定爲故意犯罪，而受有期徒刑之宣告者，爰在第1項第1款及第2款內明定「因故意犯他罪」之文字。

(3)依本法第41條第3項之規定，受六月以下有期徒刑或拘役之宣告而不得易科罰金者，亦得易服社會勞動。此類案件既可無庸入監執行，故於緩刑之效果，應與受得易科罰金之案件相同，成爲修正條文第75條之1撤銷緩刑之事由，而非本條應撤銷緩刑之事由。又不得易科罰金或不得易服社會勞動之案件皆係受「逾六月」有期徒刑之宣告，爰於2009年修正第75條第1項各款。

撤銷緩刑，必須於緩刑期內爲之，緩刑期間屆滿，原宣告刑已失其效力，自無更行撤銷緩刑之餘地，因原宣告刑既已失其效力，縱予撤銷緩刑，亦無宣告刑可以執行，此爲法理上當然解釋，不待法律之明文規定。[11]

(4)爲督促主管機關注意即時行使撤銷緩刑之責，增訂「判決確定後六月以內爲之」之要件，俾使撤銷緩刑之法律關係早日確定。

（二）得撤銷緩刑之要件（§75-1）

關於緩刑之撤銷，舊法第75條第1項固已設有兩款應撤銷緩刑之原因；至得撤銷緩刑之原因，則僅於原第93條第3項（保安處分章內）與撤銷假釋合併加以規定，體例上不相連貫，爰於2005年增訂第75條之1，於第1項分設4款裁量撤銷之原因，*足認原宣告之緩刑難收其預期效果，而有執行刑罰之必要者，得撤銷其宣告*，前條第2項（撤銷之聲請，於判決確定後六月以內爲之。）之規定於第1款至第3款情形亦適用之。

---

[11] 最高法院102年度台非字第256號判決。

1.受緩刑之宣告而有下列情形之一

(1)緩刑前因故意犯他罪，而在緩刑期內受六月以下有期徒刑、拘役或罰金之宣告確定者。

(2)緩刑期內因故意犯他罪，而在緩刑期內受六月以下有期徒刑、拘役或罰金之宣告確定者。

　　舊法關於緩刑前或緩刑期間故意犯他罪，而在緩刑期內受得易科罰金之有期徒刑之宣告者，列為應撤銷緩刑之事由，因認過於嚴苛，而排除第75條應撤銷緩刑之事由，移列至得撤銷緩刑事由，俾使法官依被告再犯情節，而裁量是否撤銷先前緩刑之宣告；其次，如有前開事由，但判決宣告拘役、罰金時，可見行為人仍未見悔悟，有列為得撤銷緩刑之事由，以資彈性適用，爰於2005年於第75條之1第1項第1款、第2款增訂之。

　　依本法第41條第3項之規定，受六月以下有期徒刑或拘役之宣告而不得易科罰金者，亦得易服社會勞動。此類案件既可無庸入監執行，故於緩刑之效果，應與受得易科罰金之案件相同，成為本條得撤銷緩刑之事由。又得易科罰金或易服社會勞動之案件皆係受六月以下有期徒刑之宣告，因此於2009年修正第75條之1第1項第1款及第2款。

(3)緩刑期內因過失更犯罪，而在緩刑期內受有期徒刑之宣告確定者

　　緩刑期內，因過失犯罪其情節較重，受有期徒刑之宣告確定者，乃係未能徹底悔悟自新之表徵，足見其人一再危害社會，均有由法院斟酌決定撤銷緩刑之必要，爰增列為第3款得撤銷緩刑之事由。

(4)違反第74條第2項第1款至第8款所定負擔情節重大者

　　修正條文第74條第2項增列法院於緩刑期間內，得命犯罪行為人於緩刑期內應遵守之事項（例如向被害人支付相當數額、向公庫支付一定之金額、接受精神、心理輔導、提供義務勞務或其他為預防再犯之事項），明定違反該條所定事項情節重大者，得撤銷其緩刑宣告，以期周延。至於所謂「情節重大」，係指：受判決人顯有履行負擔之可能，而隱匿或處分其財產、故意不履行、無正當事由拒絕履行或顯有逃匿之虞等情事而言。

2. 足認原宣告之緩刑難收其預期效果，而有執行刑罰之必要

本條採用裁量撤銷主義，賦與法院撤銷與否之權限，特於第一項規定實質要件爲「足認原宣告之緩刑難收其預期效果，而有執行刑罰之必要」，供作審認之標準。

爲貫徹緩刑期內未能改悔自新而更犯罪者，不宜繼續許其緩刑之旨意，並配合第75條之1第2項撤銷緩刑期限之規定，於第2項規定「前條第二項之規定，於前項第一款至第三款情形亦適用之。」換言之，主管機關欲行使裁量撤銷緩刑之期限亦應在判決確定後六個月內爲之。

（三）保安處分執行法（§74之1）

原刑法第93條第3項所稱「違反保護管束規則，情節重大，得撤銷假釋或緩刑」，因保護管束規則業已廢止；另保安處分執行法第74條之3對於違反保護束應遵守之事項，其情節重大者，檢察官得聲請撤銷假釋或緩刑。

四、緩刑宣告之效力

（一）緩刑之宣告之附帶處分（§74II）

緩刑宣告，得斟酌情形，命犯罪行爲人爲下列各款事項：
1. 向被害人道歉。
2. 立悔過書。
3. 向被害人支付相當數額之財產或非財產上之損害賠償。
4. 向公庫支付一定之金額。
5. 向指定之政府機關、政府機構、行政法人、社區或其他符合公益目的之機構或團體，提供四十小時以上二百四十小時以下之義務勞務。
6. 完成戒癮治療、精神治療、心理輔導或其他適當之處遇措施。
7. 保護被害人安全之必要命令。

8. 預防再犯所為之必要命令。

本法第74條第2項係仿刑事訴訟法第253條之2緩起訴應遵守事項之體例而設，明定法官宣告緩刑時，得斟酌情形，命犯罪行為人向被害人道歉、立悔過書、向被害人支付相當數額、向公庫支付一定之金額、提供四十小時以上二百四十小時以下之義務勞務、完成戒癮治療、精神治療、心理輔導等處遇措施、其他保護被害人安全或預防再犯之必要命令，以相呼應。緩起訴有關緩起訴處分書附記事項及得為民事強制執行名義之規定，應有一併規定於緩刑宣告之必要，爰增訂第3項及第4項，明定第2項情形應附記於判決書內，其中第2項第3款、第4款（向被害人支付相當數額、向公庫支付一定之金額）並得為民事強制執行名義。

（二）緩刑之效力不及於從刑與保安處分之宣告（§74V）

緩刑之效力，依據本法第74條第5項，不及於從刑與保安處分，此乃依據司法院釋字第45號解釋而來，此號解釋認為沒收雖為從刑，但與主刑並非有必然之牽連關係，故緩刑之效力，不及於沒收。至於褫奪公權係對於行為人為一定的資格剝奪，以減少其再犯機會，其性質兼有預防功能，因此緩刑效力不應及之。而保安處分具有再教育與社會防衛功能與緩刑目的不相符合，因此亦不在緩刑效力內。

1. 沒收雖為從刑，但與主刑並非有必然牽連關係，其依法宣告沒收之物，或係法定必予沒收者，或係得予沒收而經認定有沒收必要者，自與本條所稱以暫不執行為適當之緩刑本旨不合，均應不受緩刑宣告之影響，亦經司法院釋字第45號解釋在案。

2. 褫奪公權係對犯罪行為人一定資格之剝奪與限制，以減少其再犯罪機會（例如對犯瀆職罪者，限制其於一定期間內不得服公職），其性質上兼有預防犯罪與社會防衛之目的，故於緩刑內執行褫奪公權，並未悖於緩刑之本旨，爰配合前開五（沒收）之說明，於第5項增訂「緩刑之效力不及於從刑」之規定，以資適用，至於緩刑期內褫奪公權期間之起算，自裁判確定時起算之（§37V）。

3. 保安處分兼有社會防衛及改善教育之功能，如法官依各項情形綜

合判斷，就主刑部分爲緩刑宣告，惟基於社會防衛及改善教育之目的，同時爲保安處分之宣告時，則保安處分之宣告與本條暫不執行爲適當之緩刑本旨不合，爰與從刑合併於第五項規定，俾資明確。

（三）緩刑與保護管束

受緩刑之宣告者，原則「得」於緩刑期間付保護管束，但下列情形之一，「應」於緩刑期間付保護管束：

1. 犯第91條之1所列之罪者（妨害性自主罪之被告）。

2. 執行第74條第2項第5款至第8款所定之事項者。

(1)緩刑制度在暫緩宣告刑之執行，促犯罪行爲人自新，藉以救濟短期自由刑之弊，則緩刑期內，其是否已自我約制而洗心革面，自須予以觀察，尤其對於因生理或心理最需加以輔導之妨害性自主罪之被告，應於緩刑期間加以管束，故於第一項增訂對此類犯罪宣告緩刑時，應於緩刑期間付保護管束之宣告，以促犯罪行爲人之再社會化。惟爲有效運用有限之觀護資源，並避免徒增受緩刑宣告人不必要之負擔，其餘之犯罪仍宜由法官審酌具體情形，決定是否付保護管束之宣告。

(2)依第74條第2項第5款至第8款之執行事項，因執行期間較長，爲收其執行成效，宜配合保安處分之執行，方能發揮效果，因此於第1項第2款增列法官依第74條第2項規定，命犯罪行爲人遵守第5款至第8款之事項時，應付保護管束，以利適用。

（四）緩刑期滿之效力（§76）

1. 「緩刑期滿，而緩刑之宣告未經撤銷者，其刑之宣告失其效力。但依第75條第2項、第75條之1第2項撤銷緩刑宣告者，不在此限。」

緩刑期滿而緩刑之宣告未經撤銷，其在法律上之效果，我刑法乃採附條件罪刑宣告主義，於第76條規定：「緩刑期滿而緩刑之宣告未經撤銷，其刑之宣告，失其效力」，亦即以其原宣告之主刑從刑，視爲自始未受刑之宣告。倘緩刑人之宣告刑爲有期徒刑，而於緩刑期滿後五年內再犯有期

徒刑之罪者，即不構成累犯。

　　本法對於緩刑制度採罪刑附條件宣告主義，認緩刑期滿未經撤銷者有消滅罪刑之效力，舊法第76條規定謂「緩刑期滿，而緩刑宣告未經撤銷者，其刑之宣告失其效力」。對於緩刑期內更犯罪或緩刑前犯他罪，縱於緩刑期間內開始刑事追訴或為有罪判決之宣告，如其判決確定於緩刑期滿後者，不得撤銷其緩刑。又為督促主管機關注意即時行使撤銷緩刑之責，新條文第75條第2項、第75條之1第2項既已增訂「判決確定後六月以內，聲請撤銷緩刑」之規定，為配合此項修正，並重申其修正原旨，故第76條增設但書規定，凡依第75條第2項、第75條之1第2項之規定聲請撤銷者，即便撤銷緩刑之裁定在緩刑期滿後，其刑之宣告，並不失其效力。

　　2. 緩刑期滿，而緩刑之宣告未經撤銷者，其刑之宣告，失其效力。五年內再犯有期徒刑以上之罪，也無累犯之適用。

　　3. 緩刑之宣告經撤銷者，原刑之宣告，仍應執行，但也無累犯之適用（因未曾受徒刑之執行）。

　　所謂「緩刑之宣告未經撤銷者」，係指未經法院就緩刑之宣告撤銷而言，重在是否已經法院就緩刑之宣告為撤銷之裁判，不以該緩刑撤銷之裁判確定為必要。申言之，於緩刑期間內，因有本法第75條或其他法定之原因，已經法院為撤銷緩刑之裁判者，即生撤銷緩刑之效力，不以該撤銷緩刑之裁判確定為必要。否則如須俟該法院撤銷緩刑之裁判確定後，始生撤銷緩刑之效果，無異將撤銷緩刑與否，繫於訴訟進行之遲速，並鼓勵狡黠之被告濫行訴訟，藉審級制度拖延訴訟，以獲得不當之利益，亦與緩刑制度旨在對一定條件下（本法§74）輕犯之被告，鼓勵遷善，猶豫其刑之執行，以兼顧情理之平之立法精神大相違背，至若該經法院撤銷緩刑之裁判，其後經有權機關依法定程序撤銷而確定者（如抗告、上訴、非常上訴等），其有本法第76條之適用，自不待言。[12]

---

[12]　最高法院93年度台非字第228號判決。

選擇題練習

有關「緩刑」的要件及效力，下列敘述，何者錯誤？[13]　(A)須受二年以下有期徒刑、拘役或罰金的宣告　(B)緩刑期間自法院判決宣告之日起算　(C)須未曾因故意犯罪受有期徒刑以上刑的宣告，或前因故意犯罪受有期徒刑以上刑之宣告，執行完畢或赦免後，五年以內未曾因故意犯罪受有期徒刑以上刑之宣告者　(D)緩刑期滿而緩刑之宣告未經撤銷者，刑之宣告失其效力。

【100年司法官第一試】

捌、假釋

一、假釋之意義

假釋者，又稱假出獄或附條件之釋放，凡經判決確定之受刑人，在監執行已逾一定期間，執行中行狀良好，悛悔有據，則予以附條件地暫時出獄，使其生活於自由社會中，而由特定人或特定機構予以輔導，使其逐漸適應社會生活之一種社區處遇方式。假釋之立法目的：

（一）補長期自由刑之弊

蓋無期徒刑，犯人身繫囹圄，以日期過長，雖具悛改之心，難有出獄之望，不免因而自暴自棄，故乃有假釋制度之設，對於有悛悔實據，而執行又已達一定期間者，准其出獄，如能於一定期間內未經撤銷，即不再執行。如此，對已有悛悔實據者，即可免除不必要之執行，而對於尚在後悔中者，又有其鼓勵作用，促其努力向善，用意至善。

---

[13] 答案為(B)，自裁判確定之日起算，參照刑法第74條。

（二）具有教育犯人之功效

　　刑罰之目的，在使犯人復歸社會，而此種教育行之於不自由之監獄，有時甚感不足，且犯人之社會適應性，只有在現實自由之社會之中，加以觀察，始屬確實，故假釋制度具有教育犯人之作用。因之，以社會復歸爲目的之自由刑，須採假釋制度。

二、假釋之要件（§77I）

（一）須已受徒刑之執行

　　假釋之本旨，乃在犯人受刑之執行已收相當效果，若未經執行，則即與假釋之本旨不合，又如係拘役者，因其刑罰甚短，殊無假釋之必要，故得假釋者，以曾受無期徒刑或有期徒刑之執行者爲限。

（二）須有悛悔實據

　　所謂有悛悔之實據者，乃依受刑人之平日表現，認其確已悔改者，而有相當可信程度者也。蓋假釋制度之設，一方面在鞭策犯人悔改，一方面對於已悔改者免卻不必要之執行也。

（三）須逾法定期間

　　受執行之犯人，必須經過一定期間之實際執行，始足證其執行已收相當效果，故法律規定無期徒刑，須執行逾二十五年；而有期徒刑須執行逾刑期二分之一，累犯逾三分之二。

　　蓋假釋制度原發軔於英國，固已爲目前大多數國家刑事立法例所採行，惟對於受刑人應服刑多久，始得許其假釋，各國立法規定不一。尤其對於重刑犯及累犯是否准予假釋，尤有爭執。鑒於晚近之犯罪學研究發現，重刑犯罪者，易有累犯之傾向，且矯正不易，再犯率比一般犯罪者

高，因此在立法上為達到防衛社會之目的，漸有將假釋條件趨於嚴格之傾向。如美國所採之「三振法案」，對於三犯之重刑犯罪者（FELONY）更採取終身監禁不得假釋（LIFE SENTENCE WITHOUT PAROLE）之立法例。我國現行對於重大暴力犯罪被判處無期徒刑者，於服刑滿十五年或二十年後即有獲得假釋之機會，然其再犯之危險性較之一般犯罪仍屬偏高，一旦給予假釋，其對社會仍有潛在之侵害性及危險性。近年來多起震撼社會之重大暴力犯罪，均屬此類情形。因此目前之無期徒刑無法發揮其應有之功能，實際上變成較長期之有期徒刑，故應提高無期徒刑，以達到防衛社會之目的有其必要性，2005年將無期徒刑得假釋之條件提高至執行逾二十五年，始得許假釋。無期徒刑累犯部分，因修正後之無期徒刑假釋至少需執行二十五年，對被告已有相當之嚇阻效果，而人之壽命有限，累犯如再加重五年或十年，似無實益，如其仍無悛悔實據，儘可不准其假釋，且為避免我國刑罰過苛之感，爰於2005年刪除舊條文無期徒刑累犯之假釋條件。

（四）須無不得假釋之情形

第77條第1項關於有期徒刑假釋之規定，於下列情形，不適用之（§77II）：

1.有期徒刑執行未滿六個月者

舊法規定不得假釋者，原本僅有第1項但書之「有期徒刑之執行未滿六個月者」。此乃係因此類犯罪之惡性，並不嚴重，且刑期僅六個月，假釋對於受刑人並無實質利益可言，故仍維持之。

2.犯最輕本刑五年以上有期徒刑之罪之累犯，於假釋期間、受徒刑之執行完畢，或一部之執行而赦免後，五年以內故意再犯最輕本刑為五年以上有期徒刑之罪者

對於屢犯重罪之受刑人，因其對刑罰痛苦之感受度低，尤其犯最輕本刑五年以上重罪累犯之受刑人，其已依第1項規定（執行逾三分之二）獲

假釋之待遇，猶不知悔悟，於（1）假釋期間、（2）徒刑執行完畢或赦免後五年內再犯最輕本刑五年以上之罪，顯見刑罰教化功能對其已無效益，為社會之安全，參酌前開美國「三振法案」之精神，限制此類受刑人假釋之機會應有其必要性，爰於2005年修法時第2項第2款增訂之。

3. 犯本法第91條之1所列之罪，於徒刑執行期間接受輔導或治療後，經鑑定、評估其再犯危險未顯著降低者

(1)依監獄行刑法第81條第2項、第3項分別規定：「犯刑法第221條至第230條及其特別法之罪，而患有精神疾病之受刑人，於假釋前，應經輔導或治療。」、「報請假釋時，應附具足資證明受刑人確有悛悔情形之紀錄及假釋審查委員會之決議。前項受刑人之假釋並應附具曾受輔導或治療之紀錄。」

再配合本法第91條之1之修正，則性侵害犯罪之加害人進入強制治療之程序，理應依監獄行刑法接受輔導或治療後，經評估、鑑定其再犯危險並未顯著降低者，始有接受刑法強制治療之必要；反之，如受刑人依前開規定接受輔導或治療後，其再犯危險顯著降低，即可依假釋程序審核是否有悛悔實據，而准予假釋。從而，監獄中之治療評估小組作整體評估、鑑定時，似無一方面認受刑人接受輔導或治療，其再犯危險顯著降低而准其假釋，另一方面又評估其應繼續接受強制治療之矛盾情形。故刑法之強制治療應是刑期內之輔導或治療不具成效，其再犯危險仍未顯著降低時，始有進一步施以強制治療之必要。

(2)86年第77條修正前之規定：「犯刑法第十六章妨害風化各條之罪者，非經強制診療，不得假釋。」亦以接受強制診療作為犯性侵害犯罪加害人假釋之要件，為避免強制治療由刑前治療改為刑後治療，與假釋規定發生適用法律之疑議，爰於2005年第2項第3款增訂不得假釋之規定。

2005年之修正重點在於提高無期徒刑及累犯之假釋門檻，甚至規定重罪三犯不得假釋。其修法目的在於對危害社會的重大犯罪或高危險的犯罪人，採取嚴格的刑事政策，以達有效壓制犯罪的目的，但亦遭學說質疑係只為目的卻罔顧罪責原則均衡與可能有違憲疑慮的作法。[14]

[14] 張麗卿，〈假釋制度之回顧與展望〉，收於氏著《新刑法探索》，元照，五版，2014.09，372頁。

選擇題練習

*對於無期徒刑假釋後滿20年或在有期徒刑所餘刑期內，未經撤銷假釋者。下列敘述，何者錯誤？[15]　(A)其未執行之刑，其刑之宣告失其效力　(B)嗣後如5年以內故意再犯罪，受有期徒刑以上刑之宣告者，不能宣告緩刑　(C)如於5年以內故意再犯有期徒刑以上之罪者，爲累犯，加重本刑至二分之一　(D)假釋中另受刑之執行者，其期間不算入假釋期內。

【103年司法官、律師第一試】

*有關「假釋」之要件及效力，下列敘述，何者錯誤？[16]　(A)受刑人須受徒刑之執行而具有悛悔實據者　(B)假釋以執行徒刑的受刑人爲限，死刑、拘役、罰金等，均不能適用假釋的規定　(C)無期徒刑須逾20年，有期徒刑須執行滿6個月而逾二分之一、累犯逾三分之二，由監獄報請法務部，得許假釋出獄　(D)假釋期滿，未經撤銷假釋者，其未執行之刑，以已執行論。嗣後如於5年內再故意犯罪者，不能諭知緩刑。　【102年司法官第一試】

 概念釐清

得報請假釋之法定期間門檻

	一般情形	累犯	合併執行刑	
無期徒刑	逾二十五年		併執行無期徒刑者，適用無期徒刑假釋之規定（§79之1II本文）	無期徒刑裁判確定前逾一年部分之羈押日數算入已執行之期間內（§77III）

---

[15] 答案爲(A)。

[16] 答案爲(C)，參照刑法第77條。

有期徒刑	逾二分之一	逾三分之二	二以上徒刑併執行者，最低應執行之期間，合併計算之（§79之1I）；合併刑期逾四十年，「接續」執行逾二十年也得假釋但§77II②重罪累犯不在此限（§79之1II但書）	執行未滿六個月者，不在此限（§77I①）

三、假釋的撤銷

撤銷假釋，係指假釋中付保護管束故意更犯罪，受有期徒刑以上刑之宣告，或違反保安處分執行法第74條之2所列有關規定，情節重大，經監獄報請法務部撤銷其假釋者。包括：

（一）應撤銷（§78I）

1. 假釋中因故意更犯罪，受有期徒刑以上刑之宣告者，於判決確定後六月以內，撤銷其假釋。但假釋期滿逾三年者，不在此限。2.假釋撤銷後，其出獄日數不算入刑期內。

本條之適用情形，例如某人因甲案假釋中，復犯受有期徒刑以上刑之宣告之乙案，在乙案判決確定後六月以內，仍得回溯撤銷甲案之假釋。但甲案之假釋期滿逾三年者，不在此限（即不得回溯撤銷甲案之假釋）。

因依本項原規定，假釋中再犯罪，假釋期滿而未及起訴之案件，受限法條之規定，不能再撤銷假釋，似有鼓勵受刑人於假釋期滿前再犯罪之嫌，應有未妥，爰將撤銷之期限修正於「判決確定後六月以內」爲之。又爲避免受刑人形同未定期限之處於假釋得被撤銷之狀態，影響法律安定效果及對受刑人不公，增設假釋期滿逾三年未撤銷者，不得撤銷假釋之規定。

（二）得撤銷（§93Ⅱ）

假釋期中違反保護管束規則情節重大者：

依據本法第93條第2項，假釋出獄必須付保護管束，而又依據保安處分執行法第74條之3，違反保護管束，如有違反而情節重大者，自得撤銷其假釋。

四、假釋之效力

（一）假釋期滿之計算

無期徒刑	有期徒刑	合併刑期（原則）	合併刑期（例外）
假釋後滿二十年，未經撤銷假釋者，以已執行論。（§79Ⅰ前）	所餘刑期內未經撤銷假釋者，以已執行論。（§79Ⅰ後）	1.依第79條之1第1項規定（二以上徒刑併執行者，第77條所定最低應執行之期間，合併計算之。）合併計算執行期間而假釋者，第79條第1項規定（在無期徒刑假釋後滿二十年或在有期徒刑所餘刑期內未經撤銷假釋者，其未執行之刑，以已執行論。但依第78條第1項撤銷其假釋者，不在此限。）之期間，亦合併計算之。（§79之1Ⅲ） 2.合併計算後逾二十年者，準用無期徒刑假釋之規定（§79之1Ⅳ）	經撤銷假釋執行殘餘刑期者，無期徒刑於執行滿二十五年，有期徒刑於全部執行完畢後，再接續執行他刑，不適用合併計算執行期間之規定（§79之1Ⅳ）

（二）不算入假釋期間之情形

假釋中另受刑之執行、羈押或其他依法拘束人身自由之期間，不算入假釋期內。但不起訴處分或無罪判決確定前曾受之羈押或其他依法拘束人

身自由之期間，不在此限（§79II）。

　　蓋舊條文第2項不算入假釋期內之規定，其範圍包含受刑人因不起訴處分或無罪判決確定前之審理過程中之羈押等拘束人身自由之情形，致使受刑人之權益受損，實有不當。蓋受刑人於假釋期間內，既已獲不起訴處分或無罪判決確定，其所曾受之羈押或其他拘束人身自由之期間，自無排除於假釋期內之理。爰於2005年參酌冤獄賠償法第1條之法理，明訂不起訴處分與無罪判決確定前曾受之羈押或其他依法拘束人身自由之期間，仍算入假釋期內。

五、假釋之撤銷

　　1. 假釋出獄者，在假釋中「應」付保護管束（§93II）。依刑事訴訟第第481條規定，本法第96條但書之保安處分之執行，由檢察官聲請法院裁，亦即假釋中付保護管束，係由法院裁定之。另對於違反保護束應遵守之事項，其情節重大者，檢察官得聲請撤銷假釋或緩刑（保安處分執行法§74-3）。

　　2. 假釋期滿，未經撤銷假釋者，其未執行之刑，以已執行論。（五年內再犯有期徒刑以上之罪，有累犯之適用）但依第78條第1項撤銷其假釋者，不在此限。基此假釋期滿，而未經撤銷者，其未執行之刑期，以已執行論，亦即以假釋出獄之期間，視為在監執行。又此和緩刑不同，而有累犯之適用。

　　3. 撤銷假釋之效力：假釋經撤銷後，除新犯之罪外，無累犯之適用，仍執行所餘刑期。亦即，假釋撤銷後，其出獄日數不算入刑期內（本法§78II）。

第四章　刑罰的消滅

　　國家對犯罪行為的處罰，必須依法定程序進行，即由檢察官偵查後，對犯罪者提出公訴，請求法院審判，此為檢察官追訴權的行使。法官審判確定犯罪後，應訂刑罰範圍，並交由檢察官執行，此為檢察官行刑權的行使。為確定追訴權與行刑權一定時間行使，刑法規定有追訴權時效與行刑權時效二種。追訴權時效者，犯罪發生後，一定期間經過不起訴，刑罰請求權消滅。行刑權時效者，裁判確定後，不能執行其刑，時間經過，刑罰執行權消滅。

第一節　追訴權時效與行刑權時效

　　為對於繼續存在的一定狀態予以尊重，藉以維持社會秩序及其安定性，刑法設有刑罰請求權因時效完成而消滅之規定。

　　現行本法就時效制度，分為追訴權時效與行刑權時效兩種。觀諸外國立法例，日本將追訴權時效；定於程序法，行刑權時效則規定於實體法。法國的立法體例則一律規定於程序法。我國的制度與歐陸大多數的國家相同，一律規定於實體法。[1]

壹、性質與意義

一、追訴權之性質

　　追訴權之性質，係檢察官或犯罪被害人，對於犯罪，向法院提起確認國家刑罰權之有無及其範圍之權利。因此，追訴權消滅之要件，當以檢察

---

[1] 張麗卿，〈刑法時效制度之回顧與展望〉，收於氏著《新刑法探索》，元照，五版，2014.09，398頁。

官或犯罪被害人未於限期內起訴為要件。蓋未起訴前，法院基於不告不理原則，無從對於犯罪之國家刑罰權確認其有無及其範圍；自反面而言，倘經起訴，追訴權既已行使，原則上即無時效進行之問題。而所謂起訴，係指刑事訴訟法第251條第1項提起公訴及第451條第1項聲請簡易判決處刑者而言。

二、行刑權之時效之起算

　　行刑權之時效期間，依現行第84條第2項規定，應自裁判確定之日起算。惟第90條既已參照竊盜犯贓物犯保安處分條例第3條第1項、第5條及第7條規定意旨修正，明定強制工作原則上應於刑罰執行前為之，以三年為期，執行滿三年認有延長之必要者，法院得延長一年六月，則該條例第3條第2項行刑權時效期間自強制工作執行完畢之日起算之特別規定，自應予以納入，以期配合；又犯竊盜罪或贓物罪，而與竊盜、贓物以外之他罪合併定執行刑，並於刑之執行前令入勞動場所強制工作，該他罪之行刑權時效期間，依目前最高法院之見解，認無竊盜犯贓物犯保安處分條例第3條第2項之適用，仍應自裁判確定之日起算，並有刑法第85條第3項之適用（，致實務上常有於保安處分執行完畢後，該他罪刑罰之行刑權時效罹於消滅之情形，實有違宣告刑罰之本質。為避免將來適用修正條文第90條發生疑義，特參照竊盜犯贓物犯保安處分條例第3條第2項規定意旨及立法體例，於第84條第2項增設但書，規定因保安處分先於刑罰執行者，第1項行刑權時效期間，自保安處分執行完畢之日起算，俾於保安處分執行完畢後，仍可執行其刑罰。

貳、追訴權時效與行刑權時效期間

一、追訴權

　　追訴權因下列期間未起訴而消滅（§80I）：

1. 犯最重本刑為死刑、無期徒刑或十年以上有期徒刑之罪者，三十

年。

2. 犯最重本刑為三年以上十年未滿有期徒刑之罪者，二十年。

3. 犯最重本刑為一年以上三年未滿有期徒刑之罪者，十年。

4. 犯最重本刑為一年未滿有期徒刑、拘役或罰金之罪者，五年。

前項期間自犯罪成立之日起算。但犯罪行為有繼續之狀態者，自行為終了之日起算（§80II）。

二、行刑權

行刑權因下列期間內未執行消滅（§84I）：

1. 宣告死刑、無期徒刑或十年以上有期徒刑者，四十年。

2. 宣告三年以上十年未滿有期徒刑者，三十年。

3. 宣告一年以上三年未滿有期徒刑者，十五年。

4. 宣告一年未滿有期徒刑、拘役、罰金或專科沒收者，七年。

前項期間，自裁判確定之日起算。但因保安處分先於刑罰執行者，自保安處分執行完畢之日起算（§84II）。

參、各犯罪類型之追訴權起算方法

原則上，以犯罪行為完全終結，時效期間的進行立即開始，故應以犯罪構成事實完成（犯罪成立）之日起算。因此：

1. 繼續犯，自行為終了之日起算。

2. 舉動犯（行為犯）、未遂犯，自行為完成之日起算。

3. 既遂或結果加重犯，自結果發生之日起算。

4. 共同正犯，自各正犯中最後行為成立犯罪之日起算。

5. 教唆犯，自正犯犯罪成立之日起算。

6. 幫助犯，自正犯犯罪成立之日起算。

7. 間接正犯，自被利用人之行為成立犯罪之日起算。

8. 想像競合犯，自各罪成立日個別計算。

例外如繼續犯的情形，由於行為人其不法行為繼續不斷的一直存在，

則被害人就必須一直處於被侵害的狀態，如果對於繼續犯追訴時效起算的認定與結果犯、行為犯使用同樣方式，將使得被害人尚處於法益遭受侵害的狀態中，時效即告消滅，對被害人而言是甚為不平，[2]故本法第80條第2項但書規定，「犯罪行為有繼續之狀態者，自行為終了之日起算」。如：強制罪（§304）、私行拘禁罪（§304）即是。

肆、刑法的時效制度

一、追訴權時效

（一）追訴權時效之停止原因

現行本法就時效制度，捨時效中斷制，而專採時效停止制，又僅於本法第83條第1項就消極方面規定妨礙時效進行之事由，然現行條文之規定，在實務上每感時效完成過易，為謀補救，於第1項前段明定追訴權之時效，因起訴而停止進行，以杜爭議。而所謂起訴，係指依刑事訴訟法第251條第1項提起公訴或第451條第1項聲請簡易判決處刑者而言。

偵查程序依法應停止（如刑訴§261、商標法§49）或因犯罪行為人逃匿而通緝等非可歸責偵查機關，被告亦與有責任之事由時，為避免寬縱犯罪，爰於第1項後段及第2項第3款，分別規定偵查期間時效停止原因及停止原因視為消滅之事由，俾利適用。

（二）停止原因視為消滅之事由

第1項既明定起訴（包括公訴與自訴）為時效停止原因，則每一刑事案件，一經起訴，時效即停止進行，對被告殊為不利，為緩其嚴苛，故於第2項明定停止原因視為消滅之事由，以利時效繼續進行。

2　張麗卿，〈刑法時效制度之回顧與展望〉，收於氏著《新刑法探索》，元照，五版，2014.09，389頁。

1. 因程序上理由以判決終結公訴或自訴，或自訴案件因程序上理由以裁定駁回自訴確定者（參照刑訴§326III）。

　　2. 因審判程序依法律之規定或因被告逃匿而通緝不能開始或繼續，而其期間已達於第80條第1項各款所定期間四分之一者，參酌現行第3項之精神及司法院院解字第1963號、釋字第123號解釋，仍列為時效停止原因視為消滅之事由。

（三）一併計算停止原因發生前及消滅後經過期間

　　本法第3項為關於一併計算停止原因發生前及消滅後經過期間之規定。

二、行刑權時效

行刑權時效之停止原因

　　行刑權時效之消滅係以法定期間內不行使為要件，如在法定期間內已有行使之行為，並不發生時效進行問題（§84I），關於妨礙行刑權時效完成之事由，仍維持現行時效停止制，僅就不能開始或繼續執行之情形，詳加列舉規定。

　　(1)執行程序亦有依法停止執行者，如：刑事訴訟法第430條但書、第435條第2項、第465條、第467條、監獄行刑法第11條第1項及第58條等，如有上述情形致不能開始或繼續執行者，行刑權時效應停止進行（第1項第1款）。

　　(2)因受刑人逃亡或藏匿而通緝，不能開始或繼續執行者，依司法院釋字第123號解釋意旨，認為行刑權時效應停止進行。另受刑人執行中脫逃，雖處於未執行狀況，然行刑權時效究不宜繼續進行，為行刑權時效停止進行之原因。

　　(3)又受刑人因依法另受拘束自由者，例如，受拘束自由保安處分之執行、流氓感訓處分、少年感化教育、及民事管收等，致不能開始或繼續

執行時，亦有列為行刑權時效停止進行原因之必要。

概念釐清

「追訴權時效」與「行刑權時效」之比較

	時效停止進行之原因	停止原因之消滅事由	時效期間	停止前後期間計
追訴權時效	1.起訴。 2.依法應停止偵查。 3.因犯罪行為人逃匿而通緝者（§83I）	1.諭知公訴不受理判決確定，或因程序上理由終結自訴確定者。 2.審判程序依法律之規定或因被告逃匿而通緝，不能開始或繼續，而其期間已達第80條第1項各款所定期間四分之一者。 3.依第80條第1項後段規定停止偵查或通緝，而其期間已達第80條第1項各款所定期間四分之一者。（§83II）	追訴權因下列期間未起訴而消滅（§80I）： 1.犯最重本刑為死刑、無期徒刑或十年以上有期徒刑之罪者，三十年。（Ex.§304） 2.犯最重本刑為三年以上十年未滿有期徒刑之罪者，二十年（Ex.§277II）後 3.犯最重本刑為一年以上三年未滿有期徒刑之罪者，十年。（Ex.§151） 4.犯最重本刑為一年未滿有期徒刑、拘役或罰金之罪者，五年（Ex.§266I） 前項期間自犯罪成立之日起算。但犯罪行為有繼續之狀態者，自行為終了之日起算。（§80II）	前二項之時效，自停止原因消滅之日起，與停止前已經過之期間，一併計算（§83III）。

| 行刑權時效 | 1.刑之執行
2.依法應停止執行
3.因受刑人逃匿而通緝或執行期間脫逃未能繼續執行者
4.受刑人依法另受拘束自由者（85I） | 停止原因繼續存在之期間，如達於第84條第1項各款所定期間四分之一者，其停止原因視為消滅（§85II）。 | 行刑權因下列期間內未執行消滅（§84I）：
1.宣告死刑、無期徒刑或十年以上有期徒刑者，四十年。Ex.§332I
2.宣告三年以上十年未滿有期徒刑者，三十年。Ex.§221
3.宣告一年以上三年未滿有期徒刑者，十五年。Ex.§151
4.宣告一年未滿有期徒刑、拘役、罰金或專科沒收者，七年Ex.§293I
前項期間，自裁判確定之日起算。但因保安處分先於刑罰執行者，自保安處分執行完畢之日起算（§84II）。 | 第1項之時效，自停止原因消滅之日起，與停止前已經過之期間，一併計算（§85III）。 |

第二節　其他刑罰之消滅事由

　　除時效完成、刑罰執行完畢、犯人死亡外，刑罰執行之免除（本法第2條第3項）、緩刑期滿未被撤銷（「刑之宣告失其效力」，為法律上之復權）、假釋期滿未被撤銷（「（殘餘刑期）以已執行論」）、赦免（大赦、特赦、減刑與復權）等，都會達到刑罰消滅之效果。

第四篇　保安處分

第一節　保安處分之意義

一、刑罰與保安處分

　　刑罰係對行為人所應承擔的罪責加以處罰，以達刑事制裁的目的，其兼具報應一般預防與特別預防的功能；而保安處分係對受處分人將來之危險性所為拘束其身體、自由等之處置，以達教化與治療之目的，在特別預防的基礎上，以預防再犯為主要考慮，[1] 乃刑罰之補充或替代執行之規定。

 **概念釐清**

「刑罰」與「保安處分」之異同

刑罰	保安處分
在本質上含有痛苦之成分	在本質上為改善與教育為要素
以罪責為基礎	行為之危險性考量
具有一般與特別預防兩方面的雙面性	僅具有特別預防的功利作用。
對於犯人課以道義與社會的雙重責任	對於犯人則僅課以社會責任
以過去行為為規範基礎	以將來行為為規範基礎

---

[1]　林東茂，《刑法綜覽》，一品，七版，2012.08，1-37頁。

二、保安處分為刑罰的補充制度

刑法採刑罰與保安處分雙軌之立法體制，本於特別預防之目的，針對具社會危險性之行為人（**無責任能力人、限制責任能力人或特種危險性之有責行為人**）所具備之危險性格，除處以刑罰外，另施以各種保安處分，以期改善、矯治行為人之偏差性格，故保安處分係對受處分人將來之危險性所為，以矯治、感化、醫療等方法，以達特別預防之目的，為刑罰之補充制度。

第二節　保安處分之種類

其類型計有感化教育、監護、禁戒、強制工作、強制治療、保護管束、與驅逐出境等七種處分。

種類	原因	與刑罰之先後關係	期間	得否以保（安）代刑（罰）	執行場所
感化教育	未滿14歲，不罰（§86I）		三年以下。2005年增訂§86III但書：執行已逾六月，認無繼續執行之必要者，法院得免其處分之執行。		感化教育處所
	未滿18歲，減輕其刑（§86II）	原則：先刑之執行後保安處分。例外，三年以下拘金，得先保後刑。		依第86條第2項、第87條第2項規定宣告之保安處分，其：1.先保後刑者刑，得免刑之執行；2.先刑後保者，得免處分之執行（§98I）	

監護	因第19條第1項之原因而不罰者,其情狀足認有再犯或危害公共安全之虞時(§87I)		五年以下。但執行中認無繼續執行之必要者,法院得免其處分之執行。(§87III)	相當處所
	有第19條第2項及第20條之原因,其情狀足認有再犯或有危害公共安全之虞時(§87II)	先刑之執行後付保安處分(但必要時,得於刑之執行前為之。)		
禁戒	施用毒品成癮(§88)	先付保安處分後刑之執行	禁戒期間為一年以下。但執行中認無繼續執行之必要者,法院得免其處分之執行。(§§88II、89II)	相當處所
	酗酒而犯罪(§89)			相當處所
強制工作	有犯罪之習慣或因遊蕩或懶惰成習而犯罪者,於刑之執行前(§90)	先付保安處分後刑之執行	期間為三年 除刑法外,尚有特別刑法有強制工作規定(如組織犯罪條例、竊盜犯贓物犯條例)	勞動場所
強制治療	傳染花柳病等罪(§§刑285、91)	先付保安處分後刑之執行	至治癒為止(§91II)	相當處所
	犯第221條至第227條、第228條、第229條、第230條、第234條、第332條第2項第2款、第334條第2款、第348條第2項第1款及其特別法之罪(§91-1)	先刑之執行後付保安處分	期間至其再犯危險顯著降低為止,執行期間應每年鑑定、評估有無停止治療之必要(§91-1II)。	相當處所

保護管束	代替§§86~90之保安處分（§92）		三年以下		不能收效仍執行原處分
	代替緩刑與假釋：（§93） 1.犯第91條之1所列之罪者。 2.執行第74條第2項第5款至第8款所定之事項者。		緩刑期內或假釋期內		違反情節重大，撤銷宣告
驅逐出境	外國人受有期徒刑以上宣告（§95）	先刑之執行後付保安處分（得）			

第三節　各項保安處分的規定

壹、感化教育

一、意義

　　感化教育乃謂：少年觸犯刑罰法令經少年法庭裁定受感化教育，將少年收容於一定機構，採學校生活管理方式，施以教化訓練。感化教育為對少年犯所施行之保安處分，其目的在以教育方法，改善不良少年之惡習，以達化莠為良，而保障社會之和平與安寧之秩序。

二、感化教育之對象

（一）因未滿十四歲而不罰者

得令入感化教育處所，施以感化教育。因未滿十四歲之少年，依少年事件處理法第27條第3項，根本無由成立刑事案件，僅能依保護事件處理。而依少年事件處理法第42條第1項第4款感化教育，屬於保護處分之概念，[2]與本法第86條第1項之保護處分迥然有別，故實質上刑法此類之保安處分已被特別法取代。

（二）因未滿十八歲而減輕其刑者

得於刑之執行完畢或赦免後，令入感化教育處所，施以感化教育（但宣告三年以下有期徒刑、拘役或罰金者，得於執行前為之）。

三、感化教育期間、執行中的免除

感化教育之期間為三年以下。但執行已逾六月，認無繼續執行之必要者，法院得免其處分之執行（§86III）。

四、保護管束之替代及與刑罰之關係

（一）感化教育按其情形得以保護管束代之（§92I）。
（二）依第86條第2項之感化教育：
1. 其先執行徒刑者，於刑之執行完畢或赦免後，認為無執行之必要者，法院得免其處分之執行（§98I前）；
2. 其先付保安處分者，於處分執行完畢或一部執行而免除後，認為

2　柯耀程，《刑法總則》，三民，初版，2014.08，359頁。

無執行刑之必要者，法院得免其刑之全部或一部執行（§98I後）。免其刑之執行，以有期徒刑或拘役為限（§98III）。

貳、監護

一、意義

監護處分，乃謂對行為人予以監視與保護，以防範其危害社會。監護是對因無責任能力人或限制責任能力人所為的治療與保護（監護並具治療之意義）的保安處分。監護處所不以監獄為限，如受處分人之家庭、學校、醫院或其他處所而認為相當者亦可。

二、要件

（一）有下列情況之一：

1. 因行為時因精神障礙或其他心智缺陷，致不能辨識其行為違法或欠缺依其辨識而行為之能力者之原因而不罰者（§19I）。

2. 有行為時因精神障礙或其他心智缺陷，致其辨識行為違法或依其辨識而行為之能力，顯著減低者之原因（§19II）。

3. 有瘖啞人之原因（§20）。

（二）須「其情狀足認有再犯或有危害公共安全之虞時：

保安處分之目標，在消滅犯人之危險性，藉以確保公共安全。對於因第19條第1項之原因而不罰之人或有第2項、第20條原因之人，並非應一律施以監護，必於其情狀有再犯或有危害公共安全之虞時，為防衛社會安全，應由法院宣付監護處分，始符保安處分之目的。

三、監護期間、執行中的免除

監護之期間為五年以下。但執行中認無繼續執行之必要者，法院得免其處分之執行。（§87III）

監護處分之期間，依本法定為五年以下，由法官裁量之。但執行中認
無繼續執行之必要者，法院得免其處分之執行。其監護之場所，應依各別
情形定之。

　　對因精神障礙而犯罪者所施之監護處分，其內容不以監督保護為已
足，尚須注意治療（參見保安處分執行法§47）並應預防對公安之危害。
故將其最長執行期間提高為五年。監護處分，於實際執行過程中，如其精
神已回復正常或因其他事由，認無繼續執行之必要時，法院得裁定提前免
其處分之執行，以貫徹相對不定期制之精神。

四、保護管束之替代及與刑罰之關係

　　（一）監護按其情形得以保護管束代之（§92I）。
　　（二）依第87條第2項之監護：
　　1. 原則上先執行刑罰。**其先執行徒刑者，於刑之執行完畢或赦免
後，認為無執行之必要者，法院得免其處分之執行（§98I前）；**
　　2. 例外得先執行監護（§87II但書）。**其先執行保安處分者，於處分
執行完畢或一部執行而免除後，認為無執行刑之必要者，法院得免其刑之
全部或一部執行（§98I後）。免其刑之執行，以有期徒刑或拘役為限**
（§98III）。

參、禁戒

　　禁戒處分，乃謂強行勒戒不良嗜好，以除犯罪之原因。指對於施用毒
品成癮或因酗酒而犯罪者，得令入相當處所，禁止其行為並戒除其不良嗜
好。

一、禁戒之對象

（一）施用毒品成癮者

例如毒品危害防制條例第10條之犯罪行為，法院「應」宣告禁戒。

（二）因酗酒而犯罪，足認其已酗酒成癮並有再犯之虞者

「酗酒」與「施用毒品」不同，其本身非為刑法所處罰之行為，必須其酗酒以致犯罪，且足認其已酗酒成癮，並有再犯之虞，基於維護社會公共安全之立場，由法院宣告施以禁戒處分，始符保安處分之目的。

二、禁戒先行及禁戒期間

於刑之執行前，令入相當處所，施以禁戒，以一年以下為其禁戒治療之期間，執行中認已治癒或因其他情形而無治療之必要時，自應賦予法院免其處分執行之權。吸食煙毒之禁戒處分，於刑之執行前為之，期間為一年以下。

但執行中認無繼續執行之必要者，法院得免其處分之執行。

酗酒之禁戒處分期間為一年以下。但執行中認無繼續執行之必要者，法院得免其處分之執行（§88II）。

三、保護管束之替代及與刑罰之關係

（一）禁戒按其情形得以保護管束代之（§92I）。

（二）依第88條第1項、第89條第1項規定宣告之（禁戒）保安處分，於處分執行完畢或一部執行而免除後，認為無執行刑之必要者，法院得免其刑之全部或一部執行。此項免其刑之執行，以有期徒刑或拘役為限（§98II、III）。

肆、強制工作

一、意義

　　所謂強制工作處分，係指以強制力，令人犯參與勞動，訓練其職業技能，養成勞動習慣，改正不良習性，使其適應社會之生活也。保安處分中之強制工作，旨在對於嚴重職業性犯罪及欠缺正確工作觀念或無正當工作因而犯罪者，強制其從事勞動，學習一技之長及正確之謀生觀念，使其日後重返社會，能適應社會生活。[3]

二、對象

　　（一）**有犯罪之習慣者**：不以累犯為限，所犯罪名是否同一，亦非所問。

　　（二）**因遊蕩或懶惰成習而犯罪者**：此等遊手好閒，不務正業，必須強制其勞動，方能重新作人不再危害社會。但這個條件認定比較困難，蓋社會與經濟地位低卑的人，沒有奮鬥的舞臺，比較可能遊蕩或懶惰成習，故基本上不宜落井下石，刑罰與強制工作雙管齊下。必須在再視其所犯之罪，情節是否重大，再犯的可能性有多高，同時注意比例原則。[4]

　　（三）**特別法有規定者**（如竊盜犯贓物犯保安處分條例等）

　　釋字第471號解釋：「認為槍砲彈藥刀械管制條例第19條第1項規定，不問行為人所具之犯罪習性、有無預防矯治其社會危險性之必要，均一律宣付強制工作，有違憲法保障人身自由意旨之情形。」

3　司法院釋字第528、471號解釋。
4　林東茂，《刑法綜覽》，一品，七版，2012.08，1-41頁。

三、執行期間及期間之縮、延（§90 II、III）

（一）原則上強制工作處分期間為三年。

（二）但執行滿一年六月後，認無繼續執行之必要者，法院得免其處分之執行。

（三）執行期間屆滿前，認為有延長之必要者，法院得許可延長之，其延長之期間不得逾一年六月，並以一次為限。

四、保護管束之替代及與刑罰之關係

（一）強制工作按其情形得以保護管束代之（§92I）

（二）先保後刑

依第90條第1項規定宣告之（強制工作）保安處分，於處分執行完畢或一部執行而免除後，認為無執行刑之必要者，法院得免其刑之全部或一部執行。此項免其刑之執行，以有期徒刑或拘役為限（§98II、III）。

伍、強制治療

強制治療處分者，乃對於有傳染惡疾之病患犯罪者，予以強迫治療，以保民族健全。依本法第91條第1項規定，犯第285條之罪者，得令入相當處所，強制治療。處分於刑之執行前為之，其期間至治癒時為止。

一、對象

（一）第285條之罪，如傳染花柳病等（刑之執行前為之，其期間至治癒時為止）。

（二）性侵犯罪及結合犯及其他妨害風化之罪（§91-1）＋徒刑執行期滿前（或依其他法律規定）＋接受輔導或治療後（接受身心治療或輔導教育後），經鑑定、評估，認有再犯之危險者（期間至其再犯危險顯著降低為止，執行期間應每年鑑定、評估有無停止治療之必要）。

二、刑罰之關係

依第91條第1項規定宣告之（因傳染花柳病而強制治療）保安處分，於處分執行完畢或一部執行而免除後，認為無執行刑之必要者，法院得免其刑之全部或一部執行。此項免其刑之執行，以有期徒刑或拘役為限（§98II、III）。

依實務見解，性犯罪之身心障礙者，非短時期所能痊癒者，應以「治癒為止」，不必預定其期間。[5] 故本法第91條之1第1項所規定之強制治療，乃「性犯罪之矯治，以再犯預防及習得自我控制為治療目的」，所謂治療必須針對疾病而來，鑑定自屬查究行為人有無「重大精神疾病或性偏差之診斷」，故法院裁量權之行使，應以此為判斷標準。[6]

然而，學說認為若僅因鑑定與評估，就使性侵罪犯，從有期徒刑變成無期徒刑，不無違憲之虞。[7]因此，單純的再犯危險性，不應成為強制治療的理由，例如公然猥褻（本法§234）等輕罪，即使有再犯危險性亦不應為之，必須要有具體攻擊對象的行為且顯著的再犯危險性方得施以強制治療。[8]

陸、保護管束

一、保護管束的意義

保護管束乃社區處遇之具體表現，一方面對受保護管束人監督輔導，另方面調查受保護管束人社會環境，協助其免再受不良環境之影響而淪於再犯。將不法行為人交付警察官署、自治團體、慈善團體、本人之最近親屬，或其他適當之人，加以管束，並由擔任管束之人，予以必要之指導

5　最高法院90年台非字第165號判例。

6　最高法院100年度台上字第4543號判決。

7　柯耀程，《刑法總則》，三民，初版，2014.08，359頁。

8　林東茂，《刑法綜覽》，一品，七版，2012.08，1-42頁。

者,謂之保護管束。

二、保護管束的對象

由我國刑法、竊盜犯贓物犯保安處分條例、少年事件處理法暨保安處分執行法等有關法令規定觀之,可知保護管束之適用對象,除少年犯及假釋出獄人外,另亦擴至受緩刑之宣告者,受感化教育、監護、禁戒、強制工作等受處分人亦得以保護管束代之。

三、保護管束之適用情形

(一)替代其他保安處分(不包括強制治療及驅逐出境)

本法第86條至第90條之保安處分,按其情形得以保護管束代之。前項保護管束期間為三年以下。其不能收效者,得隨時撤銷之,仍執行原處分(§92II)。

(二)緩刑付保護管束

受緩刑之宣告者,除有下列情形之一,應於緩刑期間付保護管束外,得於緩刑期間付保護管束(§93I):

1. 強制付保護管束

(1)犯本法第91條之1所列之罪者

緩刑制度旨在暫緩宣告刑之執行,促犯罪行為人自新,藉以濟短期自由刑之弊,則緩刑期內,其是否已自我約制而洗心革面,自須予以觀察。對於因生理或心理異常致再犯率極高之妨害性自主之罪犯最需加以輔導管束,故2005年修法時於第1項增訂對此類犯罪宣告緩刑時,應於緩刑期間付保護管束之宣告,以促犯罪行為人之再社會化。

(2)執行第74條第2項第5款至第8款所定之事項者

　　依第74條第2項第5款至第8款之執行事項，因執行期間較長，為收其執行成效，宜配合保安處分之執行，方能發揮效果，故2005年增列法官依第74條第2項規定，命犯罪行為人遵守第5款之第8款之事項時，應付保安處分之宣告，以利適用。

2. 裁量付保護管束

　　為有效運用有限之觀護資源，並避免徒增受緩刑宣告人不必要之負擔，其餘之犯罪仍宜由法官審酌具體情形，決定是否付保護管束之宣告。

（三）假釋付保護管束（強制）

　　假釋出獄，雖以有悛悔實據為條件，但犯人之悛悔亦不能證明其絕對確實，難保不於假釋中故態復萌，是以假釋出獄之人犯，在假釋中必須付保護管束（§93II）。

四、違反保護管束之效果

（一）刑法上之規定

　　此項保護管束期間為三年以下。其不能收效者，得隨時撤銷之，仍執行原處分（§92II）。

（二）保安處分執行法之規定

　　依保安處分執行法第74條之2規定：「受保護管束人在保護管束期間內，應遵守左列事項：一、保持善良品行，不得與素行不良之人往還。二、服從檢察官及執行保護管束者之命令。三、不得對被害人、告訴人或告發人尋釁。四、對於身體健康、生活情況及工作環境等，每月至少向執行保護管束者報告一次。五、非經執行保護管束者許可，不得離開受保護

管束地；離開在十日以上時，應經檢察官核准。」，對於違反保護管束應遵守之事項，其情節重大者，檢察官得聲請撤銷假釋或緩刑（保安處分執行法§74-3）。

柒、驅逐出境

驅逐出境者，謂外國人在本國犯罪，予以驅逐，強制其離開本國國境之處分，本國以外之人，不論其有無國籍，其在國內犯罪情節較為重大而受有期徒刑以上刑之宣告者，為防止再犯，法院斟酌情形，得命於刑之執行完畢或赦免後驅逐出境。本法第95條規定外國人受有期徒刑以上刑之宣告，得於刑之執行完畢或赦免後，驅逐出境者，應僅限於外國人始有其適用。倘具有中華民國國籍者，縱同時具有外國國籍，即俗稱擁有雙重國籍之人，若未依國籍法第11條之規定，經內政部許可喪失中華民國國籍時，則其仍不失為本國人民，與一般所謂「外國人」之含義不符，自無本法第95條規定之適用。[9] 個案中，是否有併予宣告驅逐出境之必要，應由法院依據個案情節，具體審酌該外國人一切犯罪情狀及有無繼續危害社會安全之虞，依職權以為判斷。[10]

第四節　其他重要規定

一、拘束身體自由之保安處分（即除保護管束及驅逐出境外之保安處分）

有罪刑法定及從舊從輕原則之適用（刑法§§1、2II）。

9　最高法院84年台非字第195判例。
10　最高法院101年度台上字第3251判決。

二、保安處分之宣告

　　保安處分於裁判時併宣告之。但本法或其他法律另有規定者，不在此限（§96）。因依本法或其他法律之規定，關於保安處分於裁判以外單獨宣告之情形，尚有多種，為求涵蓋，於2005年修法時，增列「但本法或其他法律另有規定者，不在此限」。

　　保安處分應否實施，由法院依法決定之。如其涉及人身自由之拘束者，原則上應於裁判時併為宣告；惟以下情形，則例外許其於裁判外單獨宣告：

（一）依法律規定，先於判決而為裁定者

　　如現行本法第88條第1項之禁戒處分、第91條之強制治療等。另依保安處分執行法第4條第2項及第3項規定，亦有得於判決前宣告之規定。

（二）依法律規定，許其事後補行裁定者

　　如依刑事訴訟法第481條第1項宣告之保安處分，或依本法第93第2項於假釋中付保護管束處分，乃發生於裁判確定後，性質上自宜許其於事後裁定。

（三）因無裁判，法律准許單獨裁定保安處分者

　　如刑事訴訟法第481條第2項所定檢察官不起訴處分後向法院所為聲請之情形，即屬之。

三、保安處分自應執行之日起逾三年未開始或繼續執行者，非經法院認為原宣告保安處分之原因仍繼續存在時，不得許可執行；逾七年未開始或繼續執行者，不得執行

舊法第99條就保安處分經過相當期間未執行者，採許可執行規定，至法院於何種情形，應許可其執行，原條文未設規定，於2005年修法時，增列「法院認為原宣告保安處分之原因，仍繼續存在時」之實質要件，以供實務審酌運用之標準。並明定逾七年未開始或繼續執行者，不得執行，以維護人權。

四、刑之執行及保安處分之執行之互代規定

1. 保安處分中不乏拘束人身自由之處分，而有補充或代替刑罰之作用，依86條第2項、第87條第2項所宣告之保安處分，得於刑之執行前執行之，亦得於刑之執行後執行之，其係先執行刑罰，而於刑之執行完畢或赦免後，認無執行處分之必要者，得免除處分之執行；其先執行保安處分者，於處分執行完畢或一部執行而免除後，認為無執行刑之必要者，法院得免其刑之全部或一部執行。

2. 依第88條第1項、第89條第1項宣告之所宣告之禁戒處分、第90條第1項所宣告之強制工作、第91條第2項宣告之強制治療，其處分之執行均先於刑之執行，故處分執行完畢或一部執行而免除後，認為無執行刑之必要者，法院得免除刑全部或一部之執行（§98II）。

3. 刑罰之免除，應有其範圍，罰金刑無免除必要，無期徒刑免除於刑事政策上有所不宜，爰將免其刑之執行，限制在有期徒刑或拘役之範圍，以期公允（§98III）。

國家圖書館出版品預行編目資料

刑法總則新理論與實務／陳宏毅,林朝雲
著. — 初版. — 臺北市：五南, 2015.09
　　面；　　公分.
ISBN 978-957-11-8266-7（精裝）

1.刑法總則

585.1　　　　　　　　　104016145

1T70

刑法總則新理論與實務

作　　者 ― 陳宏毅(246.9)　林朝雲(116.5)

發 行 人 ― 楊榮川

總 編 輯 ― 王翠華

主　　編 ― 蔡惠芝

責任編輯 ― 張婉婷

封面設計 ― P.Design視覺企劃

出 版 者 ― 五南圖書出版股份有限公司

地　　址：106台北市大安區和平東路二段339號4樓

電　　話：(02)2705-5066　　傳　　真：(02)2706-6100

網　　址：http://www.wunan.com.tw

電子郵件：wunan@wunan.com.tw

劃撥帳號：01068953

戶　　名：五南圖書出版股份有限公司

法律顧問　林勝安律師事務所　林勝安律師

出版日期　2015年9月初版一刷

定　　價　新臺幣600元